Spanish Literature: 1700–1900

Edited by

BEATRICE P. PATT
and
MARTIN NOZICK

WAVELAND
PRESS, INC.
Prospect Heights, Illinois

For information about this book, write or call:

Waveland Press, Inc.
P.O. Box 400
Prospect Heights, Illinois 60070
(847) 634-0081

Cover photo: courtesy of the Tourist Office of Spain, Chicago.

ISBN 0-88133-454-5

Printed in the United States of America

7   6

Preface

This anthology is designed to acquaint students with some of the most significant works of Spanish literature over the space of two centuries. By including representative selections from various genres, the editors have attempted to place each work in a historical context and provide a panoramic view from 1700 to 1900. Strict chronological order has been followed wherever feasible, but at times slight liberties have been taken in the interest of diversity.

The present text can be used either for survey courses or as a one-semester reader at the beginning of the third year of college Spanish. Toward that end, the editors have tried to provide adequate footnotes and a comprehensive vocabulary. It is, however, impossible to anticipate every difficulty; in such cases, the teacher will no doubt come to the rescue.

Obviously, in any anthology, limitations of space make it impossible to include all of the authors that perhaps should be included, and the editors have had to omit such important writers as eighteenth-century poets, Cadalso, Fernán Caballero, Pereda, Leopoldo Alas (Clarín). For the same reason, some texts have been abbreviated: most notably, the more technical passages of Padre Feijóo, some descriptions in Rivas's "Un castellano leal," in Blasco Ibáñez's "La cencerrada," and in the Pardo Bazán story. In the following cases, the excisions were replaced with prose continuity: Espronceda's "El estudiante de Salamanca," Zorrilla's "Margarita la tornera," and Pérez Galdós's *Torquemada en la cruz*.

The editors wish to express their thanks to Professor John Kenneth Leslie for his very careful reading of the text, and to Mr. William Oman of Dodd, Mead, for his patience and courtesy. To Mrs. Genia Graves, of Dodd, Mead, we are particularly indebted for her untiring cooperation.

BEATRICE P. PATT
MARTIN NOZICK

October, 1964

Contents

v

THE EIGHTEENTH CENTURY

The reign of the last Hapsburg king of Spain, Carlos II (1665–1700), marks a nadir in the history of that country. The great period called the Siglo de Oro was over: Velázquez had died in 1660, Zurbarán in 1664; Calderón died in 1681, and Murillo in 1682. Cultural hegemony on the continent had passed decisively to France, and England enjoyed commercial and maritime supremacy. A series of wars with France had exhausted Spanish economy and resulted in serious loss of territory.

The mentally retarded, chronically ill, and impotent monarch aroused the ambitions of foreign rulers with regard to succession to the Spanish throne. On his deathbed Carlos II was persuaded to declare as his successor the young Philippe d'Anjou, grandson of Louis XIV of France and María Teresa of Austria, Carlos's sister. The year 1701 signalizes not only the beginning of the Spanish Borbón (Bourbon) dynasty in the person of Felipe V, but also the unleashing of the long and agonizing War of the Spanish Succession. Fearing the French-Spanish alliance, Germany united with England and Holland, and then with Portugal and Savoy against Spain. The conflict assumed the proportions of a continental war that lasted until 1713 and the Treaty of Utrecht, in which Spain lost Gibraltar along with her possessions in Flanders and Italy.

When his first wife died, Felipe V married Isabel de Farnesio, Princess of Parma, and a strong Italian influence prevailed at court. The new queen hoped to create kingdoms in Italy for her children, since the king's sons by his first wife would inherit the Spanish crown. The minister Alberoni's attempts to carry out this policy met with one military defeat after another, finally resulting in his own banishment. In 1724 Felipe abdicated in favor of his son Luis, who died in August of 1725, bringing Felipe back to the throne. The royal couple continued their efforts to recover lost Spanish possessions and contracted the First Family Pact with France in 1734 to present a united front against England and Austria. The Infante don Carlos conquered Naples and Sicily in 1734–35 and was declared king of these states. Another war with England over interference in the Spanish colonies in 1739, and the War of the Austrian Succession (1740–48), brought France and Spain together in the Second Family Pact (1743).

On the death of Felipe V in 1746, Fernando VI became king and made every effort to maintain good relations with the European powers. When he died, he was succeeded by his half-brother Carlos III, who had already reigned in Italy for a quarter of a century. Carlos' Spanish reign, from 1759–88, marks the high point of the Spanish Enlightenment, for although he was an absolutist, he was admirable in his devotion to his country's interests and wise in his choice of such advisers as the Marqués de Esquilache, the Conde de Aranda, the Conde de Floridablanca, and the economist Campomanes.

Unsatisfied demands made by the Spanish king on England motivated the signing of the Third Family Pact with France (1761) and Spanish participation in the Seven Years' War (known as the French and Indian War in North America). By the Treaty of Paris (February 1763), France lost Canada to England and yielded the Louisiana territory to Spain, while Spain lost Florida and her other territories east of the Mississippi. Later, as a consequence of Benjamin Franklin's negotiations with the Conde de Aranda, then Spanish ambassador to France, Spain gave aid to the thirteen American colonies and recovered Menorca, Florida, and Honduras.

The beginning of the reign of Carlos IV (1788) preceded the outbreak of the French Revolution by only a few months. His minister, Floridablanca, viewed the events in France with hostility and closed the borders to all "dangerous" publications; Floridablanca's successor, the Conde de Aranda, joined other European powers in declaring war on Revolutionary France. In 1793, Aranda was succeeded by Manuel Godoy, who, because of the queen's favor, had made his way up from the ranks to a dukedom. Such were Spain's reverses in her war with France that when Godoy signed the Peace of Basel in 1795, he was given the title Príncipe de la Paz.

Probably hoping that the Directoire would place a Bourbon on the French throne, Godoy in 1796 signed a treaty of alliance with France, thus involving Spain in wars with England. Spain continued throwing her lot in with France under Napoleon, but in so doing exhausted her finances and armed strength. Godoy and the king curried favor with Napoleon on the one hand, while the king's son, the Infante don Fernando, tried to win the favor of the French leader in order to further his own ambitions. In fulfillment of the Treaty of Fontainebleau concluded by Godoy, the French under Junot entered Spain as allies, but later, under Murat, they seized such cities as San Sebastián, Pamplona, and Barcelona. Carlos IV dismissed Godoy and abdicated in favor of his son in March 1808, and Fernando VII, the new king, moved north to receive Napoleon, lest his father and Godoy get there first. When all contending parties reached France, Napoleon took them prisoner.

Just as the political and military history of eighteenth-century Spain is a tale of misrule, ineptitude, and defeat, Spanish culture of the period can in no way compare with that of France, England, or Germany. It was a century of intellectual stirrings, mainly abortive, among a small group of men receptive to the invigorating stimuli from abroad—men who read Descartes, Leibnitz, Newton, Locke, Hobbes, Montesquieu, Rousseau, and even some of Voltaire. Indeed, the more advanced leaders of Spanish thought impress us more for their courage than for any widespread effects of their efforts, for while they proceeded gingerly, the monarchy and church went unquestioned as institutions, and while the population of Spain almost doubled and the middle class grew in size, the percentage of Spaniards claiming nobility was enormously out of proportion.

Following the French tradition, Felipe V approved the creation of the Biblioteca Nacional, the Real Academia Española, the Real Academia de la Historia; later in the century, the Academia de San Fernando (Bellas Artes) and the Academia de Medicina were established. Significant reforms were instituted at home and throughout the empire; in 1767 the Jesuits were expelled from Spain (to be restored by Fernando VII in 1815), the authority of the Inquisition waned, and the institution itself was abolished (although briefly revived later). In the latter half of the century there was a marked increase of interest in political economy and political philosophy, in philology and history; university reforms were encouraged, albeit with moderate success. Patriotic societies, called *Amigos del País*, were organized to study ways and means of raising the economic and cultural level of the country, but the high expectations of their members were dampened by indifference and hostility. Royal and ecclesiastical censorship was very strong, and while the champions of enlightenment conceived of patriotism as bringing the mother country in line with more progressive lands, their adversaries conceived of patriotism as defense of purely native values and rebuttal of all criticism that smacked of foreign influences. The two major ideological camps, known commonly as the "dos Españas," were thus established—a division that involved some of the outstanding thinkers and writers of the eighteenth and nineteenth centuries, and one which is still being debated.

The critical temper of the age manifested itself in the growth of the essay, but other forms of creative literature languished in the eighteenth century. The picaresque novel was continued in the *Vida* of Diego de Torres Villarroel (1693–1770) who became professor of mathematics at Salamanca, while Padre José Francisco de Isla (1703–1781) translated the novel of the Frenchman Lesage as *Aventuras de Gil Blas de Santillana* and wrote a satire of ignorant preachers in his *Historia del famoso Fray Gerundio de Campazas.* Conflict raged between defenders of the literary tradition of the Siglo de Oro and champions of neoclassical precepts imported mainly from France. The theater was given over to debased versions of Calderonian drama and frigid tragedies adhering to the so-called "rules of good taste." * A sickly form of the baroque prevailed in poetry, but some feeble signs of renovation came from poets identified with the ancient university city of Salamanca, especially from Juan Meléndez Valdés (1754–1817) who wrote bucolic, philosophical and elegiac verses and is credited with being the one authentic lyrical voice between the Siglo de Oro and the Romantic period.

In architecture, the flamboyant Spanish baroque or *churrigueresco,* named for the brothers José and Alberto Churriguera, flourished alongside the more severe neoclassical style reflected in such buildings as the Royal Palace of Madrid and the palaces of Aranjuez and La Granja. The greatest artist of eighteenth-century Spain was Francisco de Goya y Lucientes (1746–1828), famous not only for his vivid portraits of royal personages and popular types, but also for his representations of the horrors of war, his bitter satires, and his surrealistic visions which make him one of the greatest innovators in the history of painting.

* For a further discussion, cf. the introduction to García Gutiérrez.

Padre Feijóo
(1676–1764)

The outstanding exponent of Spanish enlightenment in the first half of the eighteenth century, Father Benito Jerónimo Feijóo y Montenegro, was born on October 8, 1676 in Casdemiro, Galicia. He entered the Benedictine Order at fourteen, studied at Salamanca, and received his doctorate in theology at the University of Oviedo where he spent the rest of his life as a teacher. Passionately interested in the latest scientific and philosophical developments abroad, he read books and journals practically unknown in his country. At fifty he began to pour forth the information he had accumulated into essays grouped under the title that contains the key to his purpose: *El teatro crítico universal o discursos varios de todo género de materias para desengaño de errores comunes* (1729–1739, and another volume in 1741), followed by *Cartas eruditas y curiosas en que por la mayor parte se continúa el designio del teatro crítico universal, impugnando o reduciendo a dudosas varias opiniones comunes* (1742–1760). Both of these works amount to fourteen volumes.

Padre Feijóo's scope was encyclopedic, embracing science, philosophy, theology, aesthetics, mathematics, and history. His aim was to break down insularity and vain scholastic repetition in favor of broader knowledge and more scientific method. Although a faithful son of the church, he attacked false miracles, superstitions, and that narrow-mindedness that paraded as orthodoxy. Although nowhere in his essays do we find the sardonic or the disruptive spirit of the French eighteenth-century philosophers, Feijóo's work is important for its role in questioning the sterile entrenched medievalism still so powerful in his time and for popularizing new ideas and contributing powerfully to the beginnings of a new critical sense. His moderate skepticism was generally directed, therefore, at demonstrating that a more liberal approach to learning and religious belief was healthy rather than heretical or dangerous; it foreshadows the later arguments put forth by Spanish writers that to keep abreast of the rest of Europe was not to belittle the native tradition, but to enrich and broaden it.

Cartas eruditas

CAUSAS DEL ATRASO QUE SE PADECE EN ESPAÑA EN ORDEN A LAS CIENCIAS NATURALES

Muy señor mío: A vuelta de las expresiones de sentimiento que V. md. hace en la suya [1] de los cortos y lentos progresos que en nuestra España logran la *Física y Matemática*, aun después que los extranjeros, en tantos libros, nos presentan las grandes luces que han adquirido en estas ciencias; me insinúa un deseo curioso de 5 saber la causa de este atraso literario de nuestra nación, suponiendo que yo habré hecho algunas reflexiones sobre esta materia.[2] Es así que las he hecho, y con franqueza manifestaré a V. md. lo que ellas me han descubierto.

No es una sola, señor mío, la causa de los cortísimos progresos de 10 los españoles en las Facultades expresadas,[3] sino muchas, y tales que aunque cada una por sí sola haría poco daño, el complejo de todas forman un obstáculo casi absolutamente invencible.

La primera es el corto alcance de algunos de nuestros profesores. Hay una especie de ignorantes perdurables, precisados a saber siem- 15 pre poco, no por otra razón, sino porque piensan que no hay más que saber que aquello poco que saben. Habrá visto V. md. más de cuatro, como yo he visto más de treinta,[4] que sin tener el entendimiento adornado más que de aquella Lógica y Metafísica que se enseña en nuestras Escuelas (no hablo aquí de la Teología, porque para 20 el asunto presente no es del caso),[5] viven tan satisfechos de su saber,

1. V. md. ... suya: *you make in your letter* (*V. md.* = *Vuestra merced*, "Your Honor," and became *usted*.)
2. suponiendo ... materia: *on the assumption that I have given this matter some thought*
3. en ... expresadas: refers to Physics and Mathematics.
4. Habrá ... treinta: *You've probably seen a few and I've seen even more*
5. porque ... caso: *because it has nothing to do with our present discussion*

7

como si poseyesen toda la enciclopedia. Basta nombrar la nueva
Filosofía para conmover a éstos el estómago. Apenas pueden oír, sin
mofa y carcajada, el nombre de Descartes. Y si les preguntan qué
dijo Descartes,⁶ o qué opiniones nuevas propuso al mundo, no saben
5 ni tienen qué responder; porque ni aun por mayor tienen noticia de
sus máximas, ni aun de alguna de ellas.⁷ Poco ha sucedió en esta
ciudad,⁸ que concurriendo en conversación un anciano escolástico y
versadísimo ⁹ en las aulas con dos caballeros seculares, uno de los
cuales está bastantemente impuesto en las materias filosóficas, y
10 ofreciéndose hablar de Descartes, el escolástico explicó el desprecio
con que miraba a aquel filósofo. Replicóle el caballero que propu-
siese cualquiera opinión o máxima cartesiana, la que a él se le anto-
jase, y le arguyese contra ella,¹⁰ que él estaba pronto a defenderla.
¿En qué paró el desafío? En que el escolástico enmudeció, porque no
15 sabía de la filosofía cartesiana más que el nombre de *filosofía cartesiana*...
    La máxima de que a nadie se puede condenar sin oírle, es gene-
ralísima.¹¹ Pero los escolásticos, de quienes hablo, no sólo fulminan
la sentencia sin oír al reo, mas aun sin tener noticia alguna del
20 cuerpo del delito. Ni escucharon testigos, ni vieron autos, ni aun
admiten que alguno defienda a los que en rebeldía tratan como de-
lincuentes, porque luego, en la sentencia, envuelven al abogado
como reo. ¿Puede haber más violenta y tiránica transgresión de todo
lo que es justicia y equidad?...
25   La segunda causa es la preocupación que reina en España contra
toda novedad. Dicen muchos que basta en las doctrinas el título de
nuevas para reprobarlas, porque las novedades en punto de doctrina
son sospechosas. Esto es confundir a Poncio de Aguirre con Poncio

---

    6. René Descartes (1596–1650), French physicist, mathematician and philos-
opher, author of the *Discours de la Méthode;* considered the father of modern
rationalistic philosophy.
    7. porque ... ellas: *because they have no idea of his propositions in general,
and less of an idea of any one in particular.* (In his *Discours,* Descartes had outlined four rules on how to arrive at objective truth.)
    8. Poco ... ciudad: *A short time ago it happened in this city*
    9. un ... versadísimo: *a venerable and very learned scholastic.* ("Scholastic"
usually refers to a medieval schoolman or divine. Here it refers to one who still
adheres to formal Aristotelian logic, non-experimental science, and traditional
thought in general.)
    10. la que ... ella: *whichever he wished, and let him argue against it*
    11. La ... generalísima: *The rule that nobody can be condemned without first
being heard is widely accepted.*

Pilatos.[12] Las doctrinas nuevas en las ciencias sagradas son sospechosas, y todos los que con juicio han reprobado las novedades doctri-
nales, de éstas han hablado. Pero extender esta ojeriza a cuanto parece nuevo en aquellas Facultades que no salen del recinto de la
Naturaleza,[13] es prestar, con un despropósito, patrocinio a la obsti- 5
nada ignorancia. Mas sea en norabuena sospechosa toda novedad.[14] A nadie se
condena por meras sospechas. Con que estos escolásticos nunca se
pueden escapar de ser injustos. La sospecha induce al examen, no
a la decisión; esto en todo género de materias, exceptuando sólo la 10
de la Fe, donde la sospecha objetiva es odiosa y, como tal, dam-
nable....

La tercera causa es el errado concepto de que cuanto nos presentan
los nuevos filósofos se reduce a unas curiosidades inútiles. Esta nota
prescinde de verdad o falsedad. Sean en norabuena, dicen muchos de 15
los nuestros, verdaderas [15] algunas máximas de los modernos, pero
de nada sirven, y así, ¿para qué se ha de gastar el calor natural [16] en
ese estudio? En ese modo de discurrir se viene a los ojos una contra-
dicción manifiesta. Implica ser verdad y ser inútil. No hay verdad
alguna cuya percepción no sea útil al entendimiento, porque todas 20
concurren a saciar su natural apetito de saber. Este apetito le vino al
entendimiento del Autor de la naturaleza. ¿No es grave injuria de
la Deidad pensar que ésta infundiese al alma el apetito de una cosa
inútil?

¿Pero no es cosa admirable que los filósofos de nuestras aulas 25
desprecian las investigaciones de los modernos por inútiles? ¿Cuál
será más útil, explorar en el examen del mundo físico las obras del
Autor de la naturaleza, o investigar en largos tratados del *ente de*
razón y de abstracciones lógicas y metafísicas, las ficciones del humano entendimiento? Aquello, naturalmente, eleva la mente a con- 30
templar con admiración la grandeza y sabiduría del Criador; ésta [17]

12. In the picaresque novel *Historia de la vida del Buscón* by Francisco de
Quevedo (1580–1645), the little rogue who is the protagonist of the story infu-
riates a man whose name is Poncio de Aguirre by calling him Poncio Pilato
(Pontius Pilate).
13. en ... Naturaleza: *in those areas of study which confine themselves to*
natural things (i.e., do not concern themselves with metaphysics)
14. sea ... novedad: *let us admit that everything new is suspect*
15. Sean ... verdaderas: *Let us accept, say many of our people, as true*
16. se ha ... natural: *waste any energy*
17. *Aquello* refers to research into the physical world; *ésta* refers to sterile
abstract disputation.

la detiene como encarcelada en los laberintos que ella misma fabrica.
Dijo admirablemente Aristóteles [18] que es fastidio indigno y pueril
despreciar el examen del más vil animal del mundo; porque no hay
obra natural, por baja que sea,[19] en que la naturaleza (digamos nos-
5 otros como debemos decirlo, el Autor de la naturaleza) no se ostente
admirable...

La cuarta causa es la diminuta o falsa noción que tienen acá
muchos de la filosofía moderna, junto con la bien o mal fundada
preocupación contra Descartes. Ignoran casi enteramente lo que es
10 la nueva filosofía, y cuanto se comprende debajo de este nombre,
juzgan que es parto de Descartes. Como tengan, pues, formada una
siniestra idea de este filósofo, derraman este mal concepto sobre toda
la física moderna...

La quinta causa es un celo, pío sí, pero indiscreto y mal fundado;
15 un vano temor de que las doctrinas nuevas, en materia de Filosofía,
traigan algún perjuicio a la Religión. Los que están dominados de
este religioso miedo, por dos caminos recelan que suceda el daño; o
ya porque en las doctrinas filosóficas extranjeras vengan envueltas
algunas máximas que o por sí, o por sus consecuencias se opongan a
20 lo que nos enseña la fe; o ya porque haciéndose los españoles a la
libertad con que discurren los extranjeros (los franceses, v. gr.) en las
cosas naturales, pueden ir soltando la rienda para razonar con la
misma en las sobrenaturales.

Digo que ni uno ni otro hay apariencia de que suceda. No lo pri-
25 mero, porque abundamos de sujetos hábiles y bien instruídos en
los dogmas, que sabrán discernir lo que se opone a la Fe de lo que
no se opone; y prevendrán al Santo Tribunal, que vela sobre la
pureza de la doctrina, para que aparte del licor la ponzoña o arroje
la cizaña al fuego, dejando intacto el grano. Este remedio está siem-
30 pre a mano para asegurarnos, aun respecto de aquellas opiniones
filosóficas que vengan de países infectos de la herejía. Fuera de que
es ignorancia decir [20] que en todos los reinos donde domina el error
se comunique su veneno a la Física. En Inglaterra reina la Filosofía newtoniana. Isaac Newton,[21] su fundador, fué tan hereje como lo

18. Aristóteles = Aristotle (384–322 B.C.), Greek philosopher who was the supreme pagan authority for the philosophers and theologians of the Middle Ages.
19. por ... sea: *no matter how insignificant*
20. Fuera ... decir: *Besides, it is ignorant to say*
21. Sir Isaac Newton (1642–1727), English mathematician and physicist. Father
Feijóo, a faithful Catholic, regarded Englishmen as heretics, since their official
church was Anglican.

son por lo común los demás habitadores de aquella isla. Con todo, en su filosofía no se ha hallado hasta ahora cosa que se oponga, ni directa ni indirectamente, a la verdadera creencia.

Para no temer razonablemente lo segundo, basta advertir que la Teología y la Filosofía tienen bien distinguidos sus límites; y que 5 ningún español ignora que la doctrina revelada tiene un derecho de superioridad sobre el discurso humano, de que carecen todas las ciencias naturales; que, por consiguiente, en éstas, como en propio territorio, puede discurrir con franqueza; a aquélla sólo [22] doblar la rodilla con veneración. Pero doy que [23] alguno se desenfrene y osa- 10 damente quiera pisar la sagrada margen que contra las travesuras del entendimiento humano señala la Iglesia. ¿No está pronto el mismo remedio? En ninguna parte menos que en España se puede temer ese daño, por la vigilancia del Santo Tribunal, no sólo en cortar tempestivamente las ramas y el tronco, pero aun en extirpar 15 las más hondas raíces del error.

Doy que [24] sea un remedio precautorio contra el error nocivo cerrar la puerta a toda doctrina nueva. Pero es un remedio, sobre no necesario, muy violento.[25] Es poner el alma en una durísima esclavitud. Es atar la razón humana con una cadena muy corta. Es po- 20 ner en estrecha cárcel a un entendimiento inocente, sólo por evitar una contingencia remota de que cometa algunas travesuras en adelante.

La sexta y última causa es la emulación (acaso se le podría dar peor nombre), ya personal, ya nacional, ya faccionaria. Si V. md.[26] 25 examinase los corazones de algunos y no pocos de los que declaman contra la nueva filosofía, o generalmente, por decirlo mejor, contra toda literatura, distinta de aquella común, que ellos estudiaron en el aula, hallaría en ellos unos efectos bien distintos de aquellos que suenan en sus labios. Óyeseles reprobarla, o ya como inútil, o ya 30 como peligrosa. No es esto lo que pasa allá dentro. No la desprecian o aborrecen; la envidian. No les desplace aquella literatura, sino el sujeto que brilla con ella....

Esta emulación, en algunos pocos, es puramente nacional. Aun no está España convalecida en todos sus miembros de su ojeriza contra 35

22. Put in *puede*.
23. Pero doy que: *But I will suppose that*
24. Cf. note 23.
25. sobre ... violento: *not only unnecessary but very violent*
26. Cf. note 1.

Francia.[27] Aún hay en algunos reliquias bien sensibles de esta antigua dolencia. Quisieran éstos que los Pirineos llegasen al cielo, y el mar, que baña las costas de Francia, estuviese sembrado de escollos, porque nada pudiese pasar de aquella nación a la nuestra. Permítase
5 a los vulgares, tolérese en los idiotas tan justo ceño.[28] Pero es insufrible en los profesores de las ciencias, que deben tener presentes los motivos que nos hermanan con las demás naciones, especialmente con las católicas....

Algo más común, que ésta, es la emulación faccionaria, o de otro
10 partido. Son muchos los que exaltarían al cielo tal o tal prenda, tal o tal habilidad, colocada en sujeto de su gremio, o adherencia; [29] y la desprecian, o pintan con los peores colores que pueden, por verla en sujeto de otro partido.

Pero la más común de todas es la emulación personal.... El que
15 lograre [30] algún especial aplauso en cualquier prenda intelectual, se debe hacer la cuenta de que tiene por émulos cuantos solicitan ser aplaudidos en la misma, si no logran igual nombre o fama.

Considera un anciano doctor (quiero llamarle Teopompo) muy bien puestos sus créditos en orden a aquellas facultades que se ense-
20 ñan en nuestras aulas.[31] Especialmente se atribuye el honor de gran filósofo, porque disputó quinientas veces públicamente, a su parecer muy bien, sobre si la materia tiene propia existencia, si la unidad se distingue de las partes, si la sustancia es inmediatamente operativa, etc.[32] Sucede que Teopompo, en algunas concurrencias privadas en
25 que asisten otras personas de alguna inteligencia, se encuentra con Charistio, otro doctor, que ha estudiado con él en las aulas, y está impuesto, por lo menos igualmente bien, en todo lo que se enseña en ellas; pero no contento con aquella telita superficial de Filosofía, que realmente nada es más que esto, extendió su estudio por el

27. The rivalry between France and Spain was of long standing. For our purposes we might trace it back to the struggles between Charles V of Spain and Francis I of France in the early 16th century. In the 17th century, continental hegemony belonged definitely to France, and the accession to the Spanish throne of a French prince (Philip of Anjou) in 1700 exacerbated this hostility.

28. Permítase ... ceño: *Let us allow such an appropriate aversion in ordinary people; let us tolerate it in fools.*

29. colocada ... adherencia: *when it is found in a person who sees eye to eye with them*

30. lograre: future subjunctive (rarely used today) of *lograr*

31. muy ... aulas: *that he is very learned in those disciplines taught in our universities*

32. Feijóo is mocking the sterile discussions and debates which kept philosophers busy and indifferent to the progress being made in philosophy and the sciences in France and England.

vasto campo de la naturaleza, procurando instruirse en lo que ya de útil, ya de hermoso, ya de cierto, ya de disputable, nos enseñan autores extranjeros sobre tan dilatada materia. Y porque los asistentes dan motivo para ello, viene a meterse la conversación en la Filosofía.[33] Con cuya ocasión, Charistio, que no es tan humilde que 5 le pese de hallarla,[34] para mostrar lo poco o mucho que sabe, se pone muy de intento a [35] explicar los varios sistemas físicos de los extranjeros, especialmente el de Descartes, el de Gasendo y el de Newton, tocando algo, de paso, del de Leibnitz.[36] Como Descartes se inclinó a la opinión copernicana [37] de la constitución del mundo, de 10 lo que habla de aquel filósofo toma asidero [38] para tratar de los sistemas que tocan a esta materia, haciendo un exacto análisis del de Ptolomeo, del de Copérnico y el Tycho Brahe,[39] y proponiendo sumariamente lo que hay en contra y a favor de cada uno. Pasando de aquí a la amplísima región, o región de regiones, de la Física experi- 15 mental, se extiende en los raros fenómenos de la máquina pneumática [40] y en las observaciones del barómetro. Da alguna cuenta de las curiosas investigaciones de Boyle; [41] de los muchos y útiles descubrimientos que han hecho los sabios, miembros de varias Academias, especialmente los que componen la parisiense de las Ciencias, y la 20 Sociedad Regia de Londres.[42]

33. Y ... Filosofía: *And because those who are present at the occasion deem it proper, the conversation comes around to Philosophy.*
34. Con ... hallarla: *On which occasion, Charistio, who is not so humble that he objects to such a conversation*
35. se pone ... intento a: *he makes a great point of*
36. For Descartes, cf. note 6. Gasendo = Abbé Pierre Gassendi (1592–1655), French mathematician and philosopher who attacked Aristotelian philosophy. For Newton, cf. note 21. Gottfried Wilhelm Leibnitz (1646–1716), German philosopher and mathematician.
37. The Polish astronomer Nicolaus Copernicus (1473–1543) demonstrated that the planets turn round on themselves and around the sun.
38. de lo que ... asidero: *he uses what Descartes said about Copernicus as a jumping-off point*
39. Ptolomeo = Ptolemy, Greek astronomer born in Egypt (2nd century A.D.), who placed the earth in the center of the universe as a fixed body. His theory was the authoritative one throughout the Middle Ages. Copérnico: cf. note 37. Tycho Brahe (1546–1601), Danish astronomer.
40. máquina pneumática: *pneumatic devices.* Blaise Pascal (1623–1662), French philosopher and scientist, had done experiments with pneumatic devices.
41. Robert Boyle (1626–1691), Irish-English physicist and chemist
42. la parisiense de las Ciencias = Académie des Sciences (Academy of Sciences), founded by Colbert in 1666. Sociedad Regia de Londres = Royal Society of London (for Improving Natural Knowledge), very important scientific society founded about 1660.

Es Teopompo uno de aquellos aristotélicos que se escandalizan, o
muestran escandalizarse, aun de las voces de *sistema* y *fenómeno*.
Con que es fácil considerar con cuánta mortificación está oyendo a
Charistio, mayormente al advertir que los demás concurrentes le
5 escuchan con gusto. Bien quisiera él entrar su hoz en tan fecunda
mies. Quisiera estar, no sólo igualmente, pero aún más instruido que
Charistio en todas aquellas materias, para brillar más que él a los
ojos de los concurrentes, y se duele interiormente de la ignorancia
que padece de ellas. Aprecia en su mente las noticias que oye a
10 Charistio; no sólo las aprecia: las envidia. ¿Pero lo dará a entender
jamás? Eso no. Antes bien, ostentará un tedioso desprecio de todas
ellas, diciendo que no son otra cosa que sueños o caprichos disparata-
dos con que los extranjeros quieren engaitar las gentes; que aun
cuando hubiese alguna verdad o utilidad en aquellas novedades, se
15 debían repeler por sospechosas; siendo verosímil que viniendo de
países infectados de la herejía, y no muy seguros en la verdadera
creencia, venga en la capa de la Filosofía embozado algún veneno
teológico. Y aquí entra lo de los *aires infectos del Norte*,[43] expresión
que ya se hizo vulgar en escritos pedantes.
20   ¿Pues qué si llega a saber [44] que Leibnitz, Boyle y Newton fueron
herejes? Aquí es donde prorrumpe en exclamaciones, capaces de hacer temblar las pirámides egipciacas. Aquí es donde se inflama el
enojo, cubierto con la capa de celo. ¿Herejes? ¿Y éstos se citan? ¿O se
hace memoria para cosa alguna [45] de unos autores impíos, blasfemos,
25 enemigos de Dios y de su Iglesia? ¡Oh, mal permitida [46] libertad!
    ¡Oh, mal paliada envidia!, podría, acaso, exclamar yo. ¡Oh, igno-
rancia abrigada de la hipocresía! Si estas declamaciones sólo se oye-
ran al rudo vulgo, bien pudieran creerse, aunque ridículas, sinceras.[47]
    Pocos años hace, sucedió que a una ciudad de España que padece
30 penuria de agua, se ofrecieron a conducírsela por una agria cuesta
ciertos ingenieros del Norte.[48] Supongo que los que gobernaban el
pueblo no se convinieron con ellos, por parecerles excesivo el gasto.
Pero entretanto que se hablaba del ajuste, muchos de la plebe, entre

---

43. Norte: reference is to France and England.
44. ¿Pues ... saber: *But what happens if he discovers*. For names, cf. previous
notes (they were all non-Catholics).
45. ¿O se ... alguna: *And any sort of data is taken from any work*
46. mal permitida: *ill-advised*
47. Si ... sinceras: *If such harangues came only from the common people, one
might believe them to be sincere albeit ridiculous.*
48. Norte: cf. note 43.

quienes se mostraba alguno de superior clase, clamaban indignados
que no querían agua conducida por manos de herejes, teniendo éste
por un atentado injurioso a la religión del pueblo. Así es el vulgo, y
al vulgo es de creer que le salen muy del corazón tales simplezas.[49]

Más dificulto asentir a que hablen con las mismas veras aquellos 5
escolásticos que con igual o mayor execración condenan la doctrina,
puramente natural y filosófica, que nos viene de autores herejes, o
sospechosos en la Fe, sólo por el título de su errada creencia. ¿Y por
qué dificulto creérselo? Porque son escolásticos. Oiga V. md. una
prueba concluyente de mi disenso. No ignoran, ni pueden ignorar 10
siendo escolásticos, que Santo Tomás [50] citó muchas veces con aprecio, en materias físicas y metafísicas, como autores de particular
distinción, a Averroes y Avicena,[51] notorios mahometanos, ya confirmando con ellos su sentencia, ya explicándolos cuando se alega-
ban por la opuesta.[52] ¿Preguntaré ahora a estos escolásticos si se 15
tienen por más celosos de la pureza de la fe que Santo Tomás, y si
los mahometanos son más píos o menos enemigos de la Iglesia de
Dios que los luteranos y calvinistas? Bien saben lo que deben responder a uno y otro; pero no es fácil que hallen qué responder a la instancia. Citaron asimismo muy frecuentemente a Avicena, y Averroes, 20
después de Santo Tomás, los escolásticos que escribieron cursos de
Artes, con estimación de su autoridad.

¿Pero que es menester [53] acordarnos de estos filósofos árabes? ¿Su
mismo príncipe, su adorado jefe Aristóteles, tuvo mejor creencia que
Leibnitz, Boyle y Newton? ¿No se hace palpable en muchas partes de 25
sus escritos la idolatría? ¿Puede darse más viva pintura de la impiedad que aquella que hizo Lactancio de la de Aristóteles, cuando dijo
de él: *Deum nec coluit, nec curavit?* [54]

¿Y pueden tampoco ignorar estos señores que el reprobar la doctrina y lectura de los autores de que se ha hablado es una indirecta 30
represión contra los magistrados, en quienes reside la facultad de

49. y ... simplezas: *and one must believe that such foolishness is very sincere
when it comes from ordinary people*
50. Santo Tomás = Saint Thomas Aquinas (1226–1274), the most revered theo-
logian of the Catholic Church
51. Ibn Roschd or Averroes (died in 1198), illustrious Arab physician and philosopher, born in Córdoba; commentator on Aristotle. Ibn Sina or Avicenna
(980–1037), famous Arab doctor.
52. se ... opuesta: *they thought the opposite*
53. ¿Pero ... menester ...? *But is it necessary ...?*
54. Lactancio = Lactantius (died 325), early church father. *Deum ... curavit*
(Latin): *He neither worshipped God nor was concerned about Him.*

permitirnos o prohibirnos su uso? El Santo Tribunal, con ciencia y
advertencia, permite en España la lectura de los tratados físicos de
Boyle y de Newton, por más herejes que sean,[55] sin que hasta ahora
haya mandado borrar ni una línea en algunos de los dichos tratados
5 de estos autores, fuera de las censuras generales. Con ciencia, digo,
y advertencia, porque éstos no son algunos autores incógnitos, u
oscuros, sino de quienes todo el mundo tiene noticia. Por otra parte,
es manifiesto que tiene el mismo Tribunal obligación de prohibir
todos los libros que contienen doctrina perniciosa o peligrosa hacia
10 la Fe, o hacia las buenas costumbres. Luego los que condenan el uso
de estos autores, como nocivo, indirectamente acusan, o de poca
ciencia, o de tibio celo, a los ministros del Santo Tribunal. Mas no
es ésa su intención, ya se ve. Conque lo que debemos inferir es que
estas declamaciones no son más que un modo de hablar teatral, y
15 afectado, que podemos oír como no significativo de lo que suena;[56]
pero que tiene su uso favorable para estos señores, pues con él pro-
curan dar a entender que si ignoran la filosofía extranjera, no es
por falta de aplicación o capacidad, sino por amor de la Religión.
   Confieso que son muy pocos, muy raros, los escolásticos de este vio-
20 lento carácter. Pero esos pocos, vertiendo al público sus ideas por
medio de la estampa, hacen mucho daño; porque amedrentando a la
juventud estudiosa con el pretendido peligro de la Religión retraen
de la lectura de los libros extranjeros muchos bellos ingenios, que
pudieran por ellos hacerse excelentes filósofos, y aprender otras mu-
25 chas cosas muy útiles, sin dejar por eso de hacerse, con el estudio regular de la aula, unos grandes escolásticos. Esto, bien entendido,
viene a ser [57] querer escudar la religión con la barbarie, defender la
luz con el humo y dar a la ignorancia el glorioso atributo de nece-
saria para la seguridad de la fe.

55. por ... sean: *however heretical they may be*
56. que podemos ... suena: *that we can listen to, knowing that it does not
mean what it sounds like*
57. viene a ser: *comes down to*

Félix María Samaniego

(1745–1801)

Félix María Samaniego was born in Laguardia (Alava) and, like his contemporary Tomás de Iriarte (1750–1791), is best remembered for his *Fábulas*. Samaniego studied law in Valladolid for two years and then traveled to France where, to judge by contemporary conservative opinion, he became infected with the Voltairean spirit. Upon his return to Spain, he manifested a strong tendency to scoff at sacred matters and soon became known as a great wit and spirited conversationalist with a penchant for making the clergy the target of his satirical barbs. As a consequence of his anticlericalism, Samaniego was denounced to the Inquisition and in 1793 was confined in a Carmelite monastery near Bilbao. (It might be noted in passing that Iriarte had also been tried by the Inquisition because of an irreverent poem he had written.)

Samaniego wrote his *Fábulas morales* (1781–84) for the students at the Seminario de Vergara, one of the centers of the Spanish Enlightenment. He had sent these fables to Iriarte in 1779, and yet the latter in his own *Fábulas literarias* (1782) claimed priority in the genre. Samaniego was understandably outraged and, in revenge, circulated some hostile *Observaciones* on Iriarte's work.

The eighteenth century, an age of criticism and didacticism rather than of original creation, provided particularly fertile soil for such a moralizing genre as the fable. Samaniego's *Fábulas* are written in the popular style and are, for the most part, reworkings of Aesop, Phaedrus, La Fontaine, and in a few cases, John Gay. Iriarte, on the other hand, was a neoclassical preceptist. He had translated Vergil, Horace, and French comedies and tragedies, and his *Fábulas litera-*

rias are in essence an exposition of neoclassical theories and an attack upon those authors who strayed from the narrow path dictated by the strict canons of eighteenth-century taste. His so-called poem *La Música* is more a weighty treatise than a poem and provoked the lighter-spirited and hostile Samaniego to parody.

Iriarte's *Fábulas* are perhaps too restricted in reference for the modern taste; Samaniego follows a more familiar path. In the *Fábulas morales* the medieval tradition of the fable is once again revived, with the didactic tract agreeably disguised as poetry.

Fábulas

LIBRO PRIMERO

FÁBULA XII

EL LEOPARDO Y LAS MONAS

No a pares, a docenas [1] encontraba
Las Monas en Tetuán,[2] cuando cazaba,
Un Leopardo; apenas lo veían,
A los árboles todas se subían,
Quedando del contrario tan seguras,   5
Que pudiera decir: No están maduras.[3]
El cazador, astuto, se hace el muerto [4]
Tan vivamente, que parece cierto.
Hasta las viejas Monas,
Alegres en el caso [5] y juguetonas,   10
Empiezan a saltar; la más osada
Baja, arrímase al muerto de callada,[6]
Mira, huele y aun tienta,
Y grita muy contenta:
"Llegad, que muerto está de todo punto,   15
Tanto, que empieza a oler el tal difunto." [7]
Bajan todas con bulla y algazara,
Ya le tocan la cara,

1. No ... docenas: *Not in pairs, but by the dozens.* (The subject of *encontraba* is *leopardo*.)
2. Tetuán: *seaport in Morocco*
3. Quedando ... maduras: *Feeling so safe from the enemy that he* (the leopard) *might say "They're green* (unripe).*"* (The reference is to the fable of the fox and the grapes: when the fox saw that he could not reach the grapes, he consoled himself by saying that they weren't ripe anyway. The meaning here is that the monkeys are so completely out of the leopard's reach that he too might say something similar.)
4. se hace el muerto: *plays dead*
5. Alegres en el caso: *Happy at the event*
6. de callada: *on the quiet*
7. Tanto ... difunto: *So much so, that the corpse is beginning to stink.*

Ya le saltan encima,
Aquélla se le arrima,
Y haciendo mimos a su lado queda;
Otra se finge muerta y lo remeda.
Mas luego que las siente fatigadas
De correr, de saltar y hacer monadas,
Levántase ligero,
Y más que nunca fiero,
Pilla, mata, devora, de manera
Que parecía la sangrienta fiera,
Cubriendo con los muertos la campaña,
Al Cid matando moros en España.[8]

Es el peor enemigo el que aparenta
No poder causar daño; porque intenta,
Inspirando confianza,
Asegurar su golpe de venganza.

FÁBULA XIX

LOS DOS AMIGOS Y EL OSO

A dos Amigos se apareció un Oso:
El uno, muy medroso,
En las ramas de un árbol se asegura;
El otro, abandonado a la ventura,
Se finge muerto repentinamente.
El Oso se le acerca lentamente;
Mas como este animal, según se cuenta,[9]
De cadáveres nunca se alimenta,
Sin ofenderlo lo registra y toca,
Huélele las narices y la boca;
No le siente el aliento,
Ni el menor movimiento:
Y así, se fué diciendo sin recelo:
"Éste está tan muerto como mi abuelo."

8. de manera que ... España: Read "de manera que la sangrienta fiera, cubriendo la campaña con los muertos, parecía al Cid matando moros en España."
(El Cid or Rodrigo Díaz de Vivar [ca. 1043–1099] is the Spanish national hero,
noted for his numerous victories over the Moors.)
   9. según se cuenta: *so it is said*

Entonces el cobarde,
De su grande amistad haciendo alarde,[10]
Del árbol se desprende muy ligero,
Corre, llega y abraza al compañero,
Pondera la fortuna   5
De haberle hallado sin lesión alguna,
Y al fin le dice: "Sepas que he notado
Que el Oso te decía algún recado.
¿Qué pudo ser?—Diréte lo que ha sido;
Estas dos palabritas al oído: 10
  Aparta tu amistad de la persona
  Que si te ve en el riesgo, te abandona."

LIBRO SEGUNDO

FÁBULA II

LA LECHERA

Llevaba en la cabeza
Una Lechera el cántaro al mercado
Con aquella presteza,
Aquel aire sencillo, aquel agrado,
Que va diciendo [11] a todo el que lo advierte: 5
¡Yo sí que estoy contenta [12] con mi suerte!
  Porque no apetecía
Más compañía que su pensamiento,
Que alegre la ofrecía
Inocentes ideas de contento,   10
Marchaba sola la feliz Lechera,
Y decía entre sí [13] de esta manera:
  "Esta leche vendida,[14]
En limpio me dará tanto dinero,
Y con esta partida   15

10. De ... alarde: *Making a great show of his friendship*
11. va diciendo: *suggests*
12. Yo ... contenta: *I am really happy*
13. entre sí: *to herself*
14. Esta leche vendida: *When this milk is sold*

Un canasto de huevos comprar quiero,
Para sacar cien pollos, que al estío
Me rodeen cantando el *pío, pío*.[15]
   "Del importe logrado
5   De tanto pollo [16] mercaré un cochino;
Con bellota, salvado,
Berza, castaña, engordará sin tino;
Tanto, que puede ser que yo consiga
Ver cómo se le arrastra la barriga.
10   "Llevarélo al mercado;
Sacaré de él sin duda buen dinero:
Compraré de contado [17]
Una robusta vaca y un ternero,
Que salte y corra toda la campaña,
15   Hasta el monte cercano a la cabaña."
   Con este pensamiento
Enajenada, brinca de manera,
Que a su salto violento
El cántaro cayó. ¡Pobre lechera!
20   ¡Qué compasión! Adiós leche, dinero,
Huevos, pollos, lechón, vaca y ternero.
   ¡Oh loca fantasía,
Que palacios fabricas en el viento!
Modera tu alegría;
25   No sea que [18] saltando de contento,
Al contemplar dichosa tu mudanza,
Quiebre su cantarillo la esperanza.
   No seas ambiciosa
De mejor o más próspera fortuna;
30   Que vivirás ansiosa
Sin que pueda saciarte cosa alguna.

No anheles impaciente el bien futuro;
Mira que ni el presente está seguro.

15. pío, pío: *cheep-cheep*
16. tanto pollo: translate as plural.
17. de contado: *immediately*
18. No sea que: *Lest*

LIBRO TERCERO

FÁBULA IV

EL LEÓN ENVEJECIDO

Al miserable estado
De una cercana muerte reducido
Estaba ya postrado
Un viejo León, del tiempo consumido,
Tanto más infeliz y lastimoso,   5
Cuanto había vivido más dichoso.[19]
Los que cuando valiente
Humildes le rendían vasallaje,[20]
Al verlo decadente,
Acuden a tratarle con ultraje;   10
Que, como la experiencia nos enseña,
De árbol caído todos hacen leña.
Cebados a porfía,[21]
Lo sitiaban sangrientos y feroces.
El lobo le mordía,   15
Tirábale el caballo fuertes coces,
Luego le daba el toro una cornada,
Después el jabalí su dentellada.
Sufrió constantemente
Estos insultos; pero reparando   20
Que hasta el asno insolente
Iba a ultrajarle, falleció clamando:
"Esto es doble morir; no hay sufrimiento,[22]
Porque muero injuriado de un jumento."

Si en su mudable vida   25
Al hombre la fortuna ha derribado
Con mísera caída

19. Tanto ... dichoso: *All the more unhappy and pitiful now for having lived so happily before*
20. Los ... vasallaje: *Those who humbly paid him homage when he was vigorous*
21. Cebados a porfía: *Goading one another on*
22. no hay sufrimiento: *this is intolerable*

Desde donde lo había ella encumbrado,
¿Qué ventura en el mundo se promete,[23]
Si aun de los viles llega a ser juguete?

FÁBULA V

LA ZORRA Y LA GALLINA

Una zorra, cazando,
De corral en corral iba saltando;
A favor de [24] la noche, en una aldea
Oye al gallo cantar: maldito sea.
5   Agachada y sin ruido,
A merced del [25] olfato y del oído,
Marcha, llega, y oliendo a un agujero,
"Éste es," dice, y se cuela al gallinero.
Las aves se alborotan, menos una,
10   Que estaba en cesta como niño en cuna,
Enferma gravemente.
Mirándola la Zorra astutamente
La pregunta: "¿Qué es eso, pobrecita?
¿Cuál es tu enfermedad? ¿Tienes pepita?
15   Habla; ¿cómo lo pasas,[26] desdichada?"
La enferma la responde apresurada:
"Muy mal me va, señora, en este instante;
Muy bien si usted se quita de delante." [27]

Cuántas veces se vende un enemigo,
20   Como gato por liebre, por amigo; [28]
Al oír su fingido cumplimiento,
Respondiérale yo para escarmiento: [29]
"Muy mal me va, señor, en este instante;
Muy bien si usted se quita de delante."

23. ¿Qué ... promete ...? What good fortune can be expected in life ...?
24. A favor de: Under cover of
25. A merced del: By means of
26. ¿cómo lo pasas ...? How are you getting along ...?
27. si usted ... delante: if you go away
28. Cuántas ... amigo. How often an enemy tries to pass himself off as a friend, just as a cat is sold as a hare. (The expression "vender gato por liebre" means to cheat or to deceive.)
29. Respondiérale yo para escarmiento: I would answer him to teach him a lesson

LIBRO CUARTO

FÁBULA IV

EL VIEJO Y LA MUERTE

Entre montes, por áspero camino,
Tropezando con una y otra peña,[30]
Iba un Viejo cargado con su leña,
Maldiciendo su mísero destino.
Al fin cayó, y viéndose de suerte [31]   5
Que apenas levantarse ya podía,
Llamaba con colérica porfía
Una, dos y tres veces a la Muerte.
Armada de guadaña, en esqueleto,[32]
La Parca se le ofrece en aquel punto; [33]   10
Pero el Viejo, temiendo ser difunto,
Lleno más de terror que de respeto,
Trémulo la decía y balbuciente:
"Yo..., señora..., os llamé desesperado;
Pero... —Acaba; ¿qué quieres, desdichado?   15
—Que me cargues la leña solamente."

Tenga paciencia quien se cree infelice; [34]
Que aun en la situación más lamentable
Es la vida del hombre siempre amable:
El Viejo de la leña nos lo dice.   20

30. con ... peña: *on one rock after another*
31. de suerte: *in such a state*
32. en esqueleto: *as a skeleton*
33. La Parca ... punto: *Death appears before him at that moment.* (The Parcae or Fates are the three mythological goddesses Clotho, Lachesis, and Atropos who spin the thread of life, dispose lots, and cut the thread of life, respectively.)
34. infelice = infeliz

LIBRO QUINTO

FÁBULA IV

EL LABRADOR Y LA PROVIDENCIA

Un Labrador cansado,
En el ardiente estío,
Debajo de una encina
Reposaba pacífico y tranquilo.
5   Desde su dulce estancia
Miraba agradecido
El bien con que la tierra
Premiaba sus penosos ejercicios.
Entre mil producciones,
10 Hijas de su cultivo,
Veía calabazas,
Melones por los suelos esparcidos.
"¿Por qué la Providencia,
Decía entre sí mismo,
15 Puso a la ruin bellota
En elevado preeminente sitio?
¿Cuánto mejor sería
Que, trocando el destino,
Pendiesen de las ramas
20 Calabazas, melones y pepinos?"
Bien oportunamente,
Al tiempo que esto dijo,
Cayendo una bellota,
Le pegó en las narices de improviso.
25 "Pardiez, prorrumpió entonces
El Labrador sencillo,
Si lo que fué bellota,
Algún gordo melón hubiera sido
Desde luego pudiera
30 Tomar a buen partido
En caso semejante
Quedar desnarigado, pero vivo." [35]

35. Desde ... vivo: *Of course in such a case I'd consider myself lucky to be left noseless but at least alive.*

Aquí la Providencia
Manifestarle quiso
Que supo a cada cosa
Señalar sabiamente su destino.
A mayor bien del hombre [36]   5
Todo está repartido;
Preso el pez en su concha,[37]
Y libre por el aire el pajarillo.

FÁBULA VII

LOS CANGREJOS

Los más autorizados, los más viejos
De todos los Cangrejos
Una gran asamblea celebraron.
Entre los graves puntos que trataron,
A propuesta de un docto presidente,   5
Como resolución la más urgente
Tomaron la que sigue: "Pues que al mundo
Estamos dando ejemplo sin segundo,[38]
El más vil y grosero
En andar hacia atrás como el soguero;[39]   10
Siendo cierto también que los ancianos,
Duros de pies y manos,
Causándonos los años pesadumbre,
No podemos vencer nuestra costumbre;[40]
Toda madre desde este mismo instante   15
Ha de enseñar andar hacia adelante
A sus hijos; y dure la enseñanza[41]
Hasta quitar del mundo tal usanza.—
"Garras a la obra,"[42] dicen las maestras,
Que se creían diestras;   20

36. A ... hombre: *To the greatest advantage of man*
37. Preso ... concha: *The [shell]fish snug in his shell*
38. sin segundo: *unrivaled*
39. The ropemaker walks backwards as he pays out the fiber.
40. Siendo ... costumbre: *It's also true that we old people, with our stiff arms and legs and the handicaps that age brings, can't rid ourselves of our old habits.*
41. y ... enseñanza: *and let the teaching go on*
42. The usual expression is "manos a la obra": *let's get down to work.*

Y sin dejar ninguno,
Ordenan a sus hijos uno a uno
Que muevan sus patitas blandamente
Hacia adelante sucesivamente.
5   Pasito a paso, al modo que podían,[43]
Ellos obedecían;
Pero al ver a sus madres que marchaban
Al revés de lo que ellas enseñaban,
Olvidando los nuevos documentos,
10 Imitaban sus pasos, más contentos.
Repetían sus madres sus lecciones,
Mas no bastaban teóricas razones;
Porque obraba en los jóvenes Cangrejos
Sólo un ejemplo más que mil consejos.
15 Cada maestra se aflije y desconsuela,
No pudiendo hacer práctica su escuela; [44]
De modo que en efecto
Abandonaron todas el proyecto.
Los magistrados saben el suceso,
20 Y en su pleno congreso
La nueva ley al punto derogaron,
Porque se aseguraron
De que en vano intentaban la reforma,
Cuando ellos no sabían ser la norma.

25 *Y es así; que la fuerza de las leyes*
Suele ser el ejemplo de los reyes.[45]

FÁBULA IX

EL CUERVO Y EL ZORO

En la rama de un árbol,
Bien ufano y contento,
Con un queso en el pico,
Estaba el señor Cuervo.

Del olor atraído
Un Zorro muy maestro,
Le dijo estas palabras,
A poco más o menos:

43. al ... podían: *as best they could*
44. No ... escuela: *Unable to make their lessons stick*
45. que ... reyes: *for laws derive their strength from the example set by the rulers.* (A related proverb is "Allá van leyes do quieren reyes.")

"Tenga usted buenos días,⁴⁶
Señor Cuervo, mi dueño;
Vaya que ⁴⁷ estáis donoso,
Mono, lindo en extremo;
5 Yo no gasto en lisonjas,⁴⁸
Y digo lo que siento;
Que si a tu bella traza
Corresponde el gorjeo,⁴⁹
Juro a la diosa Ceres,⁵⁰
10 Siendo testigo el cielo,
Que tú serás el fénix ⁵¹
De sus ⁵² vastos imperios."
Al oír un discurso
Tan dulce y halagüeño,
15 De vanidad llevado,

Quiso cantar el Cuervo.
Abrió su negro pico,
Dejó caer el queso;
El muy astuto Zorro,
Después de haberle preso,   5
Le dijo: "Señor bobo,
Pues sin otro alimento,
Quedáis con alabanzas
Tan hinchado y repleto,
Digerid las lisonjas   10
Mientras yo como el queso."

Quien oye aduladores,
Nunca espere otro premio.

LIBRO SEXTO

FÁBULA XII

EL AMOR Y LA LOCURA

Habiendo la Locura
Con el Amor reñido,
Dejó ciego de un golpe
Al miserable niño.⁵³
5 Venganza pide al cielo

Venus, mas ¡con qué gritos!
Era madre y esposa: ⁵⁴
Con esto queda dicho.⁵⁵
Queréllase a los dioses,
Presentando a su hijo: 5

46. Tenga ... días: *Good day to you*
47. Vaya que: *My, but*
48. Yo ... lisonjas: *I'm not given to flattery*
49. Que ... gorjeo: *If your warbling is as lovely as your appearance*
50. Ceres is a mythological goddess of vegetation.
51. fénix = Phoenix, a mythological bird believed to live 500 years, then to be consumed in flames and to rise young again from its own ashes.
52. *Sus* refers to *cielo*, which is the witness to his flattering "truths."
53. Cupid (Eros) was often represented as blindfolded.
54. Cupid was the son of Venus; traditions vary with regard to the identity of his father. Cupid has been variously described as the son of Zeus (Jupiter), of Hermes (Mercury), of Mars, or the son of Venus without consort. Vulcan, the husband of Venus, has apparently never been considered the father of Cupid.
55. Con ... dicho: *No more need be said.*

¿De qué sirven [56] las flechas,
De qué el arco a Cupido,
Faltándole la vista [57]
Para asestar sus tiros?
5 Quítensele las alas
Y aquel ardiente cirio,[58]
Si a su luz ser no pueden
Sus vuelos dirigidos.[59]
   Atendiendo a que [60] el ciego

Siguiese su ejercicio,
Y a que la delincuente [61]
Tuviese su castigo,
Júpiter, presidente
De la asamblea, dijo: 5
"Ordeno a la Locura,
Desde este instante mismo,
Que eternamente sea
De Amor el lazarillo." [62]

56. ¿De qué sirven ...? *What good are ...?*
57. Faltándole la vista: *If he can't see*
58. Roman artists often depicted Cupid with a torch.
59. Si ... dirigidos: *If his flights can't be guided by its light*
60. Atendiendo a que: *In order to make sure that*
61. la delincuente: refers to *la locura*.
62. lazarillo: *blind man's guide. Lazarillo de Tormes,* the prototype of the Spanish picaresque novel, appeared in 1554. Lazarillo's first job was that of leading a blind man.

Gaspar Melchor de Jovellanos
(1744–1811)

The most important theorist of reform in the late eighteenth century, an idealist immortalized by the painter Goya, Jovellanos—economist, educator, statesman, dramatist, and poet—was born of an aristocratic family in Gijón, Asturias, January 5, 1744. After abandoning plans to study for the priesthood, he spent a period as magistrate in Seville. In 1778 he was transferred to Madrid where he made influential friends and became a member of various learned academies. Jovellanos criticized the idle aristocracy, advocated women's rights, deepened his knowledge of philosophy, economics, and history, and wrote treatises and reports of a quasi-encyclopedic range characterized by a combination of historical, philosophical, and practical thinking.

Jovellanos's life was punctuated by struggles with church and court figures. In 1790 he was sent north to do a study of the coal mines of Asturias, an order that amounted to an exile of eight years which he spent in productive tranquillity. Among the things he wrote at the time is his famous report *Informe sobre la ley agraria* which had been commissioned by the *Sociedad Económica de Madrid* for recommendation to the *Consejo de Castilla*. This report, judged a dangerous threat to the landowning classes, is considered an important document, although it had no immediate practical effect. In it the author, influenced by French physiocrats such as Quesnay and Turgot and by Adam Smith's *Wealth of Nations*, argued that laws should protect the rights of the agricultural laborer as well as the landowner, that untilled land should be given to individuals, that the vast holdings of the church and noble families should be dispersed, that agronomy should be taught, and that the government should construct irrigation projects and roads. That same year (1795) Jovellanos created the Instituto Asturiano in Gijón, considered one of the most significant advances in Spanish educational reform.

In 1797 he was appointed Ministro de Gracia y Justicia (Minister of Ecclesiastical Affairs and Justice) but eight months later he was again sent to Gijón. Shortly thereafter, accused of political and religious subversion, he was sent to Cataluña and, finally, to the island of Mallorca where he was incarcerated in the Carthusian monastery of Valldemosa and then in the Castle of Bellver. Liberated in the fateful year of 1808 he resisted efforts of friends to win him over to the side of the French invaders and chose to serve as delegate to the Junta Central de Defensa which governed Spain after Fernando VII left his country. With the dissolution of the Junta, he retired to Asturias, where he died on November 27, 1811.

Jovellanos, always seeking ways and means of improvement, read widely in the classics, in Spanish literature, and in the French and English political thinkers and economists. Although his personal austerity contrasted with the immorality of the court, and although he was critical of certain powers of Church and Inquisition, Jovellanos was unwilling to subvert the foundations of religion and monarchy, but held that they could support a revised, strengthened superstructure. One of his most important works was the *Memoria sobre educación, o sea Tratado teórico-práctico de enseñanza, con aplicación a las escuelas y colegios de niños,* written in 1802 for a contest sponsored by the *Sociedad Patriótica de Mallorca* and divided into five parts, or *cuestiones,* of which the first is reproduced here.

Memoria sobre educación pública

PRIMERA CUESTIÓN

¿Es la instrucción pública el primer origen de la prosperidad social? Sin duda. Esta es una verdad no bien reconocida todavía, o por lo menos no bien apreciada; pero es una verdad. La razón y la experiencia hablan en su apoyo.

Las fuentes de la prosperidad social son muchas; pero todas nacen 5 de un mismo origen, y este origen es la instrucción pública. Ella es la que las descubrió, y a ella todas están subordinadas. La instrucción dirige sus raudales para que corran por varios rumbos a su término; la instrucción remueve los obstáculos que pueden obstruírlos, o extraviar sus aguas. Ella es la matriz, el primer manantial, que abas- 10 tece estas fuentes. Abrir todos sus senos, aumentarle, conservarle es el primer objeto de la solicitud de un buen gobierno, es el mejor camino para llegar a la prosperidad. Con la instrucción todo se mejora y florece; sin ella todo decae y se arruina en un Estado.

¿No es la instrucción la que desenvuelve las facultades intelectua- 15 les y la que aumenta las fuerzas físicas del hombre? Su razón sin ella es una antorcha apagada; con ella alumbra todos los reinos de la naturaleza y descubre sus más ocultos senos, y la somete a su albedrío. El cálculo de la fuerza oscura e inexperta del hombre produce un escasísimo resultado,[1] pero con el auxilio de la naturaleza, ¿qué 20 medios no puede emplear?; ¿qué obstáculos no puede remover?; ¿qué prodigios no puede producir? Así es como la instrucción mejora el ser humano, el único que puede ser perfeccionado por ella, el único dotado de perfectibilidad. Este es el mayor don que recibió de la mano de su inefable Criador. Ella le descubre, ella le facilita todos 25 los medios de su bienestar, ella, en fin, es el primer origen de la felicidad individual.

1. El cálculo ... resultado: *If we assay the blind and clumsy abilities of man, we come up with very little.*

33

Luego lo será también [2] de la prosperidad pública. ¿Puede entenderse por este nombre otra cosa que la suma o el resultado de las felicidades de los individuos del cuerpo social? Defínase como se quiera,[3] la conclusión será siempre la misma. Con todo, yo desenvol-
5 veré esta idea para acomodarme a la que se tiene de ordinario [4] acerca de la prosperidad pública.

Sin duda que son varias las causas o fuentes de que se deriva esta prosperidad; pero todas tienen un origen y están subordinadas a él; todas lo están a la instrucción.[5] ¿No lo está la agricultura,[6] primera
10 fuente de la riqueza pública y que abastece todas las demás? ¿No lo está la industria, que aumenta y avalora esta riqueza, y el comercio, que la recibe de entrambas, para expenderla y ponerla en circulación, y la navegación que la difunde por todos los ángulos de la tierra? ¡Y qué!,[7] ¿no es la instrucción la que ha criado estas preciosas
15 artes, la que las ha mejorado y las hace florecer? ¿No es ella la que ha inventado sus instrumentos, la que ha multiplicado sus máquinas, la que ha descubierto e ilustrado sus métodos? ¿Y se podrá dudar que a ella sola está reservado llevar a su última perfección estas fuentes fecundísimas de la riqueza de los individuos y del poder del Estado?
20 Se cree de ordinario que esta opulencia y este poder pueden derivarse de la prudencia y de la vigilancia de los gobiernos; pero ¿acaso pueden buscarlos por otro medio que el de promover y fomentar esta instrucción, a que deben su origen todas las fuentes de la riqueza individual y pública? Todo otro medio es dudoso, es ineficaz;
25 este sólo es directo, seguro e inefable.

¿Y acaso la sabiduría de los gobiernos puede tener otro origen? ¿No es la instrucción la que los ilumina, la que les dicta las buenas leyes y la que establece en ellas las buenas máximas? ¿No es la que aconseja a la política, la que ilustra a la magistratura, la que alumbra y
30 dirige a todas las clases y profesiones de un estado? Recórranse [8] todas las sociedades del globo, desde la más bárbara a la más culta, y se verá que donde no hay instrucción todo falta, que donde la hay todo abunda, y que en todas la instrucción es la medida común de la prosperidad.

2. Luego ... también: *It must therefore also be* (the primary source)
3. Defínase ... quiera: *Define it as you will*
4. a la que ... ordinario: *to the idea usually held*
5. todas ... instrucción: *all are derived from instruction*
6. ¿No ... agricultura ...? *Is that not true of agriculture ...?*
7. ¡Y qué! *And after all!*
8. Recórranse: *Look over*

Pero ¿acaso la prosperidad está cifrada en la riqueza? ¿No se estimarán en nada las cualidades morales en una sociedad? ¿No tendrán influjo en la felicidad de los individuos y en la fuerza de los estados? Pudiera creerse que no, en medio del afán [9] con que se busca la riqueza y la indiferencia con que se mira la virtud. Con todo, la virtud y el valor deben contarse entre los elementos de la prosperidad social. Sin ella toda riqueza es escasa, todo poder es débil. Sin actividad ni laboriosidad, sin frugalidad y parsimonia, sin lealtad y buena fe, sin probidad personal y amor público; en una palabra, sin virtud ni costumbres, ningún Estado puede prosperar, ninguno subsistir. Sin ellas el poder más colosal se vendrá a tierra, la gloria más brillante se disipará como el humo.

Y bien, esta otra fuente de prosperidad, ¿no tendrá también su origen en la instrucción?; ¿quién podrá dudarlo? ¿No es la ignorancia el más fecundo origen del vicio, el más cierto principio de la corrupción? ¿No es la instrucción la que enseña al hombre sus deberes y la que le inclina a cumplirlos? La virtud consiste en la conformidad de nuestras acciones con ellos, y sólo quien los conoce puede desempeñarlos. Es verdad que no basta conocerlos, y que también es un oficio de la virtud abrazarlos; pero en esto mismo [10] tiene mucho influjo la instrucción, porque apenas hay mala acción que no provenga de algún artículo de ignorancia, de algún error o de algún falso cálculo en su determinación. El bien es de suyo [11] apetecible, conocerle es el primer paso para amarle. Salva, pues, siempre la libertad de nuestro albedrío y salvo [12] el influjo de la divina gracia en la determinación de las acciones humanas, ¿puede dudarse que aquel hombre tendrá más aptitud, más disposición, más medios de dirigirlas al bien, que mejor conozca este bien, esto es, que tenga más instrucción?

Aquí debo ocurrir a un reparo.[13] Se dirá que también la instrucción corrompe, y es verdad. Ejemplos a millares se pueden tomar de la historia de los antiguos y de los modernos pueblos en confirmación de ello. Si la instrucción, mejorando las artes, atrae la riqueza, también la riqueza produciendo el lujo, inficiona y corrompe las costumbres. ¿Y qué es la instrucción sin ellas? Entonces, ¡qué males

9. en medio del afán: *considering the frenzy*
10. esto mismo: *this very thing*
11. de suyo: *in itself*
12. Salva, pues ... salvo: *Except for the free will which is always ours and except for*
13. ocurrir a un reparo: *make an observation*

y desórdenes no apoya!; ¡qué errores no sostiene!; ¡qué horrores no defiende y autoriza! Y si la felicidad estriba en las dotes morales del hombre y de los pueblos, ¿quién que tienda la vista sobre la culta Europa, se atreverá a decir [14] que los pueblos más instruídos son los
5 más felices?

La objeción es demasiado importante para que quede sin respuesta. Sin duda que el lujo corrompe las costumbres; pero absolutamente hablando, el lujo no nace de la riqueza. Hay lujo en todas las naciones, en todas las provincias, en todos los pueblos y en todas las
10 profesiones de la vida, ora sean o se llamen ricas o pobres.[15] Hayle [16] en las naciones cultas e instruídas como en las bárbaras e ignorantes. Hayle en Constantinopla como en Londres; y mientras un europeo adorna su persona con galas y preseas, el salvaje rasga sus orejas, horada sus labios y se engalana con airones y plumas. En todas partes
15 el amor propio es el patrimonio del hombre, en todas partes aspira a distinguirse y singularizarse. He aquí el verdadero origen del lujo.

Sin duda que la riqueza le fomenta; pero ¿cómo? Donde las leyes autorizan la desigualdad de las fortunas; cuando la mala distribución de las riquezas pone la opulencia en pocos, la suficiencia [17] en
20 muchos y la indigencia en el mayor número, entonces es cuando un lujo escandaloso devora las clases pudientes, y cuando, difundiendo su infección, las contagia, y aunque menos visible, las enflaquece y arruina.

Pero sea la que fuere la causa [18] del lujo, la instrucción, lejos de
25 fomentarle, le modera; mejora, si así puede decirse, los objetos; le dirige más bien a la comodidad que a la ostentación, y pone un límite a sus excesos. Ciertamente que no es [19] un defecto de hombres instruídos; es de hombres frívolos y vanos. Es, en fin, el vicio, es la pasión de la ignorancia.
30 No por eso negaré [20] que haya desórdenes y horrores producidos o patrocinados por la instrucción; pero por una instrucción mala y perversa, que también en ella cabe [21] corrupción, y entonces ningún

---

14. ¿quién ... decir? *who will look upon cultivated Europe and dare to say ...?*
15. ora sean ... pobres: *whether they are rich or poor, or simply consider themselves so*
16. Hayle (Hay + le): *It (luxury) exists*
17. la suficiencia: *just enough*
18. Pero ... causa: *But whatever may be the cause*
19. Ciertamente que no es: *It certainly is not*
20. No ... negaré: *However I will not deny*
21. cabe: *there is room for*

mal mayor puede venir sobre los hombres y los Estados. *Corruptio optimi pessima.*[22]

La instrucción que trastorna los principios más ciertos, la que desconoce todas las verdades más santas, la que sostiene y propaga los errores más funestos, ésa es la que alucina, extravía y corrompe 5 los pueblos. Pero a ésta no llamaré yo instrucción, sino delirio. La buena y sólida instrucción es su antídoto; y esta sola es capaz de resistir su contagio y oponer un dique a sus estragos; esta sola debe reparar lo que aquélla destruye, y esta sola es el único recurso que puede salvar de la muerte y desolación los pueblos contagiados por 10 aquélla. La ignorancia los hará su víctima, la buena instrucción los salvará tarde o temprano; porque el dominio del error no puede ser estable ni duradero; pero el imperio de la verdad será eterno como ella.

22. *Corruptio optimi pessima* (Latin): *The worst corruption of the best.*

THE NINETEENTH CENTURY

The year 1808 marked a new era in the history of Spain; with the entry of French troops into Madrid, the people of the capital rebelled, touching off a series of bloody reprisals. The revolt in Madrid, immortalized in the paintings of Goya, was but the first of many acts of violent resistance against the new king José Bonaparte (Napoleon's brother) and the French occupation. In the midst of this *Guerra de Independencia*, the first Spanish Constitution was promulgated in Cádiz in 1812; later, Anglo-Spanish troops, headed by Wellington, won a series of battles and the French retreated. The war was over by 1814, and Fernando VII returned.

The return of this absolutist monarch marked the beginning of a period of reaction and repression. Fearing the spread of rebellion, the king reinstated the liberal constitution of Cádiz in 1820, but three years later the French Duke of Angoulême, heading an army of 100,000 men (called the "cien mil hijos de San Luis") came to the aid of the monarch, and absolutism was restored.

The Spanish empire was, however, irrevocably weakened, for the colonies in the New World, inspired by the American Revolution and led by such men as Miranda, Bolívar, Sucre, and San Martín, had begun to rebel against the mother country early in the century. By 1824 Spain had lost her empire in Mexico, Central America, and South America.

When Fernando VII died in 1833, his successor was his three-year-old daughter, Isabel II. His widow María Cristina acted as Regent for the next seven tumultuous years, during which the Carlists, the extremely reactionary followers of Don Carlos, the dead king's brother and pretender to the throne, rebelled. The Carlists were strongest in the northern and eastern regions and won some resounding victories, but their failure to take Madrid and dissension within their ranks finally persuaded them to sign a treaty, called the Convenio de Vergara (1839), with the central government.

After some difficulties with her ministers, the Queen Mother left Spain and the regency fell to Espartero who, faced with insurrections at several points on the peninsula, fled to England. Thereupon, Isabel II assumed the throne on November 8, 1843, at the age of thirteen. With an inept—indeed, unfit—queen at the helm, Spain suffered years of confusion and conflict, with conservatives, moderates, and progressives all pitted against one another. Ministry followed ministry, as uprisings, trouble in Cuba and other parts of America, war in Africa, and general dissatisfaction made a stable government impossible. Things had reached such a pass that in 1868, General Prim, who had returned from exile, headed a revolution that sent the queen hurrying across the French border for safety. A provisional government was set up, and later the Cortes invited the Italian Duke Amadeo de Saboya to ascend the throne. So difficult, however, was the situation in Spain that the new king abdicated early in 1873, only three years after his arrival. The First Republic was declared on February 11, 1873.

The Republic, however, was doomed to failure: the country seethed with agitation—centralist against federalist, monarchist against republican, moderate against radical—and four presidents followed one another in the space of one year. The Carlists had already rebelled again in 1872 and occupied the northern provinces, while in 1868 a revolt that was to last ten years had broken out in Cuba. Finally, on December 29, 1874, the Republic came to an end and Isabel II's son, Alfonso XII, was declared King of Spain.

Alfonso XII reigned ten years (1875–85) as constitutional monarch, but elections to the Cortes were so controlled that they scarcely reflected public opinion. The Carlists were defeated in 1876, and the Cuban rebels were temporarily pacified—accomplishments which earned the king the epithet *Pacificador*. His death in 1885 left his queen, María Cristina, Regent during the minority of their son, born six months after his father's death. The regency was a time of internal troubles, clashes in North Africa, a Cuban revolution which started in 1894, and an insurrection in the Philippines two years later. War with the United States, precipitated by the explosion of the warship *Maine,* ended with Spanish defeat and the Treaty of Paris (December 10, 1898) by which Spain lost Cuba, Puerto Rico, the Philippines, and Guam. On May 17, 1902 Alfonso XIII swore to uphold the Constitution and was declared king of a lamentably weakened country.

In literature, the neoclassicism of the eighteenth century could not take firm root in Spain because the Spanish literary tradition had, in the main, disregarded the rules of measure and control. The strong popular vein of the *romances*, the realism of the *Celestina*, the picaresque novel and the *Quijote*, the excesses of Siglo de Oro drama, the verbal extravagances of baroque poetry, the extreme personalism of mystical literature, all were inimical to that balance and logic associated with classical French literature.

The repressive reign of Fernando VII had sent many eminent men —among them Martínez de la Rosa, the Duque de Rivas, and Espronceda—into exile, where they came in contact with the romantic ferment abroad. Furthermore, foreign ideas filtered through such important cities as Barcelona and Cádiz, and by the time of Fernando's death, the romanticism that was already in the air at the end of the previous century began to flourish. The historical novel, of slight aesthetic importance, was an imitation principally of Sir Walter Scott, but the drama and poetry reflected the inventiveness and virtuosity of the young writers. Extravagant color pervaded every phase of Spanish literature; the bold incident and sweeping declamation that filled the stage also characterized nondramatic verse. The rebel, the pariah, and the seducer were the favorite heroes of the romantic scene. At times the authors played out the drama of introspection, disillusionment, and exile in their personal lives. The remote, the mysterious, and eerie provided the proper improbable backgrounds for rhapsodic imagery and outlandish vicissitude, while nature, either cataclysmic or lyrical, was used as the projection of the author's mood. Romanticism, then, tended to outstrip life; it reflected an antibourgeois spirit, a subjectivism and rebelliousness that went against the criteria of reasonableness, good sense, and adjustment to life.

All impetuous movements, however, ultimately engender their opposites, and the high-pitched romantic drama was soon followed by a theater that was less fantastic and more realistic. If romantic echoes persisted, there was growing interest in the dramatic value of problems more germane to modern existence. This was especially true in the novel of the last half of the century: Cecilia Böhl de Faber (1796–1877), more commonly known as Fernán Caballero, had initiated the realistic novel, stressing serious moral problems against a background of picturesque Andalusian folkways. Her solid traditionalism was carried on by José María de Pereda (1833–1906) of the northern Santander region, who, even in his finest novels, vented his ire on progress and liberalism and exalted the old-fashioned virtues of domesticity, regional loyalties, and religion. In some of his best-known works, the most fertile scholar of the century, Marcelino Menéndez Pelayo (1856–1912), strove to demonstrate that Spain had achieved her peak only when she had remained solidly orthodox.

The importation by Julián Sanz del Río (1817–1869) of philosophic concepts derived from the German Carl Friedrich Krause provided the groundswell for educational reform and produced several outstanding liberal thinkers. Among them was Francisco Giner de los Ríos who established the very influential lay Institución Libre de Enseñanza (1876). Some of the novels of Spain's greatest modern realist, Benito Pérez Galdós, are highly critical of hidebound, inflexible religious belief and a parasitic aristocracy. The critic, short-story writer and novelist Leopoldo Alas (1852–1901), better known as Clarín, drew in his novel La Regenta (1884) a devastating picture of the somnolence, hypocrisy, and vice rampant beneath the surface of a provincial capital. The historian and reformer Joaquín Costa (1866–1911) wrote books, monographs, and articles to galvanize his countrymen into recognizing the enormous and very immediate problems involved in national reinvigoration.

Thus, the critical, cosmopolitan spirit, adumbrated in the eighteenth century, gathers momentum throughout the nineteenth, and prepares the ground for the strivings of those rebellious and highly talented men coming of age at the turn of the twentieth century.

Ramón de Mesonero Romanos

(1803–1882)

Ramón de Mesonero Romanos, who signed his articles with the pen name "el Curioso Parlante," inevitably invites comparison with his contemporary fellow-critic Mariano José de Larra. Both were sharp observers of Spanish society, both wrote essays on contemporary manners and foibles, both are invaluable sources of information on life in Madrid—but there the similarities end. Mesonero Romanos was a comfortable member of the bourgeoisie, at ease with himself and with the world in which he lived; the mirror he holds up to society reflects an essentially benign image. Larra, the eternal outsider, at odds with himself and with society, often uses a distorting mirror, and the image can be nightmarish.

As historian of Madrid, Mesonero set himself the task of painting his city in its physical aspects, evoking its customs and its manners in articles that subsequently were collected under the title *Panorama matritense* (1832–35). A second series of articles, entitled *Escenas matritenses* (1836–42), revealed another facet of the author's purpose: the desire to paint the *moral* aspects of Madrid. This second series of articles also reflects a change in the atmosphere of Spain itself. The death of Fernando VII in 1833, the first Carlist War (1833–39), the resultant adjustments in the political and social life of the country are all depicted in some measure in these sketches. "El alquiler de un cuarto," reproduced below, is from this series.

Mesonero shared in the Romantic enthusiasm for the Golden Age drama and worked on studies of dramatists of the era of Lope de Vega for inclusion in the great Biblioteca de Autores Españoles collection. He also founded the first illustrated newspaper, *Semanario pintoresco español* (1836), in which the above-mentioned *Escenas matritenses* first appeared. *Tipos y caracteres* (1843–62) and *Memorias de un setentón* (1880) are further contributions he made to the history of the period.

Mesonero had traveled to England and to France and was, in some respects, in the mainstream of Romanticism, yet his temperament did not allow him to take seriously the effusions that became the characteristic of the movement. His wonderfully comic, albeit over-drawn, satire "El romanticismo y los románticos" makes this abundantly clear.

The interest inspired by Mesonero rests far less in the man than in the work. Later regional novelists (Alarcón and Valera, for example) owed much to Mesonero's "pinturas," and Pérez Galdós, the master of them all, acknowledges his debt to "el Curioso Parlante" in his depiction of Madrid and the Madrilenians.

Escenas matritenses

EL ALQUILER DE UN CUARTO

> Las riquezas no hacen rico, mas
> ocupado; no hacen señor, mas ma-
> yordomo.
>
> CELESTINA [1]

A los que acostumbran a mirar las cosas sólo por la superficie,
suele parecerles que no hay vida más descansada ni exenta de sinsabores que la de un propietario de Madrid. Envidiando su suerte, en-
tienden que en aquel estado de bienaventuranza nada es capaz de
5 alterar la tranquilidad de tan dichoso mortal, al cual (según ellos)
bástale sólo saber las primeras reglas de la Aritmética para recibir
puntualmente y a plazos periódicos y seguros el inagotable manantial de su propiedad.—"Si yo fuera propietario (dicen estos tales [2]),
¡qué vida tan regalona había de llevar! [3] De los treinta días del mes,
10 los veinte y nueve los pasaría alternando en toda clase de placeres,
en el campo y en la ciudad, y sólo doce veces al año dedicaría algunas horas a recibir el tributo que mis arrendatarios llegarían a ofrecerme.—Tanto de éste, tanto del otro, cuanto del de más allá,[4] suman
tanto...; bien puedo descansar y divertirme, y reír por el día, y ron-
15 car por la noche, y compadecerme de la agitación del mercader, de
la dependencia del empleado, del estudio del literato, y de la diligencia, y del médico, y del trabajo, en fin, que todas las carreras
llevan consigo."
Esto dicen los que no son propietarios: escuchemos ahora a los
20 que lo son;—pero no los escuchemos, porque esto sería cuento de no
acabar; [5]—mirémosles solamente hojear de continuo sus libros de

1. *La Celestina*, novel in dialogue form, first published in 1499. It is considered one of the greatest works of Spanish literature before *Don Quijote*.
2. dicen estos tales: *these people say*
3. ¡qué vida ... llevar! *what an easy life I'd lead!*
4. Tanto ... tanto ... cuanto ... allá: *So much from one, so much from another,
so much from still another*
5. porque ... acabar: *there would be no end to it*

caja para ajustar a cada inquilino su respectivo *debe y haber* [6]—(porque un propietario debe saber la teneduría de libros y estar enterado de la partida doble);—veámosle correr a su posesión, y llamar de una en otra puerta con aire sumiso y demandante, y recibir por toda respuesta un "No está el amo en casa."—"Vuelva usted otro día."— 5 "Amigo, no me es posible; los tiempos...ya ve usted cómo están los tiempos..."—"Yo hace veinte días que no trabajo."—"A mí me están debiendo ocho meses de mi viudedad."—"Yo estoy en Enero."—"Yo en Octubre de 25." [7]—"Pues yo, señores míos (dice el propietario), estoy en Diciembre de 1840, para pagar adelantadas las contribucio- 10 nes; con que, si ustedes no me ayudan..."

Otros la toman por diverso estilo [8]...—"Oiga usted, señor casero, en esta casa no se puede vivir de chinches; [9] es preciso que aquí ponga cielo raso."—"Yo quiero que me blanquee usted el cuarto."— "Yo, que me desatasque usted el común."—"Yo, que me ensanche la 15 cocina."—"Yo, que me baje la buhardilla."

Mirémosle, pues, regresar a su casa tan lleno el pecho de esperanzas como vacío el bolsillo de realidades, y dedicarse luego profundamente a la lectura del *Diario* y la *Gaceta*— [10] (porque un propietario debe ser suscritor nato a ambos periódicos)—para instruirse 20 convenientemente de las disposiciones de la autoridad sobre policía urbana, y saber a punto fijo cuándo ha de revocar su fachada, cuándo ha de blanquear sus puertas, cuándo ha de arreglar el pozo, cuándo ha de limpiar el tejado, o bien para estudiar los decretos concernientes a contribuciones ordinarias y extraordinarias, y calcular la 25 parte de propiedad de que aun se le permite disponer.—Veámosle después consultar los libros forenses, la *Novísima Recopilación* [11] y los autos acordados—(porque un propietario debe ser legista teórico y práctico),—con el objeto de entablar juicios de conciliación y demandas de despojo. Escuchémosle luego defender su derecho ante la 30 autoridad—(porque el propietario debe también ser elocuente),— para convencerla de que el medianero debe dar otra salida a las aguas,[12] o que el inquilino tiene que acudirle con el pago puntual de

6. debe y haber: *debit and credit*

7. "Yo ... Enero." "Yo ... 25." *"They're only up to January in my pay. They're only up to October, 1825, in mine."*

8. Otros ... estilo: *Others try a different approach.*

9. en ... chinches: *there are so many bedbugs that it's impossible to live in this house*

10. *Diario, Gaceta:* names of newspapers

11. *Novísima Recopilación:* Codex of Spanish laws (1775)

12. debe ... aguas: *ought to have the water drain off through another channel*

sus alquileres, cosa que, de puro desusada, ha llegado a ponerse en
duda.[13] Oigámosle más adelante dirimir las discordias de los vecinos
sobre·el farol que se rompió, el chico que tiró piedras a la ventana
de la otra buhardilla, el perro que no deja dormir a la vecindad, el
5 zapatero que se emborracha, la mujer del sastre que recibe al cortejo,
el albañil que apalea a su consorte, el herrador que trabaja por la
siesta, la vieja del entresuelo que protege a la juventud,[14] el barbero
que cortó la cuerda del pozo, y otros puntos de derecho inter-vecinal,
para resolver sobre los cuales es preciso que el propietario tenga un
10 espíritu conciliador, un alma grande, una capacidad electoral, una
presencia majestuosa, actitudes académicas, sonora e imponente
voz.—Por último, veámosle entablar diálogos interesantes con el
albañil y el carpintero, el vidriero y el solador; disputar sobre *pan-
deretes y bajadas, y crujías y solarones, y emplomados y rasillas*, y
15 nos convenceremos de que el propietario tiene que saber por principios todos aquellos oficios, y encerrar en su cabeza todo un diccio-
nario tecnológico; y cuenta que [15] esto no ha de salvarle de repartir
por mitad con aquellos artífices el líquido producto de su propiedad.
20   Pero en ninguno de los casos arriba dichos ofrece tanto interés al
espectador la situación de nuestro propietario, como en el acto
solemne en que va a proceder a *el alquiler de un cuarto.*
   Figurémonos un hombre de cuatro pies, aunque sustentándose
ordinariamente en dos; frisando en la edad de medio siglo; rostro
25 apacible, sereno y vigorizado por cierto rosicler...el rosicler que in-
funde una bolsa bien provista; los ojos vivos, como del que sabe estar
alerta contra las seducciones y las estafas; las narices pronunciadas,
como de un hombre que acostumbra a oler de lejos la falta de pecunia; la frente pequeña, señal de perseverancia; los labios gruesos y
30 adelantado el inferior,[16] en muestra de grosería y avaricia; las orejas
anchas y mal conformadas, para ser sensibles a los encantos de la
elocuencia; y amenizado el resto de su persona con un cuello toril en
diámetro, y tan corto de talla,[17] que la punta de la barba viene a
herirle la paletilla; con unos hombros atléticos; con una espalda

13. cosa ... duda: *a custom which hasn't been practiced for so long that it
has fallen into disuse*
14. la vieja ... juventud: i.e., a go-between
15. y cuenta que: *and bear in mind that*
16. adelantado el inferior: *the lower lip thrust forward*
17. un cuello ... talla: *with a neck as thick as a bull's in diameter and so
short* ...

como una llanura de la Mancha;[18] con unas piernas como dos
guardacantones, y colocada sobre entrambas una protuberante barriga, como la muestra de un reloj sobre dos columnas, o como un
caldero vuelto del revés y colgado en una espetera.

Envolvamos esta fementida estampa en siete varas de tela de algo- 5
dón, cortada a manera de bata antigua; cubramos sus desmesurados
pies con anchas pantuflas de paño guarnecidas de pieles de cabrito,
y coloquemos sobre su cabeza un alto bonete de terciopelo azul,
bordado de pájaros y de amapolas por las diligentes manos de la
señora propietaria.—Coloquémosle, así ataviado, en una profunda 10
silla de respaldo, con la que parece identificada su persona, según la
gravedad con que en ella descansa; haya [19] delante un espacioso bufete de forma antigua, profusamente adornado de legajos de papeles
y títulos de pergamino; animales bronceados y frutas imitadas en
piedra; manojos de llaves y padrones impresos; y ataviemos el resto 15
del *estudio* con un reloj alemán de longanísima caja, un estante para
libros, aunque vacío de ellos, dos figuras de yeso, unas cuantas sillas
de Vitoria, y un plano de Madrid de colosales dimensiones.—Y ya
imaginado todo esto,[20] imaginémonos también que son las ocho de
la mañana, y que nuestro *casero,* después de haber dado fin a sus 20
dos onzas de chocolate, abre solemnemente su audiencia a los postu-
lantes que van entrando en demanda de la habitación desalquilada.

—Buenos días, señor administrador.

—Dueño, para servir a usted.[21]

—Por muchos años.[22]   25

—¿En qué puedo servir a usted?

—En poca cosa. Yo señor dueño, acabo de ver una habitación
perteneciente a una casa de usted en la calle de... y si fuera posible
que nos arreglásemos, acaso podría convenirme dicha habitación.

—Yo tendría en ello un singular honor. ¿Ha visto usted el cuarto? 30
¿Le han instruido a usted de las condiciones?

—Pues ahí voy,[23] señor casero; yo soy un hombre que no gusta de
regatear; pero habiéndome dicho que el precio es de diez reales

---

18. La Mancha: region south of Madrid
19. haya: *let there be*
20. ya ... esto: *having imagined all this*
21. Dueño ... usted: *I'm the owner, at your service.*
22. Por muchos años: a formula of courtesy, roughly equivalent to "May
you continue to be so for many years."
23. Pues ahí voy: *I was just coming to that*

diarios, paréceme que no estaría de más el ofrecer a usted seis con las garantías necesarias.

—Conócese que usted gusta de ponerse en la razón; [24] pero, como cada uno tiene las suyas, a mí no me faltan para haber puesto ese 5 precio a la habitación.

—Pero ya usted se hace cargo de la calle en que está; si fuera siquiera en la de Carretas...[25]

—Entonces probablemente la hubiera puesto en [26] quince reales.

—Luego la sala es pequeña y con sólo un gabinete; si tuviera 10 dos...

—Valdría ciertamente dos reales más.

—La cocina oscura y...

—Es lástima que no sea clara, porque entonces hubiera llegado al duro.[27]

15 —El despacho es pequeño, y los pasillos...

—En suma, señor mío, yo, por desgracia, sólo puedo ofrecer a usted el cuarto tal cual es, y como antes dijo que le acomodaba...

—Sí; pero el precio...

—El precio es el último que ha rentado.[28]

20 —Mas ya usted ve, las circunstancias han cambiado.

—Las casas no.

—Los sueldos se han disminuido.

—Las contribuciones se aumentan.

—Los negocios están parados.[29]

25 —Los albañiles marchan.[29]

—¿Con que, es decir que no nos arreglamos?

—Imposible.

—Dios guarde a usted.

—Dios guarde a usted... Entre usted, señora.

30 —Beso a usted la mano.[30]

—Y yo a usted los pies.[30]

—Yo soy una señora viuda de un capitán de fragata.

24. Conócese ... razón: *It's evident that you like to listen to reason.* (*Las suyas*, in the next clause, refers to *razones*, which also supplies the subject for *faltan*.)

25. la de Carretas = la calle de Carretas

26. la hubiera puesto en: *I would have asked for*

27. hubiera ... duro: *the price would have gone as high as a duro*

28. El precio ... rentado: *That's the price it was rented for last time.*

29. Los negocios están parados: *Business is very bad.* Los albañiles marchan: *The masons are getting along fine.*

30. Beso ... mano. Y yo ... pies: *Formulas of courtesy, best not translated.*

—Muy señora mía; [31] mal hizo el capitán en dejarla a usted tan joven y sin arrimo en este mundo pecador.

—Sí, señor; el pobrecito marchó a Cádiz para dar la vuelta al mundo, y sin duda hubo de darla por el otro, porque no ha vuelto.[32]

—Todavía no es tarde... ¿Y usted, señora mía, trata de esperarle en Madrid, por lo visto?

—Sí, señor; aquí tengo varios parientes de distinción, el Conde del Cierzo, la Marquesa de las Siete Cabrillas, el Barón del Capricornio,[33] y otros varios personajes, que no podrán menos de ser conocidos de usted.

—Señora, por desgracia soy muy terrestre y no me trato con esa corte celestial.

—Pues, como digo a usted, mi prima la Marquesa y yo hemos visto el cuarto desalquilado, y, lo que ella dice, para ti,[34] que eres una persona sola sin más que cinco criados...aunque la casa no sea gran cosa...

—Y el precio, señora, ¿qué le ha parecido a mi señora la Marquesa?

—El precio será el que usted guste; por eso no hemos de regañar.

—Supongo que usted, señora, no llevará a mal [35] que la entere, como forastera, de los usos de la corte.

—Nada de eso, no, señor; yo me presto a todo...a todo lo que se use en la corte.[36]

—Pues, señora, en casos tales, cuando uno no tiene el honor de conocer a las personas con quien habla, suele exigirse una fianza, y...

—¿Habla usted de veras? [37] ¿Y yo, yo, doña Mencía Quiñones, Rivadeneira, Zúñiga de Morón, había de ir a pedir fianzas a nadie? [38] ¿Y para qué? ¿Para una fruslería como quien dice,[39] para una habi-

---

31. Muy señora mía: *My dear lady*

32. el pobrecito ... no ha vuelto: *The poor fellow went to Cádiz to take a trip around the world and he must have taken a trip around the other world, because he hasn't returned.*

33. The names of her distinguished relatives are deliberately burlesque; literally, the Count of the North Wind, the Marchioness of the Pleiades, the Baron of Capricorn.

34. para ti: The lady here is quoting her cousin's words to her.

35. no llevará a mal: *won't mind*

36. yo ... corte: *I'll do everything ... everything that's done in Madrid* (la corte = Madrid).

37. ¿Habla ... veras? *Are you serious?*

38. había ... nadie? *do you expect me to ask someone to vouch for me?*

39. como quien dice: *as it were*

tacioncilla de seis al cuarto,[40] que cabe en el palomar de mi casa de campo de Chiclana? [41] Como soy, señor casero, que eso pasa ya de incivilidad [42] y grosería y siento haber venido sola y no haberme hecho acompañar siquiera por mi primo el freire de Alcántara,[43]
5 para dar a conocer a usted quien yo era.

—Pues, señora, si usted, a Dios gracias, se halla colocada en tan elevada esfera, ¿qué trabajo puede costarle el hacer que cualquiera de esos señores parientes salga por usted? [44]

—Ninguno; y a decir verdad, no desearían más que poder hacerme
10 un favor; pero...

—Pues bien, señora, propóngalo usted y verá cómo no lo extrañan; y por lo demás, supuesto que usted es una señora sola...

—Sola, absolutamente; pero si usted gusta de hacer el recibo a nombre del caballero que vendrá a hablarle, que es hermano de mi
15 difunto,[45] y suele vivir en mi casa las temporadas que está su regimiento de guarnición...

—¡Ay, señora! pues entonces me parece que la casa no le conviene, porque, como no hay habitaciones independientes...[46] luego tantos criados...

20 —Diré a usted; los criados pienso repartirlos entre mis parientes, y quedarme sola con una niña de doce años.

—Pues entonces ya es demasiada la casa, y aun paréceme, señora, que la conversación también.[47]

A este punto llegaban de ella,[48] cuando entra el criado con una
25 esquela de un amigo, rogando a nuestro casero que no comprometiera su palabra,[49] y reservase el cuarto para unos señores que iban a llegar a Madrid; con esta salvaguardia, el propietario despacha a la viudita; pero sigue recibiendo a los que vienen después; entre ellos,

40. habitacioncilla de seis al cuarto: *miserable little apartment of no value whatever.* (The usual expression is *de tres al cuarto.*)

41. Chiclana is in the province of Cádiz.

42. Como soy ... incivilidad: *Since I think, my dear landlord, that this is even going beyond incivility*

43. Alcántara is a religious-military order founded in the twelfth century, similar to the Knights Templars.

44. ¿qué trabajo ... por usted? *What trouble can it be for you to have any one of those relatives vouch for you?*

45. mi difunto: *my late husband*

46. habitaciones independientes: *rooms set off* (from the rest)

47. ya ... también: *the house is superfluous and it even seems to me, madam, that so is the conversation*

48. A ... ella: *they had gotten to this point in the conversation*

49. que ... palabra: *not to commit himself*

un empleado de quien el diestro propietario se informa cuidadosamente sobre el estado de las pagas, y compadeciéndose con el mayor interés de que todavía le tuviesen en Enero,[50] le despacha con la mayor cordialidad; después acierta a entrar un militar, que con aire de campaña reclama la preferencia, y a las razones del casero responde con amenazas; de suerte que éste hace la resolución de no alquilarle el cuarto por no tener que sostener un desafío mensual; más adelante entra un hombre de siniestro aspecto y asendereada catadura, que dice ser agente de negocios y vivir en un cuarto cuarto (vulgo buhardilla);[51] después entra una vieja que quiere la habitación para subarrendarla en detalle a cinco guardias de corps; más adelante entra un perfumado caballero, que lo pide para una joven huérfana, y se promete a salir por fiador de ella,[52] y aun a poner a su nombre el recibo; más allá se presenta otra señora, acompañada de dos hermosas hijas, que arrastran blondas y rasos, y cubren sus cabezas con elegantes sombrerillos, y tocan el piano, según parece, y bailan que es un primor;[53]—"y tan virtuosas y trabajadoras las pobrecitas (dice la mamá), que todo esto que usted ve lo adquieren con su trabajo, y nada nos falta, bendito Dios."[54]

—El, señora, premia la laboriosidad y protege la inocencia...mas, sin embargo, siento decirles que el cuarto no puede ser para ustedes.

Estando en esto[55] vuelve el criado a decir que el amigo que quería el cuarto ya no lo quiere, porque a los señores para quienes era no les ha gustado;—que la otra señora que se convenía a todo, tampoco, porque después ha reparado que no cabe el piano en el gabinete;—que el militar ha quitado los papeles, y dice que el cuarto es suyo, quiera o no quiera el casero;[56]—que el llamado agente de negocios, al tiempo que lo vió, se llevó de paso ocho vidrios de una ventana, cuatro llaves y los hierros de la hornilla;—que dos manolas que lo habían visto, habían pintado con carbón un figurón harto obsceno en el gabinete;—que unos muchachos habían roto las per-

50. compadeciéndose ... Enero: *and sympathizing deeply with him over the fact that they were only up to January in his pay*
51. cuarto cuarto (vulgo buhardilla): *just a single room (commonly known as a garret)*
52. se promete ... de ella: *he offers to vouch for her*
53. según ... primor: *so it seems, and they dance beautifully*
54. bendito Dios: *thanks be to God*
55. Estando en esto: *At this point*
56. que el militar ... casero: *that the soldier has taken away the papers (i.e., papers in the window indicating a vacancy) and declares that the apartment is his, whether the landlord likes it or not*

sianas y atascado el común;—y por último (y era el golpe fatal para nuestro casero), que una amiga, a quien nada podía negar, quería el cuarto, pero con la condición de empapelarlo todo, y abrir puertas en los tabiques, y poner tabiques en las puertas, y ensolarlo de azul
5 y blanco, y blanquear la escalera, y poner chimenea en el gabinete...
En punto a fiadores, daba sólo sus bellos ojos, harto abonados y conocidos de [57] nuestro Quasimodo; [58] y en cuanto al precio, sólo quedaba sobreentendida una condición, a saber: que fuera éste el que quisiera, el casero no se lo había de pedir, pero ella tampoco se
10 lo había de pagar. [59]

Así concluyó este *alquiler*, sin más ulteriores resultados que una escena de celosía entre el casero y su esposa, una multa de diez ducados por no haber dado el padrón al alcalde a su debido tiempo, y un blanco de algunas páginas en su libro de caja, por aquella parte que
15 se refería a la habitación arriba dicha.

(Agosto de 1837.)

57. En punto ... conocidos de: *As for her guarantors, she offered only her beautiful eyes, heartily approved of and well known to*
58. Quasimodo: an extremely ugly character in Victor Hugo's *Notre-Dame de Paris*
59. sólo ... había de pagar: *there was just one condition to be clearly understood, to wit: that no matter what the price was, the landlord was not to ask her for it, nor was she to pay it either.*

Mariano José de Larra
(1809–1837)

The most important essayist and satirist of nineteenth-century Spain, Larra was born in Madrid. However, when he was barely four years old the French troops withdrew from Spain and his father, who had served them as physician, took his son with him to France. Larra was sent to school in Bordeaux, where he learned French fluently and forgot his native tongue. Upon his return to Spain in 1818 he continued his studies in Madrid and then in Navarre where, at the age of thirteen, he translated passages of the *Iliad* from French to Spanish and prepared a Spanish grammar. Back in Madrid he studied mathematics, Greek, Italian, and English. In 1824 he went to the University of Valladolid, where an unhappy experience in love turned the already introspective boy into a morose young man unable to complete his formal studies.

In 1828 he published the satirical periodical *El Duende Satírico del Día* which, after five issues, was suspended by the government. Shortly after, he married Josefa Anacleta Wetoret y Martínez, by whom he had a son and two daughters and from whom he was separated in 1834. Larra wrote some verse of little value; an historical novel, *El doncel de don Enrique el Doliente;* a poetic drama, *Macías;* and two adaptations of French plays. His reputation rests, however, on the essays he wrote under various pseudonyms, the most famous of which, "Fígaro," he took from the character in the two plays of the French eighteenth-century dramatist Beaumarchais. On February 13, 1837, as a consequence of an unhappy love affair with a married woman, Larra committed suicide.

Although considered a *costumbrista*, Larra is quite different from

53

such men as Serafín Estébanez Calderón (1799–1867) and Mesonero Romanos. *Costumbrismo*, in the hands of these two essayists, was an innocuous delineation of regional traits of Andalusians and Madrilenians, respectively, designed mainly to amuse and entertain, with stress on the picturesque detail and comic anecdote. Larra's style, however, is incisive, and his purpose was to excite that dissatisfaction with the status quo that presumably leads to reform. So cruel were his comments on the ignorance and backwardness of his countrymen and so profound his disgust with outmoded ways that he was considered anti-Spanish. His philippics, however, derive from that *amor amargo,* or bittersweet love, that drives the fervent patriot to despair over the blindness, inertia, and chauvinism that keep his country from the regeneration it sorely needs. The charming but harmless *costumbrismo* of Larra's contemporaries is relevant to complete understanding of the Spanish regional novel of the nineteenth century, and even of some of the most hilarious scenes of the novels of Pérez Galdós. The tragic vision behind Larra's pungent criticism of his country and the personal sorrow reflected in his severe strictures make of him a precursor of a long line of later writers (particularly, those of the Generation of 1898) who used their talents to awaken their fellow-countrymen to national needs.

El castellano viejo[1]

Ya en mi edad pocas veces gusto de alterar el orden que en mi manera de vivir tengo hace tiempo establecido,[2] y fundo esta repugnancia en que no he abandonado mis lares ni un solo día para quebrantar mi sistema, sin que haya sucedido el arrepentimiento más sincero al desvanecimiento de mis engañadas esperanzas.[3] Un resto, con todo eso, del antiguo ceremonial que en su trato tenían adoptado nuestros padres,[4] me obliga a aceptar a veces ciertos convites a que parecería el negarse grosería,[5] o por lo menos ridícula afectación de delicadeza.

Andábame días pasados por esas calles [6] a buscar materiales para mis artículos. Embebido en mis pensamientos, me sorprendí varias veces a mí mismo riendo como un pobre de mis propias ideas y moviendo maquinalmente los labios; algún tropezón me recordaba de cuando en cuando [7] que para andar por el empedrado de Madrid no es la mejor circunstancia la de ser poeta ni filósofo; [8] más de una sonrisa maligna, más de un gesto de admiración de los que a mi lado pasaban, me hacía reflexionar que los soliloquios no se deben hacer en público; y no pocos encontrones que al volver las esquinas di con quien tan distraída y rápidamente como yo las doblaba,[9] me hicieron conocer que los distraídos no entran en el número de los cuerpos elásticos, y mucho menos de los seres gloriosos e impasibles.[10] En

1. castellano viejo: *old-fashioned Spaniard*
2. tengo ... establecido: *which for some time now I have been following*
3. en que ... esperanzas: *on the fact that never for a single day have I left my house (lares were the household gods of the Romans) to break my routine without experiencing the most sincere regrets upon seeing my mistaken hopes shattered*
4. que ... padres: *which our forefathers had adopted for society*
5. a que ... grosería: *which it would seem downright rude to refuse*
6. Andábame ... calles: *I was strolling along the street some days ago*
7. algún ... cuando: *every once in a while, as I stumbled, I remembered*
8. no es ... filósofo: *it is best not to be either poet or philosopher*
9. y no pocos ... doblaba: *and the number of collisions I had with others who turned corners as absent-mindedly and as quickly as I did*
10. me hicieron ... impasibles: *made me realize that the absent-minded do not have elastic bodies nor are they among the blissful and impassive souls in heaven*

semejante situación de espíritu, ¿qué sensación no debería produ-
cirme una horrible palmada que una gran mano, pegada (a lo que
por entonces entendí) a un grandísimo brazo, vino a descargar sobre
uno de mis hombros, que por desgracia no tienen punto alguno de
5 semejanza con los de Atlante? [11]

No queriendo dar a entender que desconocía este enérgico modo
de anunciarse, ni desairar el agasajo de quién sin duda había creído
hacérmele más que mediano,[12] dejándome torcido para todo el día,
traté sólo de volverme por conocer quién fuese tan mi amigo para
10 tratarme tan mal; pero mi castellano viejo es hombre que cuando
está de gracias no se ha de dejar ninguna en el tintero.[13] ¿Cómo dirá
el lector [14] que siguió dándome pruebas de confianza y cariño?
Echóme las manos a los ojos,[15] y sujetándome por detrás:

—¿Quién soy?—gritaba, alborozado con el buen éxito de su deli-
15 cada travesura.

"¿Quién soy?"—Un animal,—iba a responderle; pero me acordé de
repente de quién podría ser, y sustituyendo cantidades iguales: [16]

—Braulio eres,—le dije.

Al oírme, suelta sus manos, ríe, se aprieta los ijares, alborota la
20 calle, y pónenos a entrambos en escena.[17]

—¡Bien, mi amigo! ¿Pues en qué [18] me has conocido?

—¿Quién pudiera ser sino tú?...

—¿Has venido ya de tu Vizcaya? [19]

—No, Braulio, no he venido.

25 —Siempre el mismo genio.[20] ¿Qué quieres? Es la pregunta del es-

---

11. ¿qué sensación ... Atlante? *you can well imagine how I felt when a huge hand, fastened (as I then thought) to a huge arm, discharged a horrible slap on one of my shoulders which, unfortunately, are nothing like the shoulders of Atlas.* (Atlas is a huge mythological figure represented as holding the world on his shoulders.)

12. ni desairar ... mediano: *nor to slight the kindly treatment of one who doubtlessly thought that he was putting himself out*

13. cuando ... tintero: *when he is in a generous mood, there is nothing he won't do*

14. ¿Cómo ... lector ...?: *How does the reader think ...?*

15. Echóme ... ojos: *He put his hands over my eyes*

16. cantidades iguales: *a synonym*

17. alborota ... escena: *creates a disturbance in the street and makes both of us conspicuous*

18. ¿Pues en qué ...?: *How ...?*

19. Vizcaya: *one of the four northern provinces making up the Basque country in Spain*

20. Siempre ... genio: *Always joking.*

pañol. ¡Cuánto me alegro de que estés aquí! ¿Sabes que mañana son mis días? [21]

—Te los deseo muy felices.[22]

—Déjate de cumplimientos entre nosotros; [23] ya sabes que yo soy franco y castellano viejo: el pan, pan y el vino, vino; [24] por consi- 5 guiente, exijo de ti que no vayas a dármelos; [25] pero estás convidado.

—¿A qué?

—A comer conmigo.

—No es posible.

—No hay remedio.[26]   10

—No puedo,—insisto temblando.

—¿No puedes?

—Gracias.

—¿Gracias? Vete a paseo; [27] amigo, como no soy el duque de F... ni el conde de P... (¿Quién se resiste a una sorpresa de esa especie? 15 ¿quién quiere parecer vano?).

—No es eso, sino que...

—Pues si no es eso, me interrumpe, te espero a las dos: en casa se come a la española,[28] temprano. Tengo [29] mucha gente; tendremos al famoso X., que nos improvisará de lo lindo; [30] T. nos cantará de 20 sobremesa una rondeña [31] con su gracia natural; y por la noche J. cantará y tocará alguna cosilla.

Esto me consoló algún tanto, y fué preciso ceder; un día malo, dije para mí, cualquiera lo pasa; [32] en este mundo para conservar amigos es preciso tener el valor de aguantar sus obsequios.   25

—No faltarás, si no quieres que riñamos.[33]

—No faltaré,—dije con voz exánime y ánimo decaído,[34] como el

---

21. son mis días: *is my birthday* (or name day, celebrated in honor of the saint whose name one bears)

22. Te ... felices: *My best wishes.*

23. Déjate ... nosotros: *Let's not stand on ceremony*

24. el pan ... vino: *I call a spade a spade*

25. exijo ... dármelos: *I don't require any congratulations*

26. No hay remedio: *You can't get out of it.*

27. Vete a paseo: *Stop it, now.*

28. a la española: *in the Spanish way*

29. Tengo: *I've invited*

30. de lo lindo: *something fine*

31. rondeña: *a popular song from Ronda in Andalucía*

32. un día ... pasa: *anyone can have a bad day, I said to myself*

33. No ... riñamos: *If you don't come, I'll be very angry.*

34. ánimo decaído: *crestfallen*

zorro que se revuelve inútilmente dentro de la trampa donde se ha
dejado coger.

—Pues hasta mañana—y me dió un torniscón por despedida.

Vile marchar como el labrador ve alejarse la nube de su sem-
5 brado,[35] y quedéme discurriendo cómo podían entenderse estas amis-
tades tan hostiles y tan funestas.[36]

Ya habrá conocido el lector, siendo tan perspicaz como yo le ima-
gino, que mi amigo Braulio está muy lejos de pertenecer a lo que se
llama gran mundo y sociedad de buen tono; pero no es tampoco un
10 hombre de la clase inferior, puesto que es un empleado de los de
segundo orden, que reúne entre su sueldo y su hacienda cuarenta
mil reales de renta;[37] que tiene una cintita atada al ojal, y una cru-
cecita a la sombra de la solapa;[38] que es persona, en fin, cuya clase,
familia y comodidades de ninguna manera se oponen a que tuviese [39]
15 una educación más escogida y modales más suaves e insinuantes.
Mas la vanidad le ha sorprendido por donde ha sorprendido casi
siempre [40] a toda o a la mayor parte de nuestra clase media, y a toda
nuestra clase baja. Es tal su patriotismo, que dará todas las lindezas
del extranjero por un dedo de su país. Esta ceguedad le hace adoptar
20 todas las responsabilidades de tan inconsiderado cariño; de paso que
defiende que no hay vinos como los españoles, en lo cual bien puede
tener razón, defiende que no hay educación como la española, en lo
cual bien pudiera no tenerla; a trueque de defender que el cielo de
Madrid es purísimo, defenderá que nuestras manolas son las más
25 encantadoras de todas las mujeres; es un hombre, en fin, que vive de
exclusivas,[41] a quien sucede poco más o menos lo que a una parienta
mía, que se muere por [42] las jorobas sólo porque tuvo un querido
que llevaba una excrecencia bastante visible sobre entrambos omó-
platos.

30   No hay que hablarle, pues, de estos usos sociales, de estos respetos

---

35. Vile marchar ... sembrado: *I saw him walk away as the farmer sees the
storm cloud which threatened his fields recede*
36. cómo ... funestas: *how such incompatible and sad friendships can find
any common ground*
37. es un empleado ... renta: *he has an ordinary job which yields him, between his salary and his private resources, an income of forty thousand reales*
38. These are minor decorations conferred on Braulio.
39. de ninguna ... tuviese: *in no way prevented him from having*
40. Mas ... siempre: *But vanity overtook him on exactly that point where it
almost always overtakes*
41. que ... exclusivas: *with a one-track mind*
42. que se muere por: *who is mad about*

mutuos, de estas reticencias urbanas, de esa delicadeza de trato que
establece entre los hombres una preciosa armonía, diciendo sólo lo
que debe agradar y callando siempre lo que puede ofender. Él se
muere *por plantarle una fresca al lucero del alba*,[43] como suele decir, y cuando tiene un resentimiento, se le *espeta a uno cara a cara*.[44]   5
Como tiene trocados todos los frenos, dice de los cumplimientos que
ya sabe lo que quiere decir *cumplo y miento;* [45] llama a la urbanidad hipocresía, y a la decencia monadas; a toda cosa buena le aplica
un mal apodo; el lenguaje de la finura es para él poco más que
griego: cree que toda la crianza está reducida a decir *Dios guarde a* 10
ustedes al entrar en una sala, y añadir *con permiso de usted* cada
vez que se mueve; a preguntar a cada uno por toda su familia, y a
despedirse de todo el mundo; cosas todas que así se guardará él de
olvidarlas como de tener pacto con franceses.[46] En conclusión, hombres de éstos que no saben levantarse para despedirse sino en corpo- 15
ración con alguno o algunos otros; que han de dejar humildemente
debajo de una mesa su sombrero, que llaman *su cabeza,* y que,
cuando se hallan en sociedad, por desgracia sin un socorrido bastón,
darían cualquier cosa por no tener manos ni brazos, porque, en realidad, no saben dónde ponerlos, ni qué cosa se puede hacer con los 20
brazos en una sociedad.

Llegaron las dos, y como yo conocía ya a mi Braulio, no me pareció conveniente acicalarme demasiado para ir a comer; estoy seguro de que se hubiera picado: no quise, sin embargo, excusar un
frac de color y un pañuelo blanco, cosa indispensable en un día de 25
días [47] en semejantes casas; vestíme sobre todo lo más despacio que
me fué posible, como se reconcilia al pie del suplicio el infeliz reo,
que quisiera tener cien pecados más cometidos que contar para ganar
tiempo; [48] era citado a las dos, y entré en la sala a las dos y media.

No quiero hablar de las infinitas visitas ceremoniosas que antes 30
de la hora de comer entraron y salieron en aquella casa, entre las

---

43. Él se muere ... alba: *He just loves to give people a piece of his mind*
44. se le ... cara: *he spits it right out*
45. Como ... miento: *Since he lets nothing restrain him, he says he knows
that formalities mean simply "I do what is expected and I lie."* (The pun here
is on the word *cumplimiento.*)
46. cosas ... franceses: *things he would be as unlikely to forget as he would
be unlikely to enter into any agreements with the French.* (The reference is
to the Napoleonic invasion and occupation of Spain, 1808–1814.)
47. día de días: *birthday* (or name day) *celebration*
48. como ... tiempo: *like the unhappy criminal who, about to be executed,
makes further confession and would like to tell about another hundred sins
he committed in order to gain some time*

cuales no eran de despreciar [49] todos los empleados de su oficina con sus señoras y sus niños, y sus capas, y sus paraguas, y sus chanclos, y sus perritos; déjome en blanco [50] los necios cumplimientos que dijeron al señor de los días; [51] no hablo del inmenso círculo con que guarnecía la sala el concurso de tantas personas heterogéneas,[52] que hablaron de que el tiempo iba a mudar, y de que en invierno suele hacer más frío que en verano. Vengamos al caso: dieron las cuatro, y nos hallamos solos los convidados.[53] Desgraciadamente para mí, el señor de X., que debía divertirnos tanto, gran conocedor de esta clase de convites, había tenido la habilidad de ponerse malo aquella mañana; el famoso T. se hallaba oportunamente comprometido para otro convite; y la señorita que tan bien había de cantar y tocar estaba ronca, en tal disposición, que se asombraba ella misma de que se la entendiese una sola palabra, y tenía un panadizo en un dedo. ¡Cuántas esperanzas desvanecidas!

—Supuesto que estamos los que hemos de comer [54]—exclamó don Braulio—, vamos a la mesa, querida mía.

—Espera un momento,—le contestó su esposa casi al oído,—con tanta visita yo he faltado algunos momentos de allá dentro [55] y...

—Bien, pero mira que son las cuatro...

—Al instante comeremos...

Las cinco eran cuando nos sentábamos a la mesa.

—Señores—dijo el anfitrión al vernos titubear en nuestras respectivas colocaciones,—exijo la mayor franqueza; en mi casa no se usan cumplimientos.[56] ¡Ah, Fígaro! [57] quiero que estés con toda comodidad; [58] eres poeta, y además estos señores, que saben nuestras íntimas relaciones, no se ofenderán si te prefiero; quítate el frac, no sea que le manches.[59]

—¿Qué tengo de manchar? [60]—le respondí, mordiéndome los labios.

49. no ... despreciar: *there were not to be overlooked*
50. déjome en blanco: *I won't even mention*
51. señor de los días: *the gentleman whose birthday* (or name day) *it was*
52. del inmenso ... heterogéneas: *of the immense circle which so many diverse people made in the drawing room*
53. y nos ... convidados: *and only those who were invited remained*
54. Supuesto ... comer: *Since those of us who are to dine are here*
55. con ... dentro: *with so many visitors I haven't been able to take care of things in there* (i.e., the dinner preparations)
56. no ... cumplimientos: *we don't stand on ceremony*
57. Fígaro: pen name of the author
58. quiero ... comodidad: *I want you to feel completely free*
59. no ... manches: *lest you stain it*
60. ¿Qué ... manchar? *Why should I stain it?*

—No importa; te daré una chaqueta mía; siento que no haya para todos.

—No hay necesidad.

—¡Oh! sí, sí, ¡mi chaqueta! Toma, mírala; un poco ancha te vendrá.[61]   5

—Pero, Braulio...

—No hay remedio, no te andes con etiquetas;[62]—y en esto me quita él mismo el frac, *velis, nolis*,[63] y quedo sepultado en una cumplida chaqueta rayada, por la cual sólo asomaba los pies y la cabeza, y cuyas mangas no me permitirían comer probablemente. Dile las gra- 10 cias: al fin el hombre creía hacerme un obsequio.

Los días en que mi amigo no tiene convidados se contenta con una mesa baja, poco más que banqueta de zapatero, porque él y su mujer, como dice, ¿para qué quieren más? Desde la tal mesita, y como se sube el agua del pozo, hace subir la comida hasta la boca, 15 adonde llega goteando después de una larga travesía; porque pensar que estas gentes han de tener una mesa regular, y estar cómodos todos los días del año, es pensar en lo excusado.[64] Ya se concibe, pues, que la instalación de una gran mesa de convite [65] era un aconteci- miento en aquella casa; así que se había creído capaz de contener ca- 20 torce personas que éramos, una mesa donde apenas podrían comer ocho cómodamente.[66] Hubimos de sentarnos de medio lado,[67] como quien va a arrimar el hombro a la comida,[68] y entablaron los codos de los convidados íntimas relaciones entre sí con la más fraternal inteligencia del mundo. Colocáronme, por mucha distinción,[69] entre 25 un niño de cinco años, encaramado en unas almohadas que era pre- ciso enderezar a cada momento, porque las ladeaba la natural turbu- lencia de mi joven adlátere y entre uno de esos hombres que ocupan en el mundo el espacio y sitio de tres, cuya corpulencia por todos lados se salía de madre de la única silla [70] en que se hallaba sentado, 30 digámoslo así, como en la punta de una aguja. Desdobláronse silen-

61. un ... vendrá: *it will probably be a bit too big on you*
62. no ... etiquetas: *go right ahead, don't worry about etiquette*
63. *velis, nolis* (Latin): *willy-nilly*
64. es ... excusado: *is to expect too much*
65. de convite: *for company*
66. así ... cómodamente: *that is why they had thought that a table at which scarcely eight could eat comfortably would seat the fourteen who were there*
67. de medio lado: *on an angle*
68. como ... comida: *as if we were going to lift the table on our shoulders*
69. Colocáronme ... distinción: *As a special honor, they put me*
70. cuya ... silla: *whose corpulence overflowed all sides of the single chair*

ciosamente las servilletas, nuevas a la verdad, porque tampoco eran muebles en uso para todos los días,[71] y fueron izadas por todos aquellos buenos señores a los ojales de sus fraques como cuerpos intermedios entre las salsas y las solapas.

5 —Ustedes harán penitencia,[72] señores,—exclamó el anfitrión una vez sentado;—pero hay que hacerse cargo de que no estamos en Genieys; [73]—frase que creyó preciso decir.—Necia afectación es ésta, si es mentira,—dije yo para mí,—y si es verdad, gran torpeza convidar a los amigos a hacer penitencia.

10 Desgraciadamente no tardé mucho en conocer que había en aquella expresión más verdad de la que mi buen Braulio se figuraba. Interminables y de mal gusto fueron los cumplimientos con que para dar y recibir cada plato nos aburrimos unos a otros.

—Sírvase usted.

15 —Hágame usted el favor.

—De ninguna manera.

—Está bien ahí.

—Perdone usted.

—Gracias.

20 —Sin etiqueta, señores,—exclamó Braulio, y se echó el primero con su propia cuchara. Sucedió a la sopa un cocido surtido de todas las sabrosas impertinencias de este engorrosísimo, aunque buen plato; cruza por aquí la carne; por allá la verdura; acá los garbanzos; allá el jamón; la gallina por derecha; por medio el tocino; por 25 izquierda los embuchados de Extremadura. Siguióle un plato de ternera mechada, que Dios maldiga, y a éste otro y otros y otros; mitad traídos de la fonda, que esto basta para que excusemos hacer su elogio; mitad hechos en casa por la criada de todos los días, por una vizcaína auxiliar tomada al intento para aquella festividad, y 30 por el ama de la casa, que en semejantes ocasiones debe estar en todo, y por consiguiente suele no estar en nada.

—Este plato hay que disimularle,—decía ésta de unos pichones; —están un poco quemados.

—Pero, mujer...

35 —Hombre, me aparté un momento, y ya sabes lo que son las criadas.

71. porque ... días: *because these were not household goods used every day either*

72. Ustedes harán penitencia: *You'll be taking potluck* (a figure of speech denoting a host's modesty with regard to what he is going to serve).

73. Genieys: a fashionable Madrid restaurant of Larra's time

—¡Qué lástima que este pavo no haya estado media hora más al fuego! Se puso algo tarde.

—¿No les parece a ustedes que está algo ahumado este estofado?

—¿Qué quieres? Una no puede estar en todo.

—¡Oh, está excelente,—exclamábamos todos dejándonoslo en el plato;—excelente!

—Este pescado está pasado.[74]

—Pues en el despacho de la diligencia del fresco [75] dijeron que acababa de llegar; ¡el criado es tan bruto!

—¿De dónde se ha traído este vino?

—En eso no tienes razón, porque es...

—Es malísimo.

Estos diálogos cortos iban exornados con una infinidad de miradas furtivas del marido para advertirle continuamente a su mujer alguna negligencia, queriendo darnos a entender entrambos a dos que estaban muy al corriente de todas las fórmulas que en semejantes casos se reputan en finura,[76] y que todas las torpezas eran hijas [77] de los criados, que nunca han de aprender a servir. Pero estas negligencias se repetían tan a menudo, servían tan poco ya las miradas, que le fué preciso al marido recurrir a los pellizcos y a los pisotones; y ya la señora, que a duras penas había podido hacerse superior hasta entonces a las persecuciones de su esposo, tenía la faz encendida y los ojos llorosos.

—Señora, no se incomode usted por eso,—le dijo el que a su lado tenía.

—¡Ah! les aseguro a ustedes que no vuelvo a hacer estas cosas en casa; ustedes no saben lo que es esto; otra vez, Braulio, iremos a la fonda y no tendrás...

—Usted, señora mía, hará lo que...

—¡Braulio! ¡Braulio!—... Una tormenta espantosa estaba a punto de estallar; empero, todos los convidados a porfía probamos a aplacar aquellas disputas, hijas [78] del deseo de dar a entender la mayor delicadeza, para lo cual no fué poca parte la manía de Braulio [79] y la expresión concluyente que dirigió de nuevo a la concurrencia acerca

74. está pasado: *is not fresh*
75. en el ... fresco: *in the fish-store*
76. queriendo ... finura: *both of them wishing to impress us with the fact that they were very much up on what should be done on such occasions*
77. hijas: *the fault*
78. hijas: *the result*
79. para lo ... Braulio: *for which Braulio's manias were greatly to blame*

de la inutilidad de los cumplimientos, que así llama él al estar bien servido y al saber comer. ¿Hay nada más ridículo que estas gentes que quieren pasar por finas en medio de la más crasa ignorancia de los usos sociales; que para obsequiarle le obligan a usted a comer y
5 beber por fuerza, y no le dejan medio de hacer su gusto? [80] ¿Por qué habrá gentes que sólo quieren comer con alguna más limpieza los días de días? [81]

A todo esto, el niño que a mi izquierda tenía, hacía saltar las aceitunas a [82] un plato de magras con tomate, y una vino a parar a [83] uno
10 de mis ojos, que no volvió a ver claro en todo el día; y el señor gordo de mi derecha había tenido la precaución de ir dejando en el mantel, al lado de mi pan, los huesos de las suyas, y los de las aves que había roído; el convidado de enfrente, que se preciaba de trinchador, se había encargado de hacer la autopsia de un capón, o sea gallo,
15 que esto nunca se supo; [84] fuese por la edad avanzada de la víctima, fuese por los ningunos conocimientos anatómicos del victimario, jamás parecieron las coyunturas. [85] "Este capón no tiene conyunturas," exclamaba el infeliz, sudando y forcejeando, más como quien cava que como quien trincha. ¡Cosa más rara! [86] En una de las embesti-
20 das resbaló el tenedor sobre el animal como si tuviera escama, y el capón, violentamente despedido, pareció querer tomar su vuelo como en sus tiempos más felices, y se posó en el mantel tranquilamente como pudiera en un palo de un gallinero.

El susto fué general y la alarma llegó a su colmo cuando un sur-
25 tidor de caldo, impulsado por el animal furioso, saltó a inundar mi limpísima camisa; levántase rápidamente a este punto el trinchador con ánimo de cazar el ave prófuga, y al precipitarse sobre ella, una botella que tiene a la derecha, con la que tropieza su brazo, abandonando su posición perpendicular, derrama un abundante caño de
30 Valdepeñas [87] sobre el capón y el mantel; corre el vino, auméntase la

80. no ... gusto: *don't let you do as you like*
81. los ... días: *on birthdays*
82. hacía ... a: *was throwing olives at*
83. una ... a: *one landed in*
84. o sea ... supo: *or rooster, for we never found out*
85. fuese ... conyunturas: *whether because of the advanced age of the victim or the complete lack of knowledge of anatomy on the part of the victimizer, the joints never made their appearance*
86. más como ... más rara!: *more as if he were digging than as if he were carving. What a strange thing!*
87. un ... Valdepeñas: *an abundant amount of Valdepeñas wine.* (Valdepeñas is a famous red wine coming from the town of the same name.)

algazara, llueve la sal sobre el vino para salvar el mantel; para salvar
la mesa se ingiere por debajo de él una servilleta, y una eminencia
se levanta sobre el teatro de tantas ruinas. Una criada, toda azorada,
retira el capón en el plato de su salsa; al pasar sobre mí hace una
pequeña inclinación, y una lluvia maléfica de grasa desciende, como 5
el rocío sobre los prados, a dejar eternas huellas en mi pantalón color
de perla; la angustia y el aturdimiento de la criada no conocen
término; retírase atolondrada, sin acertar con las excusas; al volverse
tropieza con el criado que traía una docena de platos limpios y una
salvilla con las copas para los vinos generosos, y toda aquella má- 10
quina viene al suelo con el más horroroso estruendo y confusión.
"¡Por San Pedro!" exclama, dando una voz,[88] Braulio, difundida ya
sobre sus facciones una palidez mortal, al paso que brota fuego el
rostro de su esposa. "Pero sigamos, señores, no ha sido nada," añade
volviendo en sí. 15

¡Oh honradas casas donde un modesto cocido y un principio final [89] constituyen la felicidad diaria de una familia, huid del tumulto de un convite de días! Sólo la costumbre de comer y servirse
bien diariamente puede evitar semejantes destrozos.

¿Hay más desgracias? ¡Santo cielo! ¡Sí, las hay para mí, infeliz! 20
Doña Juana, la de los dientes negros y amarillos, me alarga de su
plato y con su propio tenedor una fineza, que es indispensable
aceptar y tragar; el niño se divierte en despedir a los ojos de los
concurrentes los huesos disparados de las cerezas; [90] don Leandro me
hace probar el manzanilla [91] exquisito, que he rehusado, en su misma 25
copa,[92] que conserva las endebles señales de sus labios grasientos; mi
gordo fuma, ya sin cesar y me hace cañón de su chimenea; por fin,
¡oh última de las desgracias! crece el alboroto y la conversación;
roncas ya las voces piden versos y décimas y no hay más poeta que
Fígaro. 30
—Es preciso.
—Tiene usted que decir algo,—claman todos.
—Désele pie forzado, que diga una copla a cada uno.[93]

88. exclama ... voz: *cries out*
89. principio final: a dish served after the *cocido* and before dessert. (Translate as "main dish.")
90. en despedir ... cerezas: *by flinging cherry pits into the eyes of the guests*
91. manzanilla: a white wine from Andalucía
92. en ... copa: *from his very own glass*
93. Désele ... uno: *Let's give him a line so he can improvise a little poem for
each one.*

—Yo le daré el pie: [94] *A don Braulio en este dia.*

—Señores, ¡por Dios!

—No hay remedio.

—En mi vida he improvisado.[95]

5 —No se haga usted el chiquito.[96]

—Me marcharé.

—Cerrar [97] la puerta.

—No se sale de aquí sin decir algo.

Y digo versos por fin, y vomito disparates, y los celebran, y crece
10 la bulla y el humo y el infierno.

A Dios gracias, logro escaparme de aquel nuevo *Pandemonio.* Por
fin, ya respiro el aire fresco y desembarazado de la calle; ya no hay
necios, ya no hay castellanos viejos a mi alrededor.

¡Santo Dios, yo te doy gracias, exclamo respirando, como el ciervo
15 que acaba de escaparse de una docena de perros, y que oye ya apenas
sus ladridos; para de aquí en adelante [98] no te pido riquezas, no te
pido empleos, no honores; líbrame de los convites caseros y de días
de días; líbrame de estas casas en que es un convite un acontecimiento en que sólo se pone la mesa decente para los convidados, en
20 que creen hacer obsequios cuando dan mortificaciones, en que se hacen finezas, en que se dicen versos, en que hay niños, en que hay gor-
dos, en que reina, en fin, la brutal franqueza de los castellanos viejos!
Quiero que, si caigo de nuevo en tentaciones semejantes, me falte un
roast-beef, desaparezca del mundo el *beefsteak,* se anonaden los tim-
25 bales de macarrones, no haya pavos en Perigueux, ni pasteles en Perigord, se sequen los viñedos de Burdeos,[99] y beban, en fin, todos
menos yo la deliciosa espuma del champagne.

Concluída mi deprecación mental, corro a mi habitación a despo-
jarme de mi camisa y de mi pantalón, reflexionando en mi interior
30 que no son unos todos los hombres,[100] puesto que los de un mismo
país, acaso de un mismo entendimiento, no tienen las mismas costumbres, ni la misma delicadeza, cuando ven las cosas de tan distinta
manera. Vístome y vuelvo a olvidar tan funesto día entre el corto

94. el pie: *the first line*
95. En ... improvisado: *I've never improvised in my life.*
96. No se ... chiquito: *Don't play coy.*
97. Cerrar: Translate as the imperative.
98. para ... adelante: *from now on*
99. Perigueux: French city famous for its fowl, truffles, etc. Perigord: region
in France famous for its truffles, etc.   Burdeos: Bordeaux (France)
100. no ... hombres: *not all men are alike*

número de gentes que piensan, que viven sujetas al provechoso yugo
de una buena educación libre y desembarazada, y que fingen acaso
estimarse y respetarse mutuamente para no incomodarse, al paso que
las otras hacen ostentación de incomodarse, y se ofenden y se maltratan, queriéndose y estimándose tal vez verdaderamente.

El día de difuntos[1] de 1836

FÍGARO[2] EN EL CEMENTERIO

Beati qui moriuntur in Domino [3]

En atención a que no tengo gran memoria, circunstancia que no deja de contribuir a esta especie de felicidad que dentro de mí mismo me he formado, no tengo muy presente en qué artículo escribí (en los tiempos en que yo escribía) que vivía en un perpetuo
5 asombro de cuantas cosas a mi vista se presentaban.[4] Pudiera suceder también que no hubiera escrito tal cosa en ninguna parte; cuestión en verdad que dejaremos a un lado por harto poco importante en época en que nadie parece acordarse de lo que ha dicho, ni de lo que otros han hecho. Pero suponiendo que así fuese, hoy día de difuntos
10 de 1836 declaro que si tal dije, es como si nada hubiera dicho, porque en la actualidad maldito si me asombro de cosa alguna.[5] He visto tanto, tanto, tanto...como dice alguien en el *Califa*.[6] Lo que sí me sucede es no comprender claramente todo lo que veo, y así es que al amanecer un día de difuntos no me asombra precisamente que
15 haya tantas gentes que vivan; sucédeme sí que no lo comprendo.

En esta duda estaba deliciosamente entretenido el día de los Santos,[7] y fundado en el antiguo refrán que dice *fíate en la Virgen y no corras* [8] (refrán cuyo origen no se concibe en un país tan eminentemente cristiano como el nuestro), encomendábame a todos ellos [9] con
20 tanta esperanza, que no tardó en cubrir mi frente una nube de me-

1. Día de difuntos: *All Souls' Day* (November 2)
2. Fígaro: Larra's pen name
3. *Beati ... Domino* (Latin): *Blessed are they who die in the Lord* (Revelation 14:13).
4. de cuantas ... presentaban: *at all the things I saw*
5. maldito ... alguna: *nothing really astonishes me at all*
6. *Adina o il Califfo de Bagdad*, an opera by Gioachino Rossini (1792–1868)
7. el día de los Santos: *All Saints' Day* (November 1)
8. fíate ... corras: *trust in the Virgin but don't take risks*. (Further on, Larra cannot understand how a proverb that expresses so little trust in the Virgin could have originated in so Christian a country as Spain.)
9. a todos ellos: *to all of them* (the saints)

lancolía; pero de aquellas melancolías de que sólo un liberal español
en estas circunstancias puede formar una idea aproximada. Quiero
dar una idea de esta melancolía; un hombre que cree en la amistad y
llega a verla por dentro, un inexperto que se ha enamorado de una
mujer, un heredero, cuyo tío indiano muere de repente sin testar,   5
un tenedor de bonos de Cortes, una viuda que tiene asignada pen-
sión[10] sobre el tesoro español, un diputado elegido en las penúlti-
mas elecciones,[11] un militar que ha perdido una pierna por el Estatuto,[12] y se ha quedado sin pierna y sin Estatuto, un grande que fué
liberal por ser prócer,[13] y que se ha quedado sólo liberal, un general 10
constitucional que persigue a Gómez,[14] imagen fiel del hombre corriendo siempre tras la felicidad sin encontrarla en ninguna parte,
un redactor del *Mundo*[15] en la cárcel en virtud de la libertad de
imprenta, un ministro de España, y un rey en fin constitucional,[16]
son todos seres alegres y bulliciosos, comparada su melancolía[17] con 15
aquella que a mí me acosaba, me oprimía y me abrumaba en el momento de que voy hablando.

10. The references to government bonds and the widow's pension are ironic
commentaries on the precarious state of the country's finances.

11. Larra had been elected deputy to the Cortes or Parliament for the province of Avila on August 6, 1836, and the Istúriz ministry fell on August 17, 1836,
requiring new elections.

12. The *Estatuto Real* or Royal Statute was a decree issued by María Cristina,
regent for her daughter Isabel II in 1834. It summoned the Cortes which was to
be made up of two houses—the *Estamento de Próceres* (equivalent to the House
of Lords), and the *Estamento de Procuradores* (equivalent to the House of
Commons). Two years later, as a result of an uprising against the *Estatuto*, the
Queen Regent had to set up the more liberal Constitution of 1812 again, while
the nation decided on whether to keep it or prepare a new one. The Constitution
of 1837 was the result.

13. The grandees were members of the *Estamento de Próceres*. They were
generally Absolutists but had to side either with the Conservative Liberals who
favored the *Estatuto* or the Radical Liberals who opposed it on the grounds
that only the Cortes had the right to promulgate a new Constitution.

14. Miguel Gómez was a leader of the Carlists who challenged Isabel II's
right to the throne and favored her uncle, don Carlos, brother of her father
Fernando VII. Don Carlos based his claim on the Salic Law which excluded
women from inheriting the throne but which had been abrogated by Fernando
VII in order to make it possible for a daughter to succeed him.

15. *El Mundo* was a radical periodical founded in June, 1836.

16. Isabel II's father, Fernando VII, tried with all his might to abolish all
constitutional guarantees but on several occasions he had to concede to the
Liberals; his wife, regent during their daughter's minority, and far from being
a Liberal, was nevertheless obliged to cooperate with the Liberals in order to
gather strength about her and maintain her position against the Carlists.

17. comparada su melancolía: *if their melancholy were compared*

Volvíame y me revolvía en un sillón de estos que parecen camas, sepulcro de todas mis meditaciones, y ora me daba palmadas en la frente, como si fuese mi mal mal de casado,[18] ora sepultaba las manos en mis faltriqueras, a guisa de buscar mi dinero, como si mis 5 faltriqueras fueran el pueblo español y mis dedos otros tantos gobiernos,[19] ora alzaba la vista al cielo como si en calidad de liberal no me quedase más esperanza que en él, ora la bajaba avergonzado como quien ve un faccioso más, cuando un sonido lúgubre y monótono, semejante al ruido de los partes, vino a sacudir mi entorpecida 10 existencia.

¡Día de difuntos! exclamé; y el bronce herido [20] que anunciaba con lamentable clamor la ausencia eterna de los que han sido, parecía vibrar más lúgubre que ningún año, como si presagiase su propia muerte. Ellas también, las campanas, han alcanzado su última 15 hora, y sus tristes acentos son el estertor del moribundo; ellas también van a morir a manos de la libertad, que todo lo vivifica,[21] y ellas serán las únicas en España ¡santo Dios! que morirán colgadas. ¡Y hay justicia divina! [22]

La melancolía llegó entonces a su término; por una reacción natu-20 ral cuando se ha agotado una situación, ocurrióme de pronto que la melancolía es la cosa más alegre del mundo para los que la ven, y la idea de servir yo entero de diversión [23]...fuera, exclamé, fuera, como si estuviera viendo representar a un actor español, fuera, como si oyese hablar a un orador en las Cortes, y arrojéme a la calle; pero 25 en realidad con la misma calma y despacio como si tratase de cortar la retirada a Gómez.[24]

Dirigíanse las gentes por las calles en gran número y larga procesión, serpenteando de unas en otras como largas culebras de infinitos

---

18. como ... casado: *as if my illness were that of a man unlucky in marriage.* (The allusion is to the age-old belief that a married man grows horns on his forehead when his wife has been unfaithful.)

19. y mis dedos ... gobiernos: *and my fingers represented an equal number of governments*

20. el bronce herido: *the tolling of the bell*

21. The tragedy that oppresses Larra is that so many who laid down their lives for liberty by fighting for the queen against the Carlists were sacrificing themselves for Liberals in name only.

22. ¡Y ... divina! *And they say there is divine justice!*

23. y la idea ... diversión: *and the idea of offering myself as a spectacle to others*

24. Cf. note 14.

colores: ¡al cementerio, al cementerio!! [25] ¡Y para eso salían de las
puertas de Madrid!

Vamos claros,[26] dije yo para mí, ¿dónde está el cementerio? ¿fuera
o dentro? Un vértigo espantoso se apoderó de mí, y comencé a ver
claro. El cementerio está dentro de Madrid. Madrid es el cemen- 5
terio. Pero vasto cementerio, donde cada casa es el nicho [27] de una
familia, cada calle el sepulcro de un acontecimiento, cada corazón la
urna cineraria de una esperanza o de un deseo.

Entonces, y en tanto que los que creen vivir acudían a la mansión
que presumen de los muertos, yo comencé a pasear con toda la devo- 10
ción y recogimiento de que soy capaz las calles del grande osario.

Necios, decía a los transeúntes, ¿os movéis para ver muertos? ¿no
tenéis espejos por ventura? ¿ha acabado también Gómez con el azogue de Madrid? [28] ¡Miraos, insensatos, a vosotros mismos, y en vuestra frente veréis vuestro propio epitafio! ¿Vais a ver a vuestros padres 15
y a vuestros abuelos, cuando vosotros sois los muertos? Ellos viven,
porque ellos tienen paz; ellos tienen libertad, la única posible sobre
la tierra, la que da la muerte; ellos no pagan contribuciones que no
tienen; ellos no serán alistados ni movilizados; ellos no son presos
ni denunciados; ellos, en fin, no gimen bajo la jurisdicción del cela- 20
dor del cuartel; ellos son los únicos que gozan de la libertad de imprenta, porque ellos hablan al mundo. Hablan en voz bien alta, y
que ningún jurado se atrevería a encausar y a condenar. Ellos, en fin,
no reconocen más que una ley, la imperiosa ley de la naturaleza que
allí los puso, y ésa la obedecen.   25

¿Qué monumento es éste? exclamé al comenzar mi paseo por el
vasto cementerio.

¿Es él mismo un esqueleto inmenso de los siglos pasados, o la
tumba de otros esqueletos? ¡Palacio! [29] Por un lado mira a Madrid,
es decir, a las demás tumbas; por otro mira a Extremadura, esa pro- 30
vincia virgen...como se ha llamado hasta ahora.[30] Al llegar aquí me
acordé del verso de Quevedo:

25. It is the custom in Spain and other countries to go to the cemetery on
All Souls' Day to visit the tombs of one's loved ones.
26. Vamos claros: *Let's be clear about this*
27. nicho: refers to the custom of burying the dead in a niche in the cemetery
wall
28. ¿ha ... Madrid?: *has Gómez* (the Carlist leader) *destroyed all the quicksilver*
(i.e., mirrors) *in Madrid?*
29. *Palacio:* the Royal Palace
30. The province of Extremadura, in southwestern Spain, which had not
been invaded before, was invaded by the Carlist army of General Gómez.

Y ni los v... ni los diablos veo.[31]

En el frontispicio decía: *"Aquí yace el trono; nació en el reinado de Isabel la Católica,*[32] *murió en la Granja de un aire colado."* [33] En el basamento se veían cetro y corona, y demás ornamentos de la dig-
5 nidad real. La *Legitimidad,*[34] figura colosal, de mármol negro, lloraba encima. Los muchachos se habían divertido en tirarle piedras, y la figura maltratada llevaba sobre sí las muestras de la ingratitud. Y este mausoleo a la izquierda. *La armería.* Leamos.

Aquí yace el valor castellano, con todos sus pertrechos. R. I. P.[35]
10 *Los ministerios. Aquí yace media España: murió de la otra media.*[36]

Doña María de Aragón. Aquí yacen los tres años.[37]

Y podía haberse añadido: aquí callan los tres años. Pero el cuerpo no estaba en el sarcófago; una nota al pie decía:

31. The line is taken from the satirical poem *Riesgos del matrimonio en los ruines casados* by Francisco de Quevedo (1580–1645) and runs: *Y ni los diablos ni los virgos veo. Virgo* is Latin for virgin, and Larra means that neither the sophisticated capital nor the untouched country (Extremadura) is really pure.

32. Isabel I of Castile (Isabel la Católica) married Fernando V of Aragón, thus uniting Christian Spain; when, in 1492, they conquered Granada, all of Spain was united. During their reign they also triumphed over the nobles who wished to retain their power.

33. La Granja was the royal palace near Segovia, where on August 13, 1836 María Cristina was forced by a military uprising to swear allegiance to the liberal constitution of 1812. The *aire colado* or "draft of air" means that the monarchy was so weak that anything could unsettle it.

34. The question of legitimacy was a complicated one. Carlos IV had abdicated in 1808 in favor of his son Fernando VII. Napoleon then seized the throne for his brother Joseph Bonaparte who occupied it until 1813. Fernando's claim to the throne was challenged by his brother Carlos and by another brother don Francisco de Paul who was considered to be the illegitimate son of the queen María Luisa by the Prime Minister Godoy. After the death of Fernando VII in 1833, his daughter Isabel II succeeded him, but her uncle don Carlos, appealing to the Salic Law, claimed the throne, giving rise to the Carlist War.

35. R.I.P. (Latin): *Requiescat in Pace (Rest in Peace)*

36. Under Fernando VII and Isabel II ministries were constantly falling and being replaced. Frequently fallen ministers were prosecuted. The reference to the "two Spains" pitted against each other has become a commonplace since the civil wars of nineteenth-century Spain.

37. In 1590 doña María de Córdoba y Aragón founded the monastery of Augustinian monks, part of which was reconstructed for use of the Cortes from 1814 to 1823. The "tres años" refers to the period of 1820–1823 when the Liberals forced Fernando to swear allegiance to the Constitution of 1812; this brief period came to an end when Fernando, with the support of an army sent by Louis XVIII of France (ironically called "los cien mil hijos de San Luis") was restored to absolute power.

El cuerpo del santo se trasladó a Cádiz en el año 23, y allí por descuido cayó al mar.[38]

Y otra añadía, más moderna sin duda: *Y resucitó al tercero día.*[39]

Más allá: ¡santo Dios! *Aquí yace la inquisición, hija de la fe y del fanatismo: murió de vejez.*[40] Con todo anduve buscando alguna nota de resurrección: o todavía no la habían puesto, o no se debía de poner nunca.

Alguno de los que se entretienen en poner letreros en las paredes había escrito sin embargo con yeso en una esquina, que no parecía sino que se estaba saliendo, aun antes de borrarse:[41] *Gobernación.* ¡Qué insolentes son los que ponen letreros en las paredes! Ni los sepulcros respetan.[42]

¿Qué es esto? ¡*La cárcel! Aquí reposa la libertad del pensamiento.* ¡Dios mío, en España, en el país ya educado para instituciones libres! Con todo, me acordé de aquel célebre epitafio y añadí involuntaria- mente:

Aquí el pensamiento reposa,
en su vida hizo otra cosa.[43]

Dos redactores del *Mundo*[44] eran las figuras lacrimatorias de esta grande urna. Se veían en el relieve una cadena, una mordaza y una pluma. Esta pluma, dije para mí, ¿es la de los escritores, o la de los escribanos? En la cárcel todo puede ser.

---

38. "santo" is an ironic reference to Fernando VII since it was another Spanish king of the same name, Fernando III (1199–1252) who was canonized in 1671. When the French intervened to help Fernando in 1823, the Liberals forced the king to go from Madrid to Seville and then to Cádiz, the Liberal stronghold. The latter city, however, was soon blockaded by the French and had to surrender; the king then joined the French by sea (*cayó al mar*).

39. Larra is using the Biblical story of Jesus rising from the dead on the third day to refer to Fernando who, three days after October 1, 1823, when he prom- ised amnesty to the liberal revolutionists, broke his promise and took severe action against them.

40. The Inquisition, which had gradually been losing ground in the course of the 18th century, was revived by Fernando VII, but to little avail.

41. que no ... borrarse: *so faintly that it seemed to be fading even before being erased*

42. Gobernación...: Department of the Interior in charge of welfare, mail, tele- graph, etc. Larra means that the department did its work so poorly that it scarcely existed.

43. en ... cosa: *it has never done anything else* (but rest)

44. Cf. note 15.

La calle de Postas, la calle de la Montera.[45] Éstos no son sepulcros. Son osarios, donde, mezclados y revueltos, duermen el comercio, la industria, la buena fe, el negocio.

Sombras venerables, ¡hasta el valle de Josafat! [46]

5 *Correos. ¡Aquí yace la subordinación militar!* [47]

Una figura de yeso, sobre el vasto sepulcro, ponía el dedo en la boca; en la otra mano una especie de jeroglífico hablaba por ella: una disciplina rota.[48]

Puerta del Sol.[49] La Puerta del Sol: ésta no es sepulcro sino de 10 mentiras.

La Bolsa. Aquí yace el crédito español. Semejante a las pirámides de Egipto, me pregunté, ¿es posible que se haya erigido este edificio sólo para enterrar en él una cosa tan pequeña?

La Imprenta Nacional. Al revés que la Puerta del Sol. Éste es el 15 sepulcro de la verdad. Única tumba de nuestro país, donde a uso de Francia vienen los concurrentes a echar flores.[50]

La Victoria. Ésa yace para nosotros en toda España. Allí no había epitafio, no había monumento. Un pequeño letrero que el más ciego podía leer decía sólo: *¡Este terreno le ha comprado a perpetuidad,* 20 *para su sepultura, la junta de enajenación de conventos!* [51]

¡Mis carnes se estremecieron! Lo que va de ayer a hoy. ¿Irá otro tanto de hoy a mañana? [52]

45. two busy streets in Madrid

46. It is believed that the Last Judgment will take place in the Valley of Jehosaphat.

47. On January 17, 1835 there was an uprising against the unpopular ministry of Martínez de la Rosa, at the Post Office in the Puerta del Sol. Although General José de Canterac, Captain-General of Castile was killed, the government was unable to handle the insurrectionists and allowed them to leave the building unharmed.

48. The *dedo en la boca*, symbolizing silence, refers to the fact that General de Canterac's death went unpunished. The *disciplina* that is broken is represented by a whip since *disciplina* means both whip and discipline.

49. The *Puerta del Sol* is a very busy square in Madrid where government proclamations were posted.

50. Al ... Sol: *The opposite of the Puerta del Sol.* (The *Imprenta Nacional* exercised a very rigid censorship, especially over periodicals.) The word *flores* means "compliments" in this sense—ironically, of course.

51. *La Victoria* was an old monastery expropriated in 1835 along with other church properties. In 1836 it was torn down in order to make the street of the same name wider. Larra means that expropriation was not a victory in any sense, and that the board in charge of expropriation of ecclesiastical property guarantees its own extinction by its actions—as indeed, everything in Spain does.

52. Lo que ... mañana: *The difference between yesterday and today. Will there be that much difference between today and tomorrow?*

Los Teatros. Aquí reposan los ingenios españoles. Ni una flor, ni un recuerdo, ni una inscripción.

El Salón de Cortes. Fué casa del Espíritu Santo;[53] pero ya el Espíritu Santo no baja al mundo en lenguas de fuego.[54]

> Aquí yace el Estatuto.[55]   5
> Vivió y murió en un minuto.

Sea por muchos años, añadí, que sí será:[56] éste debió de ser raquítico, según lo poco que vivió.[57]

El Estamento de Próceres.[58] Allá en el Retiro.[59] Cosa singular. ¡Y no hay un ministerio que dirija las cosas del mundo, no hay una in- 10 teligencia provisora, inexplicable![60] ¡Los próceres, y su sepulcro en el Retiro!

El sabio en su retiro y villano en su rincón.[61]

Pero ya anochecía, y también era hora de retiro para mí. Tendí una última ojeada sobre el vasto cementerio. Olía a muerte próxima. 15 Los perros ladraban con aquel aullido prolongado, intérprete de su instinto agorero; el gran coloso, la inmensa capital toda ella, se removía como un moribundo que tantea la ropa: entonces no vi más que un gran sepulcro: una inmensa lápida se disponía a cubrirle como una ancha tumba.   20

No había *aquí yace* todavía; el escultor no quería mentir; pero los nombres del difunto saltaban a la vista ya distintamente delineados.

---

53. The *Salón de Cortes* was formerly the church of Espíritu Santo.

54. From *The Acts of the Apostles*, 2:1–4: "And when the day of Pentecost was fully come, they were all with one accord in one place. And suddenly there came a sound from heaven as of a rushing mighty wind, and it filled all the house where they were sitting. And there appeared to them cloven tongues like as of fire, and it sat upon each of them. And they were all filled with the Holy Ghost, and began to speak with other tongues, as the spirit gave them utterance." Larra is commenting bitterly on the hollow oratory of members of Parliament whose words are as false as the words of the Apostles were inspired.

55. Cf. note 12.

56. Sea ... será: *So be it, I added, and indeed it will be*

57. éste ... vivió: *this one (i.e., the Estatuto) must indeed have been feeble, it lasted so short a time*

58. Cf. note 12.

59. The Estamento de Próceres was located in the Retiro Park.

60. ¡Y ... inexplicable! *And to think that there are people who say there is no power directing the affairs of the world and no over-all inexplicable intelligence!*

61. This is an old proverb used by Lope de Vega as the title for his play *El villano en su rincón*. Larra is playing on the meanings of the word *retiro* ("retreat" and Retiro Park).

¡Fuera, exclamé, la horrible pesadilla, fuera! ¡Libertad! ¡Constitución! ¡Tres veces! [62] ¡Opinión nacional! ¡Emigración! ¡Vergüenza! ¡Discordia! Todas estas palabras parecían repetirme a un tiempo los últimos ecos del clamor general de las campanas del día de di-
5 funtos de 1836.

Una nube sombría lo envolvió todo. Era la noche. El frío de la noche helaba mis venas. Quise salir violentamente del horrible cementerio. Quise refugiarme en mi propio corazón, lleno no ha mucho [63] de vida, de ilusiones, de deseos.

10 ¡Santo cielo! También otro cementerio. Mi corazón no es más que otro sepulcro. ¿Qué dice? Leamos. ¿Quién ha muerto en él? ¡Espantoso letrero! *¡Aquí yace la esperanza!*

¡Silencio, silencio!

62. The "tres veces" refers to the Constitution of 1812 which was first promulgated in 1812, then forced upon Fernando VII in 1820, and finally forced upon the Queen Regent María Cristina on August 12, 1836 at La Granja.
63. no ha mucho: *recently*

Duque de Rivas
(1791–1865)

The life of Angel de Saavedra, later Duque de Rivas, has been divided into two distinct periods: before and after his exile. Born in Córdoba, he fought bravely in the War of Independence against the French troops, wrote conventional neoclassical verse and tragedies, and was active in liberal political agitation against Fernando VII. For such activity he was sentenced to death. However, he fled to England, Italy, and then Malta where his friend, the English diplomat Sir John Hookham Frere, aroused in him a great enthusiasm for classic Spanish literature, Shakespeare, and English Romantic writers. In England he had already poured out his grief over exile in such poems as *El desterrado* and *El sueño del proscripto*, but *El faro de Malta* (1828) is perhaps the most finished, and certainly the best known, of this group of poems. While in Malta he also began his romantic epic *El moro expósito* based on the medieval Spanish legend of the Infantes de Lara, in which he evokes with typical romantic delectation, the richness of such cities as Córdoba and Burgos.

After the death of the king, the poet returned to Spain, inherited the title of duke upon the death of his brother, gradually turned conservative, and occupied important posts as minister and ambassador. It is agreed that his drama *Don Álvaro o la fuerza del sino*, presented for the first time on March 22, 1835, represents one of the high points of Spanish Romanticism. Its violation of the three unities; its mixture of prose and verse, of tragic and comic elements; its emphasis on local color and violence; and, indeed, its general frenzied melodramatic tone were enthusiastically received by some, but shocked the neoclassicists. In 1862 Verdi was to base his opera *La Forza del Destino* on Rivas' play.

Equally significant are the eighteen *Romances históricos* (1841), vivid verse narratives based on Spanish traditions and depicting in brilliant colors a number of quasi-historical figures against a variety of picturesque backgrounds. In keeping with the general Romantic revival of interest in the historical and artistic national past, the Duque de Rivas not only revived the hallowed ballad form, but with his artistic control and descriptive powers, gave it new status.

EL FARO DE MALTA [1]

Envuelve al mundo extenso triste noche,
ronco huracán y borrascosas nubes
confunden y tinieblas impalpables [2]
el cielo, el mar, la tierra.

5　　Y tú invisible te alzas, en tu frente
ostentando de fuego una corona,
cual [3] rey del caos, que refleja y arde
con luz de paz y vida.

En vano ronco el mar alza sus montes
10　y revienta a tus pies, do rebramante
creciendo en blanca espuma, esconde y borra
el abrigo del puerto.

Tú, con lengua de fuego, *aquí está,* dices,
sin voz hablando al tímido piloto,
15　que como a numen bienhechor te adora,
y en ti los ojos clava.

Tiende apacible noche el manto rico
que céfiro amoroso desenrolla,

1. Malta: island in the Mediterranean between Sicily and Africa, belonging to the English from 1814 on. Rivas spent several years there in exile.
2. The subject of *confunden* is *ronco huracán y borrascosas nubes ... y tinieblas impalpables.*
3. cual = como

recamado de estrellas y lucero,
por él rueda la luna.

estrellas lun que quá

Y entonces tú, de niebla vaporosa
vestido, dejas ver en formas vagas
tu cuerpo colosal, y tu diadema   5
arde a par de los astros.

Duerme tranquilo el mar, pérfido esconde
rocas aleves, áridos escollos:
falso señuelo son, lejanas cumbres
engañan a las naves.   10

out of caos peligroso

Mas tú, cuyo esplendor todo lo ofusca,
tú, cuya inmoble posición indica
el trono de un monarca, eres su norte,
les adviertes su engaño.

Así de la razón arde la antorcha,   15
en medio del furor de las pasiones
o de aleves halagos de fortuna,
a los ojos del alma.

Desque [4] refugio de la airada suerte
en esta escasa tierra que presides,   20
y grato albergue el cielo bondadoso
me concedió propicio, [5]

ni una vez sólo a mis pesares busco
dulce olvido del sueño entre los brazos [6]
sin saludarte, ni tornar los ojos   25
a tu espléndida frente.

¡Cuántos, ay, desde el seno de los mares
al par los tornarán! [7]..., tras larga ausencia,
unos que vuelven a su patria amada,
a sus hijos y esposa.   30

4. Desque = Desde que
5. el cielo ... propicio: Read "el cielo bondadoso y propicio me concedió"
6. del ... brazos: Read "entre los brazos del sueño"
7. al par los tornarán: *probably turn their eyes to you at the same time*

Otros prófugos, pobres, perseguidos,
que asilo buscan, cual [8] busqué, lejano,
y a quienes que lo hallaron tu luz dice,
hospitalaria estrella.

5   Arde y sirve de norte a los bajeles,
que de mi patria, aunque de tarde en tarde,
me traen nuevas amargas, y renglones
con lágrimas escritos.

Cuando la vez primera deslumbraste
10   mis afligidos ojos, ¡cuál [9] mi pecho,
destrozado y hundido en la amargura,
palpitó venturoso!

Del Lacio moribundo las riberas
huyendo inhospitales,[10] contrastado [11]
15   del viento y mar entre ásperos bajíos
vi tu lumbre divina:

viéronla como yo los marineros,
y, olvidando los votos y plegarias
que en las sordas tinieblas se perdían,
20   ¡¡Malta!! ¡¡Malta!! gritaron;

y fuiste a nuestros ojos la aureola
que orna la frente de la santa imagen
en que busca afanoso el peregrino
la salud y el consuelo.

25   Jamás te olvidaré, jamás... Tan sólo
trocara tu esplendor,[12] sin olvidarlo,
rey de la noche, y de la excelsa cumbre
la benéfica llama,

8. Cf. note 3.
9. cuál: *how*
10. Lacio = Latium (Latin for "Italy"). Rivas arrived in Italy in 1825 and then fled to Malta. Tr. as: "huyendo de las riberas inhospitales del Lacio moribundo."
11. contrastado: *buffeted*
12. Tan ... esplendor: *I would only exchange your radiance*

por la llama y los fúlgidos destellos
que lanza, reflejando al sol naciente,
el arcángel dorado que corona
de Córdoba la torre.[13]

UN CASTELLANO LEAL

ROMANCE PRIMERO

"Hola, hidalgos y escuderos
de mi alcurnia y mi blasón,[1]
mirad, como bien nacidos,
de mi sangre y casa en pro.[2]
5   Esas puertas se defiendan,
que no ha de entrar, ¡vive Dios!,[3]
por ellas, quien no estuviere [4]
más limpio que lo está el sol.
    No profane mi palacio
10 un fementido traidor,
que contra su Rey combate
y que a su patria vendió.
    Pues si él es de reyes primo,
primo de reyes soy yo; [5]
15 y [6] Conde de Benavente

si él es Duque de Borbón.[7]
    Llevándole de ventaja,
que nunca jamás manchó
la traición mi noble sangre,
y haber nacido español." [8]   5

    Así atronaba la calle
una ya cascada voz,
que de un palacio salía
cuya puerta se cerró;
    y a la que [9] estaba a caballo   10
sobre un negro pisador,
siendo en su escudo las lises
más bien que timbre, baldón; [10]
    y de pajes y escuderos

13. el arcángel ... torre: The cathedral of Córdoba, formerly a mosque, has
a tower with a magnificent statue of the Archangel Michael, patron saint of the
city, the author's birthplace.

1. de mi ... blasón: *my relatives and followers*
2. mirad ... pro: *as well-born men, look out for my family and house*
3. vive Dios: *by God*
4. estuviere: future subjunctive of "estar"
5. primo de Reyes: not necessarily to be taken literally as "cousin to kings"
but rather that the two men involved belong to the highest nobility
6. Put in "yo soy"
7. The Duke of Bourbon, a Frenchman, fought on the side of Charles V of
Spain in 1525 in the battle of Pavia (Italy), in which the French king, Francis I,
was taken prisoner and removed to Madrid. The Conde de Benavente therefore
considered the duke a traitor to the French king.
8. Llevándole ... español: *With these advantages:* (first) *that treachery never
defiled my noble blood and* (second) *that I was born a Spaniard.*
9. y a la que: *and before which.* (The subject of the next two stanzas is "el
gran Duque de Borbón.")
10. siendo ... baldón. *The fleurs-de-lis on his coat of arms a symbol of shame
rather than glory.* (The fleur-de-lis was the symbol of French royalty and this
duke had betrayed his king, Francis I.)

llevando un tropel en pos,
cubiertos de ricas galas,
el gran duque de Borbón;
el que lidiando en Pavía,[11]
5 más que valiente, feroz,
gozóse en ver prisionero

a su natural señor,[12]
y que a Toledo ha venido,
ufano de su traición,
para recibir mercedes,
y ver al Emperador.[13]   5

ROMANCE SEGUNDO

En una anchurosa cuadra
del alcázar de Toledo,
cuyas paredes adornan
ricos tapices flamencos,
5 al lado de una gran mesa
que cubre de terciopelo
napolitano tapete [14]
con borlones de oro y flecos,
ante un sillón de respaldo,[15]
10 que entre bordado arabesco
los timbres de España ostenta
y el águila del Imperio,[16]
de pie estaba Carlos quinto,
que en España era primero,[17]
15 con gallardo y noble talle,
con noble y tranquilo aspecto....

Con el Condestable insigne,[18]
apaciguador del reino,
de los pasados disturbios
acaso está discurriendo,
o del trato que dispone   5
con el rey de Francia, preso,
o de asuntos de Alemania,
agitada por Lutero,[19]
cuando tropel de caballos
oye venir a lo lejos   10
y ante el alcázar pararse,
quedando todo en silencio.
En la antecámara suena
rumor impensado luego;
ábrese al fin la mampara   15
y entra el de Borbón [20] soberbio.

. . . .

11. Cf. note 7.
12. su natural señor: *his king* (Francis I)
13. Carlos V, king of Spain and emperor of the Holy Roman Empire
14. The Flemish tapestries and Neapolitan velvet indicate the extent of the domain of Carlos V, which included Flanders and the kingdom of Naples and Sicily. The "bordado arabesco" below is a reminder of the Moorish past of Spain.
15. sillón de respaldo: *high-backed chair*
16. los ... Imperio: *displays the crest of Spain and the eagle of the Empire* (Carlos V, a Hapsburg, was Holy Roman Emperior; the eagle is the Hapsburg eagle.)
17. Carlos V of the Holy Roman Empire was Carlos I of Spain.
18. Condestable Velasco was the supreme general of the emperor's forces. In 1521 he had put down the revolt of the "comuneros" (those who wished to retain local powers) against Carlos V.
19. Martin Luther (1483-1546), leader of the religious Reformation in Germany
20. el de Borbón = el Duque de Borbón

Con el semblante de azufre,
y con los ojos de fuego,
bramando de ira y de rabia
que enfrena mal el respeto.[21]
5 Y con balbuciente lengua
y con mal borrado ceño,
acusa al de Benavente,[22]
un desagravio pidiendo.

Del español Condestable
10 latió con orgullo el pecho,
ufano de la entereza
de su esclarecido deudo.[23]
Y, aunque advertido, procura
disimular cual discreto,[24]
15 a su noble rostro asoman
la aprobación y el contento.
El Emperador un punto
quedó indeciso y suspenso,
sin saber qué responderle

al francés, de enojo ciego.[25]
Y aunque en su interior se
goza
con el proceder violento
del conde de Benavente, 5
de altas esperanzas lleno
por tener tales vasallos
de noble lealtad modelos,
y con los que el ancho mundo
será a sus glorias estrecho; [26] 10
mucho al de Borbón le debe [27]
y, es fuerza satisfacerlo,
le ofrece para calmarlo
un desagravio completo.
Y llamando a un gentilhom- 15
bre,
con el semblante severo,
manda que el de Benavente
venga a su presencia presto.

ROMANCE TERCERO

Sostenido por sus pajes
desciende de su litera
el conde de Benavente
del alcázar a la puerta.
5 Era un viejo respetable,
cuerpo enjuto, cara seca,
con dos ojos como chispas,
cargados de largas cejas,

y con semblante muy noble,
mas de gravedad tan seria,
que veneración de lejos
y miedo causa de cerca.[28]
. . . .
Tan sólo de Calatrava [29] 5
la insignia española lleva,
que el Toisón ha despreciado

---

21. que ... respeto: *which respect* (for the king) *scarcely curbs*
22. al Conde de Benavente
23. su ... deudo: *his illustrious relative* (the Conde de Benavente)
24. cual discreto: *discreetly*
25. Read "ciego de enojo" (refers to *el francés*)
26. y con ... estrecho: *with whose aid the spacious world will be too narrow to contain his glories*
27. mucho ... debe: *The emperor owes a lot to the Duke of Bourbon*
28. que ... cerca: Read "que causa veneración de lejos y miedo de cerca."
29. Calatrava: one of the major Spanish military-religious orders

por ser orden extranjera.[30]
    Con paso tardo, aunque firme,
sube por las escaleras,
y al verle, las alabardas
5 un golpe dan en la tierra.
    Golpe de honor y de aviso
de que en el alcázar entra
un grande,[31] a quien se le debe
todo honor y reverencia.
10 Al llegar a la antesala,
los pajes que están en ella
con respeto le saludan,
abriendo las anchas puertas.
    Con grave paso entra el Con-
15 de,
sin que otro aviso preceda,
salones atravesando
hasta la cámara regia.

    Pensativo está el Monarca
20 discurriendo cómo pueda
componer aquel disturbio,
sin hacer a nadie ofensa.
    Mucho al de Borbón le debe,
aun mucho más de él espera,
25 y al de Benavente mucho
considerar le interesa.[32]

Dilación no admite el caso,
no hay quien dar consejo pueda,[33]
y Villalar y Pavía [34]
a un tiempo se le recuerdan.[35]   5
    En el sillón asentado,
y el codo sobre la mesa
al personaje recibe,
que comedido se acerca.
    Grave el Conde le saluda   10
con una rodilla en tierra,
mas como grande del Reino
sin descubrir la cabeza.[36]
    El Emperador, benigno,
que alce del suelo le ordena,[37]   15
y la plática difícil
con sagacidad empieza.
    Y entre severo y afable,
al cabo le manifiesta
que es el que a Borbón aloje   20
voluntad suya resuelta.[38]
    Con respeto muy profundo,
pero con la voz entera,
respóndele Benavente
destocando la cabeza: [39]   25
    "Soy, señor, vuestro vasallo.
Vos sois mi Rey en la tierra,

---

30. que ... extranjera: *for he scorned the Order of the Golden Fleece because it was foreign*

31. un grande: *a grandee*

32. y al ... interesa: *and he would like to show the Conde de Benavente much consideration*

33. no hay ... pueda: *there is no one who can give him advice*

34. Villalar y Pavía: Benavente had helped Carlos V when the Castilian town of Villalar had rebelled in 1521, and the Duke of Bourbon had helped him at the battle of Pavía.

35. a un tiempo se le recuerdan: *come to mind at the same time*

36. Grandees were permitted to keep their hats on in the royal presence.

37. que ... ordena: *orders him to rise*

38. que es el ... resuelta: *that it is his unshakable decision that he give lodging to the Duke of Bourbon*

39. Benavente is obeying only under duress — in taking off his hat he is clearly indicating that he is only a vassal of the king.

a vos ordenar os cumple
de mi vida y de mi hacienda.[40]

Vuestro soy, vuestra mi casa,
de mí disponed y de ella,
5 pero no toquéis mi honra
y respetad mi conciencia.

Mi casa Borbón ocupe,[41]
puesto que es voluntad vuestra;
contamine sus paredes
10 sus blasones envilezca

que a mí me sobra en Toledo
donde vivir, [42] sin que tenga
que rozarme con traidores,
cuyo solo aliento infesta; [43]
15 y cuando él deje mi casa,

antes de tornar yo a ella,
purificaré con fuego
sus paredes y sus puertas."

Dijo el Conde, la real mano
besó, cubrió su cabeza   5
y retiróse bajando
a do estaba su litera.

Y a casa de un su pariente [44]
mandó que lo condujeran,
abandonando la suya   10
con cuanto dentro se encierra.

Quedó absorto Carlos quinto
de ver tan noble firmeza,
estimando la de España
más que la imperial diadema.[45]   15

ROMANCE CUARTO

Muy pocos días el Duque
hizo mansión en Toledo,
del noble Conde ocupando
los honrados aposentos.
5 Y la noche en que el palacio
dejó vacío, partiendo
con su séquito y sus pajes
orgulloso y satisfecho,
turbó la apacible luna
10 un vapor blanco y espeso,
que de las altas techumbres
se iba elevando y creciendo.

A poco rato tornóse
en humo confuso y denso,
que en nubarrones oscuros
ofuscaba el claro cielo;
después en ardientes chispas   5
y en un resplandor horrendo
que iluminaba los valles,
dando en el Tajo reflejos,[46]
y al fin su furor mostrando
en embravecido incendio,   10
que devoraba altas torres
y derrumbaba altos techos.

40. a vos ... hacienda: *it is your right to dispose of my life and possessions*
41. Mi ... ocupe: *Let the Duke occupy my house*
42. que ... vivir: *for I have many places where I can live in Toledo*
43. cuyo ... infesta: *whose very breath is full of poison*
44. un su pariente = un pariente suyo
45. estimando ... diadema: *holding in greater esteem the crown of Spain than the diadem of the Empire.* (Carlos V was King of Spain and Holy Roman Emperor.)
46. dando ... reflejos: *reflecting in the Tagus.* (The Tajo or Tagus river passes through Toledo.)

Resonaron las campanas,
conmovióse todo el pueblo,
de Benavente el palacio
presa de las llamas viendo.
5   El Emperador confuso
corre a procurar remedio,
en atajar tanto daño
mostrando tenaz empeño.

En vano todo; tragóse
tantas riquezas el fuego,
a la lealtad castellana
levantando un monumento.
Aun hoy unos viejos muros   5
del humo y las llamas negros,
recuerdan acción tan grande
en la famosa Toledo.

José de Espronceda
(1808–1842)

The biography of José de Espronceda seems almost tailored to the image of the "Spanish Byron," which he no doubt deliberately projected. Born on March 25, 1808 in the province of Badajoz, he revealed his excitable, impulsive temperament early in life. At fifteen he was imprisoned for a short while for being the head of a clandestine society whose purpose it was to assassinate Fernando VII. Three years later he evaded further prosecution by escaping to Lisbon where he met Teresa Mancha, daughter of a Spanish exile, who was to play such an important part in his life and work. His wanderings took him to London and Holland, and then to Paris where he took part in the revolution of 1830 and in a *coup* against the tyrannical government of Fernando. There also he took Teresa away from her husband and children.

With the amnesty of 1833, Espronceda returned to Spain. He was separated from Teresa, whom he saw only once more, this time when she was about to be buried. With his growing success as a poet, Espronceda's revolutionary ardor subsided; he occupied posts in the government and died on May 23, 1842, at the age of thirty-four.

Espronceda was a youthful, exuberant poet whose verse, although marred by strident rhetoric and theatrical gesture, yet strikes authentic lyrical notes. Like Byron, his sympathies lay with outcasts (the pirate, the beggar, the prisoner about to be executed, etc.) who, like himself, defied social conventions, and he combined declamation with sarcasm and bitter irony. A good deal of his work is, like so much Romantic literature, confessional, self-pitying, and over-wrought, but some of his finest attempts deal with the ennui that

87

comes from sensual addiction ("A Jarifa en una orgía") and the elegiac nostalgia for lost hopes and illusions ("Canto a Teresa" from
the longer philosophical poem *El diablo mundo*, 1840).

Espronceda tried his hand at writing an historical novel and three
plays. His most objective poem *El estudiante de Salamanca* is,
like Zorrilla's play *Don Juan Tenorio*, derived from the legend of
Miguel de Mañara which, during the nineteenth century, fused with
the Don Juan tale. Quintessentially romantic, it deals with murder,
seduction, the supernatural and macabre, but the principal figure
Don Félix de Montemar is, as the poet and critic Antonio Machado
put it, "la síntesis, o, mejor, la almendra españolísima de todos los
Don Juanes."

LA CANCIÓN DEL PIRATA

Con diez cañones por banda,[1]
viento en popa, a toda vela,
no corta el mar, sino vuela
un velero bergantín:

5   bajel pirata que llaman,
por su bravura, el *Temido*,
en todo mar conocido
del uno al otro confín.

La luna en el mar rïela,
10 en la lona gime el viento,
y alza en blando movimiento
olas de plata y azul;

y ve el capitán pirata,
cantando alegre en la popa,
15 Asia a un lado, al otro, Europa
y allá a su frente, Estambul.[2]

"Navega, velero mío,
sin temor,

que ni enemigo navío,
ni tormenta, ni bonanza
tu rumbo a torcer alcanza[3]
ni a sujetar tu valor.

"Veinte presas   5
hemos hecho
a despecho
del inglés,
y han rendido
sus pendones   10
cien naciones
a mis pies.

"Que[4] es mi barco mi tesoro,
que es mi Dios la libertad;
mi ley, la fuerza y el viento;   15
mi única patria la mar.

"Allá muevan feroz guerra
ciegos reyes[5]
por un palmo más de tierra:

1. por banda: *on each side*
2. Estambul: *Istanbul* (Constantinople)
3. tu ... alcanza: *will make you change your course*
4. Que: *For*
5. Allá ... reyes: *Let foolish kings rage fierce wars*

que yo tengo aquí por mío
cuanto abarca el mar bravío,
a quien nadie impuso leyes.

       "Y no hay playa,
5   sea cualquiera,
       ni bandera
       de esplendor,
       que no sienta
       mi derecho,
10   y dé pecho [6]
       a mi valor.

"Que es mi barco mi tesoro...

"A la voz de '¡Barco viene!' [7]
       es de ver [8]
15 cómo vira y se previene
a todo trapo escapar:
que yo soy el rey del mar,
y mi furia es de temer.

       "En las presas
20   yo divido
       lo cogido
       por igual;
       sólo quiero
       por riqueza
25   la belleza
       sin rival.

"Que es mi barco mi tesoro...

"¡Sentenciado estoy a muerte!
       yo me río;
30 no me abandone la suerte,

y al mismo que me condena,
colgaré de alguna entena,
quizá en su propio navío.

       "Y si caigo,
       ¿qué es la vida?   5
       Por perdida
       ya la di, [9]
       cuando el yugo
       del esclavo,
       como un bravo,   10
       sacudí.

"Que es mi barco mi tesoro...

"Son mi música mejor,
       aquilones;
el estrépito y temblor   15
de los cables sacudidos,
del negro mar los bramidos
y el rugir de mis cañones.

       "Y del trueno
       al son violento,   20
       y del viento
       al rebramar, [10]
       yo me duermo
       sosegado,
       arrullado   25
       por la mar.

"Que es mi barco mi tesoro,
que es mi Dios la libertad,
mi ley la fuerza y el viento,
mi única patria la mar."   30

6. y dé pecho: *and pays tribute*
7. ¡Barco viene!: *Ship ahoy!*
8. es de ver: *you should see*
9. Por perdida ya la di: *I already gave it up for lost*
10. The order of the preceding four lines is: "y al son violento del trueno
y al rebramar del viento"

EL MENDIGO

Mío es el mundo: como el aire libre,
otros trabajan porque [1] *coma yo;*
todos se ablandan si doliente pido
una limosna por amor de Dios.

5   El palacio, la cabaña
                son mi asilo,
       si del ábrego el furor
       troncha el roble en la montaña,
       o que inunda la campaña
10   el torrente asolador.[2]

                Y a la hoguera
                me hacen lado
                los pastores
                con amor,
15   y sin pena
                y descuidado
                de su cena
                ceno yo;
                o en la rica
20   chimenea,
                que recrea
                con su olor,
                me regalo
                codicioso
25   del banquete
                suntüoso
                con las sobras
                de un señor.

                Y me digo: el viento brame,
30   caiga furioso turbión;
       que al son que cruje de la seca leña,
       libre me duermo sin rencor ni amor.

1. porque: *so that*
2. The order of the preceding four lines is: "si el furor del ábrego troncha el
roble en la montaña, o que el torrente asolador inunda la campaña."

Mío es el mundo: como el aire libre...

Todos son mis bienhechores,
  y por todos
a Dios ruego con fervor;
de villanos y señores   5
yo recibo los favores
sin estima y sin amor.

  No pregunto
  quiénes sean
  ni me obligo   10
  a agradecer;
  que mis rezos
  si desean,[3]
  dar limosna
  es un deber.   15
  Y es pecado
  la riqueza;
  la pobreza,
  santidad;
  Dios a veces   20
  es mendigo,
  y al avaro
  da castigo,
  que le niegue
  caridad.[4]   25

Yo soy pobre y se lastiman
todos al verme plañir.
Sin ver son mías sus riquezas todas,
que mina inagotable es el pedir.

Mío es el mundo: como el aire libre...   30

Mal revuelto y andrajoso,
  entre harapos
del lujo sátira soy,

3. que mis rezos si desean: *for if they want my prayers*
4. The order of the preceding four lines is: "y da castigo al avaro que le niegue caridad."

y con mi aspecto asqueroso
me vengo del poderoso,
y adonde va, tras él voy.

Y a la hermosa
que respira
cien perfumes,
gala, amor,
la persigo
hasta que mira,
y me gozo
cuando aspira
mi punzante
mal olor.
Y las fiestas
y el contento
con mi acento
turbo yo,
y en la bulla
y la alegría
interrumpen
la armonía
mis harapos
y mi voz,

mostrando cuán cerca habitan
el gozo y el padecer:
que no hay placer sin lágrimas, ni pena
que no traspire en medio del placer.

Mío es el mundo: como el aire libre...

Y para mí no hay *mañana,*
ni hay *ayer;*
olvido el bien como el mal,
nada me aflige ni afana;
me es igual para mañana
un palacio, un hospital.

Vivo ajeno
de memorias,

de cuidados
libre estoy;
busquen otros
oro y glorias,
yo no pienso
sino en hoy.   5
Y doquiera
vayan leyes,
quiten reyes,
reyes den; [5]
yo soy pobre,   10
y al mendigo,
por el miedo
del castigo,
todos hacen
siempre bien.   15

Y un asilo donde quiera
y un lecho en el hospital
siempre hallaré, y un hoyo donde caiga
mi cuerpo miserable al expirar.   20

Mío es el mundo: como el aire libre,
otros trabajan porque coma yo;
todos se ablandan si doliente pido
una limosna por amor de Dios.

5. Y doquiera ... den: *Laws change and kings come and go* (an inversion of
the proverb: "Allá van leyes do quieren reyes" or "The king's laws are the laws
of the realm")

EL ESTUDIANTE DE SALAMANCA[1]

The protagonist of the poem is the noble, unbelieving, satanic don Félix de Montemar.

Segundo don Juan Tenorio,[2]
alma fiera e insolente,
irreligioso y valiente,
altanero y reñidor;
5 siempre el insulto en los ojos,
en los labios la ironía,
nada teme y todo fía
de su espada y su valor.[3]

Corazón gastado, mofa
10 de la mujer que corteja,
y, hoy despreciándola, deja
la que ayer se le rindió.
Ni el porvenir temió nunca,
ni recuerda en lo pasado
15 la mujer que ha abandonado,
ni el dinero que perdió.

Ni vió el fantasma entre sueños
del que mató en desafío [4]
20 ni turbó jamás su brío
recelosa previsión.

Siempre en lances y en amores,
siempre en báquicas orgías,
mezcla en palabras impías
un chiste a una maldición.

En Salamanca famoso   5
por su vida y buen talante,[5]
al atrevido estudiante
lo señalan entre mil;
fueros le da su osadía,
lo disculpa su riqueza,   10
su generosa nobleza,
su hermosura varonil.

Que su arrogancia y sus vicios,
caballeresca apostura,
agilidad y bravura   15
ninguno alcanza a igualar;
que hasta en sus crímenes mismos,
en su impiedad y altiveza,
pone un sello de grandeza   20
don Félix de Montemar.

He seduces and abandons the innocent Elvira, who thereupon loses her mind and wanders about in the night, plucking the petals from the flowers she has picked. The poet comments:

Hojas del árbol caídas
juguetes del viento son:
las ilusiones perdidas,

¡ay!, son hojas desprendidas
del árbol del corazón.

1. Salamanca: city in Old Castile (Castilla la Vieja), seat of the oldest university in Spain
2. don Juan Tenorio: famed seducer of play, novel, and poem, first introduced by Tirso de Molina in his drama *El burlador de Sevilla* early in the seventeenth century.
3. todo fía ... valor: *he believes only in his sword and in his courage*
4. reference to a duel at the beginning of the poem
5. buen talante: *good looks*

¡El corazón sin amor!
¡Triste páramo cubierto
con la lava del dolor,
obscuro inmenso desierto
5 donde no nace una flor!

. . . .

Tú eres, mujer, un fanal
transparente de hermosura;
¡ay de ti si por tu mal [6]
rompe el hombre en su locura
10 tu misterioso cristal!

Mas, ¡ay!, dichosa tú, Elvira,
en tu misma desventura,
que aun deleites te procura,
cuando tu pecho suspira,
tu misteriosa locura: 5

que es la razón un tormento,
y vale más delirar
sin juicio, que el sentimiento
cuerdamente analizar,
fijo en él el pensamiento.[7]   10

Before she dies Elvira writes don Félix an anguished letter of passion and forgiveness. Her brother, don Diego de Pastrana, comes to avenge her death but is killed by don Félix in a duel. The villain walks away from the scene of his crime, comes across a veiled lady in white, and follows her through hallucinatory streets. He meets a funeral procession and finds that one of the two dead men is his victim, don Diego, and the other is he himself. Undaunted, he continues following the fantastic lady despite her warnings. They enter a mysterious deserted house where he encounters further hair-raising macabre visions, and ends up at the foot of an open grave.

Y entonces la visión del blanco velo
al fiero Montemar tendió una mano,
y era su tacto de crispante hielo,[8]
y resistirlo audaz intentó en vano:

galvánica, crüel, nerviosa y fría,   15
histérica y horrible sensación
toda la sangre coagulada envía
agolpada [9] y helada al corazón...

Y a su despecho [10] y maldiciendo al cielo,
de ella apartó su mano Montemar,   20
y temerario alzándola a su velo,
tirando de él le descubrió la faz.

6. ay ... mal: *woe is you if to your misfortune*
7. fijo ... pensamiento: *with thoughts centered on it* (on feeling)
8. crispante hielo: *spine-tingling iciness*
9. agolpada: *pounding*
10. a su despecho: *despite himself*

¡Es su esposo! los ecos retumbaron.
¡La esposa al fin que su consorte halló!
Los espectros con júbilo gritaron:
¡Es el esposo de su eterno amor!

5   Y ella entonces gritó: *¡Mi esposo!* Y era
(¡desengaño fatal! ¡triste verdad!)
una sórdida, horrible calavera,
la blanca dama del gallardo andar...

       Luego un caballero de espuela dorada,
10   airoso, aunque el rostro con mortal color,
traspasado el pecho de fiera estocada,[11]
aun brotando sangre de su corazón,

       se acerca y le dice, su diestra tendida,
que impávido estrecha también Montemar;
15   —Al fin la palabra que disteis, cumplida,
doña Elvira, vedla; vuestra esposa es ya.

       Mi muerte os perdono.—Por cierto, don Diego—
repuso don Félix tranquilo a su vez—,
me alegro de veros con tanto sosiego,
20   que a fe no esperaba volveros a ver.

       En cuanto a ese espectro que decís mi esposa,
raro casamiento venísme a ofrecer:
su faz no es, por cierto, ni amable ni hermosa;
mas no se os figure que os quiera ofender.

25   Por mujer la tomo, porque es cosa cierta,
y espero no salga fallido mi plan,
que en caso tan raro y mi esposa muerta,
tanto como viva no me cansará.

       Mas antes decidme si Dios o el demonio
30   me trajo a este sitio, que quisiera ver
al uno o al otro, y en mi matrimonio
tener por padrino siquiera a Luzbel;

11. traspasado ... estocada: *his breast savagely pierced*

cualquiera o entrambos, con su corte toda
estando estos nobles espectros aquí,
no perdiera mucho viniendo a mi boda...[12]
Hermano don Diego, ¿no pensáis así?—

Tal dijo don Félix con fruncido ceño,[13]   5
en torno arrojando con fiero ademán
miradas audaces de altivo desdeño,
al Dios por quien jura capaz de arrostrar.[14]

El cariado, lívido esqueleto,
los fríos, largos y asquerosos brazos,   10
le enreda en tanto en apretados lazos,
y ávido lo acaricia en su ansiedad;

y con su boca cavernosa busca
la boca a Montemar, y a su mejilla
la árida, descarnada y amarilla,   15
junta y refriega, repugnante faz.[15]

Y él, envuelto en sus secas coyunturas,
aun más sus nudos que se aprietan siente,
baña un mar de sudor su ardida frente
y crece en su impotencia su furor.   20

Pugna con ansia a desasirse en vano,
y, cuanto más airado forcejea,
tanto más se le junta y lo desea
el rudo espectro que le inspira horror.

Y en furioso, veloz remolino,   25
y en aérea fantástica danza,
que la mente del hombre no alcanza
en su rápido curso a seguir,

12. estando ... boda: *since these noble spectres are already here, he* (God or
the devil) *would not be losing much by coming to my wedding*
13. con fruncido ceño: *with a frown*
14. al Dios ... arrostrar: *at the God he swears he is capable of defying*
15. y a su mejilla ... faz: *and the dry, fleshless, yellow, disgusting face meets
his cheek and rubs against it*

los espectros su ronda empezaron
cual en círculos raudos el viento
remolinos de polvo violento
y hojas secas agita sin fin.

5   Y elevando sus áridas manos,
resonando cual lúgubre eco,
levantóse en su cóncavo hueco
semejante a un aullido una voz
pavorosa, monótona, informe,
10   que pronuncia sin lengua su boca,
cual la voz que del áspera roca
en los senos del viento formó.

—Cantemos—dijeron sus gritos—,
la gloria, el amor de la esposa,
15   que enlaza en sus brazos dichosa [16]
por siempre al esposo que amó:
su boca a su boca se junte,
y selle su eterna delicia,
suave, amorosa caricia
20   y lánguido beso de amor.

Y en mutuos abrazos unidos,
y en blando y eterno reposo,
la esposa enlazada al esposo
por siempre descansen en paz;
25   y en fúnebre luz ilumine
sus bodas fatídica tea,
les brinde deleites y sea
la tumba su lecho nupcial—.

Mientras, la ronda frenética
que en raudo giro se agita,
30   más cada vez precipita
su vértigo sin ceder,
más cada vez se atropella,
más cada vez se arrebata,
y en círculos se desata
35   violentos más cada vez.

16. que ... dichosa: Read "que dichosa enlaza en sus brazos."

Y escapa en rueda quimérica
y negro punto parece
que en torno se desvanece
a la fantástica luz,[17]
5 y sus lúgubres aullidos,
que pavorosos se extienden,
los aires rápidos hienden
más prolongados aún.

Y a tan continuo vértigo,
10 a tan funesto encanto,
a tan horrible canto,
a tan tremenda lid,
entre los brazos lúbricos
que aprémianle sujeto,
15 del hórrido esqueleto,[18]
entre caricias mil,

jamás vencido el ánimo,
su cuerpo ya rendido,
sintió desfallecido
20 faltarle Montemar; [19]
y a par que más su espíritu
desmiente su miseria
la flaca, vil materia
comienza a desmayar.[20]

25 Y siente un confuso
loco devaneo,
languidez, mareo
y angustioso afán;
y sombras y luces,
30 la estancia que gira,
y espíritus mira
que vienen y van.

Y luego, a lo lejos,
flébil en su oído,   10
eco dolorido
lánguido sonó,
cual la melodía
que el aura amorosa,
y el arpa armoniosa   15
de noche formó.

Y siente luego
su pecho ahogado,
y desmayado,
turbios sus ojos,   20
sus graves párpados
flojos caer;
la frente inclina
sobre su pecho,
y a su despecho,[21]   25
siente sus brazos,
lánguidos, débiles
desfallecer.

Y vió luego
una llama   30
que se inflama
y murió;

17. que ... luz: Read "que en torno a la fantástica luz se desvanece."
18. entre ... esqueleto: Read "entre los brazos lúbricos del hórrido esqueleto que aprémianle sujeto" ("que aprémianle sujeto" = *that hold him down*).
19. su cuerpo ... Montemar: *Montemar felt his exhausted body grow faint and give way*
20. y a par ... desmayar: *and while his spirit still belies his miserable state, his weak, wretched body begins to grow faint*
21. Cf. note 10.

y perdido,   que hirió
oyó el eco   en blando
de un gemido   concento
que expiró.   del viento
                                        la voz,²²   5

5   Tal, dulce,   leve,
    suspira   breve
    la lira   son.

En tanto, en nubes de carmín y grana
su luz el alba arrebolada envía,
10 y alegre regocija y engalana
las altas torres del naciente día:
sereno el cielo, calma la mañana,
blanda la brisa, transparente y fría,
vierte a la tierra el sol con su hermosura
15 rayos de paz y celestial ventura.

Y huyó la noche y con la noche huían
sus sombras y quiméricas mujeres,
y a su silencio y calma sucedían
el bullicio y rumor de los talleres;
20 y a su trabajo y a su afán volvían
los hombres, y a sus frívolos placeres,
algunos hoy volviendo a su faena
de zozobra y temor el alma llena.

¡Que era pública voz, que llanto arranca
del pecho pecador y empedernido,²³
25 que en forma de mujer y en una blanca
túnica misteriosa revestido,
aquella noche el diablo a Salamanca
había, en fin, por Montemar venido!...
30 Y si, lector, dijeres ser comento,²⁴
como me lo contaron, te lo cuento.

22. que hirió ... viento: Read "que la voz del viento hirió en blando concento."
23. Que ... empedernido: *For it was made publicly known to the grief of hardened sinners*
24. Y si ... comento: *And if you say, reader, that this is a lie.* ("Dijeres" is the future subjunctive of "decir.")

THE ROMANTIC
THEATER

With the triumph of neoclassical theory in Spain in the eighteenth century, the Golden Age theater was no longer universally admired. The Italian-educated Ignacio de Luzán (1702–1754) wrote his *Poética* in 1737 both as a study of the origins and functions of poetry and as a corrective to the excesses and affectations of the dramatic poetry of the Siglo de Oro. Restraint, verisimilitude, and logical coherence are suggested as countermeasures to the extravagance and lack of logic of the seventeenth-century drama. Luzán's invocation of classical norms unleashed a series of disputes between the detractors and the defenders of the Golden Age drama—a polemic that was to last throughout the eighteenth century.

The eighteenth-century preoccupation with "good taste" had diverse, though short-lived, manifestations; in 1749 a center of the new neoclassicism, known as the Academia de Buen Gusto, was founded; classical French plays were translated and imitated with varying degrees of success. The greatest measure of success, however, was achieved only by those advocates of neoclassicism who managed at the same time to remain in touch with the authentic national traditions of realism, fervent patriotism, and social criticism. Ramón de la Cruz (1731–1794), an early proponent of neoclassicism, soon found a suitable means of personal expression in the *sainete,* short satirical pieces designed to be presented between the acts of more extensive dramatic works. An heir of Lope de Rueda and Cervantes, Ramón de la Cruz brought to the stage a complete and vivid gallery of Madrilenian types with their distinctive customs and highly flavored popular speech; the *sainetes* are a satire of eighteenth-century mores, and as such constitute a valuable social and historical document. Vicente García de la Huerta (1734–

1787) attempted in a different way to fuse the neoclassical and the national traditions. His play *Raquel* displays unity and coherence rarely encountered in the earlier Siglo de Oro drama, but its exaltation of nationalistic sentiments descends in a direct line from the seventeenth-century theater. Another important transitional figure was Leandro Fernández de Moratín (1760–1828), a dramatist who played the role of critic of contemporary bourgeois society within the framework of neoclassical rules; his most notable work, *El sí de las niñas,* is an essentially didactic play written with finesse and taste.

The attempt to impose classical and French standards on Spanish literature was, in the long run, a virtually unqualified failure. From the point of view of genuine dramatic creativity, the preceptists' call to order was singularly devoid of consequence. The Spanish theater was not truly reborn until the age of Romanticism, which brought with it its own disorder—a disorder easily grafted onto the preexisting extravagance of the Siglo de Oro. In addition, the spirit of nationalism was given enormous impetus by the French invasion of Spain in 1808, as a result of which the call to rebellion and the heroic gesture were no longer confined to literature. The fight to dislodge the French forces had all the characteristics of an authentic popular uprising; the distance that separates the War of Independence from Lope de Vega's *Fuenteovejuna* is the precise distance that separates life from art. The call to freedom produced the Constitution of Cádiz in 1812 and the revolution of General Riego in 1820; in literature it produced a break with the artificially imposed foreign conventions of neoclassicism and proclaimed a return to the full expression of the national spirit—vigorous, turbulent, and untrammeled.

The appearance in 1835 of the Romantic drama *Don Alvaro,* by the Duque de Rivas,* had clearly marked the path to be followed by aspiring young playwrights, and Antonio García Gutiérrez was quick to adopt the new fashion in *El Trovador,* which had its premiere performance on March 1, 1836. Like *Don Alvaro,* it is a drama of fatality and revenge, passionate love and fierce hatred played out against a background filled with mysterious portents and suggestions of impending doom. The theme of the star-crossed lovers, the punctilious brother quick to avenge the blot on the family honor, and the hero of seemingly base origin, are some of the elements common

* See introduction to the Duque de Rivas.

to both plays, neither of which can be said to be distinguished for its cool sobriety. Giuseppe Verdi recognized the operatic qualities of both works and the continuing popularity of his operas *La Forza del destino* (based on *Don Álvaro o la fuerza del sino*) and *Il Trovatore* (based on *El Trovador*) appears to indicate that such overwrought dramas still have some appeal.

The instantaneous success accorded *El Trovador* at its first performance need not be construed as proof of its intrinsic excellence, but it does indicate the degree to which the Spanish public was receptive to the new Romantic drama which, to a point, renewed the interrupted national traditions of the *Romancero* and the theater of the Golden Age. The popular flavor and lyricism of the plays of Lope de Vega, the complicated plots and emphasis on the theme of honor in Calderón, the noble gesture and the spirit of chivalry common to both, came together more or less harmoniously in the nineteenth century to provide the groundwork for the Romantic prototype. The mixture of prose and verse, the coexistence of the elevated tragic tone and the plebeian comic note, a frequent distaste both for logic and the cold light of reason are also characteristic of seventeenth- and nineteenth-century theater.

Antonio García Gutiérrez
(1813–1884)

Antonio García Gutiérrez, who was born in Cádiz in 1813, at first studied medicine but soon joined the army. It was during his military service that he wrote *El Trovador,* the best known of the eighty plays he subsequently composed. Of this number, only a few are worthy of note: *Simón Bocanegra* (1843), *Venganza catalana* (1864), and *Juan Lorenzo* (1865). *Simón Bocanegra,* on which Verdi based another opera, represents an intermediate period in the development of the dramatic art of the author; the later plays, both socio-historical dramas, display a degree of control and solidity rarely associated with the Romantic theater. By the time *Venganza catalana* and *Juan Lorenzo* appeared, the excesses of the Romantic movement had run their course, Zorrilla had reached full literary maturity, the poet Bécquer was making the transition from pure Romanticism to Impressionism, and that most characteristic expression of the nineteenth century, the regional-realistic novel, was beginning to dominate the literary scene.

The romantic cliché of the suffering artist does not seem to have applied to García Gutiérrez, since he enjoyed financial success and gained recognition for his plays. García Gutiérrez was in Cuba and Mexico from 1844 to 1847, and upon his return to Spain was given a position in the Consular service. He was later appointed Director of the National Library and of the National Archaeological Museum and in 1862 was elected to the Royal Spanish Academy.

El Trovador

DRAMA CABALLERESCO EN CINCO JORNADAS, EN PROSA Y VERSO

PERSONAJES

DON NUÑO DE ARTAL, *conde de Luna*
DON MANRIQUE
DON GUILLÉN DE SESE
DON LOPE DE URREA
DOÑA LEONOR DE SESE
DOÑA JIMENA
AZUCENA

GUZMÁN, JIMENO, FERRANDO, *criados del Conde de Luna*
RUIZ, *criado de Don Manrique*
UN SOLDADO
SOLDADOS
SACERDOTES
RELIGIOSAS

Aragón. Siglo XV

JORNADA PRIMERA

EL DUELO

Zaragoza: sala corta en el palacio de la Aljafería.[1]

Escena Primera

GUZMÁN, JIMENO, FERRANDO; *sentados.*

JIMENO. Nadie mejor que yo puede saber esa historia. ¡Como que [2] hace muy cerca de cuarenta años que estoy al servicio de los Condes de Luna!

FERRANDO. Siempre me lo han contado de diverso modo.

---

1. Zaragoza ... Aljafería: painted scene of a room in the Palace of Aljafería in Zaragoza. The Aljafería was an old Moorish castle which became the residence of the Spanish monarch when Zaragoza (Aragon) fell to the Spaniards in the twelfth century.
2. ¡Como que ...!: *Why ...!*

GUZMÁN. ¡Y como se abultan tanto los cosas!...

JIMENO. Yo os [3] lo contaré tal como ello pasó por los años de 1390. El
Conde don Lope de Artal vivía regularmente en Zaragoza, como que
siempre estaba al lado de su Alteza.[4] Tenía dos niños: el uno, que es
don Nuño, nuestro muy querido amo, y contaba entonces seis meses,
poco más o menos,[5] y el mayor, que tendría dos años, llamado don
Juan. Una noche entró en la casa del Conde una de esas vaga-
bundas, una gitana con ribetes de bruja,[6] y sin decir palabra se des-
lizó hacia la cámara donde dormía el mayorcito. Era ya bastante
vieja...

FERRANDO. ¿Vieja y gitana? Bruja, sin duda.

JIMENO. Se sentó a su lado y le estuvo mirando largo rato, sin apartar
de él los ojos un instante; pero los criados la vieron y la arrojaron a
palos. Desde aquel día empezó a enflaquecer el niño, a llorar continuamente, y, por último, a los pocos días cayó gravemente enfermo: la pícara de la bruja [7] le había hechizado.

GUZMÁN. ¡Diantre!

JIMENO. Y aún su aya aseguró que en el silencio de la noche había oído
varias veces que andaba alguien en su habitación y que una legión de
brujas jugaban con el niño a la pelota, sacudiéndole furiosas contra
la pared.

FERRANDO. ¡Qué horror! Yo me hubiera muerto de miedo.

JIMENO. Todo esto alarmó al Conde y tomó sus medidas para pillar a la
gitana. Cayó, efectivamente, en el garlito, y al otro día fué quemada
públicamente, para escarmiento de viejas.[8]

GUZMÁN. ¡Cuánto me alegro! ¿Y el chico?

JIMENO. Empezó a engordar inmediatamente.

FERRANDO. Eso era natural.

JIMENO. Y, a guiarse por mis consejos,[9] hubiera sido también tostada la
hija, la hija de la hechicera.

---

3. In the dialogue which follows and throughout the play, the form *vos* with
the second person plural verb is used where *Vd.* would now be employed.

4. Su Alteza (*His Highness*) is Alfonso V "el magnánimo" (reigned 1416–
1458), King of Aragon. The same title is used to refer to the Queen. Cf. below
p. 109, l. 2.

5. contaba ... menos: *was about six months old at the time*

6. con ... bruja: *with a bit of the witch about her*

7. la pícara ... bruja: *that wretched witch*

8. al otro día ... viejas: *on the following day ... as a warning to old women*

9. a ... consejos: *if they had taken my advice*

FERRANDO. ¡Pues por supuesto!... Dime con quién andas...[10]

JIMENO. No quisieron entenderme, y bien pronto tuvieron lugar [11] de arrepentirse.

GUZMÁN. ¡Cómo!...

JIMENO. Desapareció el niño, que estaba ya tan rollizo que daba gusto 5 verle. Se le buscó por todas partes, ¿y sabéis lo que se encontró? Una hoguera recién apagada en el sitio donde murió la hechicera, y el esqueleto achicharrado del niño.

FERRANDO. ¡Cáspita! ¿Y no la atenazaron?

JIMENO. ¡Buenas ganas teníamos todos de verla arder, por vía de ensayo 10 para el infierno! [12] Pero no pudimos atraparla; y, sin embargo, si la viese ahora...

GUZMÁN. ¿La conoceríais?

JIMENO. A pesar de los años que han pasado, sin duda.

FERRANDO. Pero también apostaría yo cien florines a que el alma de su 15 madre está ardiendo ahora en las parrillas de Satanás.

GUZMÁN. Se entiende.[13]

JIMENO. Pues...mis dudas tengo yo en cuanto a eso.

GUZMÁN. ¿Qué decís?

JIMENO. Desde el suceso que acabo de contaros no ha dejado de haber [14] 20 lances diabólicos... Yo diría que el alma de la gitana tiene demasiado que hacer para irse tan pronto al infierno.

FERRANDO. ¡Jum!... ¡Jum!...

JIMENO. ¿He dicho algo?

FERRANDO. ¡Preguntádmelo a mí! 25

GUZMÁN. ¿La habéis visto?

FERRANDO. Más de una vez.

GUZMÁN. ¿A la gitana?

FERRANDO. No, ¡qué disparate!, no...; al alma de la gitana. Unas veces, bajo la figura de un cuervo negro; de noche, regularmente, en buho.[15] 30 Ultimamente, noches pasadas, se transformó en lechuza.

GUZMÁN. ¡Cáspita!...

JIMENO. Adelante.

10. The complete proverb is "Dime con quién andas y te diré quién eres." Equivalent to "Birds of a feather flock together."
11. tuvieron lugar: *they had occasion*
12. ¡Buenas ... infierno! *We were all dying to see her burn, as a kind of rehearsal for hell!*
13. Se entiende. *Naturally.*
14. no ... haber: *there has been no lack of*
15. en buho: *as a horned owl*

FERRANDO. Y se entró en mi cuarto a sorberse el aceite de mi lámpara. Yo empecé a rezar un *Padrenuestro* en voz baja... ¡Ni por ésas! [16] Apagó la luz y me empezó a mirar con unos ojos tan relucientes... Se me erizó el cabello. ¡Tenía un no sé qué de diabólico y de infernal [17]
5   aquel espantoso animalejo! Ultimamente empezó a revolotear por la alcoba... Yo sentí en mi boca el frío beso de un labio inmundo; di un grito de terror, exclamando "¡Jesús!",[18] y la bruja, espantada, lanzó un prolongado chillido, precipitándose furiosa por la ventana.

GUZMÁN. ¡Me contáis cosas estupendas! Y en pago del buen rato que me
10   habéis hecho pasar, voy a contaros otras [19] no menos raras y curiosas, pero que tienen la ventaja de ser más recientes.

FERRANDO. ¿Cómo?

GUZMÁN. Se entiende que nada de esto debe traslucirse, porque es una cosa que sólo a mí, a mí, particularmente, se me ha confiado.

15 JIMENO. Pero, ¿de quién? [20]

JIMENO. De otro modo me mataría el Conde.

FERRANDO Y JIMENO. ¡El Conde!

GUZMÁN. Pero todo ello no es nada, nada; travesuras de la juventud. ¿No sabéis que está perdidamente enamorado de doña Leonor de
20   Sese?

JIMENO. ¿La hermana de don Guillén, de ese hidalgo orgulloso...?

FERRANDO. La más hermosa dama del servicio de la Reina...

GUZMÁN. Seguro.

FERRANDO. Y que está tan enamorada de aquel trovador que en tiempos
25   de antaño venía a quitarnos el sueño por la noche con su cántico sempiterno.

GUZMÁN. Y que viene todavía.

JIMENO. ¡Cómo!, ¿pues no dicen que está con el Conde de Urgel, que en mal hora naciera,[21] ayudándole a conquistar la corona de Aragón?
30 GUZMÁN. Pues a pesar de eso...

16. Yo ... baja ... ¡Ni por ésas! *I began to whisper the Lord's Prayer. That didn't work either!* (It was common practice for superstitious people to pray or to invoke the name of the deity in order to exorcise evil spirits.)

17. Tenía ... infernal: *There was something diabolical and hellish about*

18. Ferrando utters the name of Jesus in order to drive out the demon. This time his exorcism is successful.

19. *otras* refers to *cosas.*

20. ¿de quién? *Who* (confided it to you)?

21. el Conde ... naciera: *the Count of Urgel, curse him* (literally, "who had been born in an evil hour"). (The Count of Urgel was at the head of a revolt against King Alfonso V. At the time of the action of the play, Aragon was one of the two chief kingdoms of Christian Spain, and Zaragoza was its capital. Urgel is in the northern province of Lérida, in the Pyrenees.)

FERRANDO. ¡Atreverse a galantear a una de las primeras damas de su Alteza! Un hombre sin solar, digo, que sepamos.[22]

JIMENO. No negaréis, sin embargo, que es un caballero valiente y galán.

GUZMÁN. Sí, eso sí...; pero en cuanto a lo demás... Y luego, ¿quién es él?, ¿dónde está el escudo de sus armas? Lo que me decía anoche el Conde: "Tal vez será algún noble pobretón, algún hidalgo de gotera." [23]

JIMENO. Pero, al cuento.[24]

GUZMÁN. Al cuento. Ya sabéis que yo gozo de la confianza del Conde. Anoche me dijo, estando los dos solos en su cuarto: "Escucha, Guzmán; quiero que me acompañes; sólo a ti me atrevo a confiar mis designios, porque siempre me has sido fiel. Esta noche ha de ser fatal para mí, o he de llegar al colmo de la felicidad suprema." "Sígueme," añadió; y atravesó con paso precipitado las galerías, instruyéndome en el camino de su proyecto.

JIMENO. ¿Y qué?

GUZMÁN. Su intento era entrar en la habitación de Leonor, para lo cual se había proporcionado una llave.

JIMENO. ¡Cómo!... ¡En palacio!... ¿Y se atrevió al fin?

GUZMÁN. Entró, efectivamente; pero en el momento mismo, cuando, lleno de amor y de esperanza, se le figuraba que iba a tocar la felicidad suprema, un preludio del laúd del maldito trovador vino a sacarle de su delirio.

FERRANDO. ¡Del trovador!

GUZMÁN. Del mismo; estaba en el jardín. "Allí, dijo don Nuño con un acento terrible, allí estará también ella." Y bajó furioso la escalera. La noche era oscurísima. El importuno cantor que nunca pulsó el laúd a peor tiempo, se retiró, creyendo, sin duda, que era mi amo algún curioso escudero. A poco rato bajó la virtuosa Leonor, y equivocando a mi señor con su amante, le condujo silenciosamente a lo más oculto del jardín. Bien pronto las atrevidas palabras del Conde la hicieron conocer con quién se las había...[25] La luna, hasta entonces prudentemente encubierta con una nube espesísima, hizo brillar un instante el acero del celoso cantor delante del pecho de mi amo. Poco duró el combate; la espada del Conde cayó a los pies de

22. digo ... sepamos: *I mean, insofar as we know*
23. hidalgo de gotera: *a nobleman who enjoyed his privileges only when residing in his own town; once he moved, all privileges were lost.*
24. al cuento: *to get on with the story*
25. con quién ... había: *with whom she was dealing*

su rival, y un momento después ya no había un alma en todo el jardín.

JIMENO. ¿Y no os parece, como a mí,[26] que el Conde hace muy mal en exponer así su vida? Y si llegan a saber sus Altezas semejantes
5   locuras...

GUZMÁN. Calle... Parece que se ha levantado ya...

JIMENO. ¡Temprano, para lo que ha dormido! [27]

FERRANDO. Los enamorados dicen que no duermen.

GUZMÁN. Vamos allá, no nos eche de menos.[28]

10 FERRANDO. ¡Y hoy, que estará de mala guisa! [29]

JIMENO. Sí, vamos.

ESCENA II

Cámara de doña Leonor en el palacio.

LEONOR, JIMENA, DON GUILLÉN

GUILLÉN.	Mil quejas tengo que daros,
	si oírme, hermana, queréis.
LEONOR.	Hablar, don Guillén, podéis,
15	que pronta estoy a escucharos.
	Si a hablar del Conde venís,
	que será en vano os advierto,
	y me enojaré, por cierto,
	si en tal tema persistís.
20 GUILLÉN.	Poco estimáis, Leonor,
	el brillo de vuestra cuna,
	menospreciando al de Luna [30]
	por un simple trovador.
	¿Qué visteis, hermana, en él
25	para así tratarle impía?
	¿No supera en bizarría
	al más apuesto doncel?
	A caballo, en el torneo,
	¿no admirasteis su pujanza?
30	A los botes de su lanza...

26. ¿Y no ... a mí ...? *And don't you think, as I do ...?*
27. para ... dormido: *considering the short time he's been asleep*
28. no ... menos: *lest he notice our absence*
29. ¡Y ... guisa! *Especially today, when he's undoubtedly in a bad mood!*
30. al de Luna = *al Conde de Luna*

LEONOR.	Que cayó de un bote creo.
GUILLÉN.	En fin: mi palabra di
	de que suya habéis de ser,
	y cumplirla he menester.[31]
LEONOR.	¿Y vos disponéis de mí? [32]
GUILLÉN.	O soy o no vuestro hermano.
LEONOR.	Nunca lo fuerais,[33] por Dios,
	que me dió mi madre en vos,
	en vez de amigo, un tirano.
GUILLÉN.	En fin, ya os dije mi intento;
	ved cómo se ha de cumplir...
LEONOR.	¡No lo esperéis!
GUILLÉN.	O vivir
	encerrada en un convento.
LEONOR.	Lo del convento más bien.[34]
GUILLÉN.	¿Eso tu audacia responde?
LEONOR.	Que nunca seré del Conde...
	nunca. ¿Lo oís, don Guillén?
GUILLÉN.	Yo haré que mi voluntad
	se cumpla, aunque os pese a vos.[35]
LEONOR.	Idos, hermano, con Dios.
GUILLÉN.	¡Leonor..., adiós os quedad! [36]

Lines: 5, 10, 15, 20

Escena III

LEONOR, JIMENA

LEONOR.	¿Lo oíste? ¡Negra fortuna!
	Ya ni esperanza ninguna,
	ningún consuelo me resta.
JIMENA.	Mas ¿por qué por el de Luna
	tanto empeño manifiesta? [37]
LEONOR.	Esa soberbia ambición
	que le ciega y le devora,
	es, ¡triste!, mi perdición.

Lines: 25, 30

31. y ... menester: *and I must keep it* (my word)
32. ¿Y vos ... mí? *And you can do what you like with me?*
33. Nunca ... fuerais: *I wish you weren't*
34. Lo ... bien. *I prefer the convent.*
35. aunque ... vos: *even if you don't like it*
36. adiós os quedad: *good-bye* (literally, "God be with you")
37. ¿por qué ... manifiesta? *Why does he favor the Conde de Luna so?*

	¡Y quiere que al que me adora
	arroje del corazón! [38]
	Yo al Conde no puedo amar;
	le detesto con el alma;
5	él vino, ¡ay, Dios!, a turbar
	de mi corazón la calma,
	y mi dicha a emponzoñar.
	¿Por qué perseguirme así?
JIMENA.	Desde anoche le aborrezco
10	más y más.
LEONOR.	Yo que creí
	que era Manrique..., ¡ay de mí!
	todavía me estremezco.
	Por él me aborrece ya.
15 JIMENA.	¿Don Manrique?
LEONOR.	Sí, Jimena.
JIMENA.	De vuestro amor dudará.
LEONOR.	Celoso del Conde está,
	y sin culpa me condena... (Llora.)
20 JIMENA.	¿Siempre llorando, mi amiga?
	No cesas...
LEONOR.	Llorando, sí;
	yo para llorar nací;
	mi negra estrella enemiga,[39]
25	mi suerte lo quiere así.
	Despreciada, aborrecida
	del que amante idolatré,
	¿qué es para mí ya la vida?
	¡Y él creyó que envilecida
30	vendiera a otro amor mi fe!
	No, jamás... La pompa, el oro,
	guárdelos el Conde allá; [40]
	ven, trovador, y mi lloro
	te dirá cómo te adoro,
35	y mi angustia te dirá...
	Mírame aquí, prosternada;
	ven a calmar la inquietud

38. quiere ... corazón: Read "quiere que arroje del corazón al que me adora"
39. mi negra estrella enemiga: *my unlucky star*
40. La pompa ... allá: *Let the Count keep his pomp and his riches*

de esta mujer desdichada;
tuyo es mi amor, mi virtud...
¿Me quieres más humillada?

JIMENA.   ¿Qué haces, Leonor?

LEONOR.   Yo no sé...   5
alguien viene.

JIMENA.   ¡El es, por Dios!
¡Y dudabas de su fe!

LEONOR.   ¡Jimena!

JIMENA.   Te estorbaré...   10
solos os dejo a los dos.

Escena IV

LEONOR, MANRIQUE (*Rebozado*.)

LEONOR.   ¡Manrique! ¿Eres tú?

MANRIQUE.   Yo, sí...
No tembléis.

LEONOR.   No tiemblo yo;   15
mas si alguno entrar te vió...

MANRIQUE.   Nadie.

LEONOR.   ¿Qué buscas aquí?
¿Qué buscas?... ¡Ah..., por piedad!...

MANRIQUE.   ¿Os pesa de mi venida? [41]   20

LEONOR.   No, Manrique, por mi vida.
¿Me buscáis a mí, es verdad?
Sí, sí... Yo apenas pudiera
tanta ventura creer.
¿Lo ves? Lloro de placer.   25

MANRIQUE.   ¡Quién, perjura, te creyera! [42]

LEONOR.   ¿Perjura?

MANRIQUE.   Mil veces sí...
Mas no pienses que, insensato,
a obligar a un pecho ingrato,   30
a implorarte vine aquí.
No vengo lleno de amor,
cual un tiempo...[43]

---

41. ¿Os ... venida? *Are you sorry I came?*
42. ¡Quién ... creyera! *Faithless woman, how I wish I could believe you!*
43. cual un tiempo: *as I once did*

LEONOR.	¡Desdichada!
MANRIQUE.	¿Tembláis?
LEONOR.	No, no tengo nada...[44]

mas temo vuestro furor.

5   ¡Quién dijo, Manrique, quién,
que yo olvidarte pudiera
infiel, y tu amor vendiera,
tu amor, que es sólo mi bien! [45]
¿mis lágrimas no bastaron
10   a arrancar de tu razón
esa funesta ilusión?

MANRIQUE.   Harto tiempo me engañaron.
Demasiado te creí
mientras tierna me halagabas
15   y, pérfida, me engañabas.
¡Qué necio, qué necio fuí!
Pero no, no impunemente
gozarás de tu traición...
Yo partiré el corazón
20   de ese rival insolente.
¡Tus lágrimas! ¿Yo creer
pudiera,[46] Leonor, en ellas,
cuando con tiernas querellas
a otro halagabas ayer?
25   ¿No te vi yo mismo, di?

LEONOR.   Sí, pero juzgué, engañada,
que eras tú; con voz pausada
cantar una trova oí.
Era tu voz, tu laúd,
30   era el canto seductor
de un amante trovador,
lleno de tierna inquietud.
Turbada, perdí mi calma,
se estremeció el corazón
35   y una celeste ilusión
me abrasó de amor el alma.

44. no tengo nada: *it's nothing*
45. que ... bien: *which is my only happiness*
46. ¿Yo creer pudiera ...? Read "¿pudiera yo creer ...?"

Me pareció que te vía [47]
en la oscuridad profunda;
que a la luna moribunda
tu penacho descubría.
Me figuré verte allí   5
con melancólica frente,
suspirando tristemente,
tal vez, Manrique, por mí.
No me engañaba... Un temblor
me sobrecogió un instante...   10
Era, sin duda, mi amante;
era, ¡ay, Dios!, mi trovador.

MANRIQUE.   Si fuera verdad, mi vida,
y mil vidas que tuviera,
ángel hermoso, te diera. [48]   15

LEONOR.   ¿No te soy aborrecida?

MANRIQUE.   ¿Tú, Leonor? ¿Pues por quién
así en Zaragoza entrara,
por quién la muerte arrostrara
sino por ti, por mi bien?   20
¡Aborrecerte! ¿Quién pudo
aborrecerte, Leonor?

LEONOR.   ¿No dudas ya de mi amor,
Manrique?

MANRIQUE.   No, ya no dudo.   25
Ni así pudiera vivir.
¿Me amas, es verdad? Lo creo,
porque creerte deseo
para amarte y existir,
porque la muerte me fuera   30
más grata que tu desdén.

LEONOR.   ¡Trovador!

MANRIQUE.   No más; ya es bien
que parta. [49]

LEONOR.   ¿No vuelvo a verte?   35

MANRIQUE.   Hoy no, muy tarde será.

47. vía = veía
48. y mil ... diera: *and if I had a thousand lives, ... I would give them all to you*
49. ya ... parta: *I'd better leave*

LEONOR.	¿Tan pronto te marchas?
MANRIQUE.	Hoy
	ya se sabe que aquí estoy;
	buscándome están quizá.
5 LEONOR.	Sí, vete.
MANRIQUE.	Muy pronto fiel
	me verás, Leonor, mi gloria,[50]
	cuando el cielo dé victoria
	a las armas del de Urgel.
10	Retírate... Viene alguno.
LEONOR.	¡Es el Conde!
MANRIQUE.	Vete.
LEONOR.	¡Cielos!
MANRIQUE.	Mal os curasteis, mis celos...
15	¿Qué busca aquí este importuno?

ESCENA V

MANRIQUE, DON NUÑO

NUÑO.	¿Qué hombre es éste?
MANRIQUE.	Guárdeos Dios
	muchos años, el de Luna.
NUÑO.	(¡Pesia mi negra fortuna!)
20 MANRIQUE.	Caballero, hablo con vos;
	si porque encubierto estoy...
NUÑO.	Si decirme algo tenéis,
	descubrid...[51]
MANRIQUE.	¿Me conocéis? (Descubriéndose.)
25 NUÑO.	¡Vos, Manrique!
MANRIQUE.	El mismo soy.
NUÑO.	¿Cuando a la ley sois infiel,
	y cuando proscripto estáis,
	así en palacio os entráis,
30	partidario del de Urgel?
MANRIQUE.	¿Debo temer, por ventura,
	Conde, de vos?

50. mi gloria: *my beloved*
51. Si ... descubrid. *If you have something to say to me, show your face.*
(When don Nuño appears, Manrique is muffled in a cloak.)

NUÑO.	Un traidor...
MANRIQUE.	Nunca; vuestro mismo honor
	de vos mismo me asegura.
	Siempre fuisteis caballero.
NUÑO.	¿Qué buscáis, Manrique, aquí?	5
MANRIQUE.	A vos, señor Conde.
NUÑO.	¿A mí?
	Para qué saber espero.[52]
MANRIQUE.	¿No lo adivináis?
NUÑO.	Tal vez.	10
MANRIQUE.	Siempre enemigos los dos
	hemos sido...
NUÑO.	Sí, por Dios.
MANRIQUE.	¡Pensaislo con madurez!
NUÑO.	Pienso que atrevido y necio	15
	anduvisteis en retar
	a quien débeos contestar [53]
	tan sólo con el desprecio.[54]
	¿Qué hay de común en los dos?
	Habláis al Conde de Luna,	20
	hidalgo de pobre cuna.[55]
MANRIQUE.	Y bueno tal como vos.[56]
	En fin, ¿no admitís el duelo?
NUÑO.	¿Y lo pudisteis pensar? [57]
	¿Yo hasta vos he de bajar?	25
MANRIQUE.	¡No me insultéis, vive el cielo,
	que si la espada desnudo,
	la vil lengua os cortaré!
NUÑO.	¿A mí, villano? No sé (saca la espada)
	cómo en castigarte dudo.	30
	Mas tú lo quieres.
MANRIQUE.	Salgamos.
NUÑO.	Sacad el infame acero.

52. Para ... espero: Read "espero saber para qué."
53. débeos contestar: *ought to answer you*
54. A nobleman of high rank would not condescend to fight a duel with a social inferior; acceptance of the challenge would imply equality of rank.
55. The words "hidalgo de pobre cuna" are addressed to Manrique.
56. Y ... vos. *And as good as you are.*
57. ¿Y ... pensar? *Did you think I would?*

MANRIQUE.	Don Nuño, fuera os espero.
	Cuidad que en palacio estamos.[58]
NUÑO.	¡Cobarde, no escucho nada!
MANRIQUE.	Ved, Conde, que os engañáis...
5	Vos... ¿Vos cobarde llamáis
	al que es dueño de esta espada? [59]
NUÑO.	¡La mía! ¿Y lo sufro? No...
MANRIQUE.	A recobrarla venid.
NUÑO.	No, que no sois, advertid,
10	caballero como yo.
MANRIQUE.	Tal vez os equivocáis.
	Y habladme con más espacio
	mientras estamos en palacio.
	Os aguardo.
15 NUÑO.	¿Dónde vais?
MANRIQUE.	Al campo, don Nuño, voy,
	donde probaros espero
	que, si vos sois caballero...,
	caballero también soy.
20 NUÑO.	¿Os atrevéis?...
MANRIQUE.	Sí, venid.
NUÑO.	¡Trovador, no me insultéis,
	si en algo el vivir tenéis! [60]
MANRIQUE.	¡Don Nuño, pronto, salid!
25 JIMENA.	¡Qué veo!
LEONOR.	¡Ah! ¡Manrique!
GUZMÁN Y	¡El trovador! (*Huyen.*)
FERRANDO.	

58. According to the code of honor observed by noblemen, a quarrel or duel inside the King's palace was considered a serious breach of court etiquette.

59. In the first scene Guzmán had described how Nuño's sword had fallen at Manrique's feet.

60. si ... tenéis: *if you value your life*

JORNADA SEGUNDA

EL CONVENTO

Cámara de don Nuño.

ESCENA PRIMERA

DON NUÑO, DON GUILLÉN

NUÑO. ¿Don Guillén?
GUILLÉN. Guárdeos el cielo.
NUÑO. ¿Qué hay de nuevo en la ciudad?
GUILLÉN. ¡Qué! ¿Aún no sabéis?...
NUÑO. Asentad.
GUILLÉN. Todos lloran sin consuelo.
NUÑO. ¡Cómo!
GUILLÉN. La traición impía
que en yermo a Aragón convierte,
dió al arzobispo la muerte.
NUÑO. ¿Qué decís? ¿A don García?
GUILLÉN. Ahora se acaba de hallar
su cadáver junto al muro,
que, de la noche en lo oscuro,
le debieron de matar.[1]
Murió como bueno y fiel...
NUÑO. Siempre lo fué don García.
GUILLÉN. Porque osado combatía
la pretensión del de Urgel.
NUÑO. ¡Infame y cobarde acción
que he de vengar, por quien soy![2]
GUILLÉN. Conde...
NUÑO. Sabed que desde hoy
soy justicia de Aragón,[3]
y si mi poder alcanza
a los traidores, os juro

1. de la noche ... matar: *they must have killed him under cover of darkness*
2. por quien soy: roughly equivalent to "on my honor as a nobleman"
3. soy ... Aragón: *I am chief magistrate of Aragon.* (The *justicia mayor* of Aragon acted as judge and administered justice in disputes involving the King and his vassals.)

              por mi honor, como el sol puro,
              que han de sentir mi venganza.

GUILLÉN.   Pero, dejando esto a un lado,
              que importa más vuestra vida,
5   ¿cómo os va de aquella herida? [4]

NUÑO.   Me siento muy mejorado.

GUILLÉN.   Ya era tiempo.

NUÑO.   Un año hará
              que [5] la recibí, por Cristo;
10   muy cerca la muerte he visto,
              mas bueno me siento ya.

GUILLÉN.   La suerte, al fin, del traidor
              os dió la venganza presto. [6]

NUÑO.   No me habléis, Guillén, de esto;
15   Habladme de Leonor,
              que hace un año, más de un año,
              mientras me duró mi herida,
              que no me habláis, por mi vida,
              de vuestra hermana, y lo extraño.

20 GUILLÉN.   ¡Don Nuño!...

NUÑO.   Desque dejó
              el servicio de su Alteza,
              de contemplar su belleza
              dura también me privó. [7]
25   ¿Consiente, al fin, en unir
              su suerte a la suerte mía?
              ¿Se muestra menos impía?

GUILLÉN.   Conde, ¿qué os puedo decir?
              En vano fué amenazar,
30   y nada alcanzó mi ruego;
              esposa de Dios va luego
              a postrarse ante el altar.

NUÑO.   ¡Encerrarse en un convento!
              ¿Eso prefiere más bien?

---

4. ¿cómo ... herida? *How is your wound?*

5. Un año hará que: *It's about a year since.* (We now know that a year has elapsed since the end of Act I.)

6. La ... presto: Read "al fin, la suerte os dió presto la venganza del traidor."

7. de contemplar ... privó: *she also cruelly deprived me of the sight of her beauty*

GUILLÉN.   En el de Jerusalén [8]
            va a profesar al momento.
NUÑO.   ¡Ingrata!
GUILLÉN.   Cuando el rumor
            llegó, don Nuño, a su oído   5
            de que había sucumbido
            en Velilla [9] el trovador,
            desesperada, llorosa...
NUÑO.   ¡Y no hay medio,[10] don Guillén!...
GUILLÉN.   Ninguno; ni ya está bien...[11]   10
NUÑO.   ¿Decís que aun no es religiosa?
GUILLÉN.   Pero lo será muy luego.
NUÑO.   Iré yo a verla, yo iré;
            si es fuerza, la rogaré...
GUILLÉN.   Despreciará vuestro ruego.   15
NUÑO.   ¿Tan en extremo enojada
            está?
GUILLÉN.   ¿No sabéis, señor,
            que no hay tirano mayor
            como la mujer rogada?   20
NUÑO.   Pues bien, la arrebataré
            a los pies del mismo altar.
            ¡Si ella no me quiere amar,
            yo a amarme la obligaré!
GUILLÉN.   ¡Conde!   25
NUÑO.   Sí, sí... Loco estoy;
            no os enojéis, ni he querido
            ofender...
GUILLÉN.   Noble he nacido,
            y noble, don Nuño, soy.   30
NUÑO.   Basta; ya sé, don Guillén,
            que es ilustre vuestra cuna.
GUILLÉN.   Y jamás mancha ninguna
            la oscurecerá.
NUÑO.   Está bien;   35
            dejadme.

8. The convent of Jerusalem in Zaragoza
9. Velilla: small town in Aragon
10. ¡Y no hay medio: *And there's nothing to be done*
11. ni ya está bien: *nor is it right*

GUILLÉN.   ¿Quién más que yo
                    este enlace estimaría?
                    Mas si amengua mi hidalguía,
                    no quiero tal dicha, no.
5 NUÑO.   Decís bien.
  GUILLÉN.   Si os ofendí...
  NUÑO.   No; dejadme... Fuera están
                    mis criados. A Guzmán
                    que entre diréis.[12]
10 GUILLÉN.   Lo haré así.

ESCENA II

DON NUÑO. *Después* GUZMÁN

NUÑO.   Gracias a Dios se fué ya,
                    que, por cierto, me aburría.
                    ¡Qué vano con su hidalguía
                    el buen caballero está!
15   Que no me quiera servir,
                    será diligencia vana: [13]
                    o ha de ser mía su hermana,
                    o por ella he de morir.
GUZMÁN. ¿Señor?
20 NUÑO. Cierra esa puerta.
GUZMÁN. ¿Qué tenéis que mandarme?
NUÑO. Siéntate.
GUZMÁN. ¿En vuestra presencia, señor?
NUÑO. Sí; quiero darte esta prueba más de mi aprecio; [14] voy a encar-
25   garte de una comisión arriesgada... ¿Te atreverás a hacer lo que
      te diga?
GUZMÁN. A todo estoy pronto.
NUÑO. Piénsalo bien.[15]
GUZMÁN. Aunque me costara la vida, podéis disponer de mí.

---

12. A ... diréis: Read "diréis a Guzmán que entre."
13. Que ... vana. *His refusal to serve me will be in vain.*
14. As an acknowledgment of inferiority, servants did not sit down in the presence of their masters. The invitation to do so implies equality. For a similar scene, see *Don Quixote*, Part I, Chapter XI.
15. Piénsalo bien. *Think it over carefully.*

NUÑO. Ya lo sé, Guzmán; nunca has dejado de serme fiel.

GUZMÁN. Y lo seré siempre.

NUÑO. Yo también sabré recompensarte. Bien conoces a doña Leonor de Sese y sabes lo que por ella he padecido.

GUZMÁN. Demasiado, señor.

NUÑO. Y hoy la voy a perder para siempre, si no me ayuda tu arrojo. Yo debía haberla olvidado; pero mi corazón, y tal vez mi orgullo, se han resentido ya en extremo... Me es imposible no amarla. Cuando murió Manrique en el ataque de Velilla, creí que, resignándose con su suerte, se tendría por muy dichosa en dar la mano al Conde de Luna, en llevar un apellido noble y brillante. Me engañé... Apenas podría creerlo: ha preferido encerrarse con su orgullo en un claustro. Hoy mismo debe profesar en el convento de Jerusalén.

GUZMÁN. ¡Hoy mismo!

NUÑO. Sí; yo no quiero que este acto se verifique.

GUZMÁN. ¿Cómo estorbarlo?

NUÑO. ¿No me comprendes?

GUZMÁN. Mandad.

NUÑO. Yo te prometo que nada te sucederá. El Rey acaba de hacerme Justicia Mayor de Aragón; de consiguiente, contra ti no se hará justicia. El pueblo está consternado con la muerte violenta que han dado los rebeldes al arzobispo; el rey necesita de mí y de mis vasallos en estos momentos críticos. Todo nos favorece.

GUZMÁN. Cierto.

NUÑO. ¿Cuál de mis criados te parece más a propósito para que vaya contigo?

GUZMÁN. Ferrando.

NUÑO. Dile que te acompañe; yo también le recompensaré.

GUZMÁN. ¿Oís? (*Tocan a la puerta.*)

NUÑO. Abre.

ESCENA III

Los mismos, DON LOPE

LOPE. Su Alteza os manda llamar, Conde.

NUÑO. ¿Su Alteza?

LOPE. Parece que está algo alborotada la ciudad con ciertas noticias que ha traído un corredor del ejército.

NUÑO. ¿Pues qué hay?

LOPE. Los rebeldes han entrado a saco en Castellar,[16] y se suena [17] también que algunos de ellos se han introducido en Zaragoza y que esta noche ha de haber revuelta.

NUÑO. ¡Imposible!

5 LOPE. La ciudad está casi desierta; todos se han consternado. Pero lo más particular...

NUÑO. Así podrás con más facilidad... (*Aparte a Guzmán.*)

GUZMÁN. Voy.

NUÑO. Escucha. Supongo que no encontrarás resistencia; si la hallares,[18] 10 haz uso de la espada.

GUZMÁN. ¿En la misma iglesia? [19]

NUÑO. En cualquier parte.

GUZMÁN. Verdad es que en un tiempo en que se matan arzobispos...

NUÑO. Me has entendido... Adiós.

ESCENA IV

DON NUÑO, DON LOPE

15 LOPE. Como decía, lo que más me ha admirado de todo ello, y lo que a vos, sin duda, también os sorprenderá, es la voz que corre de que [20] el que acaudillaba a los rebeldes en la entrada del castillo era un difunto.

NUÑO. ¡Don Lope!

20 LOPE. ¿No adivináis quién sea?

NUÑO. Yo...no conozco fantasmas.

LOPE. Pues bien: le conocíais y le odiabais muy particularmente.

NUÑO. ¿Quién?

LOPE. El trovador.

25 NUÑO. ¿Manrique? ¿No se encontró su cadáver en el combate de Velilla?

LOPE. Así se dijo, aunque ninguno le conocía por su persona.[21]

NUÑO. ¡Si no era él...!

LOPE. No sería. O, como yo más bien creo...

NUÑO. ¿Qué?

---

16. han ... Castellar: *are sacking Castellar.* Castellar is a castle west of Zaragoza.

17. se suena: *it is rumored*

18. hallares (future subjunctive of *hallar*): *you find*

19. ¿En ... iglesia? *Right in the church?*

20. es ... de que: *is the rumor that*

21. aunque ... persona: *although nobody identified the body*

LOPE. Debe de haber en esto algo de arte del diablo.

NUÑO. ¡Silencio! ¿Os queréis burlar?

LOPE. ¡No, por mi vida!

NUÑO. ¿Y está en el castillo?

LOPE. No; en Zaragoza.   5

NUÑO. ¿Aquí?

LOPE. Así lo ha dicho quien le vió a la madrugada cerca de la Puerta del Sol.[22]

NUÑO. Y él será tal vez el caudillo de la trama...

LOPE. El es, a lo menos, el más osado y, por consiguiente, el más a 10 propósito...

NUÑO. ¡Pluguiera a Dios que así fuese! [23]

LOPE. Nadie lo duda en la ciudad.

NUÑO. Decíais que me llamaba su Alteza.

LOPE. Seguramente.   15

NUÑO. Adiós, don Lope; esta noche los castigaremos si se atreven.

LOPE. Yo lo espero...

Escena V

LOPE. Pues no las tengo yo todas conmigo...[24] Y si los soldados son como el caudillo... ¡Pardiez! ¡Un ejército de fantasmas, una falange espiritual!   20

Escena VI

En el fondo del teatro se verá la reja del locutorio de un convento; tres puertas, una al lado de la reja, que comunica con el interior del claustro; otra a la derecha, que va a la iglesia, y la otra a la izquierda, que figura ser la entrada de la calle. Se dejan ver algunas religiosas en el locutorio; la puerta que está al lado de la reja se abre, y aparece LEONOR, *apoyada del brazo de* JIMENA; *las rodean algunos sacerdotes y religiosas.*

LEONOR.   ¡Jimena!

JIMENA.   Al fin abandonas
          a tu amiga.

22. la Puerta del Sol: a square in Zaragoza

23. ¡Pluguiera ... fuese! *I wish it were so!* (Literally: May it please God that it were so!)

24. Pues ... conmigo. *I'm worried.*

LEONOR.	Quiera el cielo hacerte a ti más feliz, tanto como yo deseo.
JIMENA.	¿Por qué obstinarte?
5 LEONOR.	Es preciso; ya no hay en el universo nada que me haga apreciar esta vida que aborrezco. Aquí, de Dios en las aras,
10	no veré, amiga, a lo menos, a esos tiranos impíos que causa de mi mal fueron.
JIMENA.	¿Ni una esperanza?...
LEONOR.	Ninguna;
15	él murió ya.
JIMENA.	Tal vez luego se borrará de tu mente ese recuerdo funesto. El mal, como la ventura,
20	todo pasa con el tiempo.
LEONOR.	Estoy resuelta; ya no hay felicidad, ni la quiero, en el mundo para mí. Sólo morir apetezco.
25	Acompáñame, Jimena.
JIMENA.	Estás temblando.
LEONOR.	Sí; tiemblo, porque a ofender voy a Dios con pérfido juramento.
30 JIMENA.	¿Qué dices?
LEONOR.	¡Ay!, todavía delante de mí le tengo, y Dios, y el altar, y el mundo, olvido cuando le veo.
35	Y siempre viéndole estoy amante, dichoso y tierno...; mas no existe, es ilusión que imagina mi deseo. ¡Vamos!
40 JIMENA.	¡Leonor!

LEONOR.   Vamos pronto;
le olvidaré, lo prometo.
Dios me ayudará... Sostenme,
que apenas tenerme puedo.[25]

ESCENA VII

Queda la escena un momento sola; salen por la izquierda DON MANRIQUE,
con el rostro cubierto con la celada, y RUIZ.

RUIZ.   Este es el convento.   5
MANRIQUE.   Sí,
Ruiz, pero nada veo.
¿Si te engañaron...?
RUIZ.   No creo...
MANRIQUE.   ¿Estás cierto que era aquí?   10
RUIZ.   Señor, muy cierto.
MANRIQUE.   Sin duda
tomó ya el velo.
RUIZ.   Quizá.
MANRIQUE.   ¡Ya esposa de Dios será,   15
ya el ara santa la escuda!
RUIZ.   Pero...
MANRIQUE.   Dejadme, Ruiz;
ya para mí no hay consuelo.
¿Por qué me dió vida el cielo,   20
si ha de ser tan infeliz?
RUIZ.   Mas, ¿qué causa pudo haber
para que así consagrara
tanta hermosura en el ara?
Mucho debió padecer.   25
MANRIQUE.   Nuevas falsas de mi muerte
en los campos de Velilla
corrieron, cuando en Castilla
estaba yo.[26]
RUIZ.   De esa suerte...
MANRIQUE.   Persiguiéronla inhumanos   30
que envidiaban nuestro amor,

25. Sostenme ... puedo. *Hold me up, for I can barely stand.*
26. Nuevas ... yo. *When I was in Castile a false report of my death on the battlefields of Velilla was circulated.*

y ella busca al Redentor,
huyendo de sus tiranos.
Si supiera que aún existo
para adorarla... ¡No, no!...
5 ¡Ya olvidarte debo yo,
esposa de Jesucristo!...

RUIZ. ¿Qué hacéis? Callad...

MANRIQUE.   Loco estoy...
¿Y cómo no estarlo, ¡ay, cielo!,
10 si infelice mi consuelo
pierdo y mis delicias hoy?
No los perderé: Ruiz,
déjame.

RUIZ.   ¿Qué vais a hacer?

15 MANRIQUE. Pudiérala acaso ver...
Con esto fuera feliz.

RUIZ. Aquí el locutorio está.

MANRIQUE. Vete.

RUIZ.   Fuera estoy.

ESCENA VIII

MANRIQUE. *Después* GUZMÁN, FERRANDO.

20 MANRIQUE.   ¿Qué haré?
Turbado estoy... ¿Llamaré?
Tal vez orando estará.
Acaso en este momento
llora cuitada por mí:
25 nadie viene...por aquí...
Es la iglesia del convento.

FERRANDO. Tarde llegamos, Guzmán.

GUZMÁN. ¿Quién es ese hombre?

FERRANDO.   No sé.

30   (*Las religiosas cantarán dentro un responso; el canto no
cesará hasta un momento después de concluida la jornada.*)

GUZMÁN. ¿Oyes el canto?

FERRANDO.   Sí, a fe.

GUZMÁN. En la ceremonia están.

35 MANRIQUE. ¡Qué escucho..., cielos! Es ella...

(*Mirando a la puerta de la iglesia.*)

Allí está bañada en llanto,
junto al altar sacrosanto,
y con su dolor más bella.

GUZMÁN.   ¿No es ésa la iglesia?   5
FERRANDO.   Vamos.
MANRIQUE.   Ya se acercan hacia aquí.
FERRANDO.   Espérate.
GUZMÁN.   ¿Vienen?
FERRANDO.   Sí.   10
MANRIQUE.   No, que no me encuentre... Huyamos.

(*Quiere huir; pero, deteniéndose de pronto, se apoya vacilando en
la reja del locutorio. Leonor, Jimena y el séquito salen de la
iglesia y se dirigen a la puerta del claustro; pero al pasar al lado
de Manrique, éste alza la visera y Leonor, reconociéndole, cae* 15
*desmayada a sus pies. Las religiosas aparecen en el locutorio
llevando velas encendidas.*)

GUZMÁN.   ¡Esta es la ocasión!... ¡Valor!
LEONOR.   ¿Quién es aquél? (*A Jimena.*) Mi deseo
            me engaña... ¡Sí, es él!   20

JORNADA TERCERA

LA GITANA

*Interior de una cabaña. Azucena estará sentada cerca de una hoguera. Man-
rique, a su lado, de pie.*

ESCENA PRIMERA

MANRIQUE, AZUCENA (*Canta.*)

AZUCENA.   Bramando está el pueblo indómito
            de la hoguera en derredor;
            al ver ya cerca la víctima,
            gritos lanza de furor.
            Allí viene; el rostro pálido,   25
            sus miradas de terror
            brillan de la llama trémula
            al siniestro resplandor.[1]

1. brillan ... resplandor: Read "brillan al siniestro resplandor de la llama
trémula."

MANRIQUE. ¡Qué triste es esa canción!

AZUCENA. Tú no conoces esta historia, aunque nadie mejor que tú
pudiera saberla.

MANRIQUE. ¿Yo?

5 AZUCENA. Te separaste tan niño de mi lado, ¡ingrato!... Abandonaste a
tu madre por seguir a un desconocido...

MANRIQUE. A don Diego de Haro, señor de Vizcaya.

AZUCENA. Pero que no te amaba tanto como yo.

MANRIQUE. Mi objeto era el de haceros feliz... Las montañas de Vizcaya
10 no podían suministrar a mi ambición recursos para elevarme a la
altura de mis ilusiones. Seguí a don Diego hasta Zaragoza, porque
se decidió a protegerme; y yo decía para mí: [2] "Algún día sacaré a
mi madre de la miseria." Pero vos no lo habéis querido.

AZUCENA. No; yo soy feliz. Yo no ambiciono alcázares dorados; tengo
15 bastante con mi libertad y con las montañas donde vivieron siempre
nuestros padres.

MANRIQUE. ¡Siempre!

AZUCENA. Pero, hijo mío, la pobreza tiene muchos inconvenientes, y tu
familia los ha experimentado muy terribles.

20 MANRIQUE. ¿Mi familia?

AZUCENA. Nada me has preguntado nunca acerca de ella.

MANRIQUE. No me he atrevido... No sé por qué se me ha figurado que me
habías de contar alguna cosa horrible.

AZUCENA. Tienes razón: ¡una cosa horrible!... Yo, para recordarlo, no
25 podría menos de estremecerme... ¿Ves esa hoguera? ¿Sabes tú lo que
significa esa hoguera? Yo no puedo mirarla sin que se me despegue
la carne de los huesos; [3] y no puedo apartarla de mí, porque el frío
de la noche hiela todo mi cuerpo.

MANRIQUE. Pero ¿por qué os habéis querido fijar en este sitio?

30 AZUCENA. Porque este sitio tiene para mí recuerdos muy profundos...
Desde aquí se descubren los muros de Zaragoza; éste era, éste, el
sitio donde murió.

MANRIQUE. ¿Quién, madre mía?

AZUCENA. Es verdad, tú no lo sabes. Y, sin embargo, era mi madre, mi
35 pobre madre, que nunca había hecho daño a nadie. ¡Pero dieron en
decir [4] que era bruja!...

---

2. para mí: *to myself*
3. sin que ... huesos: *without feeling my flesh creep*
4. dieron en decir: *they persisted in saying*

MANRIQUE. ¿Vuestra madre?

AZUCENA. Sí; la acusaron de haber hecho mal de ojo al hijo de un caballero, de un conde. No hubo compasión para ella y la condenaron a ser quemada viva.

MANRIQUE. ¡Qué horror! ¡Bárbaros!... ¿Y lo consumaron? 5

AZUCENA. En ese mismo sitio, donde está la hoguera.

MANRIQUE. ¡Gran Dios!

AZUCENA. Yo la seguía de lejos, llorando mucho, como quien llora por una madre. Llevaba yo a mi hijo en los brazos, a ti; mi madre volvió tres veces la cabeza para mirarme y bendecirme. La última vez, 10 cerca del suplicio. Allí me miró haciendo un gesto espantoso, y con una voz ahogada y ronca me gritó: "¡Véngame!" ¡Aquella palabra!... No la puedo olvidar. Aquella palabra...se grabó en mi alma, en todos mis sentidos, y yo juré vengarla de una manera horrorosa. 15

MANRIQUE. Sí, y la vengasteis... ¿Es verdad? Tendría un placer en saberlo. Mil crímenes, mil muertes no eran bastantes.

AZUCENA. Pocos días después tuve ocasión de conseguirlo. Yo no hacía otra cosa que rondar la casa del Conde que había sido causa de la muerte de aquella desgraciada... Un día logré introducirme en ella 20 y le arrebaté al niño, y dos minutos después ya estaba yo en este sitio, donde tenía preparada la hoguera.

MANRIQUE. ¿Y tuviste valor...?

AZUCENA. El inocente lloraba y parecía querer implorar mi compasión... Tal vez me acariciaba... ¡Dios mío, yo no tuve valor..., yo 25 también era madre!... (*Llorando.*)

MANRIQUE. ¿Y en fin...?

AZUCENA. Yo no había olvidado, sin embargo, a la infeliz que me había dado el ser; [5] pero los lamentos de aquella infeliz criatura me desarmaban, me rasgaban el corazón. Esta lucha era superior a mis 30 fuerzas, y bien pronto se apoderó de mí una convulsión violenta... Yo oía confusamente los chillidos del niño y aquel grito que me decía: "¡Véngame!" Pero de repente, y como en un sueño, se me pusieron delante de los ojos aquel suplicio, los soldados con sus picas, mi madre desgreñada y pálida, que con paso trémulo caminaba des- 35 pacio, muy despacio, hacia la muerte, y que volvía la cara para mirarme, para decirme: "¡Véngame!" Un furor desesperado se

---

5. que ... el ser: *who had given me life* (her mother)

apoderó de mí, y, desatentada y frenética, tendí las manos buscando una víctima; la encontré, la así con una fuerza convulsiva y la precipité entre las llamas. Sus gritos horrorosos ya no sirvieron sino para sacarme de aquel enajenamiento mortal... Abrí los ojos, los

5 tendí a todas partes...[6] La hoguera consumía una víctima y el hijo del Conde estaba allí. (*Señalando a la izquierda.*)

MANRIQUE. ¡Desgraciada!

AZUCENA. ¡Había quemado a mi hijo!

MANRIQUE. ¡Vuestro hijo! Pues ¿quién soy yo, quién?... Todo lo veo.

10 AZUCENA. ¿Te he dicho que había quemado a mi hijo?... No... He querido burlarme de tu ambición... Tú eres mi hijo; el del Conde, sí, el del Conde era el que abrasaban las llamas... ¿No quieres tú que yo sea tu madre?

MANRIQUE. Perdonad.

15 AZUCENA. ¡Ingrato! ¿No te he prodigado una ternura sin límites?

MANRIQUE. Perdonad; merezco vuestras reconvenciones. Mil veces, dentro, en mi corazón, os lo confieso, he deseado que no fueseis mi madre. No porque no os quiera con toda mi alma, sino porque ambiciono un nombre, un nombre que me falta. Mil veces digo para

20 mí: "Si yo fuese un Lanuza, un Urrea..." [7]

AZUCENA. Un Artal...[8]

MANRIQUE. No; un Artal, no. Es apellido que detesto. ¡Primero el hijo de un confeso! Pero a pesar de mi ambición, os amo, madre mía. No... Yo no quiero sino ser vuestro hijo. ¡Qué me importa un

25 nombre! Mi corazón es tan grande como el de un rey... ¿Qué noble ha doblado nunca mi brazo? [9]

AZUCENA. Sí, sí. ¿A qué ambicionar más? [10]

MANRIQUE. Aún no viene. (*Llegándose a la puerta.*)

AZUCENA. Pero, sin embargo, estás muy triste... ¿Te devora algún pesar

30 secreto? ¿Sientes tú haber nacido de unos padres tan humildes? No temas: yo no diré a nadie que soy tu madre; me contentaré con decírmelo a mí propia y en vanagloriarme interiormente. ¿Estás contento?

6. los tendí ... partes: *I looked everywhere*
7. Lanuza, Urrea: names of noble families. Don Lope is an Urrea.
8. Don Nuño is an Artal.
9. ha ... brazo: *has ever conquered me*
10. ¿A qué ... más? *Why aspire to more?*

ESCENA II

Los mismos, RUIZ.

MANRIQUE. Ahí está.

AZUCENA. ¿Esperabas a ese hombre?

MANRIQUE. Sí, madre.

AZUCENA. No temas, no me verá. (*Se aparta a un lado.*)

RUIZ. ¿Estáis pronto?   5

MANRIQUE. ¿Eres tú, Ruiz?

RUIZ. El mismo. Todo está preparado.

MANRIQUE. Marchemos.

ESCENA III

AZUCENA. Se ha ido sin decirme nada, sin mirarme siquiera. ¡Ingrato!
No parece sino que conoce mi secreto... ¡Ah! Que no sepa nunca...   10
Si yo le dijera: "Tú no eres mi hijo; tu familia lleva un nombre
esclarecido; no me perteneces..." Me despreciaría y me dejaría
abandonada en la vejez. Estuvo en poco que no se lo descubriera...[11]
¡Ah! Pero no lo sabrá nunca... ¿Por qué le perdoné la vida sino para
que fuera mi hijo?   15

ESCENA IV

*El teatro representa una celda; en el fondo, a la izquierda, habrá un reclina-
torio, en el cual estará arrodillada* LEONOR; *se ve un crucifijo pendiente de la
pared, delante del reclinatorio.*

LEONOR.   Ya el sacrificio que odié,
               mi labio trémulo y frío
               consumó... ¡Perdón, Dios mío;   20
               perdona si te ultrajé!
               Llorar triste y suspirar
               sólo puedo. ¡Ay, Señor, no!...
               Tuya no debo ser yo,
               recházame de tu altar.   25
               Los votos que allí te hiciera
               fueron votos de dolor,
               arrancados al temor
               de un alma tierna y sincera.   30

11. Estuvo ... descubriera. *He was on the point of finding out.*

Cuando en el ara fatal
eterna fe te juraba,
mi mente, ¡ay, Dios!, se extasiaba
en la imagen de un mortal,
5 imagen que vive en mí,
hermosa, pura y constante...
No; tu poder no es bastante
a separarla [12] de aquí.
Perdona, Dios de bondad,
10 perdona; sé que te ofendo.
Vibre tu rayo tremendo
y confunda mi impiedad.
Mas no puedo en mi inquietud
arrancar del corazón
15 esta violenta pasión,
que es mayor que mi virtud.
Tiempos en que amor solía
colmar piadoso mi afán,
¿qué os hicisteis? [13] ¿Dónde están
20 vuestra gloria y mi alegría?
De amor el suspiro tierno
y aquel placer sin igual,
tan breve para mi mal,
aunque en mi memoria eterno,
25 ya pasó... Mi juventud
los tiranos marchitaron,
y a mi vida prepararon,
junto al ara, el ataúd.
Ilusiones engañosas,
30 livianas como el placer,
no aumentéis mi padecer...
¡Sois, por mi mal, tan hermosas!...

(*Una voz, acompañada de un laúd, canta las siguientes estrofas después de un breve preludio. Leonor manifiesta, entre tanto, la*
35 *mayor agitación.*)

Camina orillas del Ebro [14]

12. separarla: *la* refers to *imagen.*
13. ¿qué os hicisteis? *where have you gone?*
14. orillas del Ebro: *along the banks of the Ebro.* Zaragoza is on the Ebro River.

caballero lidiador,
puesta en la cuja la lanza
que mil contrarios venció.
                    Despierta, Leonor,
                        Leonor.   5
            Buscando viene anhelante
            a la prenda de su amor,
            a su pesar consagrada
            en los altares de Dios.
                    Despierta, Leonor,   10
                        Leonor.
LEONOR.   Sueños, dejadme gozar...
            No hay duda... El es...trovador...

            (*Viendo entrar a Manrique.*)

            ¡Será posible...!   15

MANRIQUE.   ¡Leonor!
LEONOR.   ¡Gran Dios, ya puedo expirar!

ESCENA V

MANRIQUE, LEONOR

MANRIQUE.   Te encuentro al fin, Leonor.
LEONOR.   Huye. ¿Qué has hecho?
MANRIQUE.   Vengo a salvarte, a quebrantar osado   20
            los grillos que te oprimen, a estrecharte
            en mi seno de amor enajenado.
            ¿Es verdad, Leonor? Dime si es cierto
            que te estrecho en mis brazos, que respiras
            para colmar hermosa mi esperanza,   25
            y que extasiada de placer me miras.
LEONOR.   ¡Manrique!
MANRIQUE.   Sí; tu amante que te adora,
            más que nunca feliz.
LEONOR.   ¡Calla!...   30
MANRIQUE.   No temas:
            todo en silencio está, como el sepulcro.
LEONOR.   ¡Ay! ¡Ojalá que en él feliz durmiera,

	antes que delincuente profanara,
	torpe esposa de Dios, su santo velo! [15]
MANRIQUE.	¡Su esposa tú!... ¡Jamás!
LEONAR.	Yo, desdichada,
5	yo no ofendiera [16] con mi llanto al cielo.
MANRIQUE.	No, Leonor; tus votos indiscretos
	no complacen a Dios; ellos le ultrajan.
	¿Por qué temes? Huyamos. Nadie puede
	separarme de ti... ¿Tiemblas?... ¿Vacilas?...
10 LEONOR.	Sí. ¡Manrique!... ¡Manrique!... Ya no puede
	ser tuya esta infeliz. Nunca... Mi vida,
	aunque llena de horror y de amargura,
	ya consagrada está, y eternamente,
	en las aras de un Dios omnipotente.
15	Peligroso mortal, no más te goces
	envenenando ufano mi existencia.
	Demasiado sufrí; déjame, al menos,
	que triste muera aquí con mi inocencia.
MANRIQUE.	¡Esto aguardaba yo! [17] Cuando creía
20	que más que nunca enamorada y tierna
	me esperabas ansiosa, así te encuentro:
	¡sorda a mi ruego, a mis halagos fría!
	Y tiemblas, di, de abandonar las aras
	donde tu puro afecto y tu hermosura
25	sacrificaste a Dios... ¡Pues qué!... ¿No fueras
	antes conmigo que con Dios perjura?
	Sí, en una noche...
LEONOR.	¡Por piedad!
MANRIQUE.	¿Te acuerdas?
30	En una noche plácida y tranquila...
	(¡qué recuerdo, Leonor!; nunca se aparta
	de aquí, del corazón). La luna hería
	con moribunda luz tu frente hermosa,
	y de la noche el aura silenciosa
35	nuestros suspiros tiernos confundía.

15. ¡Ojalá ... velo! *If only this wicked bride of God* (i.e., Leonor) *were peacefully asleep in it* (the grave) *rather than profane her vows!*
16. yo no ofendiera: *I should not offend*
17. ¡Esto ... yo! *That's what I certainly did not expect to hear!*

"Nadie cual yo te amó," mil y mil veces [18]
me dijiste falaz. "Nadie en el mundo
como yo puede amar." Y yo, insensato,
fiaba en tu promesa seductora,
y feliz y extasiado en tu hermosura,   5
con mi esperanza allí me halló la aurora.
¡Quimérica esperanza! ¡Quién diría
que la que tanto amor así juraba,
juramento y amor olvidaría!

LEONOR.   Ten de mí compasión.[19] Si por ti tiemblo,   10
por ti y por mi virtud, ¿no es harto triunfo?
Sí, yo te adoro aún; aquí, en mi pecho,
como un raudal de abrasadora llama
que mi vida consume, eternos viven
tus recuerdos de amor; aquí, y por siempre,   15
por siempre aquí estarán, que en vano quiero,
bañada en lloro, ante el altar postrada,
mi pasión criminal lanzar del pecho.
No encones más mi endurecida llaga;
si aún amas a Leonor, huye, te ruego,   20
libértame de ti.

MANRIQUE.   ¡Que huya me dices!...
¡Yo, que sé que me amas!

LEONOR.   No; no creas...
No puedo amarte yo... Si te lo he dicho,   25
si perjuro mi labio te engañaba,
¿lo pudiste creer?... Yo lo decía,
pero mi corazón...te idolatraba.

MANRIQUE.   ¡Encanto celestial!... Tanta ventura
puedo apenas creer.   30

LEONOR.   ¿Me compadeces?

MANRIQUE.   Ese llanto, Leonor, no me lo ocultes.
Deja que ansioso en mi delirio goce
un momento de amor...injusto he sido,
injusto para ti... Vuelve tus ojos   35
y mírame risueña y sin enojos.
¿Es verdad que en el mundo no hay delicia
para ti sin mi amor?

18. mil y mil veces: *over and over again*
19. Read "Ten compasión de mí."

LEONOR.	¿Lo dudas?...
MANRIQUE.	Vamos...

Pronto huyamos de aquí.

LEONOR.   ¡Si ver pudieses
5   la lucha horrenda que mi pecho abriga!...
¿Qué pretendes de mí? ¿Que infame, impura,
abandone el altar, y que te siga,
amante tierna a mi deber perjura? [20]
Mírame aquí a tus pies; aquí te imploro
10   que del seno me arranques de la dicha.[21]
Tus brazos son mi altar; seré tu esposa,
y tu esclava seré. ¡Pronto, un momento,
un momento pudiera descubrirnos
y te perdiera entonces!

15 MANRIQUE.   ¡Angel mío!
LEONOR.   Huyamos, sí... ¿No ves allí, en el claustro,
una sombra?... ¡Gran Dios!

MANRIQUE.   No hay nadie, nadie...
Fantástica ilusión.

20 LEONOR.   Ven, no te alejes.
¡Tengo un miedo!... [22] No, no...te han visto... Vete...
¡Pronto, vete, por Dios!... Mira el abismo
bajo mis pies abierto... No pretendas
precipitarme en él.

25 MANRIQUE.   Leonor, respira.
¡Respira, por piedad! Yo te prometo
respetar tu virtud y tu ternura.
No alienta; sus sentidos, trastornados...
Me abandonan sus brazos... No; yo siento
30   su seno palpitar... Leonor, ya es tiempo
de huir de esta mansión, pero conmigo
vendrás también. Mi amor, mis esperanzas,
tú para mí eres todo, ángel hermoso.
¿No me juraste amarme eternamente,
35   por el Dios que gobierna el firmamento?
Ven a cumplir, ven, tu juramento.

20. ¿Qué pretendes ... perjura? *What do you want of me? Do you want me, despicable and sullied, to abandon the altar and, faithless to my obligation, to follow you (like) a tender lover?*

21. que ... dicha: Read "que me arranques del seno de la dicha."

22. ¡Tengo un miedo! *I'm so frightened!*

ESCENA VI

Calle corta; a la izquierda se ve la fachada de una iglesia.

RUIZ. *Un momento después* UN SOLDADO.

RUIZ. ¡Es mucho tardar! [23] Me temo que esta dilación... ¡Oiga! ¿Quién va?

SOLDADO. ¿Ruiz?

RUIZ. El mismo. ¡Ah! ¿Eres tú? ¿Ha llegado la gente?

SOLDADO. Ya está cerca del muro; pero la puerta está guardada.   5

RUIZ. ¡Cómo! ¿Alguno nos ha vendido tal vez?

SOLDADO. El Rey ha salido esta noche de la ciudad.

RUIZ. Algo ha sabido.[24]

SOLDADO. Sin duda. ¿Con cuántos hombres podemos contar dentro de la ciudad?   10

RUIZ. Apenas llegan a ciento.

SOLDADO. Bastan para atacar la puerta, si nos ayudan los de fuera.

RUIZ. Dices bien.[25]

SOLDADO. Vamos.

RUIZ. ¿Y don Manrique?   15

SOLDADO. ¿Temes?

RUIZ. ¡Yo...no! Pero queda mi señor todavía en el convento.

SOLDADO. ¡Diablo, ya!... Pero es cosa de [26] un momento: un ataque imprevisto por la espalda y por el frente... Después ya no corre peligro.   20

RUIZ. Vamos.

ESCENA VII

MANRIQUE, LEONOR

MANRIQUE. Alienta; en salvo estamos.

LEONOR. ¡Ay!

MANRIQUE. Ya vuelve...[27]

LEONOR. ¿Dónde estoy?   25

MANRIQUE. En mis brazos, Leonor. (*Se oye dentro ruido lejano de armas.*)

LEONOR. ¿Qué rumor es ese?...

---

23. ¡Es mucho tardar! *They've been so long!*
24. Algo ha sabido. *Some information has leaked out.*
25. Dices bien. *You're right.*
26. es cosa de: *it's a matter of*
27. Ya vuelve. *She's regaining consciousness.*

MANRIQUE. ¡Cielos!... Tal vez...

LEONOR. ¿Adónde me llevas? Suéltame, por Dios... ¿No ves que te
pierdes?

MANRIQUE. ¿Qué me importa, si no te pierdo a ti?

5 LEONOR. Pero ¿qué significa ese ruido?

MANRIQUE. No es nada, nada.

LEONOR. Ese resplandor..., esas luces que se divisan a lo lejos...

MANRIQUE. Es verdad; pero no temas, estoy a tu lado...

LEONOR. ¿No oyes estruendo de armas?

10 MANRIQUE. Sí, confusamente se percibe.

LEONOR. ¿Si vienen en nuestra busca?

MANRIQUE. No puede ser.

LEONOR. Pero esos hombres que se acercan... He distinguido los
penachos.

15 MANRIQUE. No temas.

LEONOR. ¿Qué van a hacer contigo? Huye, huye por Dios.

MANRIQUE. Si fueran mis soldados...

LEONOR. Vete; se acercan... ¿No lo ves? ¡Es el Conde!

MANRIQUE. ¡Don Nuño! Es verdad... ¡Gran Dios! ¿Y he de perderte?

20   (Se oye tocar a rebato.)

LEONOR. ¿Escuchas?

MANRIQUE. Sí; ésta es la señal.

DENTRO. ¡Traición, traición!

MANRIQUE. Estamos libres. (Desenvainando la espada.)

25 DENTRO. ¡Traición!

LEONOR. ¿Qué haces?

ESCENA VIII

En este momento salen por la izquierda DON NUÑO, DON GUILLÉN, DON
LOPE *y soldados con luces, y por la derecha,* RUIZ *y varios soldados que se colo-
can al lado de* DON MANRIQUE; *éste defenderá a* LEONOR, *ocultándose entre los
suyos y peleando con* DON GUILLÉN *y* DON NUÑO. *Entre tanto no cesarán de
tocar a rebato.*

MANRIQUE. Aquí mis valientes.[28]

NUÑO. El es.

GUILLÉN. ¡Traidor!

30 LEONOR. ¡Piedad, piedad!

28. Aquí mis valientes. *Come here, men.*

JORNADA CUARTA

LA REVELACIÓN

El teatro representa un campamento con varias tiendas: algunos soldados se pasean por el fondo.

ESCENA PRIMERA

DON NUÑO, DON GUILLÉN, JIMENO

NUÑO.   Bien venido, don Guillén.
           Ya cuidadoso esperaba
           vuestra vuelta... ¿Qué habéis visto?
GUILLÉN.   Como mandasteis, al alba
           salí a explorar todo el campo   5
           y me interné en la montaña.
NUÑO.   ¿No encontrasteis los rebeldes?
GUILLÉN.   Encerrados nos aguardan
           en Castellar.
NUÑO.   ¡Nos esperan!   10
GUILLÉN.   A tanto llega su audacia.[1]
NUÑO.   ¿Sabéis si está don Manrique?
GUILLÉN.   Don Manrique es quien los manda.
NUÑO.   ¡Albricias, don Guillén; hoy
           recobraréis vuestra hermana!   15
GUILLÉN.   No sabéis cuál [2] lo deseo,
           por lavar la torpe mancha
           que esa pérfida ha estampado
           en el blasón de mis armas.
           Allí con su seductor...   20
           No quiero pensarlo... ¡Infamia
           inaudita! Y está allí...
           ¿Y yo no voy a arrancarla,
           con el corazón villano,
           el torpe amor que la abrasa?   25
NUÑO.   Sosegaos.
GUILLÉN.   No, no sosiega
           el que así de su prosapia
           ve el blasón envilecido...

---

1. A tanto ... audacia. *Their audacity has reached such extremes.*
2. cuál: *how much*

Honrado nací en mi casa,
y a la tumba de mis padres
bajará mi honor sin mancha.

NUÑO.
Sin mancha, yo os lo prometo.

5 GUILLÉN.
¡El traidor! ¡Que se escapara [3]
la noche que en Zaragoza,
entre el rumor de las armas,
la arrancó del claustro!

NUÑO.
En vano
10 perseguirle procuraba;
se me ocultó entre los suyos...

GUILLÉN.
Que bien pagaron su audacia.

NUÑO.
Que levanten esas tiendas
para ponernos en marcha
15 al instante... ¡Nos esperan!
¿Tienen mucha gente?

GUILLÉN.
Basta
para guardar el castillo
la que he visto [4]..., y bien armada.
20 Catalanes son los más,[5]
y toda gente lozana.

NUÑO.
No importa; de Zaragoza
hoy nos llegaron cien lanzas
y seiscientos ballesteros
25 que nos hacían gran falta.
No se escaparán, si Dios
quiere ayudar nuestra causa.
¿Qué ruido es ese?

(*Se oye dentro rumor y algazara.*)

ESCENA II

Los mismos, GUZMÁN.

30 GUZMÁN.
¿Señor?

NUÑO.
¿Qué motiva esa algazara?
¿Qué traéis?

3. ¡Que se escapara ...! *To think that he should have escaped ...!*
4. Basta ... visto: *The people that I've seen are sufficient to guard the castle*
5. Catalanes son los más: *Most of them are Catalonians* (Catalonia is in northeastern Spain.)

GUZMÁN.   Vuestros soldados,
            que por el campo rondaban,
            han preso a una bruja.
NUÑO.   ¿Qué?
GUZMÁN.   Sí, señor; a una gitana.   5
NUÑO.   ¿Por qué motivo?
GUZMÁN.   Sospechan,
            al ver que de huir trataba
            cuando la vieron, que venga
            a espiar.   10
NUÑO.   ¿Y por qué arman
            ese alboroto? ¿Qué es eso? (*Mirando adentro.*)
GUZMÁN.   ¿No veis cómo la maltratan?
NUÑO.   Traédmela, y que ninguno
            sea atrevido a tocarla.[6]   15

ESCENA III

Los mismos, La AZUCENA *conducida por soldados y con las manos atadas.*

AZUCENA.   ¡Defendedme de esos hombres
            que sin compasión me matan!...
            ¡Defendedme!
NUÑO.   Nada temas;
            nadie te ofende.   20
AZUCENA.   ¿Qué causa
            he dado para que así
            me maltraten?
GUILLÉN.   ¡Desgraciada!
NUÑO.   ¿Adónde ibas?   25
AZUCENA.   No sé...
            Por el mundo; una gitana
            por todas partes camina,
            y todo el mundo es su casa.
NUÑO.   ¿No estuviste en Aragón   30
            nunca?
AZUCENA.   Jamás.
JIMENO.   ¡Esa cara!

---

6. y que ... tocarla: *and let no one dare to touch her*

NUÑO.	¿Vienes de Castilla?
AZUCENA.	No;

vengo, señor, de Vizcaya,
que la luz primera vi
5   en sus áridas montañas.
Por largo tiempo he vivido
en sus crestas elevadas,
donde, pobre y miserable,
por dichosa me juzgaba.[7]
10   Un hijo sólo tenía,
y me dejó abandonada;
voy por el mundo a buscarle,
que no tengo otra esperanza.
¡Y le quiero tanto! El es
15   el consuelo de mi alma,
señor, y el único apoyo
de mi vejez desdichada.
¡Ay! Sí... Dejadme, por Dios,
que a buscar a mi hijo vaya,
20   y a esos hombres tan crueles
decid que mal no me hagan.

GUZMÁN.	¡Me hace sospechar, don Nuño!
NUÑO.	¡Teme, mujer, si me engañas!
AZUCENA.	¿Queréis que os lo jure?
25 NUÑO.	No;

mas ten en cuenta que te habla
el Conde de Luna.

AZUCENA.	¡Vos! (Sobresaltada.)

¿Sois vos? (¡Gran Dios!)

30 JIMENO.	¡Esa cara,

esa turbación...!

AZUCENA.	Dejadme...

Permitidme que me vaya...

JIMENO.	¿Irte?... Don Nuño, prendedla.
35 AZUCENA.	Por piedad, no... ¡Qué! ¿No bastan

los golpes de esos impíos,
que de dolor me traspasan?

NUÑO.	Que la suelten.

7. por ... juzgaba: *I considered myself happy*

JIMENO.   No, don Nuño.

NUÑO.   Está loca.

JIMENO.   Esa gitana.
es la misma que a don Juan,
vuestro hermano...   5

NUÑO.   ¡Qué oigo!

AZUCENA.   ¡Calla!
No se lo digas, cruel,
que, si lo sabe, me mata.

NUÑO.   Atadla bien.   10

AZUCENA.   Por favor,
que esas cuerdas me quebrantan
las manos... ¡Manrique, hijo,
ven a librarme!

GUILLÉN.   ¿Qué habla? 8   15

AZUCENA.   ¡Ven, que llevan a morir
a tu madre!

NUÑO.   ¡Tú, inhumana,
tú fuiste...!

AZUCENA.   No me hagáis mal;   20
os lo pido arrodillada...
Tened compasión de mí.

NUÑO.   Llevadla de aquí..., apartadla
de mi vista.

AZUCENA.   No fuí yo.   25
Ved, don Nuño, que os engañan.

ESCENA IV

Los mismos, menos AZUCENA y soldados

NUÑO.   Tomad, don Lope, cien hombres,
y a Zaragoza llevadla.
Vos de ella me respondéis
con vuestra cabeza.   30

GUILLÉN.   ¿Marcha
el campo? 9

NUÑO.   Sí, a Castellar.
¡Es hijo de una gitana!...

8. ¿Qué habla? *What is she saying?*
9. ¿Marcha el campo? *Are they breaking camp?*

¿No lo oísteis, don Guillén,
que a Manrique demandaba?

GUILLÉN. Sí, sí...
NUÑO.   Pronto a Castellar,
5   que esta tardanza me mata...
         Yo os prometo no dejar
         una piedra en sus murallas.

Escena V

Habitación de Leonor en la torre de Castellar, con dos puertas laterales.

LEONOR, RUIZ

RUIZ.   ¿Qué mandarme tenéis? [10]
LEONOR.   ¿Y don Manrique?
10 RUIZ.   Aun reposando está.
           (*Leonor hace una seña, y se retira Ruiz.*)
LEONOR   Duerme tranquilo,
           mientras rugiendo atroz sobre tu frente
           rueda la tempestad, mientras llorosa
15   tu amante criminal tiembla azorada.
           ¿Cuál es mi suerte? ¡Oh, Dios! ¿Por qué tus aras
           ilusa abandoné? La paz dichosa
           que allí bajo las bóvedas sombrías
           feliz gozaba tu perjura esposa...
20   ¿Esposa yo de Dios? No puedo serlo;
           jamás, nunca lo fuí... Tengo un amante
           que me adora sin fin, y yo le adoro,
           que no puedo olvidar un solo instante.
           Ya con eternos vínculos el crimen
25   a su suerte me unió... Nudo funesto,
           nudo de maldición que allá en su trono
           enojado maldice un Dios terrible.

Escena VI

LEONOR, MANRIQUE

LEONOR.   ¡Manrique! ¿Eres tú?
MANRIQUE.   Sí, Leonor querida.

10. ¿Qué mandarme tenéis? *What is your command?*

LEONOR.   ¿Qué tienes?
MANRIQUE.   Yo no sé...
LEONOR.   ¿Por qué temblando
tu mano está? ¿Qué sientes?
MANRIQUE.   Nada, nada.   5
LEONOR.   En vano me lo ocultas.
MANRIQUE.   Nada siento.
Estoy bueno... ¿Qué dices? ¿Que temblaba
mi mano?... No... Ilusión... Nunca he temblado.
¿Ves cómo estoy tranquilo?   10
LEONOR.   De otra suerte [11]
me mirabas ayer... Tu calma fría,
es la horrorosa calma de la muerte.
Pero ¿qué causa, dime, tus pesares?
MANRIQUE. ¿Quieres que te lo diga?   15
LEONOR.   Sí, lo quiero.
MANRIQUE. Ningún temor real, nada que pueda
hacerte a ti infeliz ni entristecerte
causa mi turbación... Mi madre, un día,
me contó cierta historia triste, horrible,   20
que no puedes saber, y desde entonces,
como un espectro me persigue eterna
una imagen atroz... No lo creyeras,
y, a contártelo yo,[12] te estremecieras.
LEONOR.   Pero...   25
MANRIQUE.   No temas, no; tan sólo ha sido
un sueño, una ilusión, pero horrorosa...
Un sudor frío por mi frente corre.
Soñaba yo que, en silenciosa noche,
cerca de la laguna que el pie besa   30
del alto Castellar, contigo estaba.
Todo en calma yacía; algún gemido
melancólico y triste
sólo llegaba lúgubre a mi oído.
Trémulo como el viento en la laguna,   35
triste brillaba el resplandor siniestro
de amarillenta luna.

11. De otra suerte: *Differently*
12. No ... contártelo yo: *You wouldn't believe it, and if I told it to you*

Sentado allí en su orilla y a tu lado,
pulsaba yo el laúd, y en dulce trova
tu belleza y mi amor tierno cantaba,
y, en triste melodía,
5   el viento que en las aguas murmuraba,
mi canto y tus suspiros repetía.
Mas súbito, azaroso, de las aguas,
entre el turbio vapor, cruzó luciente
relámpago de luz que hirió un instante
10 con brillo melancólico tu frente.
Yo vi un espectro que en la opuesta orilla,
como ilusión fantástica, vagaba
con paso misterioso,
y un quejido lanzando lastimoso,
15 que el nocturno silencio interrumpía,
ya triste nos miraba,
ya con rostro infernal se sonreía.
De pronto, el huracán cien y cien truenos
retemblando sacude,
20 y mil rayos cruzaron,
y el suelo y las montañas
a su estampido horrísono temblaron.
Y, envuelta en humo, la feroz fantasma
huyó, los brazos hacia mí tendiendo:
25 "¡Véngame!" dijo, y se lanzó a las nubes,
"¡Véngame!" por los aires repitiendo.
Frío con el pavor tendí los brazos
adonde estabas tú... Tú ya no estabas,
y sólo hallé a mi lado
30 un esqueleto, y, al tocarle osado,
en polvo se deshizo que, violento,
llevóse al punto retronando el viento.
Yo desperté azorado; mi cabeza
hecha estaba un volcán, turbios mis ojos;
35 mas logro verte al fin, tierna, apacible,
y tu sonrisa calma mis enojos.
LEONOR.   ¿Y un sueño solamente
te atemoriza así?
MANRIQUE.   No, ya no tiemblo,
40 ya todo lo olvidé... Mira, esta noche

partiremos, al fin, de este castillo...
No quiero estar aquí.

LEONOR.   ¿Temes acaso...?

MANRIQUE.   Tiemblo perderte. Numerosa hueste
del Rey usurpador [13] viene a sitiarnos,   5
y este castillo es débil con extremo.
Nada temo por mí; mas por ti temo.

Escena VII

Los mismos, RUIZ

MANRIQUE.   ¿Qué me vienes a anunciar?

RUIZ.   Señor, ya el Conde, marchando
con la gente de su bando,   10
se dirige a Castellar.
Todo lo lleva a cuchillo [14]
y por los montes avanza,
sin duda con la esperanza
de poner cerco al castillo.   15

MANRIQUE.   No osarán, que son traidores,
y es cobarde la traición.

RUIZ.   Estas las noticias son
que traen nuestros corredores.
Demás, por lo que advirtieron,   20
añaden que esta mañana
han cogido una gitana.

MANRIQUE.   ¿Una gitana?... ¿Y quién era?

RUIZ.   ¿Quién puede saberlo, pues? [15]

MANRIQUE.   ¡Cielos!   25

RUIZ.   Vieja dicen que es,
con sus puntas de hechicera.[16]

MANRIQUE.   (Es ella... ¿Y podré salvarla?...)
Avisa que a partir vamos...
Armense todos... (Corramos   30
a lo menos a vengarla.)

13. Rey usurpador: To the supporters of the Count of Urgel, Alfonso V was considered a usurper. (Cf. Act I, sc. i, n. 21.)
14. Todo ... cuchillo: *Everything is being put to the sword*
15. ¿Quién ... pues? *Who can say?*
16. con ... hechicera: *with something of the witch about her*

LEONOR.	¿Qué dices?... Partir...
MANRIQUE	Sí, sí...
	¿Qué te detiene?
RUIZ.	Señor...
5 MANRIQUE.	¡Pronto, o teme mi furor!
LEONOR.	¿Y me dejarás aquí?

Escena VIII

MANRIQUE, LEONOR

MANRIQUE.	Un secreto, Leonor...
	Sé que vas a despreciarme.
	Ya era tiempo...[17] Esa gitana,
10	ésa, Leonor, es mi madre.
LEONOR.	¡Tu madre!
MANRIQUE.	Llora si quieres;
	maldíceme porque, infame,
	uní tu orgullosa cuna
15	con mi cuna miserable.
	Pero déjame que vaya
	a salvarla, si no es tarde.[18]
	Si ha muerto, la vengaré
	de su asesino cobarde.
20 LEONOR.	¡Eso me faltaba!... [19]
MANRIQUE.	Sí;
	yo no debía engañarte
	por más tiempo... Vete, vete;
	soy un hombre despreciable.
25 LEONOR.	Nunca para mí.
MANRIQUE.	Eres noble.
	Y yo, ¿quién soy? Ya lo sabes.
	Vete a encerrar con tu orgullo
	bajo el techo de tus padres.
30 LEONOR.	¡Con mi orgullo! Tú te gozas,
	cruel, en atormentarme.
	Ten piedad...
MANRIQUE.	Pero soy libre

17. Ya era tiempo: *It's time I told you.*
18. si no es tarde: *if it isn't too late*
19. ¡Eso me faltaba! *And now, this!*

	y fuerte para vengarme...	
	Y me vengaré... ¿Lo dudas?	
LEONOR.	Si necesitas mi sangre,	
	aquí la tienes.	
MANRIQUE.	¡Leonor!	5

MANRIQUE.   ¡Leonor!   5
¡Qué desgraciada en amarme
has sido! ¿Por qué, infeliz,
mis amores escuchaste?
¿Y no me aborreces?

LEONOR.   No.   10

MANRIQUE. ¿Sabes que, presa mi madre,
espera tal vez la muerte?
¡Venganza infame y cobarde!
¿Qué espero yo...?

LEONOR.   Ven... No vayas. 15
Mira: el corazón me late,
y, fatídico, me anuncia
tu muerte.

MANRIQUE.   ¡Llanto cobarde!
Por una madre morir,   20
Leonor, es muerte envidiable.
¿Quisieras tú que, temblando,
viera derramar su sangre,
o, si salvarla pudiera,
por salvarla no lidiase?   25

LEONOR. Pues bien, iré yo contigo;
allí correré a abrazarte
entre el horror y el estruendo
del fratricida combate.[20]
Yo opondré mi pecho al hierro   30
que tu vida amenazare;[21]
Sí, y a falta de otro muro,
muro será mi cadáver.

MANRIQUE. Ahora te conozco; ahora
te quiero más.   35

LEONOR.   Si tú partes,
iré contigo; la muerte
a tu lado ha de encontrarme.

---

20. fratricida combate: in the sense of civil war
21. amenazare (future subjunctive): *might threaten*

MANRIQUE.   ¿Venir tú?... No; en el castillo
            queda custodia bastante
            para ti... ¿escuchas?... Adiós.

            (*Suena un clarín.*)

5   El clarín llama al combate.
LEONOR.   Un momento...
MANRIQUE.   Ya no puedo
            detenerme ni un instante.

ESCENA IX

LEONOR.   ¡Manrique, espera!... Partió
10   sin escucharme... ¡Inhumano!
            ¿Por qué con delirio insano
            mi corazón le adoró?
            ¿Y es éste tu amor? ¡Ay! Ven...
            No burles así tu suerte,
15   que allí te espera la muerte,
            y está en mis brazos tu bien.
            Ya no escuchas el clamor
            de aquella Leonor querida...

            (*Vuelve a sonar el clarín.*)

            ¡Gran Dios, protege su vida!
            ¡Te lo pido por tu amor!
20

JORNADA QUINTA

EL SUPLICIO

Inmediaciones de Zaragoza; a la izquierda, vista de uno de los muros del palacio de la Aljafería, con una ventana cerrada con una fuerte reja.

ESCENA PRIMERA

LEONOR, RUIZ

RUIZ.   Ya estamos en Zaragoza,
            y es bien entrada la noche.[1]
            Nadie conoceros puede.

1. v ... noche: *and it's very late*

LEONOR.   Ruiz, ¿no es ésta la torre
           de la Aljafería?
RUIZ.   Sí.
LEONOR.   ¿Están aquí las prisiones?
RUIZ.   Ahí se suelen custodiar   5
           los que a su rey son traidores.
LEONOR.   ¿Trajiste lo que te dije?
RUIZ.   Aquí está [2]; por un jarope
           que no vale seis cornados...
LEONOR.   El precio nada te importe.   10
           Toma esa cadena tú.
RUIZ.   Judío al fin. [3]
LEONOR.   No te enojes.
RUIZ.   Diez maravedís de plata
           me llevó el Iscariote. [4]   15
LEONOR.   Vete, Ruiz
RUIZ.   ¿Os quedáis
           sola aquí? No, que me ahorquen
           primero...
LEONOR.   Quiero estar sola.   20
RUIZ.   Si os empeñáis... Buenas noches.

                        ESCENA II

LEONOR.   Esa es la torre. Allí está,
           y, maldiciendo su suerte,
           espera triste la muerte
           que no está lejos quizá.   25
           ¡Esas murallas sombrías,
           esas rejas y esas puertas
           al féretro sólo abiertas,
           verán tus últimos días!
           ¿Por qué tan ciega le amé?   30
           ¡Infeliz! ¿Por qué, Dios mío,
           con amante desvarío

2. Ruiz takes out a small silver flacon containing poison.
3. A reference to a Jew in those days was often pejorative and was used as a
synonym for "greedy." Here Ruiz is complaining because he was overcharged
for the potion, and hence the word *judío* is not necessarily to be taken literally.
4. Iscariote = Judas Iscariot, used here in the sense of traitor

mi vida le consagré?
Mi amor te perdió, mi amor...
Yo mi cariño maldigo;
pero moriré contigo
5 con veneno abrasador.
¡Si me quisiera escuchar
el Conde! [5] ¡Si yo lograra
librarte así, qué importara!
Sí, voy tu vida a salvar.
10 A salvarte... No te asombre
si hoy olvido mi desdén. [6]

    (*Dentro una voz.*) [7]

    ¡Hagan bien para hacer bien
    por el alma de este hombre! [8]
15 LEONOR.   Ese lúgubre clamor...
¿O tal vez lo escuché mal?
No, no... ¡Ya la hora fatal
ha llegado, trovador!
Manrique, partamos ya;
20 No perdamos un instante.
  DENTRO.   ¡Ay!
  LEONOR.   Esa voz penetrante...
¡Si no fuera tiempo ya! [9]

    (*Al querer partir, se oye tocar un laúd; un momento después,*
25 *canta dentro Manrique.*) [10]

Despacio viene la muerte
que está sorda a mi clamor.
Para quien morir desea,
despacio viene, por Dios.
         ¡ Ay! Adiós, Leonor,
30   *Leonor.*
  LEONOR.   El es, ¡y desea morir
cuando su vida es mi vida!

---

5. ¡Si ... el Conde! *If only the Count would listen to me!*
6. mi desdén: refers to her scorn for the Count.
7. Note that the following two lines (repeated later) are chanted offstage.
8. ¡Hagan bien ... hombre! *Do good so that good may be done for the soul of this man!* (This is part of a prayer recited for those who are about to die.)
9. ¡Si ... ya! *What if it's too late!*
10. For the rest of the scene, Manrique's song punctuates Leonor's soliloquy.

¡Si así me viera afligida
por él al cielo pedir! [11]

(*Dentro Manrique.*)

No llores si a saber llegas
que me matan por traidor,
que el amarte es mi delito,   5
y en el amar no hay baldón.
                ¡ *Ay! Adiós, Leonor,*
                Leonor.
LEONOR.   ¡Que no llore yo, cruel!
No sabe cuánto le quiero.   10
¡Que no llore, cuando muero
en mi juventud por él!
Si a esa reja te asomaras
y a Leonor vieras aquí,
tuvieras piedad de mí   15
y de mi amor no dudaras.
Aquí te buscan mis ojos,
a la luz de las estrellas,
y oigo a par de tus querellas
el rumor de los cerrojos.   20
Y oigo en tu labio mi nombre,
con mil suspiros también.

            (*Dentro la voz.*)

¡Hagan bien para hacer bien
por el alma de este hombre!   25
LEONOR.   No, no morirás; yo iré
a salvarte. Del tirano
feroz la sangrienta mano
con mi llanto bañaré.[12]
¿Temes? Leonor te responde   30
de su cariño y virtud.
¿Aun dudas con inquietud?
Ya no puedo ser del Conde. (*Apura el pomo.*)

11. ¡ Si así ... pedir! *If he were to see me grieving so, and praying to heaven for him!*
12. Del tirano ... bañaré: Read "bañaré con mi llanto la sangrienta mano del tirano feroz."

ESCENA III

Cámara del Conde de Luna; éste estará sentado cerca de una mesa, y don Guillén, a su lado, de pie.

DON NUÑO, DON GUILLÉN

NUÑO. ¿Visteis, don Guillén, al reo?
GUILLÉN. Dispuesto a morir está.
NUÑO. ¿Don Lope?
GUILLÉN.   Presto vendrá.
5 NUÑO. Que al punto llegue deseo.
No quiero que se dilate
el suplicio ni un momento;
cada instante es un tormento
que mi impaciencia combate.
10 GUILLÉN. ¿Le avisaré?
NUÑO   No; esperad...
Tardar no puede en venir.[13]
Para ayudarle a morir,
a un religioso avisad.
15 Y despachaos con presteza.[14]
GUILLÉN. ¡El hijo de una gitana!
NUÑO. Cierto; diligencia es vana.
GUILLÉN. Mas, ¿no dais cuenta a su Alteza?
NUÑO. ¿Para qué? Ocupado está
20 en la guerra de Valencia.[15]
GUILLÉN. Si no aprueba la sentencia...
NUÑO. Yo sé que la aprobará.
Para aterrar la traición
puso en mi mano la ley...
25 Mientras aquí no esté el Rey,
yo soy el Rey de Aragón.
Mas... ¿vuestra hermana?
GUILLÉN.   Yo mismo
nada de su suerte sé;
30 pero encontrarla sabré,

13. Read "no puede tardar en venir."
14. Y ... presteza. *And hurry up.*
15. There was civil war in the Kingdom of Valencia, which at that time was joined with the Kingdom of Aragón.

aunque la oculte el abismo.
Entonces su torpe amor
lavará con sangre impura...
Sólo así el honor se cura,[16]
y es muy sagrado el honor.   5

NUÑO.   Ni tanto rigor es bien
             emplear.
GUILLÉN.   Mi ilustre cuna...
NUÑO.   Si algo apreciáis al de Luna,[17]
             No la ofendáis, don Guillén.   10
GUILLÉN.   ¿Tenéis algo que mandar?
NUÑO.   Dejadme solo un instante.

ESCENA IV

DON NUÑO. *Después* DON LOPE.

NUÑO.   Leonor, al fin, en tu amante
             tu desdén voy a vengar.
             Al fin, en su sangre impura   15
             a saciar voy mi rencor.
             También yo puedo, Leonor,
             gozarme en tu desventura.
             Fatal tu hermosura ha sido
             para mí; pero fatal   20
             también será a mi rival,
             a ese rival tan querido.
             Tú lo quisiste; por él
             mi ternura despreciaste...
             ¿Por qué, Leonor, no me amaste?   25
             Yo no fuera tan cruel.[18]
             Angel hermoso de amor,
             yo como a un Dios te adoraba,
             y tus caricias gozaba
             un oscuro trovador.   30
             Harto la suerte envidié

16. Sólo así ... cura: *Only in this way* (by killing Leonor) *can honor be restored*. (Throughout the play don Guillén exemplifies the Calderonian concept of honor, according to which a blot on the family escutcheon can be washed away only by the shedding of the offender's blood.)
17. al de Luna = al Conde de Luna
18. Yo ... cruel. *I would not be so cruel.*

de un rival afortunado.
Harto tiempo, despreciado,
su ventura contemplé.
¡Ah!, perdonarle quisiera...
5   No soy tan perverso yo.
Pero es mi rival... No, no...
Es necesario que muera.

LOPE.   Vuestras órdenes, señor,
se han cumplido; el reo espera
10   su sentencia.

NUÑO.   Y bien, que muera,
pues a su Rey fué traidor.
¿A qué aguardáis?

LOPE.   Si así os plugo... [19]

15 NUÑO.   ¿No fué perjuro a la ley
y rebelde con su Rey?
Pues bien, ¿qué espera el verdugo?
Esta noche ha de morir.

LOPE.   ¿Esta noche? ¡Pobre mozo!

20 NUÑO.   Junto al mismo calabozo...
¿entendéis?

LOPE.   No hay más decir.[20]

NUÑO.   ¿La bruja?

LOPE.   Con él está
25   en su misma prisión.

NUÑO.   Bien.

LOPE.   ¿Pero ha de morir?

NUÑO.   También.

LOPE.   ¿De qué muerte morirá?

30 NUÑO.   Como su madre, en la hoguera.

LOPE.   Por último, confesó
que a vuestro hermano mató.
Maldiga Dios la hechicera.[21]

NUÑO.   Molesto, don Lope, estáis...
35   idos ya.

LOPE.   Señor, si pude
ofenderos...[22]

19. Si ... plugo: *I thought, perhaps*
20. No ... decir. *Say no more.*
21. Maldiga ... hechicera. *May God curse the witch.*
22. Señor ... ofenderos: *Sir, if I offended you*

NUÑO.	No lo dude.[23]
LOPE.	Mi deber...
NUÑO.	Es que os vayáis.[24]
	(*Hace don Lope que se va,[25] y vuelve.*)
LOPE.	Perdonad; se me olvidaba 5
	con la maldita hechicera.
NUÑO.	¡Don Lope!
LOPE.	Señor, ahí fuera
	una dama os aguardaba.
NUÑO.	¿Y qué objeto aquí la trae? 10
	¿Dice quién es?
LOPE.	Encubierta
	llegó, señor, a la puerta
	que al campo de Toro cae.[26]
NUÑO.	Que entre, pues; vos, despejad. 15
LOPE.	El Conde, señora, espera.
NUÑO.	Vos os podéis quedar fuera,
	y hasta que os llame aguardad.

Escena V

DON NUÑO, LEONOR

LEONOR.	¿Me conocéis? (*Descubriéndose.*) 20
NUÑO.	¡Desgraciada!
	¿Qué buscáis, Leonor, aquí?
LEONOR.	¿Me conocéis, Conde?
NUÑO.	Sí,
	por mi mal, desventurada; 25
	por mi mal te conocí.
	¿A qué [27] viniste, Leonor?
LEONOR.	Conde, ¿dudarlo queréis?
NUÑO.	¡Todavía el trovador!...
LEONOR.	Sé que todo lo podéis, 30
	y que peligra mi amor.
	Duélaos, don Nuño, mi mal.[28]

23. No lo dude. *You did.*
24. Es ... vayáis. (*Your duty*) *is to leave.*
25. Hace ... va: *don Lope makes as if to go*
26. que ... cae: *that faces the campo de Toro*
27. ¿A qué ...? *Why ...?*
28. Sé ... mi mal. *I know that you are all-powerful and that my love is in danger. Have pity on me in my misfortune, don Nuño.*

NUÑO.	A eso vinistes, ingrata,
	¿a implorar por un rival?
	¡por un rival! ¡insensata!
	mal conoces al de Artal.[29]
5	No; cuando en mis manos veo
	la venganza apetecida,
	cuando su sangre deseo...
	Imposible...
LEONOR.	No lo creo.
10 NUÑO.	Sí, creedlo, por mi vida.
	Largo tiempo también yo
	aborrecido imploré
	a quien mis ruegos no oyó,
	y de mi afán se burló;
15	no pienses que lo olvidé.
LEONOR.	¡Ah! Conde, Conde, piedad. (*Arrodillándose.*)
NUÑO.	¿La tuviste tú de mí?
LEONOR.	Por todo un Dios.[30]
NUÑO.	Apartad.
20 LEONOR.	No, no me muevo de aquí.
NUÑO.	Pronto, Leonor, acabad.
LEONOR.	Bien sabéis cuánto le amé;
	mi pasión no se os esconde...
NUÑO.	¡Leonor!
25 LEONOR.	¿Qué he dicho? No sé,
	no sé lo que he dicho, Conde:
	¿queréis?... le aborreceré.
	¡Aborrecerle! ¡Dios mío!
	y aun amaros a vos, sí,
30	amaros con desvarío
	os prometo...amor impío,
	¡digno de vos y de mí!
NUÑO.	Es tarde, es tarde, Leonor.
	¿Y yo perdonar pudiera
35	a tu infame seductor,
	al hijo de una hechicera?
LEONOR.	¿No os apiada mi dolor?
NUÑO.	¡Apiadarme! Más y más

29. al de Artal = a don Nuño de Artal
30. Por ... Dios. *For the sake of God.*

                    me irrita, Leonor, tu lloro,
                    que por él vertiendo estás:
                    no lo negaré, aún te adoro,
                    ¿mas perdonarle?, jamás.
                    Esta noche, en el momento...   5
                    nada de piedad.
LEONOR.   (*Con ternura.*)   ¡Cruel!
                    ¡Cuando en amarte consiento!
NUÑO.   ¿Qué me importa tu tormento,
                    si es por él, sólo por él?   10
LEONOR.   Por él, don Nuño, es verdad;
                    por él con loca impiedad
                    el altar he profanado.
                    ¡Y yo, insensata, le he amado
                    con tan ciega liviandad!   15
NUÑO.   Un hombre oscuro...
LEONOR.   Sí, sí...
                    nunca mereció mi amor.
NUÑO.   Un soldado, un trovador...
LEONOR.   Yo nunca os aborrecí.   20
NUÑO.   ¿Qué quieres de mí, Leonor?
                    ¿Por qué mi pasión enciendes,
                    que ya entibiándose va?
                    Di que engañarme pretendes,[31]
                    dime que de un Dios dependes   25
                    y amarme no puedes ya.
LEONOR.   ¿Qué importa, Conde? ¿No fuí
                    mil y mil veces perjura?
                    ¿Qué importa, si ya vendí
                    de un amante la ternura,   30
                    que a Dios olvide por ti?[32]
NUÑO.   ¿Me lo juras?
LEONOR.   Partiremos
                    lejos, lejos de Aragón,
                    do felices viviremos,   35
                    y siempre nos amaremos
                    con acendrada pasión.

31. Di ... pretendes: *Tell me that you're trying to deceive me*
32. ¿Qué ... por ti? *What does it matter, since I've already betrayed a lover's devotion, if I also forget God for your sake?*

NUÑO.	Leonor... ¡delicia inmortal!
LEONOR.	Y tú, en premio a mi ternura...
NUÑO.	Cuanto quieras.
LEONOR.	¡Oh, ventura!
5 NUÑO.	Corre, dile que el de Artal
	su libertad asegura,
	pero que huya de Aragón;
	que no vuelva, ¿lo has oído?
LEONOR.	Sí, sí...
10 NUÑO.	Dile que atrevido
	no persista en su traición,
	que tu amor ponga en olvido.
LEONOR.	Sí...lo diré... (¡Dios eterno!,
	tu nombre bendeciré.)
15 NUÑO.	Cuidad, que os observaré.
LEONOR.	(Ya no me aterra el infierno,
	pues que su vida salvé.)

Escena VI

Calabozo oscuro, con una ventana con reja a la izquierda y una puerta en el mismo lado; otra ventana alta en el fondo, cerrada. Debajo de la ventana, y en un escaño, estará recostada AZUCENA; *en el lado opuesto,* MANRIQUE, *sentado.*

MANRIQUE. ¿Dormís, madre mía?

AZUCENA. No...bastante lo he deseado; pero el sueño huye de mis ojos.

20 MANRIQUE. ¿Tenéis frío tal vez?

AZUCENA. No...te he oído suspirar a menudo...ven aquí... ¿Qué tienes? ¿Por qué no me confías todos tus padecimientos? ¿Por qué no los depositas en el seno de una madre? Porque yo soy tu madre, y te quiero como a mi vida.

25 MANRIQUE. ¡Mis padecimientos!

AZUCENA. He orado por ti toda la noche; es lo único que puedo hacer ya.

MANRIQUE. Descansad un momento.

AZUCENA. Yo quisiera escaparme de aquí, porque me sofoca el aire que 30 aquí respiro..., porque van a matarme. Pero tú me defenderás, tú no consentirás que te roben a tu madre.

MANRIQUE. ¡Gran Dios!

AZUCENA. Pero estoy afligiéndote, ¿es verdad?

MANRIQUE. No, decid lo que queráis.

AZUCENA. Tú no podrás socorrerme; vendrán muchos contra ti, y tus fuerzas se agotarán; pero no temas por mí; yo estoy libre de su furor.

MANRIQUE. ¿Vos?

AZUCENA. Sí; los tiranos no mandan sobre el sepulcro, ni el verdugo puede martirizar una carne que no siente. Acércate...; mira esta 5 frente pálida; ¿no está pintada en ella la muerte?

MANRIQUE. ¿Qué decís?

AZUCENA. Sí, desde esta mañana he sentido que me abandonaban las fuerzas, que mis miembros se torcían; un velo de sangre ha ofuscado más de una vez mis ojos, y un zumbido espantoso ha resonado con- 10 tinuamente en mis oídos...; se me figuraba que oía el llamamiento a la eternidad..., ¡la eternidad!, y yo voy a salir de esta vida con el alma emponzoñada...

MANRIQUE. Por favor...

AZUCENA. Y van a matarme...   15

MANRIQUE. ¿A mataros? ¿Y por qué? ¡Porque sois mi madre, y yo soy la causa de vuestra muerte! ¡Madre mía, perdón!

AZUCENA. No temas. ¿A qué llorar por mí? No, no tendrán el placer de tostarme como a mi madre; siento que mi vida se acaba por instantes, pero quisiera morir pronto. ¿No es verdad que se llenarán de rabia 20 cuando vengan a buscar una víctima y encuentren un cadáver, menos que un cadáver..., un esqueleto? ¡Ja, ja, ja!... Quisiera yo verlo, para gozarme en su desesperación. Cuando vean mis ojos quebrados, cuando toquen mi mano seca y fría como el mármol...

MANRIQUE. No me atormentéis, por piedad.   25

AZUCENA. ¿Oyes? ¿Oyes ese ruido? Mátame...pronto, para que no me lleven a la hoguera. ¿Sabes tú qué tormento es el fuego?

MANRIQUE. Y tendrán valor...

AZUCENA. Sí; lo tuvieron para mi madre; debe de ser horroroso ese tormento..., ¡la hoguera! No sé qué tiene de feroz esa palabra, que 30 me hiela...,[33] ¡la hoguera! y siempre la tengo delante y siempre con sus llamas que queman, que quitan la vida con desesperados tormentos.

MANRIQUE. No más, no más.

AZUCENA. Me acuerdo de cuando achicharraron a tu abuela: iba 35 cubierta de harapos; sus cabellos, negros como las alas del cuervo, ocultaban casi enteramente su cara; yo, tendida en el suelo, arañando frenética mi rostro, había apartado mis ojos de aquel espectáculo,

---

33. No sé ... hiela. *I don't know what there is about the word that is so dreadful that it chills me.*

que no podía soportar; pero mi madre me llamó, y yo corrí hasta los pies del cadalso...los verdugos me rechazaron con aspereza, no me dejaron darla siquiera un beso, y la metieron en el fuego... Todavía retiembla en mi oído el acento de aquel grito desesperado que
5 le arrancó el dolor... Debe de ser horrible, precisamente horrible, ese suplicio; aquel grito desentonado expresaba todos los tormentos de su cuerpo, y los verdugos se reían de sus visajes, porque la llama había quemado sus cabellos, y sus facciones contraídas, convulsas, y sus ojos desencajados, daban a su rostro una expresión infernal...
10 ¡Y esto les hacía reír!...

MANRIQUE. ¿No podéis olvidar todo eso? ¿Por qué no procuráis descansar?

AZUCENA. Sí, eso quería, pero... ¿y la hoguera? ¿Y si durmiendo [34] me llevan a la hoguera?

15 MANRIQUE. No, no vendrán.

AZUCENA. ¿Me lo prometes tú?

MANRIQUE. Os lo ofrezco,[35] madre mía; podéis reposar un momento.

AZUCENA. Tengo mucha necesidad de dormir. ¡He estado despierta tanto tiempo! Dormiré, y luego nos iremos. ¿Qué razón hay para
20 que no nos dejen ir? Cuando sea de día..., pero aquí no se sabe cuándo es de día... Aunque sea de noche, a cualquier hora, sí, porque quiero respirar; aquí me ahogo.

MANRIQUE. (¡Qué tormento!)

AZUCENA. Y correremos por la montaña, y tú cantarás, mientras yo
25 estaré durmiendo, sin temor a esos verdugos ni a ese suplicio del fuego.

MANRIQUE. Descansad.

AZUCENA. Voy...; pero...calla...calla... (*Se queda dormida. Un momento de silencio.*)

30 MANRIQUE. Duerme, duerme, madre mía,
mientras yo te guardo el sueño,
y un porvenir más risueño
durmiendo allá te sonría.
Al menos, ¡ay!, mientras dura
35 tu sueño, no acongojado,
veré tu rostro, bañado
con lágrimas de amargura.

34. durmiendo: *while I'm asleep*
35. Os lo ofrezco: *I promise you*

Escena VII

MANRIQUE, LEONOR, AZUCENA.

LEONOR.	¡Manrique!
MANRIQUE.	¡No es ilusión!
	¿Eres tú?

LEONOR.   Yo, sí..., yo soy;
a tu lado al fin estoy   5
para calmar tu aflicción.

MANRIQUE. Sí, tú sola, mi delirio
puedes hermosa, calmar;
ven, Leonor, a consolar
amorosa mi martirio.   10

LEONOR.   No pierdas tiempo, por Dios...

MANRIQUE. Siéntate a mi lado, ven.
¿Debes tú morir también?
Muramos juntos los dos.

LEONOR.   No, que en libertad estás.   15

MANRIQUE. ¿En libertad?

LEONOR.   Sí, ya el Conde...

MANRIQUE. ¿Don Nuño, Leonor? Responde,
responde... ¡cielo! ¿Esto más?
¡Tú a implorar por mi perdón   20
del tirano a los pies fuiste! [36]
Quizá también le vendiste
mi amor y tu corazón.
No quiero la libertad
a tanta costa comprada.   25

LEONOR.   Tu vida...

MANRIQUE.   ¿Qué importa? Nada...,
quítamela, por piedad;
clava en mi pecho un puñal
antes que verte perjura,   30
llena de amor y ternura
en los brazos de un rival.
¡La vida! ¿Es algo la vida?
Un doble martirio, un yugo...,

---

36. ¿Esto más? ¡Tú ... fuiste! *This too? You cast yourself at the feet of the tyrant to beg for my life!*

	llama que venga el verdugo
	con el hacha enrojecida.
LEONOR.	¿Qué debí hacer? Si supieras
	lo que he sufrido por ti,
5	no me insultaras así,
	y a más [37] me compadecieras.
	Pero huye, vete, por Dios,
	y bástete ya saber
	que suya no puedo ser.
10 MANRIQUE.	Pues bien, partamos los dos;
	mi madre también vendrá.
LEONOR.	Tú solamente.
MANRIQUE.	No, no.
LEONOR.	Pronto, vete.
15 MANRIQUE.	¡Sólo yo!
LEONOR.	Que nos observan quizá.
MANRIQUE.	¿Qué importa?, aquí moriré;
	¡moriremos, madre mía!,
	tú sola no fuiste impía
20	de un hijo tierno a la fe. [38]
LEONOR.	¡Manrique!
MANRIQUE.	Ya no hay amor
	en el mundo, no hay virtud.
LEONOR.	¿Qué te dice mi inquietud?
25 MANRIQUE.	Tarde conocí mi error.
LEONOR.	¡Si vieras cuál [39] se estremece
	mi corazón! ¿Por qué, di,
	obstinarte? Hazlo por mí,
	por lo que tu amor padece.
30	Sí, este momento quizá...,
	¿no ves cuál tiemblo?, quisiera
	ocultarlo si pudiera;
	pero no, no es tiempo ya.
	Bien sé que voy tu aflicción
35	a aumentar, pero ya es hora
	de que sepas cuál te adora
	la que acusas sin razón.

37. a más: *in addition*
38. no fuiste ... fe: Read "no fuiste impía a la fe de un hijo tierno."
39. cuál = cómo

Aborréceme, es mi suerte;
maldíceme si te agrada,
mas toca mi frente helada
con el hielo de la muerte.
Tócala, y si hay en tu seno   5
un resto de compasión,
alivia mi corazón,
que abrasa un voraz veneno...

MANRIQUE. Un veneno... ¿y es verdad?,
y yo, ingrato, la ofendí   10
cuando muriendo por mí...
un veneno...

LEONOR.   Por piedad,
ven aquí por compasión
a consolar mi agonía.   15
¿No sabes que te quería
con todo mi corazón?

MANRIQUE. Me matas.

LEONOR.   Manrique, aquí,
aquí me siento abrasar.   20
¡Ay! ¡ay!, quisiera llorar,
y no hay lágrimas en mí.
¡Ay, juventud malograda,
por tiranos perseguida!
¡Perder tan pronto una vida   25
para amarte consagrada!

(Se ve brillar un momento el resplandor de una luz en la
ventana de la izquierda.)

Mira, Manrique, esa luz...
Vienen a buscarte ya.   30
No te apartes, ven acá,
¡por el que murió en la cruz!

MANRIQUE. Que vengan... Ya entregaré
mi cuello sin resistir;
lo quiero, anhelo morir...   35
Muy pronto te seguiré.

LEONOR. ¡Ay! Acércate...

MANRIQUE.   ¡Amor mío!...

LEONOR. Me muero, me muero ya

| | sin remedio. ¿Dónde está |
| | tu mano? |

MANRIQUE.   ¡Qué horrible frío!

LEONOR.   Para siempre...ya...

5 MANRIQUE.   ¡Leonor!

LEONOR.   ¡Adiós!... ¡Adi...ós!...

(*Expira. Un momento de pausa.*)

MANRIQUE.   ¡La he perdido!
¡Ese lúgubre gemido...
10   es el último de amor!
Silencio, silencio; ya
viene el verdugo por mí...
Allí está el cadalso, allí,
y Leonor aquí está.
15   Corta es la distancia, vamos,
que ya el suplicio me espera.

(*Tropieza con Azucena.*)

¿Quién estaba aquí? ¿Quién va?

AZUCENA.   ¿Es hora de que partamos?

20   (*Entre sueños.*)

MANRIQUE.   A morir dispuesto estoy...
Mas no, esperad un instante;
a contemplar su semblante,
a adorarla otra vez voy.
25   Aquí está... Dadme el laúd;
en trova triste y llorosa,
en endecha lastimosa
os contaré su virtud.
Una corona de flores
30   dadme también; en su frente
será aureola luciente,
será diadema de amores.
Dadme, veréisla brillar
en su frente hermosa y pura;
35   mas llorad su desventura
como a mí me veis llorar.
¡Qué funesto resplandor!
¿Tan pronto vienen por mí?

El verdugo es aquél..., sí;
tiene el rostro de traidor.

Escena VIII

Los de la escena anterior. DON NUÑO, DON GUILLÉN, DON LOPE *y soldados
con luces.*

NUÑO.   ¿Leonor?
MANRIQUE.   ¿Quién la llama? ¿Por qué vienen
a apartarla de mí? La desdichada   5
ya a nadie puede amar. ¡Si yo pudiera
ocultarla a sus ojos!...

        (*La cubre con su ferreruelo, que tendrá al lado.*)

NUÑO.   ¿Leonor?
MANRIQUE.   ¡Calla!...
No turbes el silencio de la muerte.   10
NUÑO.   ¿Dónde está Leonor?
MANRIQUE.   ¿Dónde está? Aquí estaba.
¿Venís a arrebatármela en la tumba?
NUÑO.   ¿Ha muerto?
MANRIQUE.   Sí..., ya ha muerto.   15

        (*Descubriendo el rostro pálido de Leonor.*)

GUILLÉN.   ¿Quién?... ¡Mi hermana!
MANRIQUE.   Ya no palpita el corazón; sus ojos
ha cerrado la muerte despiadada.
Apartad esas luces; mi amargura
piadosa respetad... No me acordaba...   20

        (*A don Nuño.*)

¡Sí, tú eres el verdugo! Acaso buscas
una víctima... Ven... Ya preparada
para la muerte está.
NUÑO.   Llevadle al punto;
llevadle, digo, y su cabeza caiga.   25

        (*Varios soldados rodean a Manrique.*)

MANRIQUE.   Muy pronto, sí...
NUÑO.   Marchad...

MANRIQUE.   ¡Qué miro! Vamos...
          (*Reparando en Azucena.*)

          No le digáis, ¡por Dios!, a la cuitada
          que va su hijo a morir... ¡Madre infelice!
5   ¡Hasta la tumba, adiós!... (*Al salir.*)

                        ESCENA IX
                 Los mismos, menos MANRIQUE.

AZUCENA.   (*Incorporándose.*)   ¿Quién me llamaba?
            El era, él; ingrato, se ha marchado
            sin llevarme también.
NUÑO.   ¡Desventurada!
10   Conoce al fin tu suerte.
AZUCENA.   ¡El hijo mío!
NUÑO.   Ven a verle morir.
AZUCENA.   ¿Qué dices? ¡Calla!
            ¡Morir! ¡Morir!... No, madre, yo no puedo; [40]
15   perdóname. Le quiero con el alma.
            ¡Esperad, esperad!...
NUÑO.   Llevadla.
AZUCENA.   ¡Conde!
NUÑO.   Que le mire expirar.
20 AZUCENA.   ¡Una palabra,
            un secreto terrible; haz que suspendan
            el suplicio un momento!
NUÑO.   No; llevadla.
            (*La toma por una mano y la arrastra hasta la ventana.*)

25   Ven, mujer infernal... Goza en tu triunfo.
            Mira el verdugo, y en su mano el hacha
            que va pronto a caer...
            (*Se oye un golpe, que figura ser el de la cuchilla.*)
AZUCENA.   ¡Ay! ¡Esa sangre!
30 NUÑO.   Alumbrad a la víctima, alumbradla.

40. Azucena is recalling her promise to avenge her mother.

AZUCENA. ¡Sí, sí..., luces!... ¡El es...tu hermano, imbécil!
NUÑO. ¡Mi hermano! ¡Maldición!...

(*La arroja al suelo, empujándola con furor.*)

AZUCENA. ¡Ya estás vengada!

(*Con un gesto de amargura, y expira.*) 5

FIN

José Zorrilla
(1817–1893)

The poet and playwright José Zorrilla y Moral, often called the spoiled child of Spanish Romanticism, was born in Valladolid on February 21, 1817. He attended the *Real Seminario de Nobles,* a Jesuit school in Madrid, where he began to write verse at the age of twelve. He entered the University of Toledo in 1833 to study law, but preferred to read the romantic novels and poetry of such men as Walter Scott, Alexandre Dumas, and Victor Hugo. He transferred to the University of Valladolid where he assumed the typical Bohemian pose of long hair and aversion for study, failed his courses, and fled to Madrid where he achieved instant fame by reciting some ringing verses at Larra's funeral on February 15, 1837. With his incredible facility for versifying, he was able to write eight volumes by 1840, thus achieving a place alongside some of the best-known literary figures of his day.

In 1839 he married a widow sixteen years his senior; the union was an unhappy one. In the next ten years he wrote not only the three volumes of his verse legends, *Cantos del Trovador,* but almost forty plays, the most famous of which is the *Don Juan Tenorio* (1844). In this play he combined the Don Juan legend as first dramatized by Tirso de Molina early in the seventeenth century with the nineteenth-century French version. In it the original theme of the unrepentant libertine and seducer is merged with the story of Don Miguel de Mañara, a seventeenth-century gentleman of Seville who repented of his dissolute ways and died in the odor of sanctity. Although this play immediately caught the popular fancy and continues to be presented throughout Spain on All Souls' Day (November 2), Zorrilla points out in his autobiography, *Recuerdos del tiempo viejo* (1880–83), the defects of his work and his dislike for it (probably because, while he sold his rights to it for a paltry sum, it made fortunes for others).

In 1852 he published his unfinished *Granada*, a long poem about the Christian conquest of that city in 1492 and the circumstances that preceded it. In 1855 he went to Mexico where he wrote a great deal of inferior literature and was appointed by the Emperor Maximilian director of the Mexican National Theater. In 1866, after his wife's death, Zorrilla returned to Spain and, three years later, remarried. Despite his fame, he suffered poverty. He was crowned Prince of National Poets in 1889 and received the adulation of thousands, but when he died in Madrid on January 22, 1893, the expenses of his resplendent funeral had to be paid by the Spanish Academy.

The exuberance, color, and metrical virtuosity of Zorrilla's plays also characterize his *leyendas* which, despite the change of fashion, make his position as poet secure. His defects are those of his age: bombast, gesticulation, a taste for mystery only insofar as it makes for theatrical effect, carelessness, prolixity, and sentimentalism. Yet, like the Duque de Rivas and Espronceda, Zorrilla finds inspiration in the rich tradition of Spain and his handling of the fantastic is so colorful and his treatment of the heroic so vital that he forces his reader to a suspension of disbelief.

Margarita la Tornera

*Don Juan de Alarcón, son of the rich and noble don Gil, is a
profligate with women and defiant of all authority. Heartlessly, he
undertakes the seduction of the nun Margarita who lives in a convent facing his house in Palencia, by inflaming her senses with his
ardor and his eloquence.*

Y confundiendo en su [1] mente
sus [1] amagos y alabanzas,
ya en risueñas esperanzas,
ya en inocente pavor,
5 contemplándose al espejo
con la luz de la bujía,
así pensaba y decía
Margarita en su interior:

"¿Conque hay fiestas y banque-
10   tes,
y nocturnos galanteos,
y deliciosos paseos
de esta pared más allá?" [2]
¿Conque esta toca de lana
15 cambiada en perlas y flores
hará mis gracias mayores,
y más hermosa me hará?

¿Conque aquellas relaciones
de encantos que yo leía
20 y que apenas comprendía
ni comprendo, ciertas son?

¿De aquellas magas fantásticas,
de aquellos bravos guerreros
y gentiles caballeros
la historia,[3] no es ilusión?

Y se encuentran y combaten   5
por bizarras hermosuras
y corren mil aventuras
por agradarlas mejor;
y ellas viven en palacios,
y vagan por sus jardines,   10
y celebran con festines
la ventura de su amor.

¡Oh! ¡que ese hombre me lo
    ha dicho! [4]
Sí, sí, negros son mis ojos,   15
¡Y esta toca me da enojos
y me hace fea tal vez!...
Él me lo dijo, ¡lisonja!
Mas probemos, me la arranco:
¡oh, como el armiño blanco   20
mi pecho!... ¡Blanca mi tez!

---

1. su = her (Margarita's); sus = his (don Juan's)
2. de ... allá: *beyond this wall*
3. De aquellas ... historia. The order is: la historia de aquellas magas
fantásticas, etc.
4. que ... dicho: *for that man* (don Juan de Alarcón) *told me all that*

174

¡Blancos mis brazos redondos,
mis mutilados cabellos [5]
son de azabache [6]...y en ellos
puesta, aunque mal, esta flor!...
5 ¡Cuán bien me va! [7]...¡oh, soy hermosa!...,
y encerrada me consumo,
y se pierden como el humo
mis días de más valor." [8]

10 Así desnuda, al espejo
presentando su hermosura,
Margarita, en su locura,
deseó la libertad,

y acosada por tan varios
pensamientos tentadores,
los deleites seductores
amó de su vanidad. [9]

Y desde esa triste noche,   5
cabizbaja y distraída,
sintió su fe decaída,
estéril su religión;
y allá muy lejos del claustro
perdido su pensamiento,   10
para huir no tuvo aliento
la terrible tentación. [10]

She consents to flee with Don Juan.

Blanca paloma perdida,
15 próxima a tender su vuelo,
para buscar otro cielo
más diáfano en que volar,
medía el espacio inmenso
que recorrer intentaba,
20 y antes de alzarse dudaba
si le [11] podría cruzar.

Tal vez sentía su nido
dejar allí abandonado
do habría tal vez gozado
25 de su ventura mayor: [12]

mas ciega y enamorada,
y acaso falta de aliento, [13]
iba a lanzarse en el viento   15
para seguir a su amor.

Pobre barquichuela débil
que en pos de nave enlonada
salía desesperada
sin más norte que el azar,   20
tal vez temía la triste
que una tormenta futura
la sorprendiera en la altura
del no conocido mar. [14]

5. mis mutilados cabellos: *my shorn hair.* (When she takes her definitive vows, a nun's hair is clipped.)
6. de azabache: *as black as jet*
7. ¡Cuán bien me va! *How nice it looks on me!*
8. mis ... valor: *my best days* (my youth)
9. los deleites ... vanidad: Read "amó los deleites seductores de su vanidad."
10. para ... tentación: Read "no tuvo aliento para huir la terrible tentación."
11. le = it
12. Read "mayor ventura"
13. falta de aliento: *lacking in courage*
14. en la altura ... mar: *in the midst of unknown waters*

Y aunque fiada en su breve
tranquilidad engañosa,
imprudente y orgullosa
se preparaba a partir,
5 temía que una vez suelta,
botada a la mar bravía,
fuera imposible la vuelta [15]
en el fondo su porvenir. [16]

Mas, ¡ay, así estaba escrito!
10 De oculto sino impelida,
de su azarosa partida
la hora precisa llegó:
llegó, y al fin Margarita,
que oído prestaba atento [17]
15 oyó perderse en el viento
los dos golpes del reloj.

Salió cautelosa y tímida
de su celdilla temblando,
a todas partes mirando,
20 y a tientas guiando el pie;
mas ya en la lucha postrera,
próxima a colmar su falta,
siente que el pesar la asalta,
y que renace su fe.

25 Al corazón se le agolpan
mil vagos remordimientos,
mil vagos presentimientos
de incomprensible pavor,
y en su creencia sencilla,
30 del Dios mismo a quien ofende
tal vez recibir pretende
perseverancia y valor.

Cruzó el solitario claustro,
bajó el caracol estrecho,
y a una ventana en acecho
quiso un instante posar; [18]
5 la tempestad empezaba,
la lluvia espesa caía,
y el recio viento la hacía
sobre los vidrios botar.

"¡Qué noche!—dijo espantada—,
10 ¡si habrá don Juan desistido!" [19]
Mas percibiendo ruïdo
por las tapias del jardín,
escuchó sobrecogida,
y en un postigo inmediato
15 la seña oyó a poco rato
que la avisaba por fin.

No esperó más: con pie rápido
ganó el último aposento,
deseando del convento
20 los límites transponer,
y ya del sacro recinto
fuera la planta ponía,
cuando en una galería
una luz alcanzó a ver. [20]

Detúvose a los reflejos
de aquella luz solitaria
y lágrima involuntaria
sus pupilas arrasó.
30 Soltó el cerrojo, asaltada
por una dulce memoria,

15. fuera ... vuelta: *a return would be impossible*
16. en el ... porvenir: *and her future ruined*
17. que ... atento: *who was listening carefully*
18. y a una ... posar: *and decided to stop and peer out of the window*
19. si ... desistido: *suppose don Juan has changed his mind*
20. y ya del ... ver: *and as she was setting foot outside the holy grounds, she saw a light in a gallery*

y al claustro precipitada [21]
la pobre niña volvió.

　　Por imbécil o insensible
corazón vil que se tenga,
5 fuerza es que alguna mantenga
consoladora ilusión; [22]
y por más que sea odiosa
la mansión [23] donde se pasa
la vida, siempre a la casa
10 se apega nuestra afición.

　　Siempre, aunque sea una cárcel,
hay un rincón olvidado
do alguna vez se ha gozado
15 un instante de placer,
y al dejarle para siempre
conociendo que le amamos,
un ¡adiós! triste le damos
sin podernos contener.

20　　Margarita, que encerrada
pasó en el claustro su vida,
a dar una despedida
tornó a su amado rincón;
porque en la virtud criada
25 y segura en su creencia,
uno [24] buscó en su inocencia
su cándido corazón.

　　En un altarcillo humilde
en un corredor alzado,
de flores siempre adornado
y alumbrado de un farol,
de una Concepción había　　　5
primorosa imagen una, [25]
a quien calzaba la luna
y a quien coronaba el sol. [26]

　　Era el lugar retirado,
mas la escultura divina　　　10
tan bella y tan peregrina,
que era imposible pasar
por delante sin que un punto
el celestial sentimiento
de su rostro, el pensamiento　　15
se gozara en contemplar. [27]

　　Y aquél fué de Margarita
el rincón privilegiado;
ni una noche se ha pasado
mientra [28] en el claustro vivió　　20
en que allí no haya venido
humildemente a postrarse,
y en manos a encomendarse
de la que nunca pecó. [29]

　　La pobre niña, agobiada　　　25
de soledad y fatiga,
buscó en su encierro una amiga

21. Read *precipitada* as last word of sentence.
22. Por imbécil ... ilusión: *No matter how stupid, insensible and vile a heart one may have, one must keep some consoling sentiment*
23. y por más ... mansión: *and no matter how hateful the dwelling*
24. uno: refers to "amado rincón"
25. de una ... una: Read "había una primorosa imagen de una Concepción" (Concepción = the Virgin of the Immaculate Conception).
26. a quien ... sol: *with the moon at her feet and the sun crowning her head*
27. sin que ... contemplar: *without stopping for a moment to enjoy the heavenly expression on her* (the Virgin's) *countenance*
28. mientra = mientras
29. y en manos ... pecó: *and to commend herself to the one who had never sinned.* (The Virgin is without sin.)

en quien creer y esperar;
y hallando aquella escultura
tan amorosa y tan bella,
partió su amistad con ella [30]
5 y se encargó de su altar.

Cortóla [31] preciosas flores,
la hizo ramilletes bellos,
puso escondidos en ellos
aromas de grato olor;
10 tendió a sus pies una alfombra,
y en un farol que ponía
conservaba una bujía
con perenne resplandor.

Allí fué donde alcanzando
15 aquella luz solitaria,
vino la última plegaria,
con lágrimas a exhalar,
y allí, a la divina imagen,
con voz triste y lastimera
20 le dijo de esta manera
de hinojos ante el altar;

"Ya ves que al fin es preciso
que deje yo tu convento,
mas ya sabes que lo siento,
25 ¡oh Virgen mía!, por Ti.
Y puesto que de él sacarte
no puedo en mi compañía, [32]
no me abandones, María,
y no te olvides de mí.

"¡Ojalá entre mis Hermanas
hubiera otra Margarita
que con tu imagen bendita
obrara como ella obró!
¡Ojalá esta luz postrera   5
que en esta noche te enciendo,
estuviera siempre ardiendo
mientras te faltara yo! [33]

"Mas, ¡ay!, ninguna te quiere
como yo, y son mis angustias   10
pensar que estas flores mustias
a tus pies se quedarán, [34]
y se apagará esa vela,
se ajarán tus vestiduras,
y los que pasen a oscuras   15
tu hermosura no verán.

"Al fin yo parto, Señora;
mi confianza en Ti sabes,
en prueba toma esas llaves
que conservo en mi poder.   20
Guárdalas: otra tornera
elige a tu gusto ahora,
y el cielo quiera, [35] Señora,
que nos volvamos a ver."

Así Margarita hablando,   25
con lágrimas en los ojos
ante la imagen de hinojos
los sacros pies la besó;
y dejándola las llaves

30. partió ... ella: *entertained a special devotion to her*
31. Cortóla: *She cut for her*
32. Y puesto ... compañía: *And since I cannot take you along with me*
33. ¡Ojalá ... yo! *If only there were another Margarita among my Sisters (nuns) who would take care of your blessed image as she (Margarita) did! If only this last candle which I burn to you this night were to continue burning as long as I am not here!*
34. que estas ... quedarán: Read "que estas flores a tus pies se quedarán mustias"
35. y el cielo quiera: *and may Heaven grant*

y encendiendo la bujía,
transpuso la galería,
ganó el jardín y partió.

   Quedóse el claustro recóndito
5 por el farol alumbrado

que dejó al irse colgado
Margarita en el altar,
y sólo se oyó tras ella
el rumor del aguacero
y el soplo del aire fiero   5
que bramaba sin cesar.

Before long Margarita finds herself, not don Juan's love, but the victim of his inconstancy. She is mistreated and pushed aside for others, especially the provocative dancer Sirena. Don Juan meets don Gonzalo, an old friend who becomes his companion in depravity, but Gonzalo turns out to be Margarita's brother and don Juan kills him in a duel. Don Juan flees, taking Margarita with him, but abandons her at an inn. Margarita finds her way back to Palencia where, during a storm, she takes refuge in the chapel containing the altar of her special devotion. There she thinks back upon the blissful days spent in the convent.

   Y según bellos recuerdos,
poco a poco iba encontrando,
poco a poco iba olvidando
la belleza de don Juan;
10 hasta que en santa tristeza
su alma inocente embebida,
suspiró por otra vida
sin bullicio y sin afán.

   La soledad de su celda,
15 el rumor santo y sonoro
de sus rezos en el coro
y la faz de su jardín,
el consuelo de una vida
con Dios a solas pasada,
20 de amor y mundo apartada,
que son delirios al fin,³⁶

   todo en tropel presentóse
a sus ojos tan risueño,

tan sabroso y halagüeño,
tan casto y tan seductor,
que en llanto de fe bañada
dijo: "¡Ay de mí!, ¿quién pu- 10
   diera ³⁷
volverme a mi vida austera
y a otro porvenir mejor?"

   En esto, allá por el fondo
de una solitaria nave,   15
con paso tranquilo y grave
vió Margarita venir
una santa religiosa,
cuyo rostro no veía
por una luz que traía   20
para ver por dónde ir.

   Temiendo que al acercarse
tal vez la reconociera,
en su manto de manera ³⁸

---

36. que son ... fin: *which* (i.e., amor y mundo), *after all, are madness*
37. Ay ... pudiera: *Ah me, if only I could*
38. de manera: *in such a way*

Margarita se envolvió,
que aunque de la monja incóg-
    nita
los pasos cerca sentía,
y ella apenas la veía
hasta que ante ella llegó.

    Pasó a su lado en silencio,
Y Margarita, al mirarla,
extrañó no recordarla
10 ni su faz reconocer.
"Será novicia—se dijo—,
habrá al convento llegado
desde que yo le he dejado,
no puede otra cosa ser."

15   La monja en tanto seguía
los altares arreglando,
y la seguía mirando
Margarita por detrás;
y hallaba en todo su cuerpo
20 un *no sé qué* de extrañeza,[39]
que aumentaba su belleza
cuanto la miraba más.[40]

    Había cierto aire diáfano,
cierta luz en sus contornos,
25 que quedaba en los adornos
que tocaba por doquier;[41]
de modo que en breve tiempo
que anduvo por los altares,
viéronse en ellos millares
30 de luces resplandecer.

    Pero con fulgor tan puro,
tan fosfórico y tan tenue,

que el templo seguía oscuro
y en silencio y soledad:
sólo de la monja en torno[42]
se notaba vaporosa,
teñida de azul y rosa,   5
una extraña claridad.

    Llegaba hasta Margarita,
a pesar de la distancia,
de las flores la fragancia
que ponía en el altar,   10
y o un inefable sueño
la embargaba los sentidos,
o escuchaban sus oídos
música al lejos sonar.

    Y aquel concierto invisible,   15
y aquel olor de las flores,
y aquellos mil resplandores,
la embriagaban de placer;
mas todo pasaba en ella
tranquila y naturalmente,   20
cambiándola interiormente,
regenerando su ser.

    Olvidó la hermosa niña
sus pasadas amarguras,
sintió en sí castas y puras   25
mil intenciones bullir,
mil imágenes de dicha,
de soledad y de calma
que pintaron en su alma
venturoso un porvenir.[43]   30

    Su vida era en aquel punto
un éxtasis delicioso,

39. un ... extrañeza: *something indefinably strange*
40. cuanto ... más: *the more she gazed at her*
41. que ... doquier: *wherever she touched them*
42. de ... torno: Read "en torno de la monja"
43. Read "un venturoso porvenir."

era un sueño luminoso,
un deliquio celestial;
un dulce anonadamiento
en que nada la oprimía
5 y en donde nada sentía
profano ni terrenal.

Sólo quedaba en el alma
de Margarita un intento,
un impulso, un sentimiento
10 hacia la monja de amor,[44]
que a su pesar [45] la arrastraba
a contemplarla y seguirla,
a distraerla [46] y pedirla
consuelo a su dolor.

15 Pues siente que es, Margarita,
un talismán su presencia
necesario a su existencia [47]
desde aquel instante ya;
y su recuerdo divino [48]

es a su dolor secreto
un misterioso amuleto
que fe y religión le da.

Y en ella fijos con ansia
los ojos y el pensamiento,   5
la gloria por un momento
en su delirio gozó,
mientras aquella divina
aparición deliciosa
de la bella religiosa   10
ante su vista duró.

Tomó al fin su luz la monja,
y por la iglesia cruzando
pasó a su lado rozando
con sus ropas al pasar,   15
y sin poder Margarita
resistir su oculto encanto,
asióla al pasar del manto,
mas sin fuerzas para hablar.

—¿Qué me queréis?—con acento   20
dulcísimo preguntóla
la monja—. —¿Me dejáis sola
—dijo Margarita—así?
—Si no tenéis más [49] amparo
—contestó la religiosa—
en noche tan borrascosa,   25
venid al claustro tras mí.
—¡Oh! ¡Imposible!
                        —Si os importa [50]
hablar con alguna hermana,
volved, si gustáis, mañana.   30

44. un sentimiento ... amor: Read "un sentimiento de amor hacia la monja"
45. a su pesar: *in spite of herself*
46. distraerla: *to take her aside*
47. Pues ... existencia: Read "Pues Margarita siente que su presencia es un talismán necesario a su existencia"
48. su recuerdo divino: *her other-worldly air*
49. más: *any other*
50. Si os importa: *If you wish*

—Yo hablara [51]...
                    —¿Con quién?
                                    —Con vos.

—Decid, pues.
                        —No sé qué empacho
la voz al hablar me quita...
—¿Cómo os llamáis?
                                —Margarita.
—¡El mismo nombre las dos!
—¿Así os llamáis?
                            —Sí, señora,
y en otro tiempo yo era...
—¿Qué oficio tenéis?
                                —Tornera.
—¿Tornera? ¿Cuánto tiempo ha? [52]
—Cerca de un año.
                        —¡De un año!
—Diez llevo en este convento
y en este mismo momento
cumpliendo el décimo está.[53]

        Quedó Margarita atónita
su misma historia escuchando,
y el tiempo a solas contando
que oyó a la monja marcar.[54]
Su mismo nombre tenía,
y su misma edad, y era
como ella un año tornera
y diez monja... ¿Qué pensar?

        Alzó los ojos por último
Margarita a su semblante,
y de sí misma delante

---

51. Yo hablara: *I would speak*
52. ¿Cúanto tiempo ha? *How long has it been?*
53. Diez ... está. *I have been in this convent for ten years and today is the tenth anniversary.*
54. y el tiempo ... marcar: *and she began to keep track silently of the time indicated by the nun*

asombrada se encontró; [55]
que aquella ante quien estaba
su mismo rostro llevaba,[56]
y era ella misma...o su imagen,
que en el convento quedó.   5

*

Cayó en tierra de hinojos Margarita
sin voluntad ni voz ni movimiento,
prensado el corazón y el pensamiento
bajo el pie de la santa aparición;
y así quedó, la frente sobre el polvo,   10
hasta que el eco de la voz sagrada
al alma permitió, purificada,
ocupar otra vez su corazón.[57]

Entonces, envolviéndola en su manto,
su cabeza cubriendo con su toca,
el dulce acento de su dulce boca   15
dijo a la absorta Margarita así:
"TE ACOGISTE AL HUIR BAJO MI AMPARO [58]
Y NO TE ABANDONÉ: VE TODAVÍA
ANTE MI ALTAR ARDIENDO TU BUJÍA: 20
YO OCUPÉ TU LUGAR, PIENSA TÚ EN MÍ."

Y a estas palabras, retumbando el trueno
y rápido el relámpago brillando,
del aire puro en el azul sereno [59]
se elevó la magnífica visión.   25
La reina de los ángeles, llevada
en sus brazos purísimos,[60] huía,
y a Margarita huyendo sonreía,
que adoraba [61] su santa aparición.

55. y de sí ... encontró: *and to her amazement she found herself face to face
with herself*
56. que aquella ... llevaba: *for the one before whom she stood looked exactly
like her*
57. al alma ... corazón: *permitted the purified soul to return to her body*
58. TE ACOGISTE ... AMPARO: *When you fled, you commended yourself to my
protection*
59. del ... sereno: Read "en el azul sereno del aire puro"
60. en sus brazos purísimos: "sus" refers to the angels.
61. y a Margarita ... adoraba: *and as she disappeared she smiled at Margarita
who was worshipping*

Sumióse al fin del aire transparente
en la infinita y diáfana distancia,[62]
dejando en pos suavísima fragancia
y rastro de impalpable claridad:
5 y al volver a su celda Margarita,
volviendo a sus afanes de tornera,
tendió los ojos por la limpia esfera
y no halló ni visión ni tempestad.

Corrió a su amado altar, se hincó a adorarle,
10 y al vital resplandor [63] de su bujía
aun encontró la imagen de María,
y sus flores aún sin marchitar,
y a sus pies, despidiéndose del mundo,
que en vano su alma devorar espera,
15 vivió en paz MARGARITA LA TORNERA
sin más mundo que el torno y el altar.

62. Sumióse ... distancia: Read "Sumióse (*She was absorbed*) al fin en la infinita y diáfana distancia del aire transparente"
63. y al ... resplandor: *and in the brilliant light*

Pedro Antonio de Alarcón
(1833–1891)

Alarcón was born on March 10, 1833 in the city of Guadix, province of Granada, the fourth of ten children. He rebelled against the efforts of his impoverished parents to make him a priest—which accounts, no doubt, for the defiant Bohemianism, anticlericalism, and political radicalism of his youth.

A sudden change of heart that occurred in Madrid in the wake of a duel, in which his adversary discharged his pistol into the air, was followed by several years of less sensational literary work and travel, an intense social life, and success. In 1859 he enlisted in the Spanish army fighting in North Africa and was decorated for bravery. His *Diario de un testigo de la guerra de África* is an account of his experiences that brought him fame and some fortune. In 1865 he was married and in the years that followed was appointed to important official positions. He was elected to the Royal Academy in 1875 and died a famous man in Madrid.

Although he wrote a good deal, Alarcón's fame rests on two novels and a handful of short stories. No one who has read *El sombrero de tres picos* (1874) can forget the gayety of its Andalusian atmosphere, the charm of its heroine Frasquita, the burlesque of the Corregidor's blundering attempts at seducing her, and the piquancy of its climax. It was no doubt the titillating irony of this work, its color and pace that inspired Manuel de Falla to write his ballet of the same name. *El Escándalo* (1875), set in Madrid, is a highly didactic novel in which the author drives home the thesis that a dissolute life can only cause misery and defends conventional morality and traditional religion.

Some of Alarcón's short tales—collected in *Cuentos amatorios* (1881), *Historietas nacionales* (1881), and *Narraciones inverosímiles* (1882) justify their lasting popularity and are widely anthologized. Of "*La Comendadora*" (from *Cuentos amatorios*), included here, the famous novelist and essayist Azorín has said: "...nadie ha sabido condensar en quince páginas toda la historia psicológica de España como Alarcón en *La Comendadora*."

La Comendadora[1]

HISTORIA DE UNA MUJER QUE NO TUVO AMORES

I

Hará cosa de un siglo que [2] cierta mañana de marzo, a eso de las once, el sol, tan alegre y amoroso en aquel tiempo como hoy que principia la primavera de 1868, y como lo verán nuestros biznietos dentro de otro siglo (si para entonces no se ha acabado el mundo), entraba por los balcones de la sala principal de una gran casa sola- 5 riega, sita en la Carrera de Darro,[3] de Granada, bañando de esplendorosa luz y grato color aquel vasto y señorial aposento, animando las ascéticas pinturas que cubrían sus paredes, rejuveneciendo antiguos muebles y descoloridos tapices, y haciendo las veces del [4] ya suprimido brasero para tres personas, a la sazón vivas e importantes, 10 de quienes apenas queda hoy rastro ni memoria...

Sentada cerca de un balcón estaba una venerable anciana, cuyo noble y enérgico rostro, que habría sido [5] muy bello, reflejaba la más austera virtud y un orgullo desmesurado. Seguramente aquella boca no había sonreído nunca, y los duros pliegues de sus labios prove- 15 nían del hábito de mandar. Su ya trémula cabeza sólo podía haberse inclinado ante los altares. Sus ojos parecían armados del rayo de la Excomunión. A poco que se contemplara a aquella mujer, conocíase que dondequiera que ella imperase no habría más arbitrio que matarla u obedecerla. Y, sin embargo, su gesto no expresaba cruel- 20 dad ni mala intención, sino estrechez de principios y una intolerancia de conducta incapaz de transigir en nada ni por nadie.

Esta señora vestía saya y jubón de alepín negro de la reina,[6] y cu-

1. The *comendadoras* were nuns of certain convents of the ancient military orders; in this case, the order of St. James (Santiago). Do not translate *comendadora*.

2. Hará ... que: *About a century ago*

3. la Carrera de Darro: *the Avenue of the Darro* (one of the rivers of Granada)

4. haciendo las veces del: *taking the place of the*

5. habría sido: *must have been*

6. alepín ... reina: a very fine black dress fabric. (Translate as "black bombazine.")

bría la escasez de sus canas con una toquilla de amarillentos encajes flamencos.

Sobre la falda tenía abierto un libro de oraciones, pero sus ojos habían dejado de leer, para fijarse en un niño de seis a siete años, 5 que jugaba y hablaba solo, revolcándose sobre la alfombra en uno de los cuadrilongos de luz de sol que proyectaban los balcones en el suelo de la anchurosa estancia.

Este niño era endeble, pálido, rubio y enfermizo, como los hijos de Felipe IV pintados por Velázquez.[7] En su abultada cabeza se 10 marcaban con vigor la red de sus cárdenas venas y unos grandes ojos azules, muy protuberantes. Como todos los raquíticos, aquel muchacho revelaba extraordinaria viveza de imaginación y cierta iracundia provocativa, siempre en acecho de contradicciones que arrostrar.[8]

15 Vestía, como un hombrecillo, medias de seda negra, zapato[9] con hebilla, calzón de raso azul, chupa de lo mismo, muy bordada de otros colores, y luenga casaca de terciopelo negro.

A la sazón se divertía en arrancar las hojas a un hermoso libro de heráldica y en hacerlas menudos pedazos con sus descarnados de- 20 dos, acompañando la operación de una charla incoherente, agria, insoportable, cuyo espíritu dominante era decir: *"—Mañana voy a hacer esto.—Hoy no voy a hacer lo otro.—Yo quiero tal cosa.—Yo no quiero tal otra..."*, como si su objeto fuere desafiar la intolerancia y las censuras de la terrible anciana.

25 ¡También infundía terror el pobre niño!

Finalmente, en un ángulo del salón (desde donde podía ver el cielo, las copas de algunos árboles y los rojizos torreones de la Alhambra,[10] pero donde no podía ser vista sino por las aves que revoloteaban sobre el cauce del río Darro), estaba sentada en su sitial, 30 inmóvil, con la mirada perdida en el infinito azul de la atmósfera y pasando lentamente con los dedos las cuentas de ámbar de larguísimo rosario, una monja, o por mejor decir, una Comendadora de Santiago,[11] como de[12] treinta años de edad, vestida con las ropas un poco seglares que estas señoras suelen usar en sus celdas.

---

7. Felipe IV, king of Spain (1621–1665). Velázquez, painter (1599–1660)
8. siempre ... arrostrar: *always looking for an opportunity to be difficult*
9. zapato = zapatos
10. la Alhambra: Moorish palace in Granada
11. Santiago: Order of St. James
12. como de: *of about*

Consiste entonces su traje en zapatos abotinados de cordobán negro, basquiña y jubón de anascote, negros también, y un gran pañuelo blanco, de hilo, sujeto con alfileres sobre los hombros, no en forma triangular, como en el siglo,[13] sino reuniendo por delante los dos picos de un mismo lado y dejando colgar los otros dos por la espalda. 5

Quedaba, pues, descubierta la parte anterior del jubón de la religiosa, sobre cuyo lado izquierdo campeaba la cruz roja del Santo Apóstol.[14] No llevaba el manto blanco ni la toca, y, gracias a esto último, lucía su negro y abundantísimo pelo, peinado todo hacia 10 arriba y reunido atrás en aquella especie de lazo que las campesinas andaluzas llaman *castaña*.

No obstante las desventajas de tal vestimenta, aquella mujer resultaba todavía hermosísima, o, por mejor decir, su propia belleza tenía mucho que agradecer a semejante desaliño, que dejaba cam- 15 pear más libremente sus naturales gracias.

La Comendadora era alta, recia, esbelta y armónica, como aquella nobilísima cariátide que se admira a la entrada de las galerías de Escultura del Vaticano. El ropaje de lana, pegado a su cuerpo,[15] revelaba, más que cubría, la traza clásica y el correcto primor de sus es- 20 pléndidas proporciones.

Sus manos, de blancura mate, afiladas, hoyosas, transparentes, se destacaban de un modo hechicero sobre la basquiña negra, recordando aquellas manos de mármol antiguo, labradas por el cincel griego, que se han encontrado en Pompeya [16] antes o después que las 25 estatuas a que pertenecían.

Para completar esta soberana figura, imaginaos un rostro moreno, algo descarnado (o más bien afinado por el buril del sentimiento), de forma oval como el de la Magdalena de Ticiano [17] y bañado de una palidez profunda, que casi amarilleaba, y que hacían mucho más 30 interesante (pues alejaban toda idea de insensibilidad) dos ojeras hondas, lívidas, llenas de misteriosas tristezas, especie de crepúsculo de los enlutados soles de sus ojos.

Aquellos ojos, casi siempre clavados en tierra, sólo se alzaban para mirar al cielo, como si no osaran fijarse en las cosas del mundo. 35

13. como ... siglo: *as among lay people*
14. Santo Apóstol: Saint James (Santiago)
15. pegado ... cuerpo: *clinging to her body*
16. Pompeya = Pompeii
17. Magdalena de Ticiano: the painting of the Magdalen by Titian (Italian painter of the Venetian school, 1477–1576)

Cuando los bajaba parecía que sus luengas pestañas eran las sombras
de la noche eterna, cayendo sobre una vida malograda y sin objeto:
cuando los alzaba podía creerse que el corazón se escapaba por ellos
en una luminosa nube, para ir a fundirse en el seno del Criador;
5 pero si por casualidad se posaban en cualquier criatura o cosa terrestre, entonces aquellos negrísimos ojos ardían, temblando y vagando despavoridos, cual si los inflamase la calentura o fueran a
inundarse de llanto.

Imaginaos también una frente despejada y altiva, unas espesas
10 cejas de sobrio y valiente rasgo, la más correcta y artística nariz y una
boca divina, cariñosa, incitante, y formaréis idea de aquella encantadora mujer, que reunía a un mismo tiempo todos los hechizos de la
belleza gentil y toda la mística hermosura de las heroínas cristianas.

II

¿Qué familia era ésta que acabamos de resucitar a la luz de aquel
15 sol que se puso hace cien años?

Digámoslo rápidamente.

La señora mayor era la Condesa viuda de Santos, la cual, en su
matrimonio con el séptimo Conde de este título, tuvo dos hijos—un
varón y una hembra—que se quedaron huérfanos de padre en muy
20 temprana edad.

Pero tomemos la cosa de más lejos.

La casa de Santos había alcanzado gran riqueza y poderío en vida
del suegro de la Condesa; mas como aquel señor sólo tuvo un hijo, y
no existían ramas colaterales, comenzó a temer que pudiera extin-
25 guirse su raza, y dispuso en su testamento (al fundar nuevos vínculos
con las mercedes que obtuvo de Felipe V [18] durante la guerra de
Sucesión): *"Si mi heredero llegare a tener [19] más de un hijo, dividirá
el caudal entre los dos mayores, a fin de que mi nombre se propague
dignamente en dos ramas con la sangre de mis venas."*
30 Ahora bien: aquella cláusula hubiera tenido que cumplirse en sus
nietos, o sea en los dos hijos de la severa anciana, que acabamos de
conocer... Pero fué el caso que ésta, creyendo que el lustre de un
apellido se conservaba mucho mejor en una sola y potente rama que

18. Felipe V (reigned 1701–1746), first Bourbon king of Spain, grandson of
Louis XIV of France. When he succeeded to the throne of the last Spanish
Hapsburg, Carlos II, the fear of a Spanish-French alliance provoked the War
of the Spanish Succession, which ended with the Treaty of Utrecht in 1713.
19. llegare a tener: *should have* (*llegare* is the future subjunctive of *llegar*)

en dos vástagos desmedrados, dispuso por sí y ante sí,[20] a fin de conciliar sus ideas con la voluntad del fundador,[21] que su hija renunciase, ya que no a la vida, a todos los bienes de la tierra, tomando el hábito de religiosa, por cuyo medio la casa entera de Santos quedaría siendo exclusivo patrimonio de su otro hijo, quien, por haber nacido 5
primero y ser varón, constituía el orgullo y la delicia de su aristocrática madre.

Fué, pues, encerrada en el convento de Comendadoras de Santiago, cuando apenas tenía ocho años de edad, su infortunada hija, la segundona del Conde de Santos, llamada entonces doña Isabel,[22] 10
para que se aclimatase desde luego en la vida monacal, que era su infalible destino.

Allí creció aquella niña, sin respirar más aire que el del claustro, ni ser consultada jamás acerca de sus ideas, hasta que, llegada a la estación de la vida en que todos los seres racionales trazan sobre el 15
campo de la fantasía la senda de su porvenir, tomó el velo de esposa de Jesucristo, con la fría mansedumbre de quien no imagina siquiera el derecho ni la posibilidad de intervenir en sus propias acciones. Decimos más: como doña Isabel no podía comprender en aquel tiempo toda la significación de los votos que acababa de pronunciar 20
(tan ignorante estaba todavía de lo que es el mundo y de lo que encierra el corazón humano), y, en cambio, podía discernir perfectamente (pues también ella pecaba de linajuda [23]) las grandes ventajas que su profesión reportaría al esplendor de su nombre, resultó que se hizo monja con cierta ufanía, ya que no con franco y declarado 25
regocijo.

Pero corrieron los años, y sor Isabel, que se había criado mustia y endeble, y que al tiempo de su profesión era, si no una niña, una mujer tardía o retrasada, desplegó de pronto la lujosa naturaleza y peregrina hermosura que ya hemos admirado, y cuyos hechizos no va- 30
lían nada en comparación de la espléndida primavera que floreció simultáneamente en su corazón y en su alma. Desde aquel día la joven Comendadora fué el asombro y el ídolo de la Comunidad y de cuantas personas entraban en aquel convento, cuya regla es muy lata, como la de todos los de su Orden. Quién comparaba a sor Isabel 35

20. por sí y ante sí: *all by herself*
21. fundador: *founder of the line*
22. Fué, pues ... Isabel: *So, her unfortunate daughter, the second child of the Conde de Santos, scarcely eight years old, and then called doña Isabel, was put into the convent of the Comendadoras of Santiago*
23. pues ... linajuda: *for she too was excessively proud of her noble descent*

con Rebeca, quién con Sara, quién con Ruth, quién con Judith [24]...
El que afinaba el órgano la llamaba *Santa Cecilia;* el despensero,
Santa Paula; el sacristán, *Santa Mónica;* [25] es decir, que le atribuían
juntamente mucho parecido con santas solteras, viudas y casadas...

5 Sor Isabel registró más de una vez la Biblia y el *Flos Sanctorum* [26]
para leer la historia de aquellas heroínas, de aquellas reinas, de aquellas esposas, de aquellas madres de familia con quienes se veía comparada, y, por resultas de tales estudios, el engreimiento, la ambición, la curiosidad de mayor vida germinaron en su imaginación con
10 tanto ímpetu, que su director espiritual se vió precisado a decirle
muy severamente que "el rumbo que tomaban sus ideas y sus afectos
era el más a propósito para ir a parar en la condenación eterna." [27]

La reacción que se operó en sor Isabel al escuchar estas palabras
fué instantánea, absoluta, definitiva. Desde aquel día nadie vió en
15 la joven más que una altiva ricahembra, infatuada de su estirpe, y
una virgen del Señor, devota, mística, fervorosa hasta el éxtasis y el
delirio, la cual incurría en tales exageraciones de mortificación y
entraba en [28] escrúpulos tan sutiles, que la Superiora y su propia
madre tuvieron que amonestarla muchas veces, y aun el mismo con-
20 fesor se veía obligado a tranquilizarla, además de no tener de qué
absolverla.

¿Qué era, en tanto, del [29] corazón y del alma de la Comendadora,
de aquel corazón y de aquella alma cuya súbita eflorescencia fué
tan exuberante?

25 No se sabe a punto fijo.

Sólo consta que, pasados [30] cinco años (durante los cuales su hermano se casó, y tuvo un hijo, y enviudó), sor Isabel, más hermosa
que nunca, pero lánguida como una azucena que se agosta, fué tras-
ladada del convento a su casa, por consejo de los médicos y merced
30 al gran valimiento de su madre, a fin de que respirase allí los salu-

---

24. Quién ... Judith. *There were those who compared Sister Isabel with
Rebecca, with Sarah, with Ruth, with Judith* (all names of women in the Old
Testament).

25. Santa Cecilia: patroness of music; suffered martyrdom in 230 A.D. Santa
Paula: friend of St. Jerome, died 404. Santa Mónica: mother of St. Augustine,
died 387.

26. *Flos Sanctorum* (Latin): *Lives of the Saints*

27. era ... eterna: *was precisely the one that would bring her to eternal
damnation*

28. entraba en: *suffered from*

29. ¿Qué era ... del ...? *What had happened then to the ...?*

30. pasados: *after*

tíferos aires de la Carrera de Darro, único remedio que se encontró
para la misteriosa dolencia que aniquilaba su vida.—A esta dolencia
le llamaron unos *excesivo celo religioso*, y otros *melancolía negra;* lo
cierto [31] es que no podían clasificarla entre las enfermedades físicas
sino por sus resultados, que eran una extrema languidez y una con-   5
tinua propensión al llanto.

La traslación a su casa le volvió la salud y las fuerzas, ya que no [32]
la alegría; pero como por entonces ocurriera la muerte de su hermano Alfonso, de quien sólo quedó un niño de tres años, alcanzóse [33] que la Comendadora continuase indefinidamente con su 10
casa por clausura, a fin de que acompañara a su anciana madre y
cuidase a su tierno sobrino, único y universal heredero del Condado
de Santos.

Con lo cual sabemos ya también quién era el rapazuelo que estaba
rompiendo el libro de heráldica sobre la alfombra, y sólo nos resta 15
decir, aunque esto se adivinará fácilmente, que aquel niño era el
alma, la vida, el amor y el orgullo, a la par que [34] el feroz tirano de
su abuela y de su tía, las cuales veían en él, no sólo una persona
determinada, sino la única esperanza de propagación de su estirpe.

III

Volvamos ahora a contemplar a nuestros tres personajes, ya que 20
los conocemos interior y exteriormente.

El niño se levantó de pronto, tiró los restos del libro, y se marchó
de la sala, cantando a voces, sin duda en busca de otro objeto que
romper, y las dos señoras siguieron sentadas donde mismo [35] las dejamos hace poco; sólo que la anciana volvió a su interrumpida lec- 25
tura y la Comendadora dejó de pasar las cuentas del rosario.

¿En qué pensaba la Comendadora?

¡Quién sabe!...

La primavera había principiado...

Algunos canarios y ruiseñores, enjaulados y colgados a la parte 30
afuera de los balcones de aquel aposento, mantenían no sé qué diálogos con los pajarillos de ambos sexos que moraban libres y dicho-
sos en las arboledas de la Alhambra, a los cuales referían tal vez

31. lo cierto: *the truth*
32. ya que no: *although not*
33. alcanzóse: *it was arranged*
34. a la par que: *and also*
35. donde mismo: *in the very same place*

aquellos míseros cautivos tristezas y aburrimientos propios de toda vida sin amor [36]...

Las macetas de alelíes, mahonesas y jacintos que adornaban los balcones, empezaban a florecer, en señal de que la naturaleza volvía 5 a sentirse madre...

El aire, embalsamado y tibio, parecía convidar a los enamorados de las ciudades con la afable soledad de las campiñas o con el dulce misterio de los bosques, donde podrían mirarse libremente y referirse sus más ocultos pensamientos...

10 Sonaban, por lo demás, en la calle los pasos de gentes que iban y venían a merced de [37] los varios afanes de la existencia; gentes que siempre son consideradas venturosas y muy dignas de envidia por aquellos que las vislumbran desde la picota de sus propios dolores...

A veces se oía alguna copla de fandango, con que aludía a sus 15 domingueras aventuras tal o cual [38] fámula de la vecindad, o con que el aprendiz de próximo taller mataba el tiempo, mientras llegaba la infalible *noche* y con ella la concertada cita.

Percibíanse, además, en filosófico concierto, los perpetuos arrullos del agua del río, el confuso rumor de la capital,[39] el compasado 20 golpe de una péndola que en el salón había, y el remoto clamor de unas campanas, que lo mismo podían estar tocando a fiesta que a entierro, a bautizo de recién nacido que a profesión de otra Comendadora de Santiago...

Todo esto, y aquel sol que volvía en busca de nuestra aterida 25 zona, y aquel pedazo de firmamento azul en que se perdían la vista y el espíritu, y aquellas torres de la Alhambra, llenas de románticos y voluptuosos recuerdos, y los árboles que florecían a su pie como cuando Granada era sarracena [40]...; todo, todo debía de pesar de un modo horrible sobre el alma de aquella mujer de treinta años, cuya 30 vida anterior había sido igual a su vida presente, y cuya existencia futura no podía ya ser más que una lenta y continua repetición de tan melancólicos instantes...

. . . .

36. a los cuales ... amor: *to whom those wretched prisoners* (the caged birds) *were perhaps telling about the sadness and boredom inherent in any loveless existence*
37. a merced de: *involved in*
38. tal o cual: *such-and-such a*
39. the city of Granada, capital of the province of the same name
40. Granada was lost by the Moors (Saracens) to the Catholic Sovereigns (Isabel and Fernando) in 1492.

La vuelta del niño a la sala sacó a la Comendadora de su abstracción e hizo interrumpir otra vez a la Condesa su lectura.

—¡Abuela!—gritó el rapaz con destemplado acento—. El italiano que está componiendo el escudo de piedra de la escalera acaba de decirle una cosa muy graciosa al viejo de Madrid que pinta los techos. ¡Yo la he oído, sin que ellos me vieran a mí, y como yo entiendo ya el español chapurrado que habla el escultor con el pintor, me he enterado perfectamente! ¡Si supieras lo que ha dicho!

—Carlos...—respondió la anciana con la blandura equívoca de la cobardía—; os tengo recomendado [41] que no os acerquéis nunca a esa clase de gentes. ¡Acordaos de que sois el Conde de Santos!

—¡Pues quiero acercarme!—replicó el niño—. ¡A mí me gustan mucho los pintores y los escultores y ahora mismo me voy otra vez con ellos!...

—Carlos...—murmuró dulcemente la Comendadora—. Estáis hablando con la madre de vuestro padre. Respetadla como él la respetaba y yo la respeto...

El niño se echó a reír, y prosiguió:

—Pues, verás, tía, lo que decía el escultor... ¡Porque era de ti de quien hablaba!...

—¿De mí?

—¡Callad, Carlos!—exclamó la anciana severamente.

El niño siguió en el mismo tono y con el mismo diabólico gesto:

—El escultor le decía al pintor: *"Compañero, ¡qué hermosa debe de estar desnuda la Comendadora! ¡Será una estatua griega!"* ¿Qué es una estatua griega, tía Isabel?

Sor Isabel se puso lívida, clavó los ojos en el suelo y empezó a rezar.

La Condesa se levantó, cogió al Conde por un brazo y le dijo con reprimida cólera:

—¡Los niños no oyen esas cosas ni las dicen! Ahora mismo se irá el escultor a la calle.[42] En cuanto a vos, ya os dirá el padre capellán el pecado que habéis cometido y os impondrá la debida penitencia...

—¿A mí?—dijo Carlos—. ¿El señor cura? ¡Soy yo más valiente que él, y lo echaré a la calle, mientras que el escultor se quedará en casa! ¡Tía!—continuó el niño, dirigiéndose a la Comendadora—, yo quiero verte desnuda...

—¡Jesús!—gritó la abuela, tapándose el rostro con las manos.

41. os tengo recomendado: *I've already told you*
42. Ahora ... calle. *The sculptor will be dismissed immediately.*

Sor Isabel no pestañeó siquiera.

—¡Sí, señora! ¡Quiero ver desnuda a mi tía!—repitió el niño, encarándose con la anciana.

—¡Insolente!—gritó ésta, levantando la mano sobre su nieto.

5   Ante aquel ademán, el niño se puso encarnado como la grana y, pateando de furor, en actitud de arremeter contra la Condesa, exclamó nuevamente con sordo acento:

—¡He dicho que quiero ver desnuda a mi tía! ¡Pégame, si eres capaz!

10   La Comendadora se levantó con aire desdeñoso, y se dirigió hacia la puerta, sin hacer caso alguno del niño.

Carlos dió un salto, se interpuso en su camino y repitió su tremenda frase con voz y gesto de verdadera locura.

Sor Isabel continuó marchando.

15   El niño forcejeó por detenerla, no pudo lograrlo y cayó al suelo, presa de violentísima convulsión.

La abuela dió un grito de muerte, que hizo volver la cabeza a la religiosa.

Esta se detuvo espantada, al ver a su sobrino en tierra, con los ojos
20 en blanco, echando espumarajos por la boca [43] y tartamudeando ferozmente:

—¡Ver desnuda a mi tía!...

—¡Satanás!...—balbuceó la Comendadora, mirando de hito en hito a su madre.

25   El niño se revolcó en el suelo como una serpiente, púsose morado, volvió a llamar a su tía y luego quedó inmóvil, agarrotado, sin respiración.

—¡El heredero de los Santos se muere!—gritó la abuela con indescriptible terror—. ¡Agua! ¡Agua! ¡Un médico!

30   Los criados acudieron, y trajeron agua y vinagre.

La Condesa roció la cara del niño con una y otra cosa; dióle muchos besos; llamóle *ángel;* lloró, rezó, hízole oler vinagre solo... Pero todo fué completamente inútil. El niño se estremecía a veces como los energúmenos, abría unos ojos extraviados y sin vista, que daban
35 miedo, y volvía a quedarse inmóvil.

La Comendadora seguía parada en medio de la estancia en actitud de irse, pero con la cabeza vuelta atrás, mirando atentamente al hijo de su hermano.

---

43. con ... boca: *with his eyes rolling in his head, foaming at the mouth*

Al fin pudo éste dejar escapar un soplo de aliento y algunas vagas palabras por entre sus dientes apretados y rechinantes...

Aquellas palabras fueron...

—Desnuda...mi tía...

La Comendadora levantó las manos al cielo y prosiguió su ca- 5 mino.

La abuela, temiendo que los criados comprendiesen lo que decía el niño, gritó con imperio:

—¡Fuera todo el mundo! Vos, Isabel, quedaos.

Los criados obedecieron llenos de asombro.   10

La Comendadora cayó de rodillas.

—¡Hijo mío!... ¡Carlos!... ¡Hermoso!—gimió la anciana, abrazando lo que parecía ya el cadáver de su nieto—. ¡Llora!... ¡Llora!... ¡No te enfades!... ¡Será lo que tú quieras!...

—¡Desnuda!—dijo Carlos en un ronquido semejante al estertor del 15 que agoniza.

—¡Señora!...—exclamó la abuela, mirando a su hija de un modo indefinible—, el heredero de los Santos se muere, y con él concluye nuestra casa.

La Comendadora tembló de pies a cabeza. Tan aristócrata como su 20 madre y tan piadosa y casta como ella, comprendía toda la enormidad de la situación.

En esto, Carlos se recobró un poco, vió a las dos mujeres, trató de levantarse, dió un grito de furor y volvió a caer con otro ataque aún más terrible que el primero.   25

—¡Ver desnuda a mi tía!—había rugido antes de perder nuevamente el movimiento.

Y quedó con los puños crispados en ademán amenazador.

La anciana se santiguó; cogió el libro de oraciones y, dirigiéndose hacia la puerta, dijo al paso a la Comendadora, después de alzar una 30 mano al cielo con dolorosa solemnidad:

—Señora..., ¡Dios lo quiere!

Y salió, cerrando la puerta tras de sí.

IV

Media hora después, el Conde de Santos entró en el cuarto de su abuela, hipando, riendo y comiéndose un dulce—que todavía mo- 35 jaban algunas gotas del pasado llanto—, y sin mirar a la anciana, pero dándole con el codo, díjole en son ronco y salvaje:

—¡Vaya si está gorda...mi tía! [44]

La Condesa, que rezaba arrodillada en un antiguo reclinatorio, dejó caer la frente sobre el libro de oraciones, y no contestó ni una palabra.

5 El niño se marchó en busca del escultor, y lo encontró rodeado de algunos Familiares del Santo Oficio, que le mostraban una orden para que los siguiese a las cárceles de la Inquisición, *"como pagano y blasfemo,"*según denuncia hecha por la señora Condesa de Santos."

Carlos, a pesar de toda su audacia, se sobrecogió a la vista de los 10 esbirros del formidable Tribunal, y no dijo ni intentó cosa alguna.

V

Al obscurecer se dirigió la Condesa al cuarto de su hija, antes de que encendiesen luces, pues no quería verla, aunque deseaba consolarla, y se encontró con la siguiente carta, que le entregó la camarera de sor Isabel:

15 "Mi muy amada madre y señora:

"Perdonadme el primer paso que doy en mi vida sin tomar antes vuestra venia; pero el corazón me dice que no lo desaprobaréis.

"Regreso al convento, de donde nunca debí salir y de donde no volveré a salir jamás. Me voy sin despedirme de vos, por ahorraros 20 nuevos sufrimientos.

"Dios os tenga en su santa guarda [45] y sea misericordioso con vuestra amantísima hija

"Sor Isabel de los Angeles."

No había acabado la anciana de leer aquellos tristísimos renglo- 25 nes, cuando oyó rodar un carruaje en el patio de la casa y alejarse luego hacia la plaza Nueva...

Era la carroza en que se marchaba la Comendadora.

VI

Cuatro años después, las campanas del convento de Santiago doblaron por el alma de sor Isabel de los Angeles, mientras que su 30 cuerpo era restituído a la madre tierra.

44. ¡Vaya ... mi tía! *My, isn't my aunt fat!*
45. Dios ... guarda: *May God watch over you*

La Condesa murió también al poco tiempo.

El Conde Carlos pereció sin descendencia, al cabo de quince o veinte años, en la conquista de Menorca,[46] extinguiéndose con él la noble estirpe de los Condes de Santos.

46. In 1714, after the War of the Spanish Succession, Spain lost the island of Menorca to England. The Treaty of Versailles (1783), ending the American War of Independence, gave Menorca back to Spain.

Gustavo Adolfo Bécquer
(1836–1870)

The saddest and most tenuous lyrical voice of nineteenth-century Spain, the poet Bécquer was born February 17, 1836 in Seville. Before the age of ten, he had lost both parents; he was brought up by his godmother, who gave him a solid education. At the age of eighteen he went to Madrid where he suffered dire poverty, developed tuberculosis, suffered the heartbreak of an unhappy love affair, married, had three children, and was separated from his wife. On September 23, 1870, at the age of thirty-four, and three months after the death of his beloved brother, the painter Valeriano, the poet died of consumption. Scarcely recognized in his lifetime, Bécquer is the poet of his age most widely admired by twentieth-century critics not only in Spain, but in Spanish America. His work has had great influence on modern poetry.

Bécquer's literary legacy is slim: his *Rimas*, published one year after his death, consist of seventy-six poems, and to these may be added a collection of prose *Leyendas;* nine letters, *Desde mi celda;* written while he was living in retirement at the Monastery of Veruela in the province of Zaragoza; *Cartas literarias a una mujer;* and some scattered pieces. Coming after the decline of the Romantic surge, Bécquer was composing his subdued poems at a period when Ramón de Campoamor's homey, sentimental little poetic sketches or wry gnomic verse comments on life's little ironies, or Gaspar Núñez de Arce's patriotic hymns and apostrophes on lost faith occupied the poetic horizon. Eschewing also the sound and fury of Espronceda or the bold colors and rhetoric of Zorrilla, Bécquer speaks in muffled tones of the mysteries of poetry, of the evasive ideal woman, of disappointments in love, of fleeting pleasures, of melancholy, of grief, and of death. What Bécquer lacks in fire, he makes up in suggestiveness, and while his sentiments are meagerly orchestrated, they stand closer to the poet himself than to poetic device and artifice. It is this purity of tone, this authenticity, that recommended Bécquer rather than others of his century to such modern poets as Antonio Machado and Juan Ramón Jiménez.

Although Bécquer's *Leyendas* are as full of the supernatural and mysterious as Zorrilla's and Espronceda's, they rely as much on atmospheric effects as on anecdotal content. If his lyrics occasionally put us in mind of those of Heinrich Heine (whose works he knew through French and Spanish translations and adaptations), his legends are closer to those of E. T. A. Hoffmann, Gérard de Nerval, and Edgar Allan Poe. Most of them are set among medieval castles, ancient monasteries, and weird misty forests, and are peopled by ghostly monks ("El miserere"), dreamy knights languishing after the impossible ("Los ojos verdes"), incorporeal women ("El rayo de luna"), vengeful statues ("El beso"), or the saintly musician who returns from the other world to play his beloved organ ("Maese Pedro, el organista").

Rimas

(SELECTIONS)

I

Yo sé un himno gigante y extraño
que anuncia en la noche del alma una aurora,
y estas páginas son de ese himno
cadencias [1] que el aire dilata en las sombras.

5   Yo quisiera escribirlo, del hombre
domando el rebelde, mezquino idioma,
con palabras que fuesen a un tiempo
suspiros y risas, colores y notas.

    Pero en vano es luchar; que no hay cifra
10 capaz de encerrarlo, y apenas ¡oh, hermosa!
si, teniendo en mis manos las tuyas,
pudiera, al oído, contártelo a solas.

II

Saeta que voladora
cruza, arrojada al azar,
15 sin adivinarse dónde
temblando se clavará;

    hoja que del árbol seca
arrebata el vendaval,
sin que nadie acierte el surco
20 donde a caer volverá:

    gigante ola que el viento
riza y empuja en el mar,

y rueda y pasa, y no sabe
qué playas buscando va;

    luz que en cercos temblorosos 15
brilla, próxima a expirar,[2]
ignorándose cuál de ellos
el último brillará;

    eso soy yo, que al acaso
cruzo el mundo, sin pensar 20
de dónde vengo ni a dónde
mis pasos me llevarán.

---

1. y estas ... cadencias: Read "y estas páginas son cadencias de ese himno"
2. próxima a expirar: *about to go out*

V

Espíritu sin nombre,
indefinible esencia,
yo vivo con la vida
sin formas de la idea.

5 Yo nado en el vacío,
del sol tiemblo en la hoguera,[3]
palpito entre las sombras
y floto con las nieblas.

Yo soy el fleco de oro
10 de la lejana estrella;
yo soy de la alta luna
la luz tibia y serena.

Yo soy la ardiente nube
que en el ocaso ondea;
15 yo soy del astro errante
la luminosa estela.

Yo soy nieve en las cumbres,
soy fuego en las arenas,
azul onda en los mares
20 y espuma en las riberas.

En el laúd soy nota,
perfume en la violeta,
fugaz llama en las tumbas
y en las ruinas hiedra.

25 Yo atrueno en el torrente,
y silbo en la centella,
y ciego en el relámpago,
y rujo en la tormenta.

Yo río en los alcores,
susurro en la alta yerba,
suspiro en la onda pura,
y lloro en la hoja seca.

Yo ondulo con los átomos   5
del humo que se eleva
y al cielo lento sube
en espiral inmensa.

Yo, en los dorados hilos
que los insectos cuelgan,   10
me mezco, entre los árboles
en la ardorosa siesta.

Yo corro tras las ninfas
que en la corriente fresca
del cristalino arroyo   15
desnudas juguetean.

Yo, en bosques de corales
que alfombran blancas perlas,
persigo en el Océano
las náyades [4] ligeras.   20

Yo, en las cavernas cóncavas,
do el sol nunca penetra,
mezclándome a los gnomos,
contemplo sus riquezas.

Yo busco de los siglos   25
las ya borradas huellas,[5]
y sé de esos imperios
de que ni el nombre queda.

3. del ... hoguera: Read "tiemblo en la hoguera del sol"
4. náyades: In Greek and Roman mythology the naiads were nymphs who lived in, and gave perpetuity to, lakes, rivers, etc.
5. Yo ... huellas: Read "Yo busco las ya borradas huellas de los siglos"

Yo sigo en raudo vértigo
los mundos que voltean,
y mi pupila abarca
la creación entera.

5 Yo sé de esas regiones
a do un rumor no llega,
y donde informes astros
de vida un soplo esperan.[6]

Yo soy sobre el abismo
10 el puente que atraviesa;

yo soy la ignota escala
que el cielo une a la tierra.

Yo soy el invisible
anillo que sujeta
el mundo de la forma   5
al mundo de la idea.

Yo, en fin, soy ese espíritu,
desconocida esencia,
perfume misterioso,
de que es vaso el poeta.   10

XI

—Yo soy ardiente, yo soy morena,
yo soy el símbolo de la pasión;
de ansia de goces mi alma está llena;
¿a mí me buscas? —No es a ti, no.

15
—Mi frente es pálida; mis trenzas, de oro;
puedo brindarte dichas sin fin;
yo de ternura guardo un tesoro:
¿a mí me llamas? —No, no es a ti.

—Yo soy un sueño, un imposible,[7]
20
vano fantasma de niebla y luz;
soy incorpórea, soy intangible;
no puedo amarte. —¡Oh, ven; ven tú!

XV

Cendal flotante de leve bruma,
rizada cinta de blanca espuma,
25
rumor sonoro
de arpa de oro,
beso del aura, onda de luz,
eso eres tú.

6. de ... esperan: Read "esperan un soplo de vida."
7. un imposible: *something unattainable*

Tú, sombra aérea, que cuantas veces [8]
voy a tocarte te desvaneces
como la llama, como el sonido,
como la niebla, como el gemido
    del lago azul.   5

    En mar sin playas onda sonante,
en el vacío cometa errante,
    largo lamento
    del ronco viento,
ansia perpetua de algo mejor,   10
    eso soy yo.

    ¡Yo, que a tus ojos en mi agonía
los ojos vuelvo de noche y día;
yo, que incansable corro demente
tras una sombra, tras la hija ardiente   15
    de una visión!

XVI

    Si al mecer las azules campanillas
    de tu balcón
crees que suspirando pasa el viento
    murmurador,   20
sabe [9] que, oculto entre las verdes hojas,
    suspiro yo.

    Si al resonar confuso a tus espaldas [10]
    vago rumor
crees que por tu nombre te ha llamado   25
    lejana voz,
sabe que, entre las sombras que te cercan,
    te llamo yo.

    Si te turba medroso en la alta noche [11]
    tu corazón,   30

8. cuantas veces: *whenever*
9. *sabe* is the imperative form.
10. a tus espaldas: *behind you*
11. en la alta noche: *in the dead of night*

al sentir en tus labios un aliento
  abrasador,
sabe que, aunque invisible, al lado tuyo
  respiro yo.

LII

5   Olas gigantes que os rompéis bramando
en las playas desiertas y remotas,
envuelto entre la sábana de espumas,
  ¡llevadme con vosotras!

  Ráfagas de huracán, que arrebatáis
10 de alto bosque las marchitas hojas,
arrastrando en el cielo torbellino,
  ¡llevadme con vosotras!

  Nubes de tempestad que rompe el rayo
y en fuego ornáis las desprendidas orlas,[12]
15 arrebatado entre la niebla obscura,
  ¡llevadme con vosotras!

  Llevadme, por piedad, adonde el vértigo
con la razón me arranque la memoria...
¡Por piedad!... ¡Tengo miedo de quedarme
20 con mi dolor a solas!

LVI

  Hoy como ayer, mañana como hoy,
  ¡y siempre igual!
un cielo gris, un horizonte eterno,
  ¡y andar...andar!

25 Moviéndose a compás, como una estúpida
  máquina, el corazón;
la torpe inteligencia, del cerebro
  dormía en un rincón.[13]

---

12. Nubes ... orlas: *Storm clouds broken by lightning, and adorning the jagged edges with fire*
13. del cerebro ... rincón: Read "dormía en un rincón del cerebro."

El alma, que ambiciona un paraíso,
       buscándolo sin fe;
fatiga sin objeto, ola que rueda
       ignorando por qué.

5   Voz que incesante con el mismo tono
       canta el mismo cantar;
gota de agua monótona que cae,
       y cae sin cesar.

       Así van deslizándose los días
10   unos de otros en pos,[14]
hoy lo mismo que ayer...y todos ellos
       sin goce ni dolor.

       ¡Ay! a veces me acuerdo suspirando
       del antiguo sufrir...
15   Amargo es el dolor; pero siquiera
       ¡padecer es vivir!

LXI

Al ver mis horas de fiebre
e insomnio lentas pasar,
a la orilla de mi lecho,
20   ¿quién se sentará?

Cuando la trémula mano
tienda, próximo a expirar,
buscando una mano amiga,
       ¿quién la estrechará?

25 Cuando la muerte vidríe
de mis ojos el cristal,[15]
mis párpados aún abiertos,
       ¿quién los cerrará?

Cuando la campana suene
(si suena en mi funeral),
una oración al oírla,
       ¿quién murmurará?

Cuando mis pálidos restos   5
oprima la tierra ya,
sobre la olvidada fosa,
       ¿quién vendrá a llorar?

¿Quién, en fin, al otro día,[16]
cuando el sol vuelva a brillar,   10
de que pasé por el mundo,
       ¿quién se acordará?

14. unos ... pos: *one after the other*
15. de ... cristal: Read "el cristal de mis ojos."
16. al otro día: *the next day*

LXVI

¿De dónde vengo?... El más horrible y áspero
    de los senderos busca: [17]
las huellas de unos pies ensangrentados
    sobre la roca dura;
5   los despojos de un alma hecha jirones [18]
    en las zarzas agudas
    te dirán el camino
    que conduce a mi cuna.

    ¿Adónde voy? El más sombrío y triste
10   de los páramos cruza; [19]
valle de eternas nieves y de eternas
    melancólicas brumas.
En donde esté una piedra solitaria
    sin inscripción alguna,
15   donde habite el olvido,
    allí estará mi tumba.

17. busca (imperative): *seek*
18. hecha jirones: *torn to shreds*
19. cruza (imperative): *cross*

Leyendas

LA PROMESA

I

Margarita lloraba con el rostro oculto entre las manos; lloraba sin gemir, pero las lágrimas corrían silenciosas a lo largo de sus mejillas, deslizándose por entre sus dedos para caer en la tierra, hacia la que había doblado su frente.

Junto a Margarita estaba Pedro, quien levantaba de cuando en cuando los ojos para mirarla y, viéndola llorar, tornaba a bajarlos, guardando a su vez un silencio profundo.

Y todo callaba alrededor y parecía respetar su pena. Los rumores del campo se apagaban; el viento de la tarde dormía, y las sombras comenzaban a envolver los espesos árboles del soto.

Así transcurrieron algunos minutos, durante los cuales se acabó de borrar el rastro de luz que el sol había dejado al morir en el horizonte; la luna comenzó a dibujarse vagamente sobre el fondo violado del cielo del crepúsculo, y unas tras otras fueron apareciendo las mayores estrellas.

Pedro rompió al fin aquel silencio angustioso, exclamando con voz sorda y entrecortada y como si hablase consigo mismo:

—¡Es imposible..., imposible!

Después, acercándose a la desconsolada niña y tomando una de sus manos, prosiguió con acento más cariñoso y suave:

—Margarita, para ti el amor es todo, y tú no ves nada más allá del amor. No obstante, hay algo tan respetable como nuestro cariño, y es mi deber. Nuestro señor el conde de Gómara parte mañana de su castillo para reunir su hueste a las del rey Don Fernando,[1] que va a sacar a Sevilla del poder de los infieles, y yo debo partir con el conde. Huérfano oscuro, sin nombre y sin familia, a él le debo

---

1. Fernando III, "el Santo," conquered Seville in 1248. Until that time it had been a Moorish stronghold.

cuanto soy. Yo le he servido en el ocio de las paces, he dormido bajo
su techo, me he calentado en su hogar y he comido el pan a su mesa.
Si hoy le abandono, mañana sus hombres de armas,[2] al salir en tropel
por las poternas de su castillo, preguntarán maravillados de no
5 verme: "¿Dónde está el escudero favorito del conde de Gómara?" Y
mi señor callará con vergüenza, y sus pajes y sus bufones dirán en
son de mofa: [3] "El escudero del conde no es más que un galán de
justas, un lidiador de cortesía." [4]

Al llegar a este punto, Margarita levantó sus ojos llenos de lágri-
10 mas para fijarlos en los de su amante, y movió los labios como para
dirigirle la palabra; pero su voz se ahogó en un sollozo.

Pedro, con acento aun más dulce y persuasivo, prosiguió así:

—No llores, por Dios, Margarita; no llores, porque tus lágrimas
me hacen daño. Voy a alejarme de ti; mas yo volveré después de ha-
15 ber conseguido un poco de gloria para mi nombre oscuro.

El cielo nos ayudará en la santa empresa; conquistaremos a Sevilla, y el rey nos dará feudos en las riberas del Guadalquivir [5] a los
conquistadores. Entonces volveré en tu busca y nos iremos juntos a
habitar en aquel paraíso de los árabes, donde dicen que hasta el cielo
20 es más limpio y más azul que el de Castilla.

Volveré, te lo juro, volveré a cumplir la palabra solemne empe-
ñada el día en que puse en tus manos ese anillo, símbolo de una
promesa.

—¡Pedro!—exclamó entonces Margarita dominando su emoción y
25 con voz resuelta y firme—. Ve, ve a mantener tu honra.

Y al pronunciar estas palabras se arrojó por última vez en los brazos de su amante. Después añadió con acento más sordo y conmovido:

—Ve a mantener tu honra; pero vuelve..., vuelve a traerme la mía.
30 Pedro besó la frente de Margarita, desató su caballo, que estaba
sujeto a uno de los árboles del soto, y se alejó al galope por el fondo
de la alameda.

Margarita siguió a Pedro con los ojos hasta que su sombra se
confundió entre la niebla de la noche; y cuando ya no pudo distin-
35 guirle, se volvió lentamente al lugar, donde le aguardaban sus hermanos.

2. hombres de armas: *men-at-arms* (heavily armed mounted soldiers)
3. en son de mofa: *mockingly*
4. lidiador de cortesía: one who takes part in knightly games but never fights
on the battlefield
5. The Guadalquivir River runs through Seville.

—Ponte tus vestidos de gala [6]—le dijo uno de ellos al entrar—, que mañana vamos a Gómara con todos los vecinos del pueblo para ver al conde, que se marcha a Andalucía.

—A mí más me entristece que me alegra ver irse a los que acaso no han de volver—respondió Margarita con un suspiro.   5

—Sin embargo—insistió el otro hermano—, has de venir con nosotros, y has de venir compuesta y alegre; así no dirán las gentes murmuradoras que tienes amores [7] en el castillo y que tus amores se van a la guerra.

II

Apenas rayaba en el cielo la primera luz del alba cuando empezó 10 a oírse por todo el campo de Gómara la aguda trompetería de los soldados del conde, y los campesinos que llegaban en numerosos grupos de los lugares cercanos vieron desplegarse al viento el pendón señorial en la torre más alta de la fortaleza.

Unos sentados al borde de los fosos, otros subidos en las copas de 15 los árboles, éstos vagando por la llanura, aquéllos coronando las cumbres de las colinas, los de más allá formando un cordón a lo largo de la calzada, ya haría cerca de una hora [8] que los curiosos esperaban el espectáculo, no sin que algunos comenzaran a impacientarse, cuando volvió a sonar de nuevo el toque de los clarines, rechinaron 20 las cadenas del puente, que cayó con pausa sobre el foso, y se levantaron los rastrillos, mientras se abrían de par en par y gimiendo sobre sus goznes las pesadas puertas del arco que conducía al patio de armas.

La multitud corrió a agolparse en los ribazos del camino para ver 25 más a su sabor las brillantes armaduras y los lujosos arreos del séquito del conde de Gómara, célebre en toda la comarca por su esplendidez y sus riquezas.

Rompieron la marcha [9] los farautes, que, deteniéndose de trecho en trecho, pregonaban en alta voz y a son de caja de cédulas del 30 rey [10] llamando a sus feudatarios a la guerra de moros, y requiriendo a las villas y lugares libres para que diesen paso y ayuda a sus huestes.

6. Ponte ... gala: *Put on your best clothes*
7. Translate *amores* in the singular.
8. éstos ... aquéllos ... los de más allá ... ya haría cerca de una hora: *some ... others ... still others ... it must have been close to an hour*
9. Rompieron la marcha: *The procession was headed by*
10. a son ... rey: *to the rattle of the box containing the king's orders*

A los farautes siguieron los heraldos de corte, ufanos con sus casu-
llas de seda, sus escudos bordados de oro y colores y sus birretes
guarnecidos de plumas vistosas.

Después vino el escudero mayor de la casa, armado de punta en
5 blanco,[11] caballero sobre un potro morcillo, llevando en sus manos
el pendón de ricohombre con sus motes y sus calderas,[12] y al estribo
izquierdo el ejecutor de las justicias [13] del señorío, vestido de negro
y rojo.

Precedían al escudero mayor hasta una veintena de aquellos fa-
10 mosos trompeteros de la tierra llana, célebres en las crónicas de
nuestros reyes por la increíble fuerza de sus pulmones.

Cuando dejó de herir el viento el agudo clamor de la formidable
trompetería comenzó a oírse un rumor sordo, acompasado y uni-
forme. Eran los peones de la mesnada, armados de largas picas y pro-
15 vistos de sendas adargas de cuero.[14] Tras éstos no tardaron en apa-
recer los aparejadores de las máquinas, con sus herramientas y sus
torres de palo,[15] las cuadrillas de escaladores y la gente menuda del
servicio de las acémilas.

Luego, envueltos en la nube de polvo que levantaba el casco de
20 sus caballos, y lanzando chispas de luz de sus petos de hierro, pasaron los hombres de armas del castillo, formados en gruesos pelotones,
que semejaban a lo lejos un bosque de lanzas.

Por último, precedido de los timbaleros, que montaban poderosas
mulas con gualdrapas y penachos, rodeado de sus pajes, que vestían
25 ricos trajes de seda y oro, y seguido de los escuderos de su casa, apareció el conde.

Al verle, la multitud levantó un clamor inmenso para saludarle,
y entre el confuso vocerío se ahogó el grito de una mujer, que en
aquel momento cayó desmayada y como herida de un rayo en los
30 brazos de algunas personas que acudieron a socorrerla. Era Margarita, Margarita, que había conocido a su misterioso amante en el
muy alto y muy temido señor conde de Gómara, uno de los más
nobles y poderosos feudatarios de la corona de Castilla.

11. de punta en blanco: *in full armor*
12. calderas: *heraldic devices indicative of the rank of grandee (ricohombre)*
13. ejecutor de las justicias: *executioner*
14. provistos ... cuero: *and each one provided with a leather shield.* (The
meaning of *sendas* is "one each.")
15. torres de palo: *wooden towers* (to scale walls)

III

El ejército de Don Fernando, después de salir de Córdoba,[16] había venido por sus jornadas hasta Sevilla, no sin haber luchado antes en Ecija, Carmona y Alcalá del Río de Guadaira, donde, una vez ex- 5 pugnado el famoso castillo,[17] puso los reales a la vista de la ciudad de los infieles.

El conde de Gómara estaba en la tienda sentado en un escaño de alerce, inmóvil, pálido, terrible, las manos cruzadas sobre la empuñadura del montante y los ojos fijos en el espacio, con esa gravedad 10 del que parece mirar un objeto, y, sin embargo, no ve nada de cuanto hay a su alrededor.

A un lado y de pie le hablaba el más antiguo de los escuderos de su casa, el único que en aquellas horas de negra melancolía hubiera osado interrumpirle sin atraer sobre su cabeza la explosión de su 15 cólera.

—¿Qué tenéis, señor?—le decía—. ¿Qué mal os aqueja y consume? Triste vais al combate, y triste volvéis, aun tornando con la victoria. Cuando todos los guerreros duermen rendidos a la fatiga del día, os oigo suspirar angustiado, y si corro a vuestro lecho, os miro allí lu- 20 char con algo invisible que os atormenta. Abrís los ojos, y vuestro terror no se desvanece. ¿Qué os pasa, señor? Decídmelo. Si es un secreto, yo sabré guardarlo en el fondo de mi memoria como en un sepulcro.

El conde parecía no oír al escudero; no obstante, después de un 25 largo espacio, y como si las palabras hubiesen tardado todo aquel tiempo en llegar desde sus oídos a su inteligencia, salió poco a poco de su inmovilidad, y atrayéndole hacia sí cariñosamente, le dijo con voz grave y reposada:

—He sufrido mucho en silencio. Creyéndome juguete de una vana 30 fantasía, hasta ahora he callado por vergüenza; pero no, no es ilusión lo que me sucede. Yo debo de hallarme bajo la influencia de una maldición terrible. El cielo o el infierno deben de querer algo de mí, y lo avisan con hechos sobrenaturales. ¿Te acuerdas del día de nuestro encuentro con los moros de Nebrija en el aljarafe de 35

16. Córdoba: formerly an important Moorish capital; it had been conquered by Fernando III in 1236.
17. Ecija, etc. are all in the province of Seville; the *famoso castillo* is the palace in Alcalá del Río de Guadaira, near the city of Seville. Alcalá had once been a Roman fort.

Triana?[18] Eramos pocos; la pelea fué dura, y yo estuve a punto de perecer. Tú lo viste: en lo más reñido del combate,[19] mi caballo, herido y ciego de furor, se precipitó hacia el grueso de la hueste mora. Yo pugnaba en balde por contenerle; las riendas se habían escapado de mis manos, y el fogoso animal corría llevándome a una muerte segura. Ya los moros, cerrando sus escuadrones, apoyaban en tierra el cuenco de sus largas picas para recibirme en ellas; una nube de saetas silbaba en mis oídos; el caballo estaba a algunos pies de distancia, cuando..., créeme, no fué una ilusión, vi una mano que, agarrándole de la brida, lo detuvo con una fuerza sobrenatural y, volviéndole en dirección a las filas de mis soldados, me salvó milagrosamente. En vano pregunté a unos y otros por mi salvador; nadie le conocía, nadie le había visto. "Cuando volabais a estrellaros en la muralla de picas—me dijeron—ibais solo, completamente solo; por eso nos maravillamos al veros tornar, sabiendo que ya el corcel no obedecía al jinete." Aquella noche entré preocupado en mi tienda; quería en vano arrancarme de la imaginación el recuerdo de la extraña aventura; mas al dirigirme al lecho torné a ver la misma mano, una mano hermosa, blanca hasta la palidez, que descorrió las cortinas, desapareciendo después de descorrerlas. Desde entonces, a todas horas, en todas partes, estoy viendo esa mano misteriosa que previene mis deseos y se adelanta a mis acciones. La he visto, al expugnar el castillo de Triana, coger entre sus dedos y partir en el aire una saeta que venía a herirme; la he visto, en los banquetes donde procuraba ahogar mi pena entre la confusión y el tumulto, escanciar el vino en mi copa, y siempre se halla delante de mis ojos, y por donde voy me sigue: en la tienda, en el combate, de día, de noche... Ahora mismo, mírala, mírala aquí apoyada suavemente en mis hombros.

Al pronunciar estas últimas palabras, el conde se puso en pie y dió algunos pasos como fuera de sí y embargado de un terror profundo.

El escudero se enjugó una lágrima que corría por sus mejillas. Creyendo loco a su señor,[20] no insistió, sin embargo, en contrariar sus ideas, y se limitó a decirle con voz profundamente conmovida:

18. Nebrija and Triana are both in the province of Seville; Nebrija is about 20 kilometers south of the city of Seville, while Triana is a suburb on the other side of the Guadalquivir.
19. en lo ... combate: *in the thickest part of the battle*
20. Creyendo ... señor: *Thinking that his lord was mad*

—Venid..., salgamos un momento de la tienda; acaso la brisa de la tarde refrescará vuestras sienes, calmando ese incomprensible dolor, para el que yo no hallo palabras de consuelo.

IV

El real de los cristianos se extendía por todo el campo de Guadaira,[21] hasta tocar en la margen izquierda del Guadalquivir. Enfrente del real y destacándose sobre el luminoso horizonte se alzaban los muros de Sevilla flanqueados de torres almenadas y fuertes. Por encima de la corona de almenas rebosaba la verdura de los mil jardines de la morisca ciudad, y entre las oscuras manchas del follaje lucían los miradores blancos como la nieve, los minaretes de las mezquitas y la gigantesca atalaya, sobre cuyo aéreo pretil alzaban chispas de luz, heridas por el sol, las cuatro grandes bolas de oro, que desde el campo de los cristianos parecían cuatro llamas.[22]

La empresa de Don Fernando, una de las más heroicas y atrevidas de aquella época, había traído a su alrededor a los más célebres guerreros de los diferentes reinos de la Península,[23] no faltando algunos que de países extraños y distantes vinieran también, llamados por la fama, a unir sus esfuerzos a los del santo rey.[24]

Tendidas a lo largo de la llanura, mirábanse, pues, tiendas de campaña de todas formas y colores, sobre el remate de las cuales ondeaban al viento distintas enseñas con escudos partidos,[25] astros, grifos, leones, cadenas, barras y calderas, y otras cien y cien figuras [26] o símbolos heráldicos que pregonaban el nombre y la calidad de sus dueños. Por entre las calles de aquella improvisada ciudad circulaban en todas direcciones multitud de soldados, que, hablando dialectos diversos y vestidos cada cual al uso de su país, y cada cual armado a su guisa, formaban un extraño y pintoresco contraste.

Aquí descansaban algunos señores de las fatigas del combate sentados en escaños de alerce a la puerta de sus tiendas y jugando a las

21. Guadaira: Cf. above, note 17.
22. Each minaret has a balcony or lookout, above which there is a golden dome. The *bolas de oro*, or metaphorically, *cuatro llamas* refer to the domes of the four minarets of each mosque.
23. la Península = Spain
24. King Fernando "el Santo" used foreign as well as native troops in the long siege: a small navy, operating from the Guadalquivir, was also put into service for the attack against the Moorish stronghold.
25. escudos partidos: *quartered shields*
26. y otras ... figuras: *and hundreds of other devices*

tablas,[27] en tanto que sus pajes les escanciaban el vino en copas de
metal; allí algunos peones aprovechaban un momento de ocio para
aderezar y componer sus armas, rotas en la última refriega; más allá
cubrían de saetas un blanco los más expertos ballesteros de la
5 hueste entre las aclamaciones de la multitud, pasmada de su destreza; y el rumor de los tambores, el clamor de las trompetas, las voces de los mercaderes ambulantes, el golpear del hierro contra el hierro, los cánticos de los juglares que entretenían a sus oyentes con la
relación de hazañas portentosas, y los gritos de los farautes que publi-
10 caban las ordenanzas de los maestros del campo, llenando los aires
de mil y mil [28] ruidos discordes, prestaban a aquel cuadro de costumbres guerreras una vida y una animación imposibles de pintar
con palabras.

El conde de Gómara, acompañado de su fiel escudero, atravesó por
15 entre los animados grupos sin levantar los ojos de la tierra, silencioso, triste, como si ningún objeto hiriese su vista ni llegase a su
oído el rumor más leve. Andaba maquinalmente, a la manera de un
sonámbulo, cuyo espíritu se agita en el mundo de los sueños, se
mueve y marcha sin la conciencia de sus acciones y como arrastrado
20 por una voluntad ajena a la suya.

Próximo a la tienda del rey y en medio de un corro de soldados,
pajecillos y gente menuda que le escuchaban con la boca abierta,
apresurándose a comprarle algunas baratijas que anunciaba a voces
y con hiperbólicos encomios, había un extraño personaje, mitad ro-
25 mero, mitad juglar, que, ora recitando una especie de letanía en
latín bárbaro, ora diciendo una bufonada o una chocarrería,
mezclaba en su interminable relación chistes capaces de poner colorado a un ballestero,[29] con oraciones devotas; historias de amores pi-
carescos, con leyendas de santos. En las inmensas alforjas que colga-
30 ban de sus hombros se hallaban revueltos y confundidos mil objetos
diferentes: cintas tocadas en el sepulcro de Santiago; [30] cédulas con
palabras que él decía ser hebraicas, las mismas que dijo el rey Salomón cuando fundaba el templo,[31] y las únicas para libertarse de
toda clase de enfermedades contagiosas; bálsamos maravillosos para

---

27. jugando a las tablas: *playing a game* (similar to backgammon)
28. mil y mil: *innumerable*
29. chistes ... ballestero: *jokes crude enough to make even a crossbowman
blush*
30. Santiago: St. James, whose remains are said to be buried in the city of
Santiago de Compostela in Galicia
31. Solomon's temple was founded in the tenth century B.C.

pegar a hombres partidos por la mitad; [32] Evangelios cosidos en
bolsitas de brocatel; secretos para hacerse amar de todas las mujeres; [33] reliquias de los santos patrones de todos los lugares de España;
joyuelas, cadenillas, cinturones, medallas y otras muchas baratijas
de alquimia, de vidrio y de plomo.   5

Cuando el conde llegó cerca del grupo que formaban el romero y
sus admiradores, comenzaba éste a templar una especie de bandolina o guzla árabe con que se acompañaba en la relación de sus romances. Después que hubo estirado bien las cuerdas unas tras otras
y con mucha calma, [34] mientras su acompañante daba la vuelta al 10
corro sacando los últimos cornados de la flaca escarcela de los oyentes, el romero empezó a cantar con voz gangosa y con un aire monótono y plañidero un romance que siempre terminaba con el mismo
estribillo.

El conde se acercó al grupo y prestó atención. Por una coinci- 15
dencia, al parecer extraña, el título de aquella historia respondía en
un todo [35] a los lúgubres pensamientos que embargaban su ánimo.
Según había anunciado el cantor antes de comenzar, el romance se
titulaba el *Romance de la mano muerta*.

Al oír el escudero tan extraño anuncio, pugnó por arrancar a su 20
señor de aquel sitio; pero el conde, con los ojos fijos en el juglar,
permaneció inmóvil, escuchando esta cantiga:

I

La niña tiene un amante
que escudero se decía; [36]
el escudero le anuncia
que a la guerra se partía.
—Te vas y acaso no tornes.
—Tornaré por vida mía.
Mientras el amante jura,
diz [37] que el viento repetía:

¡Malhaya quien en promesas
de hombre fía! [38]

II

El conde con la mesnada 25
de su castillo salía;
ella, que lo ha conocido,
con grande aflicción gemía:
—¡Ay de mí, que se va el conde

---

32. bálsamos ... mitad: *wonderful ointments to put together again a man*
split in two
33. secretos ... mujeres: *secret ways of making oneself beloved of all women*
34. con mucha calma: *very slowly*
35. en un todo: *completely*
36. que ... decía: *who said he was a squire*
37. diz = dice. Here the meaning is *se dice*: it is said
38. ¡Malhaya ... fía! *Woe unto her who trusts the promises of a man!*

y se lleva la honra mía!
Mientras la cuitada llora,
diz que el viento repetía:
¡*Malhaya quien en promesas*
5   *de hombre fía!*

III

Su hermano, que estaba allí,
estas palabras oía:
—Nos ha deshonrado, dice.
—Me juró que tornaría.
10 —No te encontrará si torna
donde encontrarte solía.
Mientras la infelice muere,
diz que el viento repetía:

¡*Malhaya quien en promesas*
de hombre fía!

IV

Muerta la llevan al soto,
la han enterrado en la hum-
    bría; [39]   5
por más tierra que le echaban,[40]
la mano no se cubría;
la mano donde un anillo
que le dió el conde tenía.
De noche sobre la tumba   10
diz que el viento repetía:
¡*Malhaya quien en promesas*
de hombre fía!

Apenas el cantor había terminado la última estrofa cuando, rom-
15 piendo el muro de curiosos que se apartaban con respeto al reconoa-
cerle, el conde llegó adonde se encontraba el romero y, cogiéndole
con fuerza del brazo, le preguntó en voz baja y convulsa:
    —¿De qué tierra eres?
    —De tierra de Soria [41]—le respondió éste sin alterarse.
20   —¿Y dónde has aprendido ese romance? ¿A quién se refiere la historia que cuentas?—volvió a exclamar su interlocutor, cada vez con
muestras de emoción más profunda.
    —Señor—dijo el romero clavando sus ojos en los del conde con una
fijeza imperturbable—: esta cantiga la repiten de unos en otros los
25 aldeanos del campo de Gómara, y se refiere a una desdichada cruel-
mente ofendida por un poderoso. Altos juicios de Dios han permi-
tido que al enterrarla quedase siempre fuera de la sepultura la
mano en que su amante le puso un anillo al hacerle una promesa.
Vos sabréis quizá a quién toca cumplirla.[42]

---

39. humbría = umbría: *shady place*
40. por ... echaban: *no matter how much earth they put over her*
41. Soria: The Palacio de Gómara is in Soria (Castile).
42. Vos ... cumplirla. *Perhaps you know the man whose duty it is to keep it*
(the promise) .

V

En un lugarejo miserable y que se encuentra a un lado del camino que conduce a Gómara he visto no hace mucho [43] el sitio en donde se asegura tuvo lugar la extraña ceremonia del casamiento del conde.

Después que éste, arrodillado sobre la humilde fosa, estrechó en la suya la mano de Margarita, y un sacerdote autorizado por el 5 Papa bendijo la lúgubre unión, es fama [44] que cesó el prodigio, y *la mano muerta* se hundió para siempre.

Al pie de unos árboles añosos y corpulentos hay un pedacito de prado que, al llegar la primavera, se cubre espontáneamente de flores.   10

La gente del país dice que allí está enterrada Margarita.

43. no hace mucho: *recently*
44. es fama: *it is said*

Juan Valera
(1824–1905)

Born in Cabra, province of Córdoba, on October 18, 1824, of aristocratic parents, Juan Valera y Alcalá Galiano was distinguished for his elegance, his humanism, and his wide culture. He entered the diplomatic corps as a young man and served in Portugal, Brazil, Germany, Russia, Belgium, and Austria; from 1883 to 1886 he was Spanish minister to Washington. He was also the member of several cabinets and a lifetime senator. Toward the end of his life, he suffered blindness and had to dictate his work to his secretary.

Valera was a critic as well as a novelist. His *Cartas Americanas* (1889–90) are essays on Spanish-American literature (Valera was among the first to recognize the importance of the Nicaraguan poet Rubén Darío, the father of the revolutionary *modernista* movement), and his *Florilegio de poesia castellana del siglo XIX* (five volumes, 1901–1904) was long a standard work. His first novel, *Pepita Jiménez* (1873), no doubt his masterpiece, is the beautifully wrought story of a mystically inclined young seminarian who succumbs to the charms of a young widow despite his stern resolutions. The Andalusian setting, full of light and color and enchanting detail, the animated delineation of a gallery of minor characters, the subtle change in the young man's self-awareness to the point where he must recognize that his religious aspirations were forms of pride, lend the novel irresistible charm even today. In his later novels, some of which are still rewarding—for example, *Las ilusiones del doctor Faustino* (1875), *El Comendador Mendoza* (1877), *Doña Luz* (1879), and *Juanita la larga* (1895)—Valera never surpassed *Pepita Jiménez*. The following tale reflects in miniature Valera's sly humor and his quiet irony.

El doble sacrificio

EL PADRE GUTIÉRREZ A DON PEPITO

Málaga, 4 de abril de 1842.

Mi querido discípulo: Mi hermana, que ha vivido más de veinte años en ese lugar, vive hace dos [1] en mi casa, desde que quedó viuda y sin hijos. Conserva muchas relaciones, recibe con frecuencia cartas de ahí y está al corriente de todo. Por ella sé cosas que me inquietan y apesadumbran en extremo. ¿Cómo es posible, me digo, que un 5 joven tan honrado y tan temeroso de Dios, y a quien enseñé yo tan bien la metafísica y la moral, cuando él acudía a oír mis lecciones en el Seminario, se conduzca ahora de un modo tan pecaminoso? Me horrorizo de pensar en el peligro a que te expones de incurrir en los más espantosos pecados, de amargar la existencia de un anciano ve- 10 nerable, deshonrando sus canas, y de ser ocasión, si no causa, de irremediables infortunios. Sé que frenéticamente enamorado de doña Juana, legítima esposa del rico labrador D. Gregorio, la persigues con audaz imprudencia y procuras triunfar de la virtud y de la entereza con que ella se te resiste. Fingiéndote ingeniero o perito agrí- 15 cola, estás ahí enseñando a preparar los vinos y a enjertar las cepas en mejor vidueño; pero lo que tú enjertas es tu viciosa travesura, y lo que tú preparas es la desolación vergonzosa de un varón excelente, cuya sola culpa es la de haberse casado, ya viejo, con una muchacha bonita y algo coqueta. ¡Ah, no, hijo mío! Por amor de Dios y por tu 20 bien, te lo ruego. Desiste de tu criminal empresa y vuélvete a Málaga. Si en algo estimas mi cariño y el buen concepto en que siempre te tuve,[2] y si no quieres perderlos, no desoigas mis amonestaciones.

DE DON PEPITO AL PADRE GUTIÉRREZ

Villalegre, 7 de abril.

Mi querido y respetado maestro: El tío Paco, que lleva desde aquí vino y aceite a esa ciudad, me acaba de entregar la carta de usted del 24

---

1. vive hace dos: *has been living for two years*
2. el buen ... tuve: *the high opinion I've always had of you*

4, a la que me apresuro a contestar para que usted se tranquilice y forme mejor opinión de mí. Yo no estoy enamorado de doña Juana ni la persigo como ella se figura. Doña Juana es una mujer singular y hasta cierto punto peligrosa, lo confieso. Hará seis años,[3] cuando
5 ella tenía cerca de treinta, logró casarse con el rico labrador D. Gregorio. Nadie la acusa de infiel, pero sí de que tiene embaucado a su marido, de que le manda a zapatazos y le trae y lleva como un zarandillo.[4] Es ella tan presumida y tan vana, que cree y ha hecho creer a su marido que no hay hombre que no se enamore de ella y
10 que no la persiga. Si he de decir la verdad, doña Juana no es fea, pero tampoco es muy bonita; y ni por alta, ni por baja, ni por muy delgada ni por gruesa llama la atención de nadie. Llama, sí, la atención por sus miradas, por sus movimientos y porque, acaso sin darse cuenta de ello, se empeña en llamarla y en provocar a la gente. Se
15 pone carmín en las mejillas, se echa en la frente y en el cuello polvos de arroz, y se pinta de negro los párpados para que resplandezcan más sus negros ojos. Los esgrime de continuo, como si desde ellos estuviesen los amores lanzando enherboladas flechas.[5] En suma; doña Juana, contra la cual nada tienen que decir las malas lenguas, va
20 sin querer alborotando y sacando de quicio a los mortales del sexo fuerte, ya de paseo, ya en las tertulias, ya en la misma iglesia. Así hace fáciles y abundantes conquistas. No pocos hombres,[6] sobre todo si son forasteros y no la conocen, se figuran lo que quieren, se las prometen felices,[7] y se atreven a requebrarla y hasta a hacerle poco
25 morales proposiciones. Ella entonces los despide con cajas destempladas.[8] En seguida va lamentándose jactanciosamente con todas sus amigas de lo mucho que cunde la inmoralidad y de que ella es tan desventurada y tiene tales atractivos,[9] que no hay hombre que no la requiebre, la pretenda, la acose y ponga asechanzas a su honestidad,
30 sin dejarla tranquila con su D. Gregorio.
    La locura de doña Juana ha llegado al extremo de suponer que hasta los que nada le dicen están enamorados de ella. En este número me cuento, por mi desgracia. El verano pasado ví y conocí a

3. Hará seis años: *About six years ago*
4. Nadie ... zarandillo. *Nobody accuses her of infidelity but they do accuse her of making a dupe of her husband, of bossing him unmercifully and keeping him coming and going.*
5. como si ... flechas: *as if they were cupids, letting fly their poisoned arrows*
6. No pocos hombres: *Many men*
7. se las prometen felices: *get their hopes up*
8. los ... destempladas: *sends them packing*
9. tiene tales atractivos: *is so attractive*

doña Juana en los baños de Carratraca.[10] Y como ahora estoy aquí,
ella ha armado en su mente el caramillo [11] de que he venido persi-
guiéndola. No hallo modo de quitarle esta ilusión, que me fastidia
no poco, y no puedo ni quiero abandonar este lugar y volver a Málaga, porque hay un asunto para mí de grande interés, que aquí me   5
retiene. Ya hablaré de él a usted otro día. Adiós por hoy.

DEL MISMO AL MISMO

10 de abril.

Mi querido y respetado maestro: Es verdad: estoy locamente enamorado; pero ni por pienso [12] de doña Juana. Mi novia se llama Isabelita. Es un primor por su hermosura, discreción, candor y buena
crianza. Imposible parece que un tío [13] tan ordinario y tan gor-   10
dinflón como D. Gregorio, haya tenido una hija tan esbelta, tan
distinguida y tan guapa. La tuvo D. Gregorio de su primera mujer.
Y hoy su madrastra doña Juana la cela, la muele, la domina y se
empeña en que ha de casarla con su hermano D. Ambrosio, que es
un grandísimo perdido y a quien le conviene este casamiento, por-   15
que Isabelita está heredada de su madre, y, para lo que suele haber [14]
en pueblos como éste, es muy buen partido. Doña Juana aplica a
D. Ambrosio, que al fin es su sangre, el criterio que con ella misma
emplea, y da por seguro que Isabelita quiere ya de amor a D. Ambrosio y está rabiando por casarse con él.[15] Así se lo ha dicho a D. Gre-   20
gorio, e Isabelita, llena de miedo, no se atreve a contradecirla, ni
menos [16] a declarar que gusta de mí, que yo soy su novio y que he
venido a este lugar por ella.

Doña Juana anda siempre hecha un lince [17] vigilando a Isabelita,
a quien nunca he podido hablar y a quien no me he atrevido a   25
escribir, porque no recibiría mis cartas.

10. baños de Carratraca: *mineral baths of Carratraca* (in the province of
Málaga)
11. ha armado ... caramillo: *has cooked up the wild idea*
12. ni por pienso: *not even remotely*
13. tío: translate as "fellow"
14. está heredada ... haber: *has inherited money from her mother, and considering what's usually around*
15. da por seguro ... con él: *is convinced that Isabelita really loves D. Ambrosio
and is dying to marry him*
16. ni menos: *much less*
17. hecha un lince: *on the alert*

Desde Carratraca presumí, no obstante, que la muchacha me quería, porque involuntaria y candorosamente me devolvía con gratitud y con amor las tiernas y furtivas miradas que yo solía dirigirle.

5   Fiado sólo en esto vine a este lugar con el pretexto que ya usted sabe.

Haciendo estaría yo el papel de bobo, si no me hubiese deparado la suerte [18] un auxiliar poderosísimo. Es éste la chacha Ramoncica, vieja y lejana parienta de D. Gregorio, que vive en su casa, como 10 ama de llaves, que ha criado a Isabelita y la adora, y que no puede sufrir a doña Juana, así porque maltrata y tiraniza a su niña, como [19] porque a ella le ha quitado el mangoneo que antes tenía. Por la chacha Ramoncica, que se ha puesto en relación conmigo, sé que Isabelita me quiere; pero que es tan tímida y tan bien mandada,[20] que 15 no será mi novia formal, ni me escribirá, ni consentirá en verme, ni se allanará a hablar conmigo por una reja, dado que pudiera hacerlo, mientras no den su consentimiento su padre y la que tiene hoy en lugar de madre. Yo he insistido con la chacha Ramoncica para ver si lograba que Isabelita hablase conmigo por una reja; pero la 20 chacha me ha explicado que esto es imposible. Isabelita duerme en un cuarto interior, para salir del cual tendría que pasar forzosamente por la alcoba en que duerme su madrastra, y apoderarse además de la llave, que su madrastra guarda después de haber cerrado la puerta de la alcoba.

25   En esta situación me hallo, mas no desisto ni pierdo la esperanza. La chacha Ramoncica es muy ladina y tiene grandísimo empeño en fastidiar a doña Juana. En la chacha Romancica confío.

DEL MISMO AL MISMO

15 de abril.

Mi querido y respetado maestro: La chacha Ramoncica es el mismo demonio, aunque para mí, benéfico y socorrido. No sé cómo 30 se las ha compuesto.[21] Lo cierto es que me ha proporcionado para

---

18. Haciendo ... la suerte: *I'd be making a fool of myself if fate had not sent me*
19. así porque ... como: *not only because ... but also*
20. tan bien mandada: *so well brought up*
21. No sé ... compuesto: *I don't know how she has managed things*

mañana, a las diez de la noche, una cita con mi novia. La chacha me
abrirá la puerta y me entrará en la casa.[22] Ignoro a dónde se llevará
a doña Juana para que no nos sorprenda. La chacha dice que yo
debo descuidar, que todo lo tiene perfectamente arreglado y que no
habrá el menor percance. En su habilidad y discreción pongo mi 5
confianza. Espero que la chacha no habrá imaginado nada que esté
mal; pero en todo caso, el fin justifica los medios, y el fin que yo me
propongo no puede ser mejor. Allá veremos [23] lo que sucede.

DEL MISMO AL MISMO

17 de abril.

Mi querido y respetado maestro: Acudí a la cita. La pícara de la
chacha [24] cumplió lo prometido. Abrió la puerta de la calle con mu- 10
cho tiento y entré en la casa. Llevándome de la mano me hizo subir
a obscuras las escaleras y atravesar un largo corredor y dos salas.
Luego penetró conmigo en una grande estancia que estaba ilumi-
nada por un velón de dos mecheros, y desde la cual se descubría la
espaciosa alcoba contigua. La chacha se había valido de una estrata- 15
gema infernal. Si antes me hubiera confiado su proyecto, jamás hubiera yo consentido en realizarle. Vamos...si [25] no es posible que adi-
vine usted lo que allí pasó. D. Gregorio se había quedado aquella
noche a dormir en la casería, y la perversa chacha Ramoncica, en-
gañándome, acababa de introducirme en el cuarto de doña Juana. 20
¡Qué asombro el mío cuando me encontré de manos a boca [26] con
esta señora! Dejo de referir aquí, para no pecar de prolijo,[27] los lamentos y quejas de esta dama, las muestras de dolor y de enojo,
combinadas con las de piedad, al creerme víctima de un amor desesperado por ella, y los demás extremos que hizo,[28] y a los cuales todo 25
atortolado no sabía yo qué responder ni cómo justificarme. Pero no
fué esto lo peor, ni se limitó a tan poco la maldad de la chacha Ramoncica. A don Gregorio, varón pacífico, pero celoso de su honra, le
escribió un anónimo revelándole que su mujer tenía a las diez una
cita conmigo. D. Gregorio, aunque lo creyó una calumnia, por lo 30

22. me entrará ... casa: *and will let me into the house*
23. Allá veremos: *Well, we'll see*
24. La pícara ... chacha: *The wily nursemaid*
25. Do not translate *si*.
26. de manos a boca: *unexpectedly*
27. para ... prolijo: *in order not to be long-winded*
28. y los ... hizo: *and all the other exaggerations in which she indulged*

mucho que confiaba en [29] la virtud de su esposa, acudió con don
Ambrosio para cerciorarse de todo.

Bajó del caballo, entró en la casa y subió las escaleras sin hacer
ruido, seguido de su cuñado. Por dicha o por providencia de la
5 chacha, que todo lo había arreglado muy bien, D. Gregorio tropezó
en la obscuridad con un banquillo que habían atravesado por medio
y dió un costalazo,[30] haciendo bastante estrépito y lanzando algunos
reniegos.

Pronto se levantó sin haberse hecho daño y se dirigió precipitada-
10 mente al cuarto de su mujer. Allí oímos el estrépito y los reniegos, y
los tres, más o menos criminales, nos llenamos de consternación.
¡Cielos santos!—exclamó doña Juana con voz ahogada—: Huya usted,
sálveme: mi marido llega. No había medio de salir de allí sin encontrarse con D. Gregorio, sin esconderse en la alcoba o sin refu-
15 giarse en el cuarto de Isabelita, que estaba contiguo. La chacha Ramoncica, en aquel apuro, me agarró de un brazo, tiró de mí, y me
llevó al cuarto de Isabelita, con agradable sorpresa por mi parte.
Halló D. Gregorio tan turbada a su mujer, que se acrecentaron sus
recelos y quiso registrarlo todo, seguido siempre de su cuñado. Así
20 llegaron ambos al cuarto de Isabelita. Ésta, la chacha Ramoncica
como tercera, y yo como novio, nos pusimos humildemente de rodillas, confesamos nuestras faltas y declaramos que queríamos reme-
diarlo todo por medio del santo sacramento del matrimonio. Después de las convenientes explicaciones y de saber D. Gregorio cuál
25 es mi familia y los bienes de fortuna [31] que poseo, D. Gregorio, no
sólo ha consentido, sino que ha dispuesto que nos casemos cuanto
antes. Doña Juana, a regañadientes, ha tenido que consentir también, a lo que ella entiende,[32] para salvar su honor. Y hasta me ha
quedado muy agradecida, porque me sacrifico para salvarla. Y más
30 agradecida ha quedado a Isabelita, que por el mismo motivo se
sacrifica también, a pesar de lo enamorada que está [33] de D. Ambrosio.

No he de negar yo, mi querido maestro, que la tramoya de que se
ha valido la chacha Ramoncica tiene mucho de censurable; pero
35 tiene una ventaja grandísima. Estando yo tan enamorado de doña

29. por ... confiaba en: *since he had such great trust in*
30. que habían ... costalazo: *which had been put in his path and he fell
over backwards*
31. bienes de fortuna: *wealth*
32. a lo que ella entiende: *according to her way of looking at it*
33. a pesar ... está: *despite the fact that she's madly in love*

Juana y estando Isabelita tan enamorada de don Ambrosio, los cuatro correríamos grave peligro, si mi futura y yo nos quedásemos por aquí. Así tenemos razón sobrada para largarnos [34] de este lugar, no bien nos eche la bendición el cura,[35] y huir de dos tan apestosos personajes como son la madrastra de Isabelita y su hermano.   5

DE DOÑA JUANA A DOÑA MICAELA, HERMANA DEL PADRE GUTIÉRREZ

4 de mayo.

Mi bondadosa amiga: Para desahogo de mi corazón, he de contar a usted cuanto ha ocurrido. Siempre he sido modesta. Disto mucho de creerme linda y seductora. Y, sin embargo, yo no sé en qué consiste; [36] sin duda, sin quererlo yo y hasta sin sentirlo se escapa de mis ojos un fuego infernal que vuelve locos furiosos a los hombres. 10 Ya dije a usted la vehemente y criminal pasión que en Carratraca inspiré a D. Pepito, y lo mucho que éste me ha solicitado, atormentado y perseguido viniéndose a mi pueblo. Crea usted que yo no he dado a ese joven audaz motivo bastante para el paso, o mejor diré, para el precipicio a que se arrojó hace algunas noches. De rondón, y 15 sin decir oste ni moste,[37] se entró en mi casa y en mi cuarto para asaltar mi honestidad, cuando estaba mi marido ausente. ¡En qué peligro me he encontrado! ¡Qué compromiso el mío y el suyo! D. Gregorio llegó cuando menos lo preveíamos. Y gracias a que tropezó en un banquillo, dió un batacazo [38] y soltó algunas de las feas 20 palabrotas que él suele soltar. Si no es por esto, nos sorprende.[39] La presencia de espíritu [40] de la chacha Ramoncica nos salvó de un escándalo y tal vez de un drama sangriento. ¿Qué hubiera sido de mi pobre D. Gregorio, tan grueso como está y saliendo al campo en desafío? Sólo de pensarlo se me erizan los cabellos.[41] La chacha, por 25 fortuna, se llevó a D. Pepito al cuarto de Isabel. Así nos salvó. Yo

34. Así ... largarnos: *So we're more than justified in going away*
35. no bien ... el cura: *as soon as the priest gives us his blessing* (performs the marriage)
36. yo ... consiste: *I don't know what it is*
37. sin decir ... moste: *without saying a word*
38. dió un batacazo: *he fell with a thud*
39. Si ... sorprende. *If it hadn't been for that, he would have caught us red-handed.*
40. presencia de espíritu: *presence of mind*
41. Sólo ... cabellos. *The mere thought of it makes my hair stand on end.*

le he quedado muy agradecida. Pero aun es mayor mi gratitud hacia el apasionado D. Pepito, que, por no comprometerme, ha fingido que era novio de Isabel, y hacia mi propia hija política, que ha renunciado a su amor por D. Ambrosio y ha dicho que era novia del 5 joven malagueño. Ambos han consumado un doble sacrificio para que yo no pierda mi tranquilidad y mi crédito. Ayer se casaron y se fueron en seguida para esa ciudad. Ojalá olviden, ahí, lejos de nosotros, la pasión que mi hermano y yo les hemos inspirado. Quiera el cielo [42] que, ya que no se tengan un amor muy fervoroso, 10 lo cual no es posible cuando se ama con fogosidad a otras personas, se cobren mutuamente aquel manso y tibio afecto, que es el que más dura y el que mejor conviene a las personas casadas. A mí, entretanto, todavía no me ha pasado el susto. Y estoy tan escarmentada y recelo tanto mal de [43] este involuntario fuego abrasador que brota a 15 veces de mis ojos, que me propongo no mirar a nadie e ir siempre con la vista clavada en el suelo.[44]

Consérvese usted bien, mi bondadosa amiga, y pídale a Dios en sus oraciones que me devuelva el sosiego que tan espantoso lance me había robado.

42. Quiera el cielo: *May Heaven grant*
43. A mí ... susto. Y ... tanto mal de ... *Meanwhile, I still haven't gotten over my fright. And I've profited so much by my experience and am so afraid of causing havoc with ...*
44. con ... suelo: *with my eyes cast down*

Rosalía de Castro
(1837–1885)

The province of Galicia in the extreme northwest of Spain, is known for its lovely towns, its hard-working peasants, its *rias* (fjords), its green countryside, its supernatural legends, and the soft, poetic Galician language in which so many medieval Spanish poets preferred to write. Here the melancholy poetess Rosalía de Castro was born out of wedlock in Santiago de Compostela.

It might be said that Rosalía, as she is affectionately called, was predestined to tragedy. Of delicate health and spotty education, she matured early and showed an exceptional gift for music. At the age of nineteen she went to Madrid where, two years later, she married the Galician writer Manuel Murguía. Away from her beloved Galicia, in a Castile she considered hostile and cold, she lost her first child almost simultaneously with the death of her mother. Her homesickness was probably one of the reasons why she and her family returned to Padrón on the river Sar in her native province. There, however, poverty and other domestic difficulties deepened her sense of tragedy and hopelessness. In 1863, at her husband's insistence, she published her *Cantares gallegos;* not until 1880 did her next collection, *Follas novas* ("New Leaves"), appear. Both books were written in Galician, not Castilian, and are marked by the artlessness of folk-poetry. The *Cantares*, reflecting provincial customs and manners, are said to be the most objective of her verse, while the *Follas* reflect the sadness of unrealized aspirations.

Although Rosalía wrote some novels and stories in Castilian, her place in the literature of that tongue rests on the poems of *En las orillas del Sar*, published in 1884 when she was already suffering from the painful disease that caused her death one year later. While other poets declaimed, said one critic, Rosalía simply "dared to speak," and while her contemporaries adhered to conventional meters, she adopted unusual verse forms and new combinations. Like Bécquer, with whose work Rosalía's is usually coupled, this poetry was neglected for some time. It is, for example, conspicuously absent from such standard anthologies as Juan Valera's and Menéndez Pelayo's collection of the one hundred best Castilian poems. However, in the last few decades her vague, poignant, musical verse, expressing the loss of youthful illusions, disappointment, desolation, the bitterness of emigration, and the desire for surcease from pain, has received its due.

En las orillas del Sar

(SELECTIONS)

¡VOLVED!

I

Bien sabe Dios que siempre me arrancan tristes lágrimas
    aquellos que nos dejan; [1]
pero aún más me lastiman y me llenan de luto
    los que a volver se niegan.

    ¡Partid, y Dios os guíe!..., pobres desheredados   5
para quienes no hay sitio en la hostigada patria; [2]
partid llenos de aliento en pos de otro horizonte,
pero...volved más tarde al viejo hogar que os llama.

    Jamás del extranjero el pobre cuerpo inerte,
como en la propia tierra en la ajena descansa. [3]   10

II

    Volved, que os aseguro
que al pie de cada arroyo y cada fuente
    de linfa transparente,
donde se reflejó vuestro semblante,
    y en cada viejo muro   15
que os prestó sombra cuando niños erais
    y jugabais inquietos,
y que escuchó más tarde los secretos
    del que ya adolescente
    o mozo enamorado,   20
en el soto, en el monte y en el prado,
    dondequiera que un día
    os guió el pie ligero...,

1. Many poor Galicians used to emigrate to other parts of Spain or to America.
2. hostigada patria: *unfortunate native region*
3. Jamás ... descansa: Read "Jamás el pobre cuerpo inerte del extranjero descansa en la ajena tierra como en la propia."

yo os digo y os juro
que hay genios misteriosos
que os llaman tan sentidos y amorosos
y con tan hondo y dolorido acento,
5 que hacen más triste el suspirar del viento,
cuando en las noches del invierno duro
de vuestro hogar que entristeció el ausente,
discurren por los ámbitos medrosos
y en las eras sollozan silenciosos,
10 y van del monte al río
llenos de luto y siempre murmurando:
"¡Partieron!... ¿Hasta cuándo?
¡Qué soledad! ¿No volverán, Dios mío?

. . . .

Tornó la golondrina al viejo nido,
15 y al ver los muros y el hogar desierto,
preguntóle a la brisa: "¿Es que se han muerto?"
Y ella, en silencio, respondió: "¡Se han ido
como el barco perdido
que para siempre ha abandonado el puerto!"

*   *   *

20 Dicen que no hablan las plantas, ni las fuentes, ni los pájaros,
ni la onda con sus rumores, ni con su brillo los astros.
Lo dicen; pero no es cierto, pues siempre, cuando yo paso,
de mí murmuran y exclaman
                                    —Ahí va la loca, soñando
25 con la eterna primavera de la vida y de los campos,
y ya bien pronto, bien pronto, tendrá los cabellos canos,
y ve temblando, aterida, que cubre la escarcha el prado.
    —Hay canas en mi cabeza; hay en los prados escharcha;
mas yo prosigo soñando, pobre, incurable somnámbula,
30 con la eterna primavera de la vida que se apaga
y la perenne frescura de los campos y las almas
aunque los unos se agostan y aunque las otras se abrasan.

¡Astros y fuentes y flores!, no murmuréis de mis sueños;
sin ellos, ¿cómo admiraros ni cómo vivir sin ellos? *

4. ¿cómo ... ellos?: *how could I admire you and how could I live without
them* (i.e., *sueños*) ?

* * *

Si medito en tu eterna grandeza,
   buen Dios, a quien nunca veo,
y levanto, asombrada, los ojos
   hacia el alto firmamento
que llenaste de mundos y mundos...,   5
   toda conturbada pienso
que soy menos que un átomo leve
   perdido en el Universo:
nada, en fin..., y que al cabo en la nada
   han de perderse mis restos.   10

Mas si, cuando el dolor y la duda
me atormentan, corro al templo
y a los pies de la Cruz un refugio
busco, ansiosa, implorando remedio,
de Jesús el cruento martirio   15
   tanto conmueve mi pecho,
y adivino tan dulces promesas
   en sus dolores acerbos,
   que cual [5] niño que reposa
   en el regazo materno,   20
   después de llorar, tranquila
   tras la expiación, espero
   que allá donde Dios habita
   he de proseguir viviendo.

A LA LUNA

I

¡Con qué pura y serena transparencia
   brilla esta noche la luna!
A imagen de [6] la cándida inocencia,
   no tiene mancha ninguna.

5. cual = como
6. A imagen de: *Like*

De su pálido rayo la luz pura,
   como lluvia de oro cae
sobre las largas cintas de verdura
   que la brisa lleva y trae;

5   y el mármol de las tumbas ilumina [7]
   con melancólica lumbre;
y las corrientes de agua cristalina
   que bajan de la alta cumbre.

La lejana llanura, las praderas,
10   el mar de espuma cubierto,
donde nacen las ondas plañideras,
   el blanco arenal desierto,

la iglesia, el campanario, el viejo muro,
   la ría en su curso varía,[8]
15 todo lo ves desde tu cenit puro,
   casta virgen solitaria.

II

Todo lo ves; y todos los mortales,
   cuantos en el mundo habitan,
en busca del alivio de sus males,
20   tu blanca luz solicitan:

unos, para consuelo de dolores;
   otros, tras de ensueños de oro,
que con vagos y tibios resplandores
   vierte tu rayo incoloro;
25   y otros, en fin, para gustar contigo
   esas venturas robadas
que huyen del sol, acusador testigo,
   pero no de tus miradas.

7. Translate *ilumina* after y
8. varía: *meandering*

III

Y yo, celosa, como me dió el Cielo
y mi destino inconstante,[9]
correr quisiera un misterioso velo
sobre tu casto semblante.

Y sueña mi exaltada fantasía   5
que sólo yo te contemplo,
y como que [10] es hermosa en demasía
te doy mi patria [11] por templo;

pues digo con orgullo que en la esfera
jamás brilló luz alguna   10
que en su claro fulgor se pareciera
a nuestra cándida luna;

mas ¡qué delirio y qué ilusión tan vana
ésta que llena mi mente!...
De altísimas regiones soberana   15
nos miras indiferente.

Y sigues en silencio tu camino,
siempre impasible y serena,
dejándome sujeta a mi destino
como el preso a su cadena.   20

Y a alumbrar vas un suelo más dichoso
que nuestro encantado suelo,
aunque no más fecundo y más hermoso,
pues no lo hay bajo del cielo.[12]

No hizo Dios cual mi patria otra tan bella   25
en luz, perfume y frescura;
sólo que le dió, en cambio, mala estrella,
dote de toda hermosura.

9. como ... inconstante: *as Heaven and my fickle destiny made me*
10. y como que: *and as*
11. patria: The poetess is referring to her native province of Galicia.
12. pues ... cielo: *for there is none* (more fertile and beautiful) *under heaven*

IV

Dígote, pues, adiós, tú, cuanto amada,
    indiferente y esquiva.[13]
¿Qué eres, al fin, ¡oh hermosa!, comparada
    al que es llama ardiente y viva? [14]

Adiós..., adiós, y quiera la fortuna,[15]
    descolorida doncella,
que tierra tan feliz no halles ninguna
    como mi Galicia bella;

y que al tornar, viajera sin reposo,
    de nuevo a nuestras regiones,
en donde un día el celta vigoroso
    te envió sus oraciones,[16]

en vez de lutos como un tiempo, veas
    la abundancia en sus hogares,
y que en ciudades, villas y aldeas,
    han vuelto los ausentes a sus lares.

*   *   *

Al oír las canciones
que en otro tiempo oía,
del fondo en donde duermen mis pasiones
    el sueño de la nada,
pienso que se alza, irónica y sombría,
    la imagen ya enterrada
de mis blancas y hermosas ilusiones,
para decirme:
                    —¡Necia, lo que es ido
no vuelve! Lo pasado se ha perdido,
como en la noche va a perderse el día,
ni hay para la vejez resurrecciones...

---

13. cuanto ... esquiva: *as indifferent and elusive as well-beloved*
14. the sun
15. y ... fortuna: *and may it be your fate*
16. The ancient Celts of Galicia used to worship the moon.

¡Por Dios, no me cantéis esas canciones
    que en otro tiempo oía!

*   *   *

Sintiéndose acabar con el estío
    la desahuciada enferma,
    ¡moriré en el otoño!
—pensó, entre melancólica y contenta—,
y sentiré rodar sobre mi tumba
    las hojas también muertas.

Mas...ni aun la muerte complacerla quiso,
    cruel también con ella:
perdonóle la vida en el invierno,
y, cuando todo renacía en la tierra,
la mató lentamente, entre los himnos
alegres de la hermosa primavera.

Vicente Blasco Ibáñez
(1867–1928)

Although during his lifetime Blasco Ibáñez achieved world fame, his star declined after his death. Only in recent years has it become evident that his early novels and tales constitute a very solid corpus of work worthy of the most serious consideration.

Born in Valencia, the author spent his early years in his native city and its surrounding *huerta,* or fruit- and vegetable-growing district, where he learned of the hard life of the farmers, their superstitions, fears, and violence. No doubt these years contributed to his anti-monarchist and anticlerical attitudes, for which he paid with imprisonment and exile. After a tumultuous career as radical journalist, deputy for Valencia to the Cortes, and prolific creative writer, Blasco Ibáñez left in 1909 for Argentina. Five years later he returned as war correspondent to France, where he finally established his home and where he died in Mentone on January 28, 1928. In 1933 the Spanish Republican government transferred his remains to Valencia.

Best known outside Spain for such popular novels as *Sangre y arena* (1906) and *Los cuatro jinetes del Apocalipsis* (1916), both successfully filmed, Blasco Ibáñez' best work consists of his novels and stories about Valencia and its surrounding area. No doubt strongly impressed by Guy de Maupassant and Emile Zola, whom he translated, Blasco Ibáñez wrote tales of horror and brutality, all motivated by the ignorance and backwardness of a region where life was a bitter struggle for survival. Among his best novels of the early period are *La barraca* (1898), a tale of stark misery, suspicion, vengeance, and death, and *Cañas y barro* (1902), a story of adultery and infanticide. Some of the stories contained in *Cuentos valencianos* (of which one follows) may be compared for sheer power of plot and first-hand knowledge of local customs and psychology to the best of the Italian master Giovanni Verga.

5

La cencerrada[1]

Todos los vecinos de Benimuslim [2] acogieron con extrañeza la noticia.

Se casaba el tío *Sento*, uno de los prohombres del pueblo, el primer contribuyente del distrito, y la novia era Marieta, guapa chica,
5 hija de un carretero, que no aportaba al matrimonio otros bienes que aquella cara morena, con su sonrisa de graciosos hoyuelos y los ojazos negros que parecía adormecerse tras las largas pestañas, entre los dos rodetes de apretado y brillante cabello que, adornados con pobres horquillas, cubrían sus sienes.

10 Por más de una semana esta noticia conmovió al tranquilo pueblecito que, entre una inmensidad de viñas y olivares, alzaba sus negruzcos tejados, sus tapias de blancura deslumbrante, el campanario con su montera de verdes tejas y aquella torre cuadrada y roja, recuerdo de los moros, que destacaba, soberbia, sobre el intenso azul del cielo,
15 su corona de almenas rotas o desmoronadas como una encía vieja.

El egoísmo rural no salía de su asombro.[3] Muy enamorado debía de estar el tío *Sento* para casarse, violando tan escandalosamente las costumbres tradicionales. ¿Cuándo se había visto a un hombre que era dueño de la cuarta parte del término, con más de cien botas en
20 la bodega y cinco mulas en la cuadra, casarse con una chica que de pequeña [4] robaba fruta o ayudaba en las faenas de las casas ricas para que la diesen de comer?

Todos decían lo mismo: "¡Ah, si levantase la cabeza la *siñá* [5] Tomasa, la primera mujer del tío *Sento*, y viese que su caserón de la
25 calle Mayor, sus campos y su *estudi*,[6] con aquella cama monumental

---

1. When a widow or widower remarried, it was the custom in rural Spain to serenade the married couple on their wedding night with cow-bells and other ear-splitting instruments.
2. The name of this town suggests its Moorish ancestry.
3. El ... asombro. *The selfish rustics could not get over their amazement.*
4. de pequeña: *as a child*
5. *siñá* = señora
6. *estudi*: Valencian for "bedroom"

de que tan orgullosa estaba, iba a ser para la mocosuela que en otros
tiempos le pedía una rebanada de pan!"

Aquel hombre debía de estar loco. No había más que ver el aire
de adoración con que contemplaba a Marieta, la sonrisa boba con
que acogía todas sus palabras y las actitudes de chaval con que se   5
mostraba a los cincuenta y seis años bien cumplidos.[7] Y las que más
protestaban contra aquel hecho inaudito eran las chicas de las familias acomodadas, que, siguiendo las egoístas tradiciones, no hubieran tenido inconveniente en entregar su morena mano a aquel
gallo viejo, que se apretaba la exuberante panza con la faja de seda 10
negra y mostraba sus ojillos pardos y duros bajo el sombraje de unas
cejas salientes y enormes, que según expresión de sus enemigos, tenían más de media arroba de pelo.

La gente estaba conforme en que el tío *Sento* había perdido la razón. Cuanto poseía antes de casarse y todo lo que había heredado de 15
la *siñá* Tomasa iba a ser de Marieta, de aquella mosca muerta, que
había conseguido turbarle de tal modo que hasta las devotas a la
puerta de la iglesia murmuraban si la chica tendría hecho pacto con
el Malo y habría dado al viejo polvos seguidores.[8]

El domingo en que se leyó la primera amonestación, el escándalo 20
fue grande. Después de la misa mayor, había que oír a los parientes
de la *siñá* Tomasa: "Aquello era un robo, sí, señor; la difunta se lo
había dejado todo a su marido, creyendo que no la olvidaría jamás,
y ahora el muy ladrón, a pesar de sus años, buscaba un bocado tierno
y le regalaba lo de la otra.[9] No había justicia en la Tierra si aquello 25
se consentía. Pero ¡vaya usted a reclamar en estos tiempos! [10] Bien
decía don Vicente, el *siñor retor*,[11] que ahora todo está perdido. Debía mandar don Carlos,[12] que es el único que persigue a los pillos."

Así vociferaban en los corrillos de la plaza los que se creían perju-
dicados por el futuro matrimonio, ayudándoles en la murmuración 30
casi todos los vecinos de Benimuslim.

El caso era que el tal casamiento no acabaría bien. Aquel vejestorio atacado de rabia amorosa estaba destinado a llorar su calaverada.

---

7. a los ... cumplidos: *when he was fully 56 years of age*
8. murmuraban ... seguidores: *suspected that the girl had made a pact with
the Evil One* (the devil) *and had given the old fellow a love potion*
9. y le ... otra: *and gave her what had belonged to the other one* (Tomasa)
10. ¡vaya ... tiempos!: *but what could one do nowadays!*
11. *siñor retor* = señor rector
12. Don Carlos, uncle of Queen Isabel II, leader of the very conservative
Carlist factions

¡Pequeños iban a ser los adornos! [13]... Todo el pueblo sabía que Marieta tenía un novio, *Toni el Desgarrat,*[14] un vago que había pasado la niñez con ella correteando por las viñas, y ahora, al ser mayor, la quería con buen fin, esperando para casarse que le entra-
5 sen ganas de trabajar [15] y perder la costumbre de beberse en la taberna los cuatro terrones de su herencia [16] en compañía de su amigo el dulzainero *Dimoni,* otro perdido, que venía a buscarle del inmediato pueblo para tomar juntos famosas borracheras, que dormían en los pajares.[17]
10 Los parientes de la *siñá* Tomasa miraban ahora con simpatía al *Desgarrat.* Éste se encargaría de vengarles.

Y los mismos que antes le despreciaban, los ricachos que volvían la cara al encontrarle, buscábanle en la taberna el día de la primera amonestación, plantándose ante el muchachote, que estaba sentado
15 en un taburete de cuerda, con la vistosa manta sobre las rodillas, la colilla pegada al labio y la mirada fija en el porrón, que, herido por un rayo de sol, reflejaba inquieta mancha roja sobre el cinc de la mesilla.

—¡*Che,*[18] *Desgarrat!*—le decían con sorna—. Marieta se casa.
20 Pero el *Desgarrat* acogía esta burla levantando los hombros. Aquello aún había de verse.[19] Hasta el fin nadie es dichoso, y él..., ¡*recordóns!,*[20] ya sabían todos que era muy hombre para vérselas con el tío *Sento,* que también la echaba de terne.[21]

Así era, y por lo mismo [22] todos esperaban un choque ruidoso.
25 Allí iba a pasar algo.

Al tío *Sento*—según propia afirmación—nadie le ganaba a bruto.[23] Levantaba mucho peso [24] en las elecciones, tenía grandes amigos en

13. ¡Pequeños ... adornos! *He'd grow nice little embellishments* (the horns of the cuckold) !
14. Toni the Dissolute (*desgarrat = desgarrado*)
15. esperando ... trabajar: *but before getting married he was waiting to develop a taste for work*
16. los cuatro ... herencia: *the bit of land he had inherited*
17. para tomar ... pajares: *to get "stoned" together and sleep it off in the haylofts*
18. *Che:* Hey
19. Aquello ... verse. *That was still to be seen.*
20. ¡*recordóns!:* A Valencian oath. Translate as "By Heaven."
21. que era muy hombre ... terne: *that he was man enough to deal with* Sento, *who also thought of himself as quite a fellow*
22. por lo mismo: *for that reason*
23. nadie ... bruto: *nobody was tougher than he*
24. Levantaba mucho peso: *He was very influential*

Valencia, había sido alcalde varias veces y estaba acostumbrado a enarbolar en medio de la plaza el grueso *gayato* de Liria para sacudirle dos palos con la mayor impunidad al primero que le incomodaba.[25]

II

Llegó el momento de las cartas dotales.[26] El tío *Sento* no hacía 5 las cosas a medias, y, además, buena era Marieta y su familia para despreciar la ocasión.[27]

En trescientas onzas la dotaba el novio, sin contar la ropa y las alhajas pertenecientes a su primera mujer.

La casa de Marieta, aquella casucha de las afueras, sin más adorno 10 que el carro a la puerta y dos o tres caballerías flacas en el establo, fue visitada por todas las chicas del pueblo.

Aquello era un jubileo. Todas, formando grupo, cogidas de [28] la cintura o de las manos, pasaban ante el largo tablado cubierto por blancas colchas, sobre el cual los regalos y la ropa de la novia osten- 15 tábanse con tal magnificencia que arrancaban exclamaciones de asombro.

¡Vaya una suerte la de Marieta! Ella se hacía la modesta,[29] enrojeciendo cada vez que ponderaban su futura felicidad; pero había que ver los lagrimones de la madre, una mujercilla flaca, arrugada 20 e insignificante, y la emoción del carretero, que iba como un criado tras su futuro yerno, guardándole todas las consideraciones debidas a un ser superior.

Por la noche fue la lectura de las cartas. Llegó don Julián, el notario, en su vieja tartana, acompañado de su acólito, un infeliz de 25 cara hambrienta, con el tintero de cuerno asomado a un bolsillo y el papel sellado bajo el brazo.

Don Julián fue entrado casi en triunfo en la cocina, donde ya estaba preparada una mesilla para el escribiente con velón de cuatro brazos. 30

¡Qué hombre tan sabio aquél! Leía las escrituras en valenciano e

---

25. el grueso *gayato* ... incomodaba: *his thick club and give, with the greatest impunity, a couple of whacks to anyone who annoyed him.* (Liria is a small town in the province of Valencia.)

26. cartas dotales: *dowry contracts*

27. buena ... ocasión: *Marieta and her family weren't likely to miss taking advantage of the opportunity*

28. cogidas de: *holding on to*

29. Ella ... modesta: *She played modest*

intercalaba en el árido texto chistes de su cosecha [30]... Vamos, que no
había palurdo que pudiera estar serio en presencia de aquel señor,
siempre grave, que tenía cierto aire eclesiástico, con su largo paletó
negro, semejante a una sotana, el rostro carrilludo y frescote, cuida-
5 dosamente afeitado y las recias gafas montadas en la frente, lo que
era para los vecinos de Benimuslim un capricho inexplicable propio
de los grandes talentos.

   Comenzó el notario a dictar en voz baja; garrapateaba el escribiente en los pliegos de papel sellado, y mientras tanto iban llegando
10 los amigos de casa, con el cura y el alcalde, y desaparecían del largo
tablado los regalos de boda para dejar sitio a los macizos bizcochos
espolvoreados de azúcar, los platos de *amargos* y las tortas *finas* secas
como cartón, a más de una docena de botellas de rosa y marrasquino.[31]

15 Tosió varias veces don Julián, púsose en pie, tirando de las solapas
de su paletó, y todos quedaron en silencio, mientras él agarraba los
pliegos escritos con la tinta todavía fresca y comenzaba a leer en
valenciano.

   ¡Qué hombre tan chistoso! Al nombrar al novio hizo una mueca
20 grotesca, y el tío *Sento* fue el primero en celebrarlo con una ruidosa
carcajada; al mentar a la novia saludó a Marieta con una reverencia
de baile, y volvió a repetirse la risa; pero cuando llegaron las condiciones del contrato, todos se pusieron graves: un viento de egoísmo
y de avaricia parecía soplar en aquella cocina, y hasta la novia levan-
25 taba la cabeza con los ojos brillantes y las alillas de la nariz dilatadas
por la emoción al oír hablar de onzas, de la viña de la Ermita y del
olivar del Camino Hondo: todo lo que iba a ser suyo. El tío *Sento*
era el único que sonreía satisfecho de que tan honorable concurso
apreciara hasta dónde llegaba su generosidad.

30 Así se hacían las cosas. Los padres de Marieta lloraban y las vecinas movían la cabeza con expresión de sentimiento. A un hombre
así se le podía entregar una hija sin remordimiento alguno.

   Cuando el papelote quedó firmado comenzaron a circular los
dulces y las copas. El notario lucía su ingenio, mientras el famé-
35 lico escribiente se atracaba en representación propia y de su principal.

   Aquel don Julián era el encanto de su rudo auditorio. Ya verían
de lo que era capaz el día de la boda. Don Vicente el cura y él se

___

30. de su cosecha: *of his own invention*
31. a más ... marrasquino: *plus a dozen bottles of rosé and maraschino wine*

habían de emborrachar, brindando por la felicidad de los novios: palabra de honor.

A las once terminó la fiesta de las cartas. El cura acababa de re-tirarse escandalizado de estar en pie a aquellas horas teniendo que decir la misa primera; el alcalde le había acompañado, y salió por fin el tío *Sento* con el notario y el escribiente, los que llevaba a dor-mir a su casa.

Las calles estaban oscuras. Más allá de la casa de Marieta estaba la densa lobreguez de los campos, de la que salían rumores de fo-llaje y cantos de grillos. Sobre los tejados parpadeaban las estrellas en un cielo de intenso azul. Ladraban los perros en los corrales, con-testando a los relinchos de las bestias de labor. El pueblo dormía, y el notario y su ayudante andaban con precaución, temiendo tropezar con algún pedrusco de aquellas calles desconocidas.

—¡Ave María Purísima!—gritaba a lo lejos una voz acatarrada—. ¡Las onse..., sereno! [32]

Y don Julián sentíase algo intranquilo en aquella lobreguez. Le parecía ver bultos sospechosos, y en la esquina de la calle, espiando la puerta de Marieta, creyó distinguir gente en acecho...

"¡Allá va!" [33] Y sonó un terrible chasquido, como si se rasgara a un tiempo toda la ropa blanca de la novia; y de la esquina surgió una gruesa línea de fuego que avanzó rápidamente y serpenteante con un silbido atroz, que puso los pelos de punta al buen nota-rio.[34]

Era un enorme cohete. ¡Vaya una broma! El notario se arrimó, tembloroso, a una puerta, mientras el escribiente casi caía a sus pies, y allí estuvieron los dos durante unos segundos, que les parecieron siglos, viendo con angustia cómo el petardo iba de una pared a otra como fiera enjaulada, agitando su rabo de chispas, conteniendo por tres o cuatro veces su silbante estertor, hasta que por fin estalló en horrendo trueno.

El tío *Sento* había permanecido valientemente en medio de la calle... ¡*Redéu!* [35] Ya sabía él de dónde venía aquello.

—¡*Chentola indesent!* [36]—gritó con voz ronca por la rabia.

---

32. The night-watchman's shout: "Hail Mary! ... Eleven o'clock ... and all is well!" (*onse* = once)
33. ¡Allá va! *There she goes!*
34. que puso ... notario: *which made the good notary's hair stand on end*
35. ¡*Redéu!* By God!
36. ¡*Chentola indesent!* Indecent rabble!

Y agitando su enorme *gayato* [37] avanzó amenazante, como si tras la esquina fuese a encontrar al *Desgarrat* con toda la parentela de la *siñá* Tomasa.

III

Las campanas de Benimuslim iban al vuelo [38] desde el amanecer.
Se casaba el tío *Sento*, noticia que había circulado por todo el
5 distrito, y de los pueblos inmediatos iban llegando amigos y parientes: unos, a caballo, en sus bestias de labranza, con el sobrelomo cubierto con vistosas mantas, y otros, en sus carros, con sillas de cuerda atadas a los varales, en las que iba sentada toda la familia, desde la mujer con el pelo reluciente de aceite y la mantilla de terciopelo,
10 hasta los chicos que lloriqueaban por las maternales bofetadas recibidas cada vez que atentaban a la limpieza de sus trajes de fiesta. [39]
La casa del tío *Sento* era un verdadero infierno. ¡Qué movimiento!
Desde el día anterior allí no se descansaba. Las vecinas que gozaban justa fama de guisanderas, iban por el corral con los brazos arreman-
15 gados y el vestido prendido atrás con alfileres, mostrando las blancas enaguas, mientras que cerca de la gran hoguera algunos muchachos atizaban las hogueras de secos sarmientos.
La fiesta prometía. [40] El gozo reflejábase en los rostros rubicundos; en el corral se desataban los pellejos para hacer cataduras y tomar
20 fuerzas, y por si algo fallaba, allá en la calle sonó la alegre dulzaina con escalas que parecían cabriolas. Hasta *Dimoni* estaba en la fiesta; bien decían que el novio no reparaba en gastos. [41] Había que darle vino para que tocase mejor, y el enorme vaso iba de mano en mano desde el corral hasta la puerta de la calle, donde *Dimoni* empinaba
25 el codo con gravedad, dejando el sobrante a su pelado tamborilero.
Ya era hora. Don Vicente esperaba en la iglesia, las campanas habían enmudecido y toda la comitiva nupcial salió en busca de la novia; ellas, con su vestido hueco y la mantilla a los ojos, y los hombres, arrastrando sus recias capas azules de larga esclavina y alto
30 cuello, que les ponía rojas las orejas. Todo el pueblo esperaba a la puerta de la iglesia. Algunos parientes de la *siñá* Tomasa, violando

---

37. *gayato: club.* Cf. note 25.
38. iban al vuelo: *had been ringing*
39. atentaban ... fiesta: *they did anything that might soil their holiday clothes*
40. La fiesta prometía. *The party looked very promising.*
41. no reparaba en gastos: *spared no expense*

la consigna de familia, estaban allí en última fila, y no pudiendo resistir la curiosidad, se empinaban pies en puntas [42] para ver mejor.

Primero, una turba de muchachos dando cabriolas en torno de *Dimoni,* que soplaba con la cabeza atrás y la dulzaina en alto, como si ésta fuese una gran nariz, con la que husmeaba el cielo, y después venían los novios; él, con su sombrerón de terciopelo, su capa con mangas que le congestionaba el sudoroso rostro, y por bajo de la cual asomaban los pies con calcetines bordados y alpargatas finas.

¿Y ella? Las mujeres no se cansaban de admirarla. ¡Reina y *siñora!* [43] Parecía una de Valencia con la mantilla de blonda, el pañolón de Manila que con el largo fleco barría el polvo, la falda de seda hinchada por innumerables zagalejos, el rosario de nácar al puño, un bloque de oro y diamantes como alfileres de pecho y las orejas estiradas y rojas por el peso de aquellas enormes *polcas* [44] de perlas que tantas veces había ostentado la otra. [45]

Esto sublevaba a los parientes de la difunta.

—¡*Lladre! ¡Més que lladre!* [46]—rugían mirando al tío *Sento.*

Pero éste se metió en la iglesia con expresión satisfecha, chispeándole los ojuelos bajo las enormes cejas; y tras él desfilaron los padrinos, el alcalde con su ronda, escopeta al hombro, y todos los convidados sudando la gota gorda [47] bajo el peso de las ceremoniosas capas, con grandes pañuelos de atadas puntas pasadas por [48] el brazo y henchidos de confites, que habían de tirar a la salida de la iglesia.

Los curiosos que quedaron en la puerta miraban a la taberna de la plaza. Hacia ella se fue el dulzainero, como si le molestasen los sonidos del órgano, y allí se encontró con el *Desgarrat* y sus amigotes, lo peorcito [49] del pueblo, gente toda ella sospechosa que bebían silenciosamente, cambiando guiños y sonrisas con los enemigos del tío *Sento.*

Algo se tramaba; las mujeres comentaban el caso con voz misteriosa, como si temieran que el pueblo fuese a arder por los cuatro costados. [50]

42. se empinaban ... puntas: *stood on their toes*
43. ¡Reina y *siñora! Holy Mother of God!*
44. *polcas: earrings*
45. The reference is to *Sento's* first wife whose jewels Marieta now wears.
46. ¡*Lladre! ¡Més que lladre!* = ¡Ladrón! ¡Más que ladrón!
47. la gota gorda: *copiously*
48. pasadas por: *hanging from*
49. lo peorcito: *the worst elements*
50. que el pueblo ... costados: *that the whole town would burn down*

248 VICENTE BLASCO IBÁÑEZ

Ya iba a salir la comitiva. ¡Gran Dios, qué batahola! Del polvo parecía surgir toda aquella chiquillería desgreñada y sucia que se arremolinaba en la puerta gritando: ¡*Armeles, confits!* [51]..., mientras que *Dimoni* se aproximaba rompiendo a tocar la Marcha Real.

5 ¡Allá va! Y el mismo tío *Sento* soltó como un metrallazo el primer puñado de confites que, rebotando sobre las duras testas, se hundieron en el polvo, donde los buscaba a gatas la gente menuda, mostrando al aire las sucias posaderas.

Y desde allí hasta casa de los novios, fue aquello un bombardeo; 10 la comitiva sin cansarse de tirar confites y la ronda del alcalde teniendo que abrir paso a patadas y a palos.

Al pasar frente a la taberna, Marieta bajó la cabeza y palideció, viendo cómo sonreía burlonamente su marido mirando al *Desgarrat*, el cual contestó a la sonrisa con un ademán indecente. ¡Ay! Aquel 15 condenado se había propuesto amargar su boda.

El chocolate esperaba. ¡Cuidado con atracarse! Era don Julián el notario quien lo aconsejaba: había que pensar en que dentro de dos horas sería la gran comida. Pero a pesar de tan prudentes consejos, la gente arremetió con los refrescos, los cestos de bizcochos, los 20 platos de dulces, y en poco tiempo quedó rasa como la palma de la mano aquella mesa, que tenía alrededor más de cien sillas.

La novia mudábase de traje en el *estudi,* quedando en fresco percal, los morenos brazos casi desnudos y brillándole sobre el luciente peinado las perlas de sus agujas de oro.

25 El notario charlaba con el cura, que acababa de llegar con gorrito de terciopelo y el balandrán a puntas. Los convidados huroneaban por el corral, enterándose de los preparativos de la comida; las mujeres se habían puesto frescas [52] y formaban corrillos charlando de sus asuntos de familia; correteaban los chicos en las cercanías del 30 *estudi,* atraídos por el tesoro que encerraba, y en la puerta de la calle sonaba la incansable dulzaina de *Dimoni* mientras la granujería se empujaba, dándose cachetes, o rodaba en el polvo por alcanzar los puñados de confites que venían de dentro.

Llegó el instante solemne, y las paellas burbujeantes y despidiendo 35 azulado humo fueron colocadas sobre la mesa.

Los convidados se apresuraron a ocupar sus asientos. ¡Vaya un golpe de vista! [53] Lo que decía el cura con asombro: "¡Ni en el festín

51. ¡*Armeles, confits!* = ¡Caramelos, confites!
52. las mujeres ... frescas: *the women were all dressed up*
53. ¡Vaya ... vista! *What a sight!*

de Baltasar!" [54] Y el notario, por no ser menos, hablaba de las bodas de un tal Camacho que había leído en no recordaba qué libro.[55]

La gente menuda comía en el corral.

Y allí también, en una mesita como de zapatero, estaba *Dimoni*, el cual, a cada instante, enviaba el acólito [56] adonde estaban los pellejos para que llenaran el porrón. 5

¡Cuerpo de Dios,[57] y qué bien lo hacía todo aquella gente! Las dentaduras, fortalecidas por la diaria comida de salazón, chocaban alegremente, y los ojos miraban con ternura aquellas paellas como circos, en las cuales los pedazos de pollo eran casi tantos como los 10 granos de arroz, hinchados por el substancioso caldo.

Con el pañuelo al pecho a guisa de servilleta, había bigardón que tragaba como un ogro,[58] mientras las mujeres hacían dengues, llevándose a la boca la puntita de la cuchara con dos granos de arroz, mostrando esa preocupación de la mujer campesina que considera 15 como una falta de pudor el comer mucho en público.

Aquello era un banquete de señores; no se comía en la misma paella,[59] sino en platos, y bebíase en vasos, lo que embarazaba a muchos de los comensales, acostumbrados a arrojar un mendrugo sobre el arroz como señal de que era llegado el momento de pasar el porrón 20 de mano a mano.

La cortesía labriega mostrábase con toda su pegajosidad y falta de limpieza. Ofrecíanse de un extremo a otro del banquete un muslo tierno y jugoso, y de unos dedos a otros llegaba a su destino. Todo era obsequios, como si cada uno no tuviese en su plato lo mismo 25 que le ofrecían.

Marieta apenas si comía. Estaba al lado de su marido con la cabeza baja. Palidecía, contraíase su frente reflejando penosos pensa-

---

54. Lo que ... Baltasar: *The priest was right when he said in amazement: "It surpassed Belshazzar's feast!"* (Belshazzar, son of Nebuchadnezzar, King of Babylon, gave a great feast while Cyrus, King of the Persians, was besieging his land. During the feast, the holy vessels his father had brought from Jerusalem were profaned, and a hand traced mysterious words on the wall, which the prophet Daniel interpreted as signs of the fall of Belshazzar's kingdom and the death of the king. *Daniel*:5)

55. The reference here is to *Don Quijote*, Second Part, Chaps. XX and XXI, in which the sumptuous wedding banquet of the rich peasant Camacho is described.

56. enviaba el acólito: *sent his pals*

57. ¡Cuerpo de Dios! *By God!*

58. había ... ogro: *there were louts who ate like ogres*

59. en la misma paella: *from the same serving dish*

mientos y miraba con alarma a la puerta de la calle, como si temiera
alguna aparición del *Desgarrat.*

Aquel maldito era capaz de todo. Aún le parecía oír las últimas
palabras de la noche en que se despidieron para siempre. Se acorda-
5 ría de él, ya que por avaricia quería casarse con el tío *Sento;* y ella
sabía que aquel bruto, con su cara de hereje,⁶⁰ era capaz de hacer
algo que fuese sonado.⁶¹ Lo más raro era que, a pesar de sus temores,
el furor del *Desgarrat* le producía cierta inexplicable satisfacción.
No había remedio; aquel maldito le *tiraba* mucho.⁶² No en balde
10 se habían criado juntos.

La comida se animaba. Estaban ya limpias las paellas; ahora entraban los primores de la tía Pascuala, y la gente acometía los pollos
asados y rellenos, las fuentes enormes de lomo con tomate, toda la
cocina indígena, sólida y pesada, que desaparecía en las fauces siem-
15 pre abiertas de aquellos glotones.

Los graciosos alegraban la comida. El cura declaraba que ya no
podía más, y el notario pellizcábale el tirante abdomen, buscando un
huequecito para convencerle de que debía llenarlo. Algunos comenzaban a estar alumbrados, y con lenguas estropajosas les decían a los
20 novios cosas que hacían guiñar los ojillos al tío *Sento* y enrojecer a
Marieta.

Llegaron los postres con el famoso vino de la bota del rincón,⁶³ y
se sacaron del *estudi* las tortadas, los pasteles y las tortas finas.

Como moscas salieron del corral todos los chicuelos, con el pecho
25 y la cara embadurnados de arroz y grasa, yendo a meterse entre las
rodillas de sus madres, sin quitar ojo de los postres tentadores.

Marieta púsose en pie con un plato en la mano, y comenzó a dar
vueltas a la mesa. Había que regalar algo a la novia para alfileres;⁶⁴
era la costumbre. Y los parientes del novio, a quienes convenía estar
30 en buenas relaciones, dejaban caer sobre el redondel de loza la media
onza o la dobleta fernandina,⁶⁵ monedas relucientes y frotadas con
anticipación para que perdiesen la negra pátina adquirida en largo
encierro.

60. cara de hereje: *wicked face*
61. algo ... sonado: *something outrageous*
62. No había ... mucho. *There was no denying it. The wretch attracted her very much.*
63. la bota del rincón: *the wineskin in the corner*
64. para alfileres: *for "pin money"* (a euphemism for "wedding gifts")
65. dobleta fernandina: a coin. Do not translate.

—¡*Pera agulletes!* [66]—decía Marieta con vocecita mimosa.

Y era un gozo ver la lluvia de oro que caía sobre el plato. Todos dieron; hasta el notario, que soltó cinco duros pensando en que ya se la vengaría al presentar la cuenta de honorarios, y el cura, con gesto de dolor, sacó dos pesetas, alegando como excusa la pobreza de 5 la Iglesia por culpa del liberalismo. ¡Ah, si mandasen los suyos! [67]...

Marieta, abriendo el amplio bolsillo de su falda, vació el plato con un alegre retintín que regocijaba el oído.

La cosa marchaba. Hablaban todos a un tiempo, y la gente deteníase en la calle para admirar la alegría de los convidados.   10

Aquel vinillo claro, coronado de brillantes,[68] surtía efecto. Todos querían brindar.

—¡Bomba..., bombaa!—aullaban los más alegres.

Y se ponía en pie un socarrón, vaso en mano, y después de mirar a todos lados con sonrisa maliciosa que prometía mucho, rompía así: 15

> *Brindo y bebo,*
> *y quedo convidao para aluego.*[69]

Todos, a pesar de que ese chiste lo oyeron ya a sus abuelos, acogíanlo con grandes risotadas, y gritaban palmoteando: ¡*Vítor...*, *vítooor!* [70]   20

Y tras esta muestra de ingenio venían otras, todas ellas tan rancias, no faltando quien [71] se lanzaba a improvisar cuartetas rabudas en honor de los novios.

El notario estaba en su elemento. Aseguraba que el tío *Sento* acababa de pellizcarle por debajo de la mesa creyendo que sus pier- 25 nas eran las de Marieta; hablaba de la próxima noche de un modo que hacía ruborizar a las jóvenes y sonreír a las madres, y el cura, alegrillo y con los ojos húmedos y brillantes, intentaba ponerse serio murmurando bonachonamente:

—¡Vamos, don Julián! Orden, que estoy aquí.   30

El vino hacía revivir la brutalidad de los comensales. Gritaban puestos en pie, derribando con sus furiosos manoteos botellas y vasos; cantaban acompañados por la dulzaina de *Dimoni,* a cuyo son

---

66. ¡*Pera agulletes!* = ¡Para alfileres! (Cf. note 64.)
67. los suyos: *those of their side* (ultra-conservative Carlists)
68. coronado de brillantes: *sparkling with bubbles* (looking like diamonds)
69. *convidao para aluego* = convidado para luego: *invited for later*
70. ¡Vítor ..., vítooor! *Hurrah! Huraaah!*
71. no faltando quien: *and there were even those who*

saltaban en el corral algunas parejas, y, al fin, instintivamente, dividiéronse en dos bandos, y de un extremo a otro de la mesa comenzaron a arrojarse puñados de confites con toda la fuerza de sus poderosos brazos, acostumbrados a luchar con la ingrata tierra y las tozudas
5 bestias de carga.

¡Qué divertido era aquello! El tío *Sento* reía muy complacido, pero el cura huyó con las mujeres a refugiarse en el *estudi,* y el notario se ocultó debajo de la mesa.

Caían los cristales de las alacenas hechos añicos; quebrábanse los
10 vasos; un ruido de tiestos sonaba continuamente, y los campeones se enardecían, hasta el punto de que, no encontrando confites a mano, se arrojaban los restos de bizcochos y los fragmentos de platos.

—*Prou; ya teníu prou* [72]—gritaba el tío *Sento,* cansado de sufrir golpes.

15 Y en vista de que le desobedecían púsose en pie, y a empellones los echó al corral, donde los enardecidos mozos continuaron la fiesta, arrojándose proyectiles menos limpios.

Entonces fue cuando las mujeres volvieron al banquete con el asustado cura. ¡*Reina y siñora,*[73] aquello no estaba bien! Era un
20 juego de brutos. Y se dedicaron a auxiliar a los descalabrados, que se limpiaban la sangre sonriendo, sin cesar de decir que se habían divertido mucho.

Volvieron a sentarse todos a la revuelta mesa, en la cual el vino derramada y los residuos de la comida formaban repugnantes man-
25 chas.

Pero allí no se ganaba para sustos,[74] y algunas respetables matronas saltaron de sus asientos, afirmando entre chillidos medrosos que algo iba por debajo de la mesa que las pellizcaba las abultadas pantorrillas.

30 Eran los chicos que, no ahitos de confites, buscaban a gatas los residuos de la batalla.

—¡Qué granujería tan endemoniada! ¡*Pachets..., fora..., fora!* [75]

Y a coscorrones fue expulsada aquella invasión de desvergonzados buscadores.

35 Pues, señor, bien iba la boda. Había que reconocer que la gente se divertía.

---

72. *Prou; ya teníu prou* = Bastante; ya tenéis bastante
73. Cf. note 43.
74. Pero ... sustos: *But there was no end to the terrors there*
75. ¡*Pachets ..., fora ..., fora! Rascals, out, out!*

Y fuera gangueaba la dulzaina haciendo locas cabriolas, como si estuviera contagiada de aquel regocijo tan brutal como ingenuo.

IV

A las diez de la noche quedaba ya poca gente en casa de los novios.

Desde el anochecer, que [76] comenzaron a salir del establo los carritos y las caballerías enjaezadas, la mayoría de los convidados emprendía el regreso a sus pueblos, cantando a grito pelado [77] y deseando a los novios una noche feliz.

Los de Benimuslim se retiraban también, y en las oscuras calles veíase a más de una mujer tirando trabajosamente del vacilante marido, que era incapaz de excesos en los días normales, pero que en una fiesta se ponía alegre como cualquier hombre.

La vieja tartana del notario saltaba sobre los baches del camino, dormitando don Julián con las gafas en la punta de la nariz y dejando que guiase su escribiente, a pesar de que éste se sentía tan trastornado como su principal.

Ya no quedaban en la casa más que los padres de Marieta y algunos parientes.

El tío *Sento* mostraba impaciencia. Cada mochuelo a su olivo.[78] Después de un día tan agitado, ya era hora de dormir. Y bajo las enormes cejas brillábanle los ojuelos con expresión ansiosa.

—¡Adiós, *filla mehua!* [79]—gritaba la madre de Marieta—. ¡Adiós!...

Y lloraba abrazándose a su hija, como si la viera en peligro de muerte.

Pero el padre, el viejo carretero, que llevaba media bodega en la panza, protestaba con lengua torpe y socarrona indignación: *¡Redéu!* [80] No parecía sino que a la chica la habían sentenciado y la llevaban al *carafalet*.[81] Vamos, hombre, que era cosa de caerse de risa. ¿Tan mal le había ido a la madre cuando se casó?

Y empujaba a su vieja para desasirla de Marieta, que también derramaba lágrimas; y entre suspiros y gimoteos fueron hasta la puerta, que cerró el tío *Sento*, pasando después los cerrojos y la cadena.

Ya estaban solos. Arriba, en el granero, dormía la tía Pascuala; en

76. que = cuando
77. a grito pelado: *at the top of their lungs*
78. Cada ... olivo. *It was time for everybody to go home.*
79. *filla mehua* = hija mía
80. Cf. note 35.
81. *carafalet: gallows*

la cuadra se acostaban los criados; pero en el piso bajo, en la parte
principal de la casa, sólo estaban ellos entre los desordenados restos
del banquete y a la luz vacilante de un velón monumental.

Por fin ya la tenía; allí estaba sentada en una poltrona de esparto,
5 encogiéndose como si quisiera achicarse hasta desaparecer.

El tío *Sento* estaba intranquilo, y en la vehemencia de su pasión
senil no sabía qué decir. ¡*Recordóns!* [82] No le había ocurrido lo
mismo cuando se casó con Tomasa. Lo que hace la edad.

Por algo tenía que empezar, y rogó a Marieta que entrase al
10 *estudi.* ¡Pero bonita era la chica! [83] ¡Criatura más terca y arisca no
la había visto el tío *Sento!*

No; ella no se meneaba; no entraba en el *estudi* aunque la mata-
sen; quería pasar la noche en aquel sillón.

Y cuando el novio intentaba acercarse, replegábase medrosica
15 como un caracol, faltándole poco para hacerse un ovillo [84] sobre el
asiento de cuerda.

El tío *Sento* se cansó de tanto rogar. Bueno; ya que ése era su capricho, que pasase buena noche.

Y agarrando rudamente el velón, se metió en el *estudi.*
20 Marieta tenía un horror instintivo a la oscuridad. Aquella casa
grande y desconocida le causaba miedo; creyó ver en la sombra la
cara ancha y pecosa de la *siñá* Tomasa, y, trémula, con paso precipitado, creyendo que alguien la tiraba de la falda, se metió en el *estudi*
siguiendo a su marido.

25 Ahora se fijaba en aquella habitación, la mejor de la casa, con su
sillería de Vitoria,[85] las paredes cubiertas de cromos religiosos con
apagadas lamparillas al frente y sus colosales armarios de pino para
la ropa.

Sobre la ventruda cómoda, con agarraderas de bronce, elevábase
30 una enorme urna llena de santos y de flores ajadas, rodeábanla
candelabros de cristal con velas amarillas, torcidas por el tiempo
y moteadas por las moscas; cerca de la cama, la pililla de agua
bendita, con la palma del Domingo de Ramos, y junto a ellas,
colgando de un clavo, la escopeta del tío *Sento;* un mosquetón con
35 dos cañones como trabucos, cargados siempre de perdigón gordo, por
lo que pudiera ocurrir.[86]

82. *Recordóns.* Cf. note 20.
83. ¡ Pero ... chica! *The girl had no intention of obeying!*
84. faltándole ... ovillo: *she almost curled herself into a ball*
85. sillería de Vitoria: *chairs with straw seats*
86. por ... ocurrir: *just in case*

Y como suprema muestra de magnificencia, como complemento del moblaje, aquella cama famosa de la *siñá* Tomasa, complicada fábrica de madera tallada y pintada, ostentando en la cabecera media corte celestial, y con un montaje de colchones, cuya cima cubría el rojo damasco.   5

El marido sonreía satisfecho de su triunfo.

¿No veía ella cómo por fin entraba? Debía obedecerle siempre y no ser tonta. Él sólo deseaba su bien, por lo mismo que la quería mucho.

El viejo, a pesar de su rudeza, decía esto con expresión dulzona, 10 como si aún tuviera en su boca algún confite de la comida, y extendiendo las manos con audacia.

—*¡Estigas quiet!*—decía Marieta con voz sofocada por el miedo—. *¡No s'acoste!* [87]

Y mudaba de sitio huyendo de su marido. Iba de una parte a otra 15 mirando con ansiedad las paredes, como si esperara ver en ellas un agujero, algo por donde poder escapar.

Si no sintiera tanto miedo en la oscuridad, pronto hubiera abierto la puerta del *estudi*, huyendo de aquella lucha insostenible.

El tío *Sento* la concedía una tregua e iba desnudándose con resig- 20 nada calma.

—Pero qué tonta eres—decía con entonación filosófica.

Y repetía la frase un sinnúmero de veces, mientras se quitaba las alpargatas y los pantalones de pana, desliándose la negra faja para que el vientre recobrase su hinchada elasticidad.   25

Oyóse a lo lejos el reloj de la iglesia dando las once.

Era ya hora de acabar aquella situación ridícula. Se acostaba Marieta, ¿sí o no?

Y el tío *Sento* hizo con tal imperio la pregunta, que la novia levantóse como una autómata, volvió su rostro a la pared y comenzó 30 a desnudarse con lentitud.

Quitóse el pañuelo del cuello, y después, tras largas cavilaciones, el corpiño fue a caer sobre una silla.

Quedóse al descubierto el ceñido corsé de deslumbrante blancura, con arabescos rojos, y más arriba, la morena espalda de tonos ca- 35 lientes, como el ámbar, cubierta de una suave película de melocotón sazonado y rematada por la cerviz de adorable redondez, erizada de rizados pelillos.

Aproximábase el tío *Sento* cautelosamente, moviéndose al compás

87. *¡Estigas quiet!* ... *¡No s'acoste!* **Let me alone!** ... **Don't come near me!**

de sus pasos el blanducho y enorme abdomen. No debía ser tonta:
él la ayudaría a desnudarse.

E intentaba meterse entre ella y la pared para verla de frente y
apartar aquellos brazos cruzados con fuerza sobre el exuberante y
5 firme pecho, oprimido por las ballenas del corsé.

—¡*No vullc, no vullc!*—gritaba con angustia la muchacha—. ¡*Apartes d'ahí! ¡Fuixca!* [88]

Con fuerza inesperada empujó aquella audaz panza que la cerraba
el paso, y siempre ocultando su pecho, fue a refugiarse entre la cama
10 y la pared.

El tío *Sento* se amoscaba. Aquello ya pasaba de broma, y él no se
sentía capaz de contemplaciones. Fue a seguir a Marieta en su escondrijo, pero apenas se movió, ¡*redéu!*, parecía que el pueblo se
venía abajo, que la casa era asaltada por todos los demonios del in-
15 fierno o que había llegado el Juicio final.

Vaya un estrépito. Eran latas de petróleo golpeadas a garrotazo
limpio; cabezones [89] agitando sus innumerables cascabeles, enormes
matracas y grandes cencerros sonando todos a un tiempo, y al poco
rato disparáronse cohetes que silbaban y estallaban junto a la reja
20 del *estudi*. Por las rendijas de las maderas penetraba un resplandor
rojizo de incendio.

Adivinaba él lo que era aquello y a quién lo debía. Si la pena
fuera un *sou*,[90] si no hubiese presidio para los hombres, ya arreglaría
él a aquella pillería.

25 Y juraba y pateaba, despojado ya de su fiebre amorosa, sin acordarse de Marieta, que, asustada al principio por el infernal estrépito,
lloraba ahora, creyendo que sus lágrimas podían arreglarlo todo.

Ya se lo habían dicho sus amigas. Se casaba con un viudo y tendría
cencerrada.[91]

30 Pero ¡qué cencerrada, señores! Era ·en toda regla, con coplas alu-
sivas que la gente celebraba con carcajadas y relinchos, y cuando
cesaba momentáneamente el estrépito de latas y cencerros, sonaba la
dulzaina con sus gangueos burlones, y una voz acatarrada que conocía Marieta (¡vaya la conocía!), hablaba de la vejez del novio, de lo
35 *carasera* [92] que había sido la novia y del peligro en que estaba el tío

88. ¡*No vullc, no vullc!* ... ¡*Apartes d'ahi! ¡Fuixca! I don't want to, I don't
want to! Go away! Go away!*
89. cabezones: *large heads* (made of cardboard or *papier-mâché*)
90. sou: *monetary unit of little value*
91. Cf. note 1.
92. carasera = casadera: *ripe for marriage*

Sento de ir al día siguiente al cementerio si quería cumplir su obligación.

—*¡Morrals! ¡Indesents!* [93]—rugía el novio, e iba loco por el *estudi*, manoteando, como si quisiera exterminar en el aire aquellas coplas que venían de fuera. 5

Pero una malsana curiosidad le dominaba. Quería ver quiénes eran los guapos que se atrevían con él, y de un bufido apagó el velón, abriendo después un ventanillo de la reja.

La calle entera estaba ocupada por el gentío. Algunos haces de cáñamo seco ardían con rojiza llama, y su resplandor de incendio 10 abarcaba el corro principal de la cencerrada, dejando en la oscuridad el resto de la muchedumbre.

Allí estaban los autores. El *Desgarrat* al frente y toda la parentela de la *siñá* Tomasa. Pero lo que más indignaba al tío *Sento* era que estuviese allí *Dimoni* acompañando con su dulzaina las indecentes 15 coplas, cuando el muy ladrón había recibido horas antes dos duros como dos soles por su trabajo en la boda. ¡Y cómo se reía aquel hereje cada vez que su amigo el *Desgarrat* cantaba una desvergüenza!

Había que hacer un disparate.[94]

Lo que más alteraba al tío *Sento,* aunque él lo callase, era ver que 20 aquel insulto a su persona lo presenciaba medio pueblo, los mismos que antes le temían o le buscaban humildes e imploraban su favor. Su estrella se eclipsaba. Todos le perdían el respeto después de su calaverada casándose con una chica.

Despertábase su soberbia de hombre duro acostumbrado a impo- 25 ner su voluntad, y temblaba de pies a cabeza ante los feroces insultos.

Conformábase con el ruido: que golpeasen cuanto quisieran, pero que no cantase aquel perdido, pues sus coplas le aglomeraban la sangre a los ojos.[95]

Pero el *Desgarrat* era infatigable; la gente acogía las coplas con 30 aullidos de entusiasmo, y el viejo, ya trastornado, se hacía atrás, como si en la oscuridad del *estudi* fuese a buscar algo.

Aún permaneció en el ventanillo viendo cómo la multitud abría paso a algunos amigos del *Desgarrat* que conducían en hombros un objeto largo y negro. 35

---

93. *¡Morrals! ¡Indesents!* = ¡Morrales! ¡Indecentes! *Boors! Pigs!*
94. Había ... disparate. *Strong measures had to be taken.*
95. Conformábase ... ojos. *He could take the noise: let them make all the racket they wished, but he could not tolerate the singing of that wretch, for his verses made him see red.*

—¡Gori, gori, gori! ⁹⁶—aullaba la multitud, parodiando el canto de los entierros.

Y el novio vio pasar en la punta de un palo, a guisa de un guión, unos cuernos enormes,⁹⁷ leñosos y retorcidos, y después un ataúd,⁹⁸ en cuyo fondo descansaba un monigote con dos grandes marañas de pelo en el lugar de las cejas. ¡Cristo, aquello era para él! Ya se atrevían a lanzarle en el rostro aquel apodo de *Sellut*,⁹⁹ que nadie había osado proferir en su presencia.

Rugió apartándose del ventanillo, buscó a lo largo de la pared, a tientas, en la oscuridad; algo apoyó en su rostro contraído por la rabia, y sonaron dos truenos, que hicieron parar en seco la ruidosa cencerrada. Había tirado a ciegas; pero tal era su deseo de matar, que hasta estaba seguro de haber acertado.

Se apagaron las rojas antorchas, oyóse el rumor de la gente que huía apresurada, y algunas voces gritaban desde la calle:

—¡Pillo..., asesino! El *Sellut* es. *Asómat*,¹⁰⁰ granuja.

Pero el tío *Sento* nada oía. Estaba plantado en medio del *estudi* como asombrado de lo que había hecho, con la caliente escopeta quemándole las manos.

Marieta, poseída de pasmo, gimoteaba en el suelo. Su estertor ansioso era lo único que oía él, y dirigiendo su furia a la que más cerca tenía, murmuraba con ferocidad:

—¡*Calla, cordóns*!... ¡*Calla o te mate a tú*! ¹⁰¹...

El tío *Sento* no salió de su estupor hasta que golpearon rudamente la puerta de la calle.

—¡Abran a la Guardia Civil!

Debían de estar levantados los criados desde mucho antes, pues la puerta se abrió, acercándose al *estudi* el ruido de culatas y zapatos claveteados.

Cuando el tío *Sento* salió a la calle entre los dos guardias vio el ca-

96. "Gorigori" is a colloquialism for the mournful singing at funerals. Do not translate.
97. Age-old tradition has it that when a wife is unfaithful to her husband, horns appear on the latter's forehead. The crowd was prophesying that Marieta would deceive Sento.
98. The coffin indicates that the old Sento would die of the exertions of marriage.
99. *Sellut*: "Heavy Eyebrows"
100. *Asómat*: Show your face
101. ¡*Calla, cordóns*! ... ¡*Calla o te mate a tú*! Quiet, by God! ... Quiet, or I'll kill you!

dáver del *Desgarrat* hecho una criba.[102] No se había perdido un perdigón.[103]

Los compañeros del muerto amenazáronle de lejos con sus navajas; hasta *Dimoni,* tambaleando por el vino y la emoción, le apuntaba fieramente con su dulzaina; pero él nada veía, y se alejó cabiz- 5 bajo, murmurando con amargura:

··–¡*Bonica nit* de novios! [104]

102. hecho una criba: *riddled with holes*
103. No se ... perdigón. *Not one bit of shot had been wasted.*
104. ¡*Bonica nit* de novios! *A fine wedding night!*

Benito Pérez Galdós

(1843–1920)

The history of the Spanish novel has been summarized wittily, if cavalierly, in the words "Después de Cervantes, nadie; después de nadie, Pérez Galdós." It is, however, generally admitted that Galdós, born May 10, 1843 in Las Palmas de Gran Canaria (Canary Islands), is the Titan of nineteenth-century Spanish letters. He received his primary and secondary education in his home town, which he left at the age of twenty to study law in Madrid. Unlike several novelists of his time, Galdós seems never to have felt any special nostalgia for his place of birth; indeed, immediately upon his arrival in the capital city, he succumbed to its spell, drank in its atmosphere, was witness to its dramatic political and social changes. During his first trip to Paris in 1867 he discovered the work of Balzac who, along with Dickens, was to be a model for his comprehensive study of contemporary society.

Galdós' first novel, *La Fontana de Oro* (1870), was the beginning of a long career of incredible output: seventy-seven novels and twenty-two plays. In the years that followed he produced such liberal, tendentious novels as *Doña Perfecta* (1876), *Gloria* (1876–77) and *La familia de León Roch* (1879). At about the same time he wrote the first two series of his *Episodios Nacionales* which, when completed decades later, would come to over forty volumes and would recount the history of Spain in novel form from the Battle of Trafalgar (1805) to the 1880's.

Galdós was an indefatigable worker of methodical habits; except for some trips abroad and through Spain, and a brief period when he was deputy to the Cortes, he eschewed all entanglements, including marriage, that might keep him from his creative tasks. Because of his criticism of religious fanaticism and his protests against social injustice, he made enemies. His art grew in depth as he plumbed the minds and souls of every conceivable social and psychological type—saint and sinner, aristocrat and usurer, philosopher and merchant, proletarian and civil servant, the obsessive, the schizophrenic, the mystic and visionary. Many of these superbly delineated characters play primary roles in some novels, then become recessive in others. As they appear, grow dim, and then re-appear, they endow the novelist's total work with a unity and coherence rarely to be found elsewhere.

Galdós is a vigorous, massive writer; his novels are full-bodied and generous in detail, for his plots are woven into a vast social fabric alive with movement and change. A master of rich, racy vocabulary adapted to the wide diversity of his characters, Galdós was a social historian and analyst, a caricaturist and depth psychologist. Out of this richness he was able to create such immortal characters as Isidora Rufete who, in *La Desheredada* (1881), is obsessed with the idea that she is a scion of the nobility, or the superb, bigger-than-life parasite and hypocrite Doña Cándida in *El amigo Manso* (1882), the spendthrift Rosalía Bringas in *La de Bringas* (1884), or the desperate aging, unemployed government clerk don Ramón Villamil in *Miau* (1888).

In addition to his supreme masterpiece *Fortunata y Jacinta* (1886–87), in which all of the novelist's talents are magnificently blended, mention should be made also of *La Incógnita* and *Realidad* (both 1889), which treated the same story from two different points of view; *El Abuelo* (1897), a novel in dialogue form; and *Angel Guerra* (1890–91), an uneven but impressive study of the conflict of reality and mysticism. Among Galdós's last novels, *Nazarín* and *Halma* (both 1895) are studies of a priest whose aims are to spread the Christian spirit in all its purity (Galdós was no doubt influenced by the Russian novelists of his time), and *Misericordia* (1897) tells of the total devotion of an aging servant—a woman of the people—to an ungrateful family. Less successful were Galdós's attempts at playwriting, although his *La loca de la casa* (1893) has some merit and his *Electra* (1901) provided a rallying point for the young generation of anticlericals and brash reformers.

One of the master's consummate creations is the usurer Francisco de Torquemada who appears in a minor role in such novels as *La de*

Bringas, Lo Prohibido, and *Fortunata y Jacinta,* and becomes the
central character of the four novels *Torquemada en la hoguera*
(1889), *Torquemada en la cruz* (1893), *Torquemada en el Purgatorio*
(1894), and *Torquemada y San Pedro* (1895). In the first novel of
the series, this penny-pinching and pitiless landlord, whose frugality
and cunning have made him a very rich man (with the help of his
wife who dies early in the book), has only one weakness, his son Valentín who shows promise of becoming a mathematical genius. Unfortunately, the boy is struck down by meningitis and while he hov-
ers between life and death, his father, who conceives of everything
in terms of bargaining, tries to ransom his son's life by doing deeds
of charity and thus buying the good will of God, or, as he calls Him,
el Gran Conjunto, el Gran Todo, la Humanidad. He forces alms on
street beggars, evinces kindness to his wretched tenants, lends a
large sum of money to a dying painter (who is living with Isidora
Rufete of *La Desheredada*). But in spite of such calculated generos-
ity, Valentín dies and Torquemada returns to his old mean ways.

In *Torquemada en la cruz* (reproduced below) the character is
further developed as he slowly recognizes the possibility of new values and new modes of life.

Torquemada en la cruz

PRIMERA PARTE

I

Pues, señor..., fué el 15 mayo,[1] día grande de Madrid (sobre este punto no hay desavenencia en las historias), del año...(esto sí que no lo sé: averígüelo quien quiera averiguarlo), cuando ocurrió aquella irreparable desgracia que, por más señas, anunciaron cometas, ciclones y terremotos: la muerte de doña Lupe *la de los Pavos,*[2] de 5 dulce memoria.

Y consta la fecha del tristísimo suceso, porque don Francisco Torquemada, que pasó casi todo aquel día en la casa de su amiga y compinche, calle de Toledo, número...(tampoco sé el número ni creo que importe), cuenta que, habiendo cogido la enferma, al declinar la 10 tarde, un sueñecito reparador que parecía síntoma feliz del término de la crisis nerviosa, salió él al balcón por tomar un poco el aire y descansar de la fatigosa guardia que montaba desde las diez de la mañana; y allí se estuvo cerca de media hora contemplando el sinfín de coches que volvían de la Pradera,[3] con estruendo de mil demo- 15 nios, los atascos, remolinos y encontronazos de la muchedumbre, que no cabía por las dos aceras arriba, los incidentes propios del mal humor de un regreso de feria, con todo el vino y el cansancio del día convertidos en flúido de escándalo. Entreteníase oyendo los dichos germanescos que, como efervescencia de un líquido bien batido, 20 burbujeaban sobre el tumulto, revolviéndose con doscientos mil pitidos de pitos del Santo, cuando...

1. May 15 is the feast day of San Isidro, patron saint of Madrid.
2. Doña Lupe appears in *Fortunata y Jacinta* with this same nickname; she had at one time sold turkeys. She is a usurer and occasional associate of Torquemada, and is sometimes referred to as "la viuda de Jáuregui."
3. The Pradera de San Isidro, with its hermitage, attracts many people during the festival of San Isidro.

—Señor—le dijo la fámula de doña Lupe, dándole tan tremendo palmetazo en el omóplato, que el hombre creyó que se le caía encima el balcón del piso segundo—, señor, venga, venga acá... Otra vez el accidente. De ésta me parece que se nos va.[4]

5 Corrió a la alcoba don Francisco, y, en efecto, a doña Lupe le había dado la pataleta. Entre el amigo y la criada no la podían sujetar; trincaba la buena señora los dientes; en sus labios hervía una salivilla espumosa, y sus ojos se habían vuelto para dentro,[5] como si quisieran cerciorarse por sí mismos de que ya las ideas volaban dispersas
10 por esos mundos. No se sabe el tiempo que duraron aquellas fieras convulsiones. Pareciéronle a don Francisco interminables, y que se acababa el día de San Isidro[6] y le seguía una larguísima noche, sin que doña Lupe entrase en caja.[7] Mas no habían sonado las nueve, cuando la buena señora se serenó, quedándose como lela. Diéronle
15 de un brebaje, cuya composición farmacológica no consta en autos,[8] como tampoco el nombre de la enfermedad, se mandó recado al médico, y hallándose la enferma en completa quietud de miembros, precursora de la del sepulcro, con toda la vida que le restaba asomándose a los ojos, otra vez vivos y habladores, comprendió Torque-
20 mada que su amiga quería hablarle, y no podía. Ligera contracción de los músculos de la cara indicaba el esfuerzo para romper el lúgubre silencio. La lengua al fin, pellizcada por la voluntad, se despegó, y allá fueron algunas frases que sólo don Francisco, con su sutil oído y su conocimiento de cuanto pudiera pensar y decir *la de los Pavos*,
25 podía entender.

—Sosiéguese ahora...—le dijo—. Tiempo tenemos de hablar todo lo que nos dé la gana sobre esa incumbencia.[9]

—Prométame hacer lo que le dije, don Francisco—murmuró la enferma alargando una mano, como si quisiera tomar juramento—.
30 Hágalo por Dios...

—Pero, señora... ¿Usted sabe...? ¿Cómo quiere que...?

—¿Y cree usted que yo, su amiga leal—dijo la viuda de Jáuregui, recobrando como por milagro toda su facilidad de palabra—, puedo engañarle? En ningún caso le aconsejaría cosa contraria a sus inte-
35 reses, menos ahora, cuando veo las puertas de la eternidad abiertas

4. De ésta ... va. *I think this attack is going to finish her off.*
5. sus ojos ... dentro: *her eyes had turned up in her head*
6. Cf. note 1.
7. sin que ... caja: *without Doña Lupe getting any better*
8. no consta en autos: *is not on record*
9. todo ... incumbencia: *as much as we like about this obligation*

de par en par delante de mí..., cuando siento dentro de mi pobre
alma la verdad, sí, la verdad, señor don Francisco, pues desde que
recibí al Señor...[10] Si no me falla la memoria, ha sido ayer por la
mañana.

—No, señora, ha sido hoy, a las diez en punto—replicó él, satisfe- 5
cho de rectificar un error cronológico.

—Pues mejor: ¿había yo de engañarle...con el Señor acabadito de
tomar? [11] Oiga la santa palabra de su amiga, que ya le habla desde
el otro mundo, desde la región de..., de la...

Tentativa frustrada de dar un giro poético a la frase.   10

—...Y añadiré que lo que le predico le vendrá de perillas [12] para el
cuerpo y para el alma, como que resultará un buen negocio, y una
obra de misericordia, en toda la extensión de la palabra... ¿No lo
cree?

—¡Oh! Yo no digo que...   15

—Usted no me cree...y algún día le ha de pesar si no lo hace... ¡Que
siento morirme sin que podamos hablar largamente de esta peripecia! Pero usted se eternizó en Cadalso de los Vidrios,[13] y yo en este camastro, consumiéndome de impaciencia por echarle la vista encima.

—No pensé que estuviera usted tan malita. Hubiera venido antes. 20

—¡Y me moriré sin poder convencerle!... Don Francisco, reflexione,
haga caso de mí, que siempre le he aconsejado bien. Y para que usted
lo sepa, todo moribundo es un oráculo, y yo muriéndome le digo:
Señor don Paco, no vacile un momento, cierre los ojos y...

Pausa motivada por un ligero amago. Intermedio de visita del mé- 25
dico, el cual receta otra pócima, y al partir, en el recodo del pasillo,
pronostica, con sólo alargar los labios y mover la cabeza, un desenlace fúnebre. Intermedio de expectación y de friegas desesperadas.
Don Francisco, desfallecido, pasa al comedor, donde en colaboración
con Nicolás Rubín, sobrino de la enferma, despacha una tortilla con 30
cebolla, preparada por la sirvienta en menos que canta un gallo.[14] A
las doce, doña Lupe, inmóvil y con los ojos vigilantes, pronunciaba
frases de claro sentido; pero sin correlación entre sí, truncadas, sin
principio las unas, sin fin las otras. Era como si se hubiera roto en

---

10. desde ... Señor: *since I received the Viaticum* (last Communion)
11. Pues ... tomar? *So much the better: would I deceive you right after having
the last Communion?*
12. le vendrá de perillas: *will be just right*
13. Pero ... Vidrios: *But you were away such a long time in Cadalso de los
Vidrios* (location of estates belonging to Torquemada)
14. en menos ... gallo: *quick as a flash*

mil pedazos el manuscrito de un sabio discurso, convirtiéndolo en
papeletas, que después de bien revueltas en un sombrero, se iban sacando, a semejanza del juego de los estrechos.[15] Oíala Torquemada
con profunda pena, viendo cómo se desbandaban las ideas en aquel
5 superior talento, palomar hundido y destechado ya.

—...Las buenas obras son la riqueza perdurable, la única que, al
morirse una, pasa a la cuenta corriente del Cielo... En la puerta del
Purgatorio le dan a una una chapa, y luego, el día que se saca ánima,
cantan: "número tantos," y sale la que le toca...[16] La vida es muy
10 corta. Se muere una cuando cree que todavía está naciendo. Debieran darle a una tiempo para enmendar sus equivocaciones... ¡Qué
barbaridad!, con el pan a doce, y el vino a seis, ¿cómo quieren [17] que
haya virtud? La masa obrera quiere ser virtuosa y no la dejan. Que
San Pedro bendito mande cerrar las tabernas a las nueve de la noche,
15 y veremos... Voy pensando que el morirse es un bien, porque si una
viviera siempre y no hubiese entierros ni funerales, ¿qué comerían
los ministros del Señor?... Veintiocho y ocho deberían ser cuarenta;
pero no son más que treinta y seis... Eso por andar la aritmética,
desde que el mundo es mundo, tan mal apañada,[18] en manos de
20 maestros de escuela y de pasantes que siempre tiran a la miseria, a
que triunfe lo poco, y lo mucho se...fastidie.[19]

Tuvo un ratito de lucidez, en el cual, mirando cariñosamente a su
compinche, que junto al lecho era un verdadero espantajo de conmiseración silenciosa, volvió al tema de antes con igual insistencia:
25 —...Mire que me voy persuadida de que lo hará... No, no menee la
cabeza...

—Pero si no la meneo, mi señora doña Lupe, o la meneo para decir
que sí.

—¡Oh, qué alegría! ¿Qué ha dicho?

30 Torquemada afirmaba, sin reparo de [20] falsificar sus intenciones

15. juego de los estrechos: *casting of lots for the purpose of choosing partners*
16. el día ... toca: *the day that a soul is to be taken out of Purgatory they
chant "number such and such" and the one whose number is called comes out*
17. ¿cómo quieren ...? *how do they expect ...?* (*Doce* and *seis* refer to the
prices of bread and wine respectively; Doña Lupe is indignant because bread
costs twice as much as wine.)
18. Eso ... apañada: *That's because, ever since the world began, arithmetic
has been in such bad shape*
19. a que ... fastidie: *so that what is insignificant will win out, and what is
significant ... well, it will just go to pot.* (Doña Lupe is obviously raving in her
delirium.)
20. sin reparo de: *without hesitating to*

ante un moribundo. Bien se podía consolar con un caritativo embuste a quien no había de volver a pedir cuenta de la promesa no
cumplida.

—Sí, sí, señora—agregó—, muérase tranquila...; digo,[21] no; no hay
que morirse..., ¡cuidado!,[22] quiero decir, que se duerma con toda   5
tranquilidad... Conque...a dormirnos tocan.[23]

Doña Lupe cerró los ojos; pero no tardó en abrirlos otra vez, tra-
yendo con el resplandor de ellos una idea nueva, la última, recogida
de prisa y corriendo, como un bulto olvidado que el viajero descubre
en un rincón, en el momento de partir. "Si sabré yo lo que me   10
pesco [24] al recomendarle que se junte con esa familia! Debe hacerlo
por conciencia, y si me apura, hasta por egoísmo. ¿Usted sabe, usted
sabe lo que puede sobrevenir?" Hizo esta pregunta con tanto énfasis,
moviendo ambos brazos en dirección del asustado rostro del prestamista, que éste se previno para sujetarla viendo venir otro delirio   15
con traqueteo epiléptico.

—¡Ay!—añadió la señora, clavando en Torquemada una mirada
maternal—, ya veo claro lo que ha de sobrevenir, porque el Señor
me permite adivinar las cosas que a usted le convienen...y adivino
que con su ayuda ganarán mis amigas el pleito... Como que es de   20
justicia que lo ganen.[25] ¡Pobre familia! Mi señor don Francisco les
lleva la suerte... Arrimamos el hombro, y pleito ganado.[26] La parte
contraria hecha un trapo miserable; y usted... No, no se han inventado todavía los números con que poder contar los millones que va
usted a tener... ¡Perro, si no lo merece, por testarudo y por moños   25
que se pone!... ¡Menudo pleitazo! [27] Sepa—bajando la voz, en tono
de confidencia misteriosa—, sepa, don Francisco, que cuando lo ganen, poseerán todita la huerta de Valencia, toditas las minas de
Bilbao,[28] medio Madrid en casas, y dos terceras partes de la Habana,
en casas también... Item, una faja de terreno de veintitantas leguas,   30

21. digo: *I mean*

22. ¡cuidado! favorite interjection of Torquemada with varying meanings.
Translate here as "oops!"

23. a dormirnos tocan: *time for us to go to sleep*

24. Si ... pesco: *I know what I'm doing*

25. Como ... ganen. *It's only fair that they win it.*

26. Arrimamos ... ganado. *We'll just make an effort and the case will be won.*

27. si ... pleitazo: *you don't deserve it because you're stubborn and you put
on airs! Some nice little case!*

28. The fertile area surrounding Valencia is called *la huerta;* Bilbao is in the
Basque region (northern Spain) and is highly industrialized.

de Colmenar de Oreja para allá,[29] y tantas acciones del Banco de
España como días y noches tiene el año; con más siete vapores grandes, grandes, y la mitad, aproximadamente, de las fábricas de Cataluña...[30] *Ainda mais,* el coche correo de colleras que va de Molina de
5 Aragón a Sigüenza,[31] un panteón soberbio en Cabra,[32] y no sé si
treinta o treinta y cinco ingenios, los mejorcitos, de la isla de Cuba...,
y añada usted la mitad del dinero que trajeron los galeones de América, y todo el tabaco que da la Vuelta Abajo, y la Vuelta Arriba, y la
Vuelta grande del Retiro...[33]
10   Ya no dijo más, o no pudo entender don Francisco las cláusulas
incoherentes que siguieron, y que terminaron en gemidos caden-
ciosos. Mientras doña Lupe agonizaba, pasaeábase en el gabinete
próximo con la cabeza mareada de tanto ingenio de Cuba y de tanto
galeón de América como le metió en ella, con exaltación de mori-
15 bunda delirante, su infeliz amiga.[34]
    La cual tiró [35] hasta las tres de la mañana. Hallábase mi hombre
en la sala, hablando con una vecina, cuando entró el clérigo Nicolás
Rubín, y consternado, pero sin perder su pedantería en ocasión tan
grave, exclamó: *Transit.*[36]
20   —¡Bah! Ya descansó la pobrecita—dijo Torquemada, como dando
a la difunta el parabién por la terminación de su largo padecimiento.
    No quiere decir esto que no sintiese la muerte de su amiga; pasa-
dos algunos minutos después de oído aquel lúgubre *transit,*[37] notó
un gran vacío en su existencia. Sin duda, doña Lupe le había de ha-
25 cer mucha falta,[38] y no encontraría él, a la vuelta de una esquina,

29. veintitantas ... allá *twenty-odd leagues stretching from Colmenar de
Oreja* (section of Madrid) *outwards.*
30. Cataluña (Catalonia) is in northeastern Spain and is another highly
industrialized region.
31. Ainda ... Sigüenza: *Further, the mail coach pulled by mules adorned
with fancy harnesses that goes from Molina de Aragón to Sigüenza.* (Both of
the cities mentioned in Doña Lupe's ravings are in the province of Guadalajara.)
32. Cabra is in the province of Córdoba.
33. Vuelta Abajo, in Cuba, is famous for its tobacco. (Doña Lupe mentions
Vuelta Arriba, which doesn't exist, by association with Vuelta Abajo. The
Vuelta grande is a promenade of the Retiro Park in Madrid.)
34. tanto ingenio ... amiga: *with all the Cuban sugar-mills and galleons
from America that had been introduced into it* (his head) *by his unfortunate
friend in her death-bed delirium*
35. La cual tiró: *Who dragged on*
36. Transit (Latin): *She has passed away.*
37. pasados ... transit: *a few minutes after having heard that lugubrious
transit.*
38. doña Lupe ... falta: *he was going to miss doña Lupe very much*

quien con tanta cordura y desinterés le aconsejase en todos sus negocios. Caviloso y triste, midiendo con vago mirar del espíritu las
extensiones de aquella soledad en que se quedaba, recorrió la casa,
dando órdenes para lo que restaba que hacer. No faltaron allí parientes, deudos y vecinas que, con buena voluntad y todo el cariño   5
que se merecía la difunta, le hicieran los últimos honores: ésta rezando cuanto sabía, aquélla ayudando a vestirla con el hábito del
Carmen.[39] De acuerdo con el presbítero Rubín, dictó don Francisco
acertadas disposiciones para el entierro, y cuando estuvo seguro de
que todo saldría conforme a los deseos de la finada y al decoro de la   10
familia y de él mismo, pues como amigo tan antiguo y principal, al
par de la propia familia se contaba,[40] retiróse a su domicilio,
echando suspiros por la escalera abajo y por la calle adelante. Ya
despuntaba la aurora, y aún se oían, a lo largo de las calles oscuras,
pitidos de pitos del Santo, sonando estridentes por haberse cascado   15
el tubo de vidrio. Oía también don Francisco pasos arrastrados de
trasnochantes y pasos ligeros de madrugadores. Sin hablar con nadie
ni detenerse en parte alguna, llegó a su casa en la calle de San Blas,
esquina a la de la Leche.[41]

II

Sin permitirse más descanso que unas cinco horas de catre, y hora   20
y media más para desayuno, cepillar la ropita negra y ponérsela, cal-
zarse las botas nuevas y *echar un ojo a los intereses*,[1] volvió el usurero
a la casa mortuoria, recelando que no harían poca falta allí su presencia y autoridad, porque las amigas todo lo embarullaban, y el sobrino cura no era hombre para resolver cualquier dificultad que   25
sobreviniese. Por fortuna, todo iba por los trámites ordinarios.
Doña Lupe, de cuerpo presente [2] en la sala, dormía el primer sueño
de la eternidad, rodeada de un duelo discreto y como de oficio. Los
parientes lo habían tomado con calma, y la criada y la portera mostraban una tendencia al consuelo que había de acentuarse más   30
cuando se llevasen el cadáver. Nicolás Rubín hocicaba en su breviario con cierto recogimiento, entreverando esta santa ocupación con

39. hábito del Carmen: *habit of the Carmelite order* (The dead were often
garbed in religious dress before burial.)
40. al par ... contaba: *he considered himself one of the family*
41. la de la Leche = la calle de la Leche

1. echar ... intereses: *to have a look at his business affairs*
2. de cuerpo presente: *lying in state*

frecuentes escapatorias a la cocina para poner al estómago los reparos que su debilidad crónica y el cansancio de la noche en claro [3] exigían.

De cuantas personas había en la casa, la que expresaba pena más
5 sincera y del corazón era una señora que Torquemada no conocía, alta, de cabellos blancos prematuros, pues su rostro cuarentón y todavía fresco no armonizaba con la canicie sino en el concepto de que ésta [4] fuese gracia y adorno más que signo de vejez; bien vestida de negro, con sombrero que a don Francisco le pareció una de las prendas más elegantes que había visto en su vida; señora de aspecto noble
10 das más elegantes que había visto en su vida; señora de aspecto noble *hasta la pared de enfrente,* [5] con guantes, calzado fino de pie pequeño, toda ella pulcra, decente, requetefina, despidiendo de su persona lo que Torquemada llamaba *olorcillo de aristocracia.* Después de rezar un ratito junto al cadáver, pasó la desconocida al gabinete, adonde
15 la siguió el avaro, deseoso de meter baza [6] con ella, haciéndole comprender que él, entre tanta gente ordinaria, sabía distinguir lo fino y honrarlo. Sentóse la dama en un sofá, enjugando sus lágrimas, que parecían verdaderas, y viendo que aquel estafermo se le acercaba sombrero en mano, le tuvo por representación de la familia, que
20 hacía los honores de la casa.

—Gracias—le dijo—; estoy bien aquí... ¡Ay, qué amiga hemos perdido!

Y otra vez lágrimas, a las que contestó el prestamista con un suspiro gordo, que no le costó trabajo sacar de sus recios pulmones.

25 —¡Sí, señora, sí; qué amiga, qué *sujeta* [7] tan excelente!... ¡Como disposición para el manejo..., pues..., y como honradez a carta cabal, no había quien le descalzara el zapato! [8] ¡Siempre mirando por el interés y haciendo todas las cosas como es debido!... Para mí es una pérdida...

30 —¿Y para mí?—agregó la dama con vivo desconsuelo—. Entre tanta tribulación, con los horizontes cerrados por todas partes, sólo doña Lupe nos consolaba, nos abría un huequecito por donde viéramos lucir algo de esperanza. Cuatro días hace, cuando creíamos que la

3. noche en claro: *sleepless night*
4. sino ... ésta: *except in the sense that her gray hair*
5. hasta ... enfrente: *to the limit*
6. deseoso ... baza: *desirous of striking up a conversation*
7. Torquemada uses the non-existent feminine *sujeta* for *sujeto,* meaning "person."
8. ¡Como ... zapato! *For business talent ... and for complete honesty, nobody could touch her!*

maldita enfermedad iba ya vencida, nos hizo un favor que nunca le pagaremos...

Aquello de no *pagar nunca* sonó mal en los oídos de Torquemada. ¿Acaso era un préstamo el favor indicado por la aristócrata?

—...Cuatro días hace, me hallaba yo en mi finca de Cadalso de los Vidrios—dijo, haciendo una o redondita con dos dedos de la mano derecha—, sin sospechar tan siquiera [9] la gravedad, y cuando me escribió el sobrino sobre la gravedad, vine corriendo. ¡Pobrecita! Desde el trece por la noche,[10] su caletre, que siempre fué como un reloj, ya no marchaba, no, señora. Tan pronto le decía a usted cosas que eran como los chorros de la verdad, tan pronto salía con otras que el demonio las entendiera.[11] Todo el día catorce se lo pasó en una tecla que me habría vuelto tarumba si no tuviera un servidor de usted la cabeza más firme que un yunque.[12] ¿Qué locura condenada se le metió en la jícara, barruntándole ya la muerte?[13] Figúrese si estaría tocada la pobrecita, que me cogió por su cuenta,[14] y después de recomendarme a unas amigas suyas a quienes tiene dado a préstamo algunos reales, se empeñaba en...

—En que usted ampliase el préstamo, rebajando intereses...

—No, no era eso. Digo, eso y algo más: una idea estrafalaria, que me habría hecho gracia si hubiera estado el tiempo para bromas.[15] Pues...esas amigas de la difunta son unas que se apellidan *Aguilas*, señoras de buenos principios, según oí, pobres porfiadas, a mi entender...[16] Pues la matraca de doña Lupe era que yo me había de casar con una de las Aguilas, no sé cuál de ellas, y hasta que cerró la pestaña [17] me tuvo en el suplicio de *Tártaro* [18] con aquellos disparates.

—Disparates, sí—dijo la señora, gravemente—; pero en ellos se ve la nobleza de su intención. ¡Pobre doña Lupe! No le guarde usted

9. tan siquiera: *at all*
10. Desde ... noche: *Since the night of the thirteenth* (of the month)
11. que el ... entendiera: *that absolutely nobody could make out*
12. Todo ... yunque. *She spent the fourteenth harping so much on the same theme that I would have had a terrible time of it if it weren't for the fact that yours truly had a head as solid as a rock.*
13. se le metió ... muerte: *got into her noodle when death was upon her*
14. Figúrese ... cuenta. *Imagine how the poor thing must have been raving, because she decided to assume responsibility for me.*
15. si ... bromas: *if it had been a time for jokes*
16. pobres ... entender: *inveterate paupers, to my way of thinking*
17. hasta ... pestaña: *until she "croaked"*
18. Tártaro = Tartarus, the infernal regions where wicked spirits were punished. In the *Iliad* it is below Hades, but later poets made the two synonymous.

rencor por un delirio. ¡Nos quería tanto!... ¡Se interesaba tanto por nosotras!...

Suspenso y cortado, don Francisco contemplaba a la señorona, sin saber qué decirle.

5 —Sí—añadió ésta con bondad, ayundándole a salir del mal paso—. Esas Aguilas somos nosotras, mi hermana y yo. Yo soy el Aguila mayor... Cruz del Aguila... No, no se corte;[19] ya sé que no ha querido ofendernos con eso del supuesto casorio... Tampoco me lastima que nos haya llamado pobres porfiadas...

10 —Señora, yo no sabía... Perdóneme.

—Claro, no me conocía; nunca me vió, ni yo tuve gusto de conocerle...hasta ahora, pues por las trazas paréceme que hablo con el señor don Francisco Torquemada.

—Para servir a usted...—balbució el prestamista, que se habría dado 15 un bofetón en castigo de su torpeza—. ¿Conque usted...? Muy señora mía; haga cuenta que no he dicho nada. Lo de pobres...[20]

—Es verdad, y no me ofende. Lo de *porfiadas* se lo perdono; ha sido una ligereza de esas que se escapan a las personas más comedidas cuando hablan de lo que desconocen...

20 —Cierto.

—Y lo del casamiento, tengámoslo por una broma; mejor dicho, por un delirio de moribundo. Tanto como a usted le sorprende esa idea, nos sorprende a nosotros.

—Y era una idea sola, una idea clavada,[21] que le cogía todo el 25 hueco de la cabeza, y en ella estaba como embutido todo su talento... ¡Y lo decía con un alma![22] Y era, no ya recomendación, sino un suplicar, un rogar, como se pide a Dios que nos ampare... Y para que se muriera tranquila tuve que prometerle que sí... ¡Ya ve usted qué desatino!... Digo que es desatino en el sentido de... Por lo de- 30 más, como honra para mí, ¡cuidado!, supóngase usted...[23] Pero digo que para aplacarle el delirio, yo le aseguraba que me casaría, no digo yo con las señoras Aguilas mayores y menores, sino con todas las águilas y buitres del Cielo y de la Tierra... Naturalmente, viéndola tan sofocada, no podía menos de avenirme; pero en mi interior, na-

---

19. no se corte: *don't be embarrassed*

20. haga ... pobres ...: *just pretend I didn't say anything. What I said about being paupers ...*

21. una idea clavada: *an obsession*

22. ¡Y ... alma! *And she said it with such feeling!*

23. ¡cuidado!, supóngase usted: *well, just imagine!*

turalmente, echaba el pie atrás; [24] ¡caramba!, y no por el materialismo del matrimonio, que..., ya digo..., mucha honra es para
mí, sino por razones naturales y respectivas a mí mismo, como edad,
circunstancias...

—Comprendido. Nosotras, si Lupe nos hubiera hablado del caso, 5
habríamos contestado lo mismo: que sí..., para tranquilizarla; y en
nuestro fuero interno...[25] ¡Oh!... ¡Casarse con...! No es desprecio, no...
Pero respetando, eso sí, respetando a todo el mundo, esas bromas no
se admiten, no, señor; no pueden admitirse... Y ahora, señor don
Francisco...   10

Levantóse, alargando la mano fina y perfectamente enguantada,
que el avaro cogió con muchísimo respeto, quedándose un rato sin
saber qué hacer con ella.

—Cruz del Aguila... Costanilla de Capuchinos,[26] la puerta que
sigue a la panadería..., piso segundo. Allí tiene usted su casa.[27] Vi- 15
vimos los tres solos: mi hermana y yo, y nuestro hermano Rafael, que
está ciego.

—Por muchos años...,[28] digo, no: no sabía que estuviera ciego su
hermanito. Disimule...[29] A mucha honra...

—Beso a usted la mano.[30]   20

—Estimando a toda la familia...[30]

—Gracias...

—Y..., lo que digo... Conservarse.[31]

Acompañóla hasta la puerta, refunfuñando cumplidos, sin que
ninguno de los que imaginó le saliera correcto y airoso, porque el 25
azaramiento le atascaba las cañerías de la palabra, que nunca fueron en él muy expeditas.

—¡Valiente plancha acabo de tirarme! [32]—bramó, airado contra sí

24. echaba ... atrás: *I backed out*
25. y ... interno: *and to ourselves*
26. Costanilla de Capuchinos is the name of the street.
27. Allí ... casa: formula of courtesy, roughly translated as "You're welcome
any time."
28. Por muchos años: another of Torquemada's clumsy remarks. As a formula
of courtesy it means "May you live (or prosper) for many years," but coming
after the observation about Rafael's blindness it seems to mean "May he continue to be blind for many years."
29. Disimule. *Pardon me.*
30. Beso ... mano. Estimando ... familia. Both are expressions of courtesy,
approximately, "Best regards." "My regards to the family."
31. Y ... conservarse. *And ... that is ... keep well.*
32. ¡Valiente ... tirarme! *Did I put my foot in it!*

mismo, echándose atrás el sombrero y subiéndose los pantalones con movimiento de barriga ayudado de las manos.

Maquinalmente se metió en la sala, sin acordarse de que allí estaba, entre velas resplandecientes, la difunta; y, al verla, lo único 5 que se le ocurrió fué decirle con el puro pensamiento: [33]

"Pero ¿usted..., ¡ñales!,[34] por qué no me advirtió...?"

Torquemada is profoundly humiliated by his own gaucherie and lack of polish, but is determined to try to make a better impression in the future on Cruz del Águila. An opportunity soon presents itself, since he has to see her for business reasons: he now holds her I.O.U., which had been turned over to him by Doña Lupe.

IV

Elegida la hora que le pareció conveniente, encaminóse el hombre a la Costanilla. La casa no tenía pérdida [1] en calle tan pequeña y con las señas mortales de la tahona. Vió don Francisco, arrimados a 10 una puerta, dos o tres hombres enharinados, y más arriba, una tienda de antigüedades, que más bien debiera llamarse prendería. Allí era, segundo piso. Al mirar el rótulo de la tienda, lanzó una exclamación de gozo:

—Pues si a este prendero le conozco yo. Si es Melchor, el que antes 15 estaba en el cinco duplicado [2] de la calle de San Vicente.

Excuso decir que le entraron ganas de echar un párrafo con su amigo antes de subir a la visita. No tardó el prendero en darle referencias de las señoras del Aguila, pintándolas como lo más decente que él se había echado a la cara [3] desde que andaba en aquel co-20 mercio. Pobres, eso sí, como las ratas; pero si nadie en pobreza las ganaba, en dignidad tampoco,[4] ni en resignación para llevar la cruz de su miseria. Y ¡qué educación fina, qué manera de tratar a la gente, qué meterse por los ojos [5] y ganarse el corazón de cuantos les

---

33. con ... pensamiento: *just in thought*
34. ¡ñales! = puñales. Another of Torquemada's favorite interjections. Translate as "darn it!"
1. La ... pérdida: *It would be impossible not to find the house*
2. cinco duplicado: 5a or, as it is usually designated in Spanish, 5 *bis*. Do not translate *si* in this or in the preceding sentence.
3. él ... cara: *he had ever met*
4. pero ... tampoco: *but if nobody surpassed them in poverty, neither did anybody surpass them in dignity*
5. qué ... ojos: *what a way of ingratiating themselves*

hablab:n!... Con estas noticias sintió el avaro que se le disipaba el susto, y subió corriendo. La misma doña Cruz le abrió la puerta. Y aunque estaba de trapillo (sin perjuicio de la decencia, eso sí), a él se le antojó tan elegante como el día anterior la vió, de tiros largos.

—Señor don Francisco—dijo la dama, con más alegría que sorpresa, 5 pues, sin duda, esperaba la visita—. Pase, pase...[6]

Las primeras palabras del visitante fueron torpes:

—¡Cómo había de faltar!...[7] Y ¿qué tal? ¿Toda la familia buena?... Gracias... Es comodidad.[8]

Y se metió por donde no debía, teniendo ella que decirle: 10

—No, no; por aquí.

Su azaramiento no le impidió observar muchas cosas desde los primeros instantes, cuando Cruz del Aguila le llevaba, por el pasillo de tres recodos, a la salita. Fijóse en la hermosa cabeza, bien envuelta en un pañuelo de color, de modo que no se veía ni poco ni 15 mucho [9] la cabellera blanca. Observó también que vestía bata de lana, antiquísima, pero sin manchas ni jirones, con una toquilla blanca cruzándole el pecho, todo muy pulcro, revelando el uso continuo y esmerado de aquellas personas que saben eternizar las prendas de ropa. Lo más extraño era que tenía guantes viejos y con los 20 dedos tiznados.

—Dispénseme—dijo, con graciosa modestia—, estaba limpiando los metales.

—¡Ah!... Perfectamente...

—Porque ha de saber usted, si ya no lo sabía, que no tenemos 25 criada, y nosotras lo hacemos todo. No, no vaya a creer que me quejo por esta nueva privación, una de las muchas que nos ha traído nuestro adverso destino. Hemos convenido en que las criadas son una calamidad, y cuando una se acostumbra a servirse a sí misma, lleva tres ventajas: primera, que no hay que lidiar con fantasmonas; 30 segunda, que todo se hace mucho mejor y a nuestro gusto; tercera, que se pasa el día sin sentirlo, con ejercicio saludable.

—Higiénico—dijo Torquemada, gozoso de poder soltar una palabra bonita, que tan bien encajaba. Y el acierto le animó de tal modo, que ya era otro hombre. 35

—Con permiso de usted—indicó Cruz—, seguiré. No estamos en

6. Pase, pase. *Come in, come in.*
7. ¡Cómo ... faltar! *How could I not come!*
8. Es comodidad. *It's very nice.*
9. ni poco ni mucho: *at all*

situación de gastar muchos cumplidos, y como usted es de confianza...[10]

—¡Oh! Sí, de toda confianza. Tráteme la señora mismamente como a un chiquillo... Y si quiere que le ayude...

5 —¡Quia! Eso sería ya faltar al respeto, y... De ninguna manera.

Con la cajita de los polvos en la mano izquierda y un ante en la derecha, ambas manos enguantadas, se puso a dar restregones en la perilla de cobre de una de las puertas, y al punto la dejó tan resplandeciente que de oro fino parecía.

10 —Ahora saldrá mi hermana, a quien usted no conoce—suspirando fuerte—. Es triste decirlo, pero...está en la cocina. Tenemos que ir alternando en todos los trabajos de casa. Cuando yo declaro la guerra al polvo, o limpio los metales, ella friega la loza o pone el puchero. Otras veces guiso yo, y ella barre, o lava, o compone la 15 ropa. Afortunadamente, tenemos salud; el trabajo no envilece; el trabajo consuela y acompaña, y, además, fortifica la dignidad. Hemos nacido en una gran posición; ahora somos pobres. Dios nos ha sometido a esta prueba tremenda... ¡Ay, qué prueba, señor don Francisco! Nadie sabe lo que hemos sufrido, las humillaciones, las amar-20 guras... Más vale no hablar. Pero el Señor nos ha mandado, al fin, una medicina maravillosa, un específico que hace milagros...: la santa conformidad. Véanos usted hoy, ocupadas las dos en estos trajines, que en otro tiempo nos habrían parecido indecorosos; vivimos en paz, con una especie de tristeza plácida que casi, casi se nos va 25 pareciendo a la alegría.[11] Hemos aprendido, con las duras lecciones de la realidad, a despreciar todas las vanidades del mundo, y poquito a poco hemos llegado a creer hermosa esta honrada miseria en que vivimos, a mirarla como una bendición de Dios...

En su pobrísimo repertorio de ideas y expresiones, no halló el 30 bárbaro nada que pudiera ser sacado dignamente ante aquel decir elegante y suelto, sin afectación. No supo más que admirar y gruñir asintiendo, que es el gruñido más fácil.

—...También conocerá usted a mi hermano, el pobrecito ciego.

—¿De nacimiento?

35 —No, señor. Perdió la vista seis años ha.[12] ¡Ay, qué dolor! Un mu-

---

10. No estamos ... confianza. *We're not in a position to stand on ceremony, and since you're a close friend of the family.*
11. casi ... alegría: *which is almost beginning to seem like happiness*
12. seis años ha (ha = hace) : *six years ago*

chacho tan bueno, llamado a ser..., qué sé yo, lo que hubiera querido...[13] ¡Ciego a los veintitantos años! Su enfermedad coincidió con
la pérdida de nuestra fortuna..., para que nos llegara más al alma.[14]
Créalo usted, don Francisco: la ceguera de mi hermano, de ese ángel,
de ese mártir, es un infortunio al cual mi hermana y yo no hemos   5
podido resignarnos todavía. Dios nos lo perdone. Claro que de arriba
nos ha venido el golpe; pero no lo admito, no bajo la cabeza, no, señor... La levanto..., aunque a usted le parezca mal mi irreverencia.

—No, señora..., ¿qué ha de parecerme? [15] El Padre Eterno...es atroz.
Pero ¿usted sabe la que me hizo a mí? [16] No es que yo me le suba a   10
las barbas, ¡cuidado!...[17] ¡Pero, francamente, quitarle a uno toda su
esperanza! Al menos, usted no la habrá perdido; su hermanito podrá curarse...

—¡Ah! No, señor... No hay esperanza.

—Pero ¿usted sabe?... Hay en Madrid los grandes ópticos...   15

En el momento de decirlo, conoció el hombre la enormidad de su
lapsus linguæ.[18] ¡Vaya, que decir ópticos por oculistas! [19] Quiso en-
mendarlo, pero la señora, que, al parecer, no había parado mientes
en el desatino, le dió fácil salida por otra parte. Pidióle permiso para
ausentarse brevemente, a fin de traer a su hermana, lo que a don   20
Francisco le supo muy bien,[20] aunque las zozobras no tardaron en
acometerle de nuevo. ¿Cómo sería la hermanita? ¿Se reiría de él?
¡Si por artes del enemigo [21] no era tan fina como Cruz, y se espan-
taba de verle a él tan ordinario, tan zafiote, tan...! "Vamos, no es
tanto [22] se dijo, estirando el cuello para verse en un espejo que, fron-   25
tero al sofá, pendía de la pared, con inclinación hacia adelante, como
haciendo una cortesía—, no es tanto... Lo que digo..., llevo muy bien

---

13. llamado ... querido: *destined to be ... I don't know, whatever he would
have wanted to be*
14. para que ... alma: *so that it would hurt us more keenly*
15. ¿qué ... parecerme? *of course not*
16. ¿usted ... a mí? *do you know what He did to me?* (Torquemada is referring to the death of his prodigy-son Valentinito. *Torquemada en la hoguera*
deals with this episode in the usurer's life.)
17. No es que ... barbas, ¡cuidado! *It's not that I want to be disrespectful,
oh no!*
18. lapsus linguae (Latin): *slip of the tongue*
19. ¡Vaya ... oculistas! *Imagine saying opticians instead of oculists!*
20. lo que ... bien: *which seemed fine to don Francisco*
21. The *enemigo* referred to here is the devil.
22. Vamos ... tanto: *Come now, it's not that bad*

mi edad, y si yo me perfilara, daría quince y raya a más de cuatro mequetrefes que no tienen más que la estampa." [23]

En esto estaba cuando [24] sintió a las dos hermanas en el pasillo, disputando con cierta viveza:

5   —Así, mujer, ¿qué importa? ¿No ves que es de toda confianza?

—Pero ¿cómo quieres que entre así? Deja siquiera que me quite el delantal.

—¿Para qué? Si somos nuestras propias criadas y nuestras propias señoras, y él lo sabe bien. ¿Qué importa que te vea así? Este es un
10 caso en que la forma no supone nada.[25] Si estuviéramos sucias o indecentes, bueno que no nos vieran humanos ojos. Pero a limpias nadie nos gana,[26] y las señales del trabajo no nos hacen desmerecer a los [27] de una persona tan razonable, tan práctica, tan...sencilla. ¿Verdad, don Francisco?

15 Esto lo dijo, alzando la voz, ya cerca de la puerta, y el aturrullado prestamista creyó que la mejor respuesta era adelantarse a recibir airosamente a las dos damas, diciendo:

—Bien, bien; nada de farándulas conmigo, que soy muy llano y tan trabajador como el primero; [28] y desde la más tierna infancia...
20 Iba a seguir diciendo que él se limpiaba sus propias botas y se barría el cuarto; pero le cortó la palabra la aparición de la segunda Aguila, que le dejó embobado y suspenso.

—Mi hermana Fidela—dijo Cruz, tirando de ella por un brazo hasta vencer su resistencia.

V

25 —¿Qué importa que yo las vea en traje de mecánica,[1] si ya sé que son damas, y muy requetedamas? [2]—argumentó don Francisco, que a cada nuevo incidente se iba desentumeciendo de aquel temor que le

---

23. daría ... estampa: *I could hold my own against any whippersnapper who only looks good from the outside*
24. En ... cuando: *He had reached this point when*
25. Este ... nada. *This is a case where formalities are of no importance.*
26. a limpias ... gana: *nobody is cleaner than we are*
27. *los* refers to *ojos*
28. como el primero: *as anyone else*

1. traje de mecánica: *working clothes*
2. requetedamas: *ladies many times over.* (*Requete* is an intensifier usually used with adjectives or adverbs in the sense of "very." Torquemada's use of *muy* as well is redundant.)

paralizaba—. Señorita Fidela, por muchos años... ¡Si está muy bien así!... Las buenas mozas no necesitan perfiles...[3]

—¡Oh! Perdone usted—dijo la Aguila menor, toda vergonzosa y confusa—. Mi hermana es así: ¡hacerme salir en esta facha!...,[4] con unas botas viejas de mi hermano, este mandil...y sin peinarme. 5

—Soy de confianza, y conmigo ¡cuidado!, con Francisco Torquemada no se gastan cumplidos...[5] Y ¿qué tal? ¿Usted buena? ¿Toda la familia buena? Lo que digo, la salud es lo primero, y en habiendo salud, todo va bien. Pienso, de conformidad con ustedes, que no hay chinchorrería como el tener criadas, generalmente puercas, enreda- 10 doras, golosas y siempre, siempre, soliviantadas con los malditos novios.

A todas éstas, no le quitaba ojo a la cocinerita, que era una preciosa miniatura. Mucho más joven que su hermana, el tipo aristocrático presentaba en ella una variante harto común. Sus cabellos 15 rubios, su color anémico, el delicado perfil, la nariz de caballete y un poquito larga, la boca limpia,[6] el pecho de escasísimo bulto, el talle sutil, denunciaban a la señorita de estirpe, pura sangre, sin cruzamientos que vivifican, enclenque de nacimiento y desmedrada luego por una educación de estufa. Todo esto y algo más se veía 20 bajo aquel humilde empaque de fregona, que más bien parecía invención de chicos que juegan a las máscaras.

Como la pobre niña (no tan niña ya, pues frisaba en los veintisiete) no se había penetrado aún de aquel dogma de la desgracia que prescribe el desprecio de toda presunción, esfuerzo grande le costaba 25 el presentarse en tal facha ante personas desconocidas. Tardó bastante en aplomarse delante de Torquemada, el cual, acá para *inter nos*,[7] le pareció un solemne ganso.

—El señor—indicó la hermana mayor—era grande amigo de doña Lupe. 30

—¡Pobrecita! ¡Qué cariño nos tomó!—dijo Fidela, sentándose en la silla más próxima a la puerta, y escondiendo sus pies tan mal calzados—. Cuando Cruz trajo la noticia de que había muerto la pobre señora, sentí una aflicción... ¡Dios mío! Nos vimos más desamparadas en aquel instante, más solas... La última esperanza, el último 35

3. Las ... perfiles. *Good-looking girls don't need to get all dressed up.*
4. ¡hacerme ... facha! *the idea of making me appear looking like this!*
5. conmigo ... cumplidos: *with me, Francisco Torquemada, there is no need to stand on ceremony.*
6. boca limpia: *well-defined mouth*
7. acá ... *nos: just between us*

cariño se nos iban también, y me pareció ver allá, allá lejos, una mano arrugadita que nos hacía...—doblando los dedos a estilo de despedida infantil—así, así...

"Pues ésta—pensó el avaro, de admiración en admiración—también
5 se explica, ¡ñales! ¡Qué par de picos de oro!" [8]

—Pero Dios no nos desampara—afirmó Cruz, denegando expresivamente con su dedo índice—, y dice que no, que no, que no nos quiere desamparar, aunque el mundo entero en ello se empeñe.

—Y cuando nos vemos más solas, más rodeadas de tinieblas, asoma
10 un rayito de sol que va entrando, entrando, y...

"Esto va conmigo.[9] Yo soy ese sol...", dijo para su sayo Torquemada, y en alta voz:

—Sí, señoras; pienso lo mismo. La suerte protege al que trabaja... ¡Vaya, que esta señorita tan delicada meterse en el materialismo de
15 una cocina!

—Y lo peor es que no sirvo [10]—dijo Fidela—. Gracias que ésta me enseña...

—¡Ah! ¿La enseña doña Cruz?... ¡Qué bien!

—No, no quiere decir esto que yo aprenda... Empieza ella por no
20 ser una eminencia, ni mucho menos. Yo me aplico, eso sí; pero soy muy distraída, ¡y hago cada barbaridad...! [11]

—Bueno, ¿y qué?—indicó la mayor en tono festivo—. Como no cocinamos para huéspedes exigentes, como esto no es hotel, y sólo tenemos que gustarnos a nosotras mismas, cuantas faltas se cometan
25 están de antemano perdonadas.

—Y una vez porque sale crudo, otras porque sale quemado, ello es que siempre tenemos diversión en la mesa.

—Y, en fin, que nos resulta una salsa con que no contamos: la alegría.

30 —Que no se compra en ninguna tienda—dijo Torquemada, muy gozoso de haber comprendido la figura—. Justo y cabal. Que me den a mí esa salsa, y le meto el diente [12] a todas las malas comidas de la cristiandad. Pero usted, señorita Fidela, dice que guisa mal por modestia... ¡Ah! Ya quisieran más de cuatro...[13]

35 —No, no; lo hago malditamente. Y puede usted creerme—añadió

---

8. ¡Qué ... oro! *How well they speak!*
9. Esto va conmigo. *That means me.*
10. no sirvo: *I'm no good at it*
11. ¡y ... barbaridad! *and I do the most awful things!*
12. y ... diente: *and I'll eat*
13. Ya ... cuatro. *Quite a few would like to.*

con la expresión viva que era quizá la más visible semejanza que tenía con Cruz—, puede usted creerme que me gustaría cocinar bien; pero muchísimo. Sí, sí: el arte culinario paréceme un arte digno del mayor respeto, y que debe estudiarse por principios y practicarse con seriedad. 5

—¡Como que debiera ser parte principal de la educación!—afirmó Cruz del Aguila.

—Lo que digo—apuntó Torquemada—: debieran poner en las escuelas una clase de guisado...[14] Y que las niñas, en vez de tanto piano y tanto bordado de zapatillas, aprendieran a poner bien un arroz a 10 la vizcaína, o un atún a la marinera.[15]

—Apruebo.

—Y yo.

—Conque...—murmuró el prestamista, golpeando con ambas manos los brazos del sillón, manera ruda y lacónica de expresar lo siguiente: 15 "Señoras mías, bastante tiempo hemos perdido en la parlamenta. Vamos ahora al negocio..."

—No, no; no venga usted con prisas—dijo la mayor, risueña, alardeando de una confianza que trastornó más al hombre—. ¿Qué tiene usted que hacer ahora? Nada. No le dejamos salir de aquí sin que 20 conozca a nuestro hermano.

—Con sumísimo [16] gusto... No faltaba más. Como prisa, no la hay.[17] Es que no quisiera molestar...

—De ningún modo.

Fidela fué la primera que se levantó, diciendo: 25

—No puedo descuidarme. Dispénseme.

Y se fué presurosa, dejando a su hermana en situación conveniente para hacerle el panegírico.

—Es un ángel de Dios. Por la diferencia de edad, que no es menor de doce años, soy para ella, más que hermana mayor, una madre. 30 Hija y madre somos, hermanas, amiguitas, pues el cariño que nos une no sólo es grande por lo intenso, señor don Francisco, sino por la extensión... No sé si me explico...

—Comprendido—indicó Torquemada, quedándose a oscuras.

14. una clase de guisado: *cooking classes*
15. a la marinera: usually not translated into English. Refers to a type of sauce often used in the preparation of fish dishes in Spain, France (marinière), and Italy (a la marinara).
16. *Sumísimo* is a barbarism; one would expect *muchísimo*, but *sumo* in itself is sufficiently superlative.
17. Como ... hay. *In so far as being in a hurry is concerned, I'm not.*

—Quiero decir que la desgracia, la necesidad, la misma bravura con que Fidela y yo luchamos por la vida, ha dado a nuestro cariño ramificaciones...

—Ramificaciones..., justo.

5 —Y por mucho que usted aguce su entendimiento, señor don Francisco, ya tan agudo, no podrá tener idea de la bondad de mi hermana, de la dulzura de su carácter. Y ¡con qué mansedumbre cristiana se ha sometido a estas duras pruebas de nuestro infortunio! En la edad en que las jóvenes gustan de los placeres del mundo, 10 ella vive resignada y contenta en esta pobreza, en esta oscuridad. Me parte el alma su abnegación, que parece una forma de martirio. Crea usted que si, a costa de sufrimientos mayores aún de los que llevo sobre mí, pudiera yo poner a mi pobre hermana en otra esfera, lo haría sin vacilar. Su modestia es para esta triste casa el único bien 15 que quizá poseemos hoy; pero es también un sacrificio, consumado en silencio para que resulte más grande y meritorio, y, la verdad, quisiera yo compensar de algún modo este sacrificio... Pero...—confusa—no sé lo que digo..., no puedo expresarme. Dispénseme si le doy un poquito de matraca.[18] Mi cabeza es un continuo barajar de ideas. 20 ¡Ay! La desgracia me obliga a discurrir tanto, pero tanto, que yo creo que me crece la cabeza, sí... Tengo por seguro que con el ejercicio del pensar se desarrolla el cráneo, por la hinchazón de todo el oleaje que hay dentro...—riendo—. Sí, sí... Y también es indudable que no tenemos derecho a marear a nuestros amigos... Dispénseme, 25 y venga a ver a mi hermano.

Camino del cuarto del ciego, Torquemada no abrió el pico, ni nada hubiera podido decir aunque quisiera, porque la elocuencia de la noble señora le fascinaba, y la fascinación le volvía tonto, dispersando sus ideas por espacios desconocidos, e inutilizando para la 30 expresión las poquitas que quedaban.

En la mejor habitación de la casa, un gabinetito con mirador, hallábase Rafael del Aguila, figura inmóvil y melancólica que tenía por peana un sillón negro. Hondísima impresión hizo en Torquemada la vista del joven sin vista, y la soberana tristeza de su noble 35 aspecto, la resignación dulce y discreta de aquella imagen, a la cual no era posible acercarse sin cierto respeto religioso.

18. Dispénseme ... matraca. *Forgive me if I'm being a bit of a bore.*

Rafael explica VI *to Sts.*

Imagen, dije, y no me vuelvo atrás,[1] pues con los santos de talla,[2] mártires jóvenes, o Cristos guapos en oración, tenía indudable parentesco de color y líneas.

Completaban esta semejanza la absoluta tranquilidad de su postura, la inercia de sus miembros, la barbita de color castaño, rizosa 5 y suave, que parecía más oscura sobre el cutis blanquísimo, de nítida cera; la belleza, más que afeminada, dolorida y mortuoria, de sus facciones, y el no ver, el carecer de alma visible, o sea mirada.

—Ya me han dicho las señoras que...—balbució el visitante, entre asombrado y conmovido—. Pues..., digo que es muy sensible que 10 usted perdiera el órgano... Pero ¡quién sabe...! Buenos médicos hay que...

—¡Ah! Señor mío—dijo el ciego, con una voz melodiosa y vibrante que estremecía—, le agradezco sus consuelos, que, desgraciadamente, llegan cuando ya no hay aquí ninguna esperanza que los reciba.   15

Siguió a esto una pausa, a la cual puso término Fidela entrando con una taza de caldo, que su hermano acostumbraba tomar a aquella hora. Torquemada no había soltado aún la mano del ciego, blanca y fina como mano de mujer, de una pulcritud extremada.

—Todo sea por Dios [3]—dijo el avaro entre un suspiro y un bostezo; 20 y rebuscando en su mente, con verdadera desesperación, una frase del caso,[4] tuvo la dicha de encontrar ésta—: En su desgracia, pues..., la suerte le ha desquitado dándole estas dos hermanitas tan buenas, que tanto le quieren...

—Es verdad. Nunca es completo el mal, como no es completo el 25 bien—aseguró Rafael, volviendo la cara hacia donde le sonaba la voz de su interlocutor.

Cruz enfriaba el caldo pasándole de la taza al plato, y del plato a la taza. Don Francisco, en tanto, admiraba lo limpio que estaba Rafael, con su americana o batín de lana clara, pantalón oscuro y za- 30 patillas rojas admirablemente ajustadas a la medida del pie. El señorito del Aguila mereció en su tiempo, que era un tiempo no muy remoto, fama de muchacho guapo, uno de los más guapos de Madrid. Lució por su elegancia y atildada corrección en el vestir, y después

1. Imagen ... atrás: *I said image and I will not take back my words*
2. santos de talla: *carved statues of saints*
3. Toda ... Dios. *God's will be done.*
4. una ... caso: *an appropriate phrase*

de quedarse sin vista, cuando, por ley de lógica, parecía excusada e
inútil toda presunción, sus bondadosas hermanas no querían que dejase de vestirse y acicalarse como en los tiempos en que podía gozar
de su hermosura ante el espejo. Era en ellas como un orgullo de fa-
5 milia el tenerle aseado y elegante, y si no hubieran podido darse
este gusto entre tantas privaciones, no habrían tenido consuelo. Cruz
o Fidela le peinaban todas las mañanas con tanto esmero como para
ir a un baile; le sacaban cuidadosamente la raya, procurando imitar
la disposición que él solía dar a sus bonitos cabellos; le arreglaban la
10 barba y bigote. Gozaban ambas en esta operación, conociendo cuán
grata era para él la *toilette*⁵ minuciosa, como recuerdo de su alegre
mocedad; y al decir ellas: "¡Qué bien estás!", sentían un goce que se
comunicaba a él, y de él a ellas refluía, formando un goce colectivo.
    Fidela le lavaba y perfumaba las manos diariamente, cuidándole
15 las uñas con un esmero exquisito, verdadera obra maestra de su paciencia cariñosa. Y para él, en las tinieblas de su vida, era consuelo
y alegría sentir la frescura de sus manos. En general, la limpieza le
compensaba, hasta cierto punto, de la oscuridad. ¿El agua sustituyendo a la luz? Ello podría ser un disparate científico; pero Rafael
20 encontraba alguna semejanza entre las propiedades de uno y otro
elemento.
    Ya he dicho que era el tal⁶ una figura delicada y distinguidísima,
cara hermosa, manos cinceladas, pies de mujer, de una forma intachable. La idea de que su hermano, por estar ciego y no salir a la
25 calle, tuviese que calzar mal, sublevaba a las dos damas. La pequeñez
bonita del pie de Rafael era otro de los orgullos de raza, y antes se
quitaran ellas el pan de la boca, antes arrostrarían⁷ las privaciones
más crueles que consentir en que se desluciera el pie de la familia.
Por eso le habían hecho aquellas elegantísimas zapatillas de tafilete,
30 exigiendo al zapatero todos los requisitos del arte. El pobre ciego no
veía sus pies tan lindamente calzados; pero se los sentía, y esto les
bastaba a ellas, sintiendo al unísono con él en todos los actos de la
existencia.

    No le ponían camisa limpia diariamente porque esto no era po-
35 sible en su miseria, y, además, no lo necesitaba, pues su ropa perma-
necía días y semanas en perfecta pulcritud sobre aquel cuerpo santo;

5. toilette (French): do not translate.
6. el tal: *the aforementioned*
7. y antes ... arrostrarían: *and they would rather have denied themselves
bread, they would rather face*

pero aun no siendo preciso, le mudaban con esmero..., y cuidado con ponerle siempre la misma corbata.[8]

—Hoy te pones la azul de rayas—decía con candorosa seriedad Fidela—, y el anillo de la turquesa.

El contestaba que sí, y a veces manifestaba una preferencia bondadosa por otra corbata, tal vez porque así creía complacer más a sus hermanas.

El esmerado aseo del infeliz joven no fué la menor admiración de don Francisco en aquella casa, en la cual no escaseaban los motivos de asombro. Nunca había visto él casa más limpia. En los suelos, alfombrados tan sólo a trozos, se podía comer; en las paredes no se veía ni una mota de suciedad; los metales echaban chispas... ¡Y tal prodigio era realizado por personas que, según expresión de doña Lupe, no tenían más que el cielo y la tierra! ¿Qué milagros harían para mantenerse?... ¿De dónde sacaban el dinero para la compra? ¿Tendrían trampas? ¡Con qué artes maravillosas estirarían la triste peseta, el tristísimo perro grande o chico! ¡Había que verlo, había que estudiarlo, y meterse hasta el cuello en aquella lección soberana de la vida! Todo esto lo pensaba el prestamista, mientras Rafael se tomaba el caldo, después de ofrecerle.

—¿Quiere usted, don Francisco, un poquito de caldo?—le dijo Cruz.

—¡Oh! No, gracias, señora.

—Mire usted que es bueno... Es lo único bueno de nuestra cocina de pobres...

—Gracias... Se lo estimo...

—Pues vino no podemos ofrecerle. A éste no le sienta bien, y nosotras no lo gastamos por mil y quinientas razones, de las cuales con que usted comprenda una sola, basta.[9]

—Gracias, señora doña Cruz. Tampoco yo bebo vino más que los domingos y fiestas de guardar.

—¡Vea usted qué cosa tan rara!—dijo el ciego—. Cuando perdí la vista, tomé en aborrecimiento el vino. Podría creerse que el vino y la luz eran hermanos gemelos, y que a un tiempo, por un solo movimiento de escape, huían de mí.

Fáltame decir que Rafael del Aguila seguía en edad a su hermana Cruz. Había pasado de los treinta y cinco años; mas la ceguera, que

8. y ... corbata: *and were careful not to put the same tie on him all the time*
9. por mil ... basta: *for any number of reasons, of which it is sufficient to understand one*

le atacó el 83,[10] y la inmovilidad y tristeza consiguientes, parecían haber detenido el curso de la edad, dejándole como embalsamado, con su representación indecisa de treinta años, sin lozanía en el rostro, pero también sin canas ni arrugas, la vida como estancada, 5 suspensa, semejando, en cierto modo, a la inmovilidad insana y verdosa de aguas sin corriente.[11]

Gustaba el pobre ciego de la amenidad en la conversación. Narraba con gracejo cosas de sus tiempos de vista, y pedía informes de los sucesos corrientes. Algo hablaron aquel día de doña Lupe; pero 10 Torquemada no se interesó poco ni mucho [12] en lo que de su amiga se dijo, porque embargaban su espíritu las confusas ideas y reflexiones sobre aquella casa y sus tres moradores. Habría deseado explicarse con las dos damas, hacerles mil preguntas, sacarles a tirones [13] del cuerpo sus endiablados secretos económicos, que debían de cons- 15 tituir toda una ley,[14] algo así como la Biblia, un código supremo, guía y faro eterno de pobres vergonzantes.

Aunque bien conocía el avaro que se prolongaba más de la cuenta [15] la visita, no sabía cómo cortarla, ni en qué forma desenvainar el pagaré y los dineros, pues esto, sin saber por qué, se le repre- 20 sentaba como un acto vituperable, equivalente a sacar un revólver y apuntar con él a las dos señoras del Aguila. Nunca había sentido tan vivamente la *cortedad del negocio*,[16] que esto, y no otra cosa, era su perplejidad; siempre embistió con ánimo tranquilo y conciencia firme en su derecho a los que por fas o por nefas [17] necesitaban de 25 su auxilio para salir de apuros. Dos o tres veces echó mano al bolsillo y se le vino al pico de la lengua el sacramental introito: "Conque, señoras...," y otras tantas [18] la desmayada voluntad no llegó a la ejecución del intento. Era miedo, verdadero temor de faltar al respeto a la infeliz cuanto hidalga familia.[19] La suerte suya fué que Cruz, 30 bien porque conociera su apuro, bien porque deseara verle partir, tomó la iniciativa, diciéndole:

10. el 83 = 1883
11. aguas sin corriente: *stagnant water*
12. no ... mucho: *was not a bit interested*
13. sacarles a tirones: *to extract by force*
14. toda una ley: *a genuine code*
15. más de la cuenta: *more than was fitting*
16. cortedad del negocio: *vulgarity of business*
17. por fas ... nefas: *for one reason or another*
18. otras tantas (modifies *veces*): *as many other times*
19. a la infeliz ... familia: *for that family which was as wretched as it was noble*

—Si a usted le parece,[20] arreglaremos eso.

Volvieron a la sala, y allí se trató del negocio tan brevemente, que ambos parecían querer pasar por él como sobre ascuas. En Cruz era delicadeza; en Torquemada, el miedo que había sentido antes, y que se le reprodujo con síntomas graves en el acto de ajustar cuen- 5 tas pasadas y futuras con las pobrecitas aristócratas. Por su mente pasó como un relámpago la idea de perdonar intereses en gracia de la tristísima situación de las tres dignas personas... Pero no fué más que un relámpago, un chispazo, sin intensidad ni duración bastantes para producir explosión en la voluntad... ¡Perdonar intereses! Si no 10 lo había hecho nunca, ni pensó que hacerlo pudiera en ningún caso... Cierto que las señoras del Aguila merecían consideraciones excep- cionales; pero el abrirles mucho la mano, ¡cuidado!, sentaba un pre- cedente funestísimo.[21]

Con todo, su voluntad volvió a sugerirle, allá en el fondo, allá 15 en el fondo del ser, el perdón de intereses. Aún hubo en la len- gua un torpe conato de formular la proposición; pero no cono- cía él palabra fea ni bonita que tal cosa expresara, ni qué cara se había de poner [22] al decirlo, ni hallaba manera de traer semejante idea desde los espacios oscuros de la primera intención a los claros 20 términos del hecho real. Y, para mayor tormento suyo, recordó que doña Lupe le había encargado algo referente a esto. No podía de- terminar su infiel memoria si la difunta había dicho *perdón* o *rebaja*. Probablemente sería esto último, pues *la de los Pavos* no era nin- guna derrochadora... Ello fué que, en su perplejidad, no supo el 25 avaro lo que hacía, y la operación de crédito se verificó de un modo maquinal. No hizo Cruz observación alguna. Torquemada, tampoco, limitándose a presentar a la señora el pagaré ya extendido para que lo firmase. Ni un gemido exhaló la víctima, ni en su noble faz pu- diera observar el más listo novedad alguna.[23] Terminado el acto, 30 pareció aumentar el aturdimiento del prestamista; y, despidiéndose grotescamente, salió de la casa a tropezones, chocando como pelota en los ángulos del pasillo, metiéndose por una puerta que no era la de salida, enganchándose la americana en el cerrojo, y bajando, al fin, casi a saltos, pues no se fijó en que eran curvas las vueltas de la 35

20. Si ... parece: *If it's all right with you*

21. pero ... funestísimo: *but to be too generous with them, after all, would establish a very bad precedent*

22. ni qué ... poner: *nor what expression to assume*

23. ni en su ... alguna: *nor could even the most perceptive person notice any change in her noble face*

escalera; y allá iba el hombre por aquellos peldaños abajo, como quien rueda por un despeñadero.

Torquemada is tormented by the knowledge that he has behaved very badly and that he should have insisted on not charging the Aguila family any interest. With this in mind, he revisits the Aguilas, and for the first time in his life refuses to accept interest on a loan.

His new friends tell him about their lawsuit for many millions with the government: their grandfather had supplied the Spanish government with six million pesetas worth of barley in the first Carlist War (1833–39) for which the family had never been reimbursed. Also, some of their father's property had been expropriated by the government. (Cf. below, Part II, Ch. XVI, note 14.) They also tell Torquemada about their faithful friend don José Ruiz Donoso, who has been trying to get their lawsuit to the point where some concrete results might finally be expected.

X

Vestido con los trapitos de cristianar,[1] se fué entre ocho y nueve, y cuando llamaba a la puerta, subía tosiendo y con lento paso el se-
5 ñor de Donoso. Entraron casi juntos, y en el saludo y presentación, dicho se está[2] que habían de contrastar la soltura y práctica mundana del viejo amigo de la casa con la torpeza desmañada del nuevo. Era Donoso un hombre eminentemente calvo, de bigote militar casi blanco; las cejas muy negras, grave y ceremonioso el rostro, como
10 un emblema oficial que en sí mismo llevaba el respeto de cuantos lo miraban; lleno y bien proporcionado de cuerpo y talla, con cierta tiesura de recepción,[3] obra de la costumbre y del trato social; vestido con acendrada pulcritud, todo muy limpio, desde el cráneo pelado que relucía como una tapadera de bruñido marfil, hasta las botas
15 bien dadas de betún,[4] y sin una mota del fango de las calles.

Desde los primeros momentos cautivó a Torquemada, que no le quitaba ojo, ni perdía sílaba de cuanto dijo, admirando lo correcto de su empaque, y la fácil elegancia de sus expresiones. Aquella levita cerrada, tan bien ajustadita al cuerpo, era la pieza de ropa más de
20 su gusto. Así, así eran galanas y *señoras*[5] las levitas, *herméticamente*

1. Vestido ... cristianar: *Dressed in his Sunday best*
2. dicho se está: *it goes without saying*
3. tiesura de recepción: *stiffness of manner*
4. bien ... betún: *well polished*
5. señoras: *fine*

cerradas, no como la suya, del tiempo de Mariana Pineda,[6] tan suelta
y desgarbada, que no parecía, al andar con ella, sino un murciélago
en el momento de levantar el vuelo. Pues ¿y aquel pantalón de rayas,
con tan buena caída, sin rodilleras?...[7] ¡Y todo, Señor, todo; los cue-
llos tiesos, blancos como la leche, las botas de becerro, gruesas sin   5
dejar de ser elegantes, y hasta la petaca que sacó, con cifra, para ofrecerle un cigarrillo negro, de papel pectoral engomado! Todo, Señor,
todo en don José Ruiz Donoso, delataba al caballero de estos tiempos
tal y como debían ser los caballeros, como Torquemada deseaba
serlo, desde que esta idea de la caballería se le metió entre ceja y   10
ceja.[8]

El estilo, o lo que don Francisco llamaba la *explicadera,*[9] le cauti-
vaba aún más que la ropa, y apenas se atrevía el hombre a dar una
opinión tímida sobre las cosas diversas que allí se hablaron. Donoso
y Cruz se lo decían todo, y se lo comentaban a competencia. Ambos   15
gastaban un repertorio inagotable de frases lucidísimas, que Torquemada iba apuntando en su memoria para usarlas cuando el caso viniese. Fidela hablaba poco; en cambio el ciego metía baza en todos
los asuntos, con verbosidad nerviosa, y con el donaire propio de un
hombre en quien la falta de vista ha cultivado la imaginación.   20

Dando mentalmente gracias a Dios por haberle deparado en el
señor de Donoso el modelo social más de su gusto, don Francisco se
proponía imitarle fielmente en aquella transformación de su perso-
nalidad que le pedían el cuerpo y el alma; y más atento a observar
que a otra cosa, no se permitía intervenir en la conversación sino   25
para opinar como el oráculo de la tertulia. ¡Vamos, que también
doña Cruz era oráculo, y decía unas cosas que ya las habría querido
Séneca para sí![10] Torquemada soltaba gruñiditos de aprobación, y
aventuraba alguna frase tímida, con el encogimiento de quien a cada
instante teme hacer un mal papel.   30

Dicho se está que Donoso trataba al prestamista de igual a igual,

6. del ... Pineda: Mariana Pineda (1804-1831) was condemned to death for
having made a flag for the liberals, designed to symbolize the proclamation of
liberty. The idea here is that the frockcoat is old and of antiquated style.
7. con tan ... rodilleras: *with such a good fit, without baggy knees*
8. desde que ... ceja: *ever since this idea of being a gentleman became an
obsession with him*
9. explicadera: usually *explicaderas,* meaning, colloquially, a way of explain-
ing things
10. y decía ... sí: *and said things that would have been the envy of Seneca.*
(Seneca was a Roman Stoic philosopher (4 B.C. (?)-65 A.D.)

sin marcar en modo alguno la inferioridad del amigo nuevo de la casa. Su cortesía era como de reglamento, un poco seca y sin incurrir en confianzas impropias de hombres tan formales. Representaba don José unos sesenta años;[11] pero tenía más, bastantes más, muy bien lle-
5 vados, eso sí, gracias a una vida arregladísima y llena de precauciones. Cuerpo y alma se equilibraban maravillosamente en aquel sujeto de intachables costumbres, de una probidad en que la maledicencia no pudo poner jamás la más mínima tacha; con la religión del método, aprendida en el culto burocrático y trasegada de la ad-
10 ministración a todos los órdenes de la vida; de inteligencia perfectamente alineada en ese nivel medio que constituye la fuerza llamada opinión. Todo esto, con sagacidad adivinatriz, lo caló al instante Torquemada: aquél era su hombre, su tipo, lo que él debía y quería ser al encontrarse rico y merecedor de un puesto honroso en
15 la sociedad.

Picando aquí y allá, la conversación recayó en el pleito. Aquella noche, como todas, Donoso llevaba noticias. Cuando no tenía algo nuevo que decir, retocaba lo de la noche anterior, dándoles visos de frescura, para sostener siempre verdes las esperanzas de sus amigas,
20 a quienes quería entrañablemente.

—Al fin, en el Tribunal ha aparecido el inventario del año treinta y nueve. No ha costado poco encontrarlo.[12] El oficial es amigo mío, y ayer le acusé las cuarenta,[13] por su morosidad... El ponente del Consejo me ha prometido despachar el dictamen sobre la incidencia.
25 Podemos contar con que antes de las vacaciones habrá recaído fallo... He podido conseguir que se desista del informe de Guerra, que sería el cuento de nunca acabar...[14]

Y por aquí seguía. Cruz suspiraba, y Fidela parecía más atenta a su labor de *frivolité* que al litigio.
30 —En este Madrid—dijo don Francisco, que en aquel punto de la conversación se encontró con valor para irse soltando—, se eternizan los pleitos, porque los que administran justicia no miran más que a las influencias. Si las señoras las tiene, échense a dormir. Si no, esperen sentadas el fallo.[15] De nada le vale al pobre litigante que su dere-

11. Representaba ... años: *Don José looked about sixty*
12. No ... encontrarlo. *It was very hard to find.*
13. le ... cuarenta: *I gave him a piece of my mind*
14. He podido ... acabar. *I've managed to get them to dispense with a report from the Ministry of War, because it would take forever.*
15. Si ... dormir. Si no ... fallo. *If you have influence, you can rest easy. If you don't, you'd better sit down while you're waiting for the verdict.*

cho sea más claro que el sol, si no halla buenas aldabas a que agarrarse.[16]

Dijo, y se sopló de satisfacción al notar lo bien que caía en los oyentes su discurso. Donoso lo apoyaba con rápidos movimientos de cabeza, que producían en la convexidad reluciente de su calva destellos mareantes. 5

—Lo sé por experiencia propia de mí mismo—agregó el orador, abusando lastimosamente del pleonasmo—. ¡Ay, qué curia, ralea del diablo, peste del infierno! Olían la carne; se figuraban que había donde hincar la uña, y me volvían loco con esperas de hoy para mañana, y de este mes para el otro, hasta que yo los mandaba a donde fué el padre Padilla y un poquito más allá.[17] Claro, como no me dejaba saquear, perdía, y por esto ahora, antes que andar por justicia,[18] prefiero que todo se lo lleven los demonios. 10

Risas. Fidela le miró, diciendo de improviso: 15

—Señor don Francisco, ya sabemos que en Cadalso de los Vidrios tiene usted mucha propiedad.

—Lo sabemos—agregó Cruz—, por una mujer que fué criada nuestra, y que es de allá. Viene a vernos de cuando en cuando, y nos trae albillo por octubre, y en tiempo de caza, conejos y perdices. 20

—¿Propiedad yo?... Regular, nada más que regular.

—¿Cuántos pares?[19]—preguntó lacónicamente Donoso.

—Diré a ustedes... Lo principal es viña. Cogí el año pasado mil quinientas cántaras...

—¡Hola, hola! 25

—¡Pero si va a seis reales! Apenas se saca para el coste de laboreo, y para la condenada contribución.

—No se achique—dijo Cruz—. Todos los labradores son lo mismo. Siempre llorando...

—Yo no lloro; no, señora... No vayan a creer que estoy descontento 30 de la suerte. No hay queja, no. Tengo, sí, señora, tengo. ¿A qué lo he de negar, si es el fruto de mi sudor?

—Vamos, que es usted riquísimo—dijo Fidela en tono que lo mismo podía ser de burla que de desdén, con un poquito de asombro, como si detrás de aquella frase hubiese una vaga acusación 35 a la Providencia por lo mal que repartía las riquezas.

16. si ... agarrarse: *if he doesn't have real pull*
17. yo los ... allá: *I sent them to the devil and then some.* ("Vete donde se fue el padre Padilla" is an expression of rejection or scorn.)
18. antes ... justicia: *rather than have litigation*
19. ¿Cuántos pares? *How many yoke of animals do you use?*

—Poco a poco...[20] ¿Qué es eso de riquísimo? Hay, sí, señora, hay para una mediana olla.[21] Tengo algunas casas... Y en Cadalso, además del viñedo, hay su poco de tierra de labor, su poco de pasto...

—Va a resultar—observó el ciego en tono jovial—, que con todos 5 esos pocos se trae usted medio mundo en el bolsillo. ¡Si con nosotros no ha de partirlo usted! [22]

Risas. Torquemada, un poquitín corrido, se arrancó a decir:

—Pues bueno, señoras y caballeros, soy rico, relativamente rico, lo cual no quita que sea humilde, muy humilde, muy llano, y que sepa 10 vivir a lo pobre, con un triste pedazo de pan si a mano viene.[23] Miserable me suponen algunos que me ven trajeado sin los requilorios de la moda; por pelagatos me tienen los que saben mi cortísimo gasto de casa y boca, y el no suponer, el no pintarla nunca. Como que ignoro lo que es darse lustre, y para mí no se ha hecho la bam-15 bolla.[24]

Al oír este arranque, en que don Francisco puso cierto énfasis, Donoso, después de reclamar con noble gesto la atención, endilgó un solemne discurso, que todos oyeron religiosamente, y que merece ser consignado, pues de él se derivan actitudes y determinaciones de 20 la mayor importancia en esta real historia.

Donoso delivers an oration on the necessity of the rich to assume their obligations openly and to form the ruling class of society. Torquemada listens with the utmost seriousness and then decides to begin to live in a manner befitting his economic station.

XII

Dicho se está que antes faltaran las estrellas en la bóveda celeste que Torquemada en [1] la tertulia de las señoras del Aguila, y en la confraternidad del señor de Donoso, a quien poco a poco imitaba, cogiéndole los gestos y las palabras, la manera de ponerse el sombrero, 25 brero, el tonito para saludar familiarmente, y hasta el modo de an-

---

20. Poco a poco. *Take it easy.*

21. Hay ... olla. *Oh, I have enough to eat.*

22. ¡Si ... usted! *Surely you're going to share it with us!*

23. si ... viene: *if the occasion should arise*

24. el no suponer ... nunca. Como que ... bambolla. *and the fact that I'm unassuming, that I never put on airs. Since I don't know what it is to put on a show, and sham is not for me.*

1. Dicho ... en: *It goes without saying that it was more likely for the stars to disappear from the firmament than for Torquemada to fail to attend*

dar. Bastaron pocos días para entablar amistad. Empezó el tacaño por hacerse el encontradizo con su modelo en Recoletos,[2] donde vivía; le visitó luego en su casa con pretexto de consulta sobre un préstamo a retro [3] que acababan de proponerle, y por mediación de Donoso hizo después otro hipotecario [4] en condiciones muy ventajosas. 5 De noche se veían en casa de las del Aguila, donde el tacaño había adquirido ya cierta familiaridad. No sentía encogimiento, y viéndose tratado con benevolencia y hasta con cariño, arrimábase al calor de aquel hogar en que dignidad y pobreza eran una misma cosa. Y no dejaba de notar cierta diferencia en la manera de tratarle las cuatro 10 personas de aquella gratísima sociedad. Cruz era quien mayores miramientos tenía con él,[5] mostrándole en toda ocasión una afabilidad dulce y deseos de contentarle. Donoso le miraba como amigo leal. En Fidela creía notar cierto despego y algo de intención zumbona, como si delicadamente y con mucha finura quisiera a veces...lo que 15 en estilo vulgar se llama tomar el pelo; y, por fin, Rafael, sin faltar a la urbanidad, siempre correcto y atildado, le llevaba la contraria en muchas de las cosas que decía. Poquito a poco vió don Francisco que se marcaba una división entre los cuatro personajes: dos a un lado, dos al otro. Si en algunos casos la división no existía, y todo era fra- 20 ternidad y concordia, de repente la barrerita se alzaba, y el avaro tenía que largar un poco la cabeza para ver a Fidela y al ciego de la parte de allá.[6] Y ellos le miraban a él con cierto recelo, que era lo más incomprensible. ¿Por qué tal recelo, si a todos los quería, y estaba dispuesto a descolgarse con algún sacrificio de los humana- 25 mente posibles, dentro de los límites que le imponía su naturaleza?

Cruz sí que se le entraba por las puertas del alma [7] con su afabilidad cariñosa, y aquel gracejo que le había dado Dios para tratar todas las cuestiones. Poquito a poco fué creciendo la familiaridad, y era de ver [8] con qué salero sabía la dama imponerle sus ideas, tro- 30 cándose de amiga en preceptora. "Don Francisco, esa levita le cae a usted que ni pintada.[9] Si no moviera tanto los brazos al andar, resultaría usted un perfecto diplomático"... "Don Francisco, haga por

2. Empezó ... Recoletos: *The miser began by running into his model, seemingly by chance, in Recoletos.* (Recoletos is an elegant avenue in Madrid.)
3. préstamo a retro: *transfer of a debt overdue*
4. hizo ... hipotecario: *he then made another mortgage loan*
5. Cruz ... con él: *Cruz was the one who fussed over him the most*
6. de la parte de allá: *on the other side*
7. Cruz ... alma: *Cruz really endeared herself to him*
8. era de ver: *it was worth seeing*
9. le cae ... pintada: *fits you wonderfully well*

perder la costumbre de decir *mismamente* y *ojo al Cristo*.[10] No sienta
bien en sus labios esa manera de hablar"... "Don Francisco, ¿quién
le ha puesto a usted la corbata? ¿El gato? Creeríase que no han andado manos en ella, sino garras"... "Don Francisco, siga mi consejo
5 y aféitese la perilla, que mitad blanca y mitad negra, tiesa y amena-
zadora, parece cosa postiza. El bigote sólo, que ya le blanquea, le
hará la cara más respetable. No debe usted parecer un oficial de
clase de tropa,[11] retirado. A buena presencia no le ganará nadie [12] si
hace lo que le digo"... "Don Francisco, quedamos en que desde ma-
10 ñana no me trae acá el cuello marinero.[13] Cuellito alto, ¿estamos? [14]
O ser o no ser persona de circunstancias,[15] como usted dice"... "Don
Francisco, usa usted demasiada agua de colonia. No tanto, amigo
mío. Desde que entra usted por la puerta de la calle vienen aquí esos
batidores del perfume anunciándole. Medida, medida, medida en
15 todo"... "Don Francisco, prométame no enfadarse, y le diré... ¿Se lo
digo?... Le diré que no me gusta nada su escepticismo religioso. ¡Decir que no le *entra el dogma*! [16] Aparte la forma grosera de expresarlo, ¡*entrarle el dogma!*, la idea es abominable. Hay que creer, señor mío. Pues qué, ¿hemos venido a este mundo para no pensar más
20 que en el miserable dinero?"

Dicho se está que con estas reprimendas dulces y fraternales se le
caía la baba al hombre, y allí era el prometer [17] sumisión a los deseos de la señora, así en lo chico como en lo grande, ya en el detalle
nimio de la corbata, ya en el grave empeño de apechugar a ojos ce-
25 rrados con todas y cada una de las verdades religiosas.

Fidela se permitía dirigirle iguales admoniciones, si bien en tono
muy distinto, ligeramente burlón y con toques imaginativos muy
graciosos.

—Don Francisco, anoche soñé que venía usted a vernos en coche,
30 en coche propio, como debe tenerlo un hombre de *posibles*.[18] Vea
usted cómo los sueños no son disparates. La realidad es la que no da

10. haga ... Cristo. *try to break the habit of saying "exact same" and "watch
your step."*
11. un oficial ... tropa: *a noncommissioned officer*
12. A buena ... nadie: *Nobody will look nicer than you*
13. quedamos ... marinero: *let's agree that starting tomorrow you'll give up
that sailor's collar*
14. ¿estamos? *all right?*
15. O ser ... circunstancias: *Either one is a person of substance or one is not:*
16. ¡Decir ... dogma! *Imagine saying that you don't "get" doctrine!*
17. y allí ... prometer: *and then and there he promised*
18. un hombre de posibles: *a man of means*

pie con bola,[19] en la mayoría de los casos... Pues sí, sentimos el estrépito de las ruedas, salí al balcón, y me veo a mi don Francisco bajar
del *landeau*,[20] el lacayo en la portezuela, sombrero en mano...

—¡Ay, qué gracia!...

—Dijo usted al lacayo no sé qué..., con ese tonillo brusco que suele 5
usar..., y subió. No acababa nunca de subir.[21] Yo me asomé a la
escalera, y le vi sube que te sube,[22] sin llegar nunca, pues los escalones aumentaban a cientos, a miles, y aquello no concluía. Escalones,
siempre escalones... Y usted sudaba la gota gorda...[23] Ya, por último,
subía encorvadito, muy encorvadito, sin poder con su cuerpo...,[24] y 10
yo le daba ánimos. Se me ocurrió bajar, y el caso es que bajaba, bajaba sin poder llegar hasta usted, pues la escalera se aumentaba para
mí bajando como para usted subiendo...

—¡Ay, qué fatiga y qué sueños tan raros!

—Esta es así—dijo Cruz, riendo—. Siempre sueña con escaleras. 15

—Es verdad. Todos mis sueños son de subir y bajar. Amanezco
con las piernas doloridas y el pecho fatigado. Subo por escaleras de
papel, por escaleras de diamante, por escalas tan sutiles como hilos
de araña. Bajo por peldaños de metal derretido, por peldaños de
nieve, y por un sinfín de cosas que son mis propios pensamientos, 20
puestos unos debajo de otros... ¿Se ríen?

Sí que se reían, Torquemada principalmente, con toda su alma,
sin sentirse lastimado por el ligero acento de sátira que salpimen-
taba la conversación de Fidela como un picante usado muy discreta-
mente. El sentimiento que la joven del Aguila le inspiraba era muy 25
raro. Habría deseado que fuese su hija, o que su hija Rufina se le
pareciese, cosas ambas muy difíciles de pasar del deseo a la realidad.
Mirábala como una niña a quien no se debía consentir ninguna
iniciativa en cosas graves, y a quien convenía mimar, satisfaciendo
de vez en vez sus antojos infantiles. Fidela solía decir que le encanta- 30
ban las muñecas, y que hasta la época en que la adversidad le impuso deberes domésticos muy penosos, se permitía jugar con ellas.
Conservaba de los tiempos de su niñez opulenta algunas muñecas
magníficas, y a ratos perdidos,[25] en la soledad de la noche, las sacaba

19. no ... bola: *never gets anything right*
20. landeau (French): *landau or carriage.* (Fidela uses the French pronuncia-
tion rather than the Spanish *landó*, presumably because it's more elegant.)
21. No ... subir. *You never finished coming up.*
22. y le vi ... te sube: *and I saw you going up, up, up*
23. Y usted ... gorda. *And you were huffing and puffing.*
24. sin ... cuerpo: *without being able to hold yourself erect*
25. a ratos perdidos: *in her spare time*

para recrearse y charlar un poco con sus mudas amigas, recordando la edad feliz. Confesábase, además, golosa. En la cocina, siempre que hacían algún postre de cocina, fruta de sartén o cosa tal,[26] lo saboreaba antes de servirlo, y el repuesto de azúcar tenía en la cocinera

5 un enemigo formidable. Cuando no mascaba un palito de canela roía las cáscaras de limón; se comía los fideos crudos, los tallos tiernos de lombarda y las cáscaras de queso.

—Soy el ratón de la casa—decía con buena sombra,[27] y cuando teníamos jilguero, yo le ayudaba a despachar los cañamones. Me gusta

10 extraordinariamente chupar una hojita de perejil, roer un haba o echar en la boca un puñadito de arroz crudo. Me encanta el picor de la corteza de los rabanitos, y la miel de la Alcarria[28] me trastorna hasta el punto de que la estaría probando, probando, por ver si es buena, hasta morirme. Por barquillos soy yo capaz de no sé qué, pues

15 me comería todos los que se hacen y se pueden hacer en el mundo; tanto, tanto me gustan. Si me dejaran, yo no comería más que barquillos, miel y...¿a que no lo acierta,[29] don Francisco?

—¿Cacahuete?

—No.

20 —¿Piñones confitados?

—Tampoco.

—¿Pasas, alfajores, guirlache, almendras de Alcalá, bizcochos borrachos?[30]

—Los bizcochos borrachos también me emborrachan a mí. Pero

25 no es eso, no es eso. Es...

—Chufas—dijo el ciego, para concluir de una vez.

—Eso es... Me muero por las chufas. Yo mandaría que se cultivara esa planta en toda España, y que se vendiera en todas las tiendas, para sustituir al garbanzo. Y la horchata debiera usarse en vez de

30 vino. Ahí tiene usted una cosa que a mí no me gusta: el vino. ¡Qué asco! ¡Vaya con lo que inventan los hombres![31] Estropear las uvas, una cosa tan buena, por sacar de ellas esa bebida repugnante... A mí me da náuseas, y cuando me obligan a beberlo me pongo mala, caigo

26. postre ... tal: *some homemade dessert, a fritter or some such thing*
27. con buena sombra: *good-humoredly*
28. miel de la Alcarria: la Alcarria, in the province of Cuenca, is famous for its honey.
29. a que ... acierta: *I'll bet you don't guess*
30. Pasas: *raisins;* alfajores: *paste made of nuts, honey and spices;* guirlache; *peanut* or *almond brittle;* almendras de Alcalá: *almonds from Alcalá;* bizcochos borrachos: *rum cake* (baba au rhum)
31. ¡Vaya ... hombres! *What things men think up!*

dormida y sueño los desatinos más horripilantes; que la cabeza me
crece, me crece hasta ser más grande que la iglesia de San Isidro,[32]
o que la cama en que duermo es un organillo de manubrio, y yo el
cilindro lleno de piquitos que volteando hace sonar las notas... No,
no me den vino, si no quieren que me vuelva loca.   5

¡Lo que [33] se divertían Donoso y Torquemada con estas originali-
dades de la simpática joven! Deseando mostrarle un puro afecto pa-
ternal, no iba nunca don Francisco a la tertulia sin llevar alguna
golosina para el ratoncillo de la casa. Felizmente, en la Travesía del
Fúcar,[34] camino de la calle de San Blas, tenía su tienda de esteras y 10
horchata un valenciano que le debía un pico a Torquemada, y éste
no pasaba por allí ninguna tarde sin afanarle con buenos modos un
cartuchito de chufas. "Es para unos niños," solía decirle. El confitero
de la calle de las Huertas, deudor insolvente, le pagaba, a falta de
moneda mejor, intereses de caramelos, pedacitos de guirlache, alguna 15
yema, melindres de Yepes o mantecadas de Astorga,[35] género sobrante de la última Navidad, y un poco rancio ya. Hacía de ello el
tacaño paquetitos con papeles de colores que el mismo confitero le
daba, y corriéndose alguna vez a adquirir en la tienda de ultramarinos el cuarterón de pasas, o la media librita de galletas inglesas, no 20
había noche que entrara en la tertulia con las manos vacías. Todo
ello no le suponía más que [36] una peseta y céntimos cada vez que
tenía que comprarlo, y con tan poco estipendio se las daba [37] de
hombre galante y rumboso. Rebosando dulzura, con todas las con-
fiterías del mundo metidas en su alma, presentaba el regalito a la 25
damisela, acompañándolo de las expresiones más tiernas y mejor
confitadas que podía dar de sí su tosco vocabulario.[38] "Vamos; sorpresa tenemos. Esta no la esperaba usted... Son unas cosas de chocolate fino, que llaman *pompones,* con hoja de papel de plata fina, y
más rico que el mazapán." [39] No podía corregirse la costumbre [40] de 30

32. iglesia de San Isidro: the main cathedral of Madrid, named for the patron
saint of the city
33. Lo que: *How*
34. Travesía del Fúcar: name of a street
35. Yepes, in the province of Toledo, is famous for its ladyfingers; Astorga,
in the province of León, is noted for its pastries.
36. Todo ello ... más que: *All of this didn't cost him more than*
37. se las daba de: *he posed as*
38. que ... vocabulario: *that he could extract from his crude vocabulary*
39. que llaman pompones ... mazapán: *called pompons* (Torquemada means
bombones, bonbons) *wrapped in silver foil and more delicious than marzipan*
40. No podía ... costumbre: *He couldn't cure himself of the habit*

anunciar y ponderar lo que llevaba. Acogía Fidela la golosina con grandes extremos de agradecimento y alegría infantil, y don Francisco se embelesaba viéndola hincar en la sabrosa pasta sus dientes, de una blancura ideal, los dientes más iguales, más preciosos y más
5 limpios que él había visto en su condenada vida; dientes de tan superior hechura y matiz, que nunca creyó pudiese existir en la Humanidad nada semejante. Pensando en ellos decía: "¿Tendrán dientes los ángeles? ¿Morderán? ¿Comerán?... Vaya usted a saber [41] si tendrán dientes y muelas, ellos, que, según rezan los libros de reli-
10 gión, no necesitan comer. Y ¿a qué es *plantear esa cuestión?* [42] Falta saber que *haiga* ángeles."

Torquemada makes Donoso his model in everything; not only does he imitate him in dress and in vocabulary, but he even takes his advice on financial matters. Donoso is horrified at the squalor in which Torquemada lives and insists that he move to his big house on Silva street and further suggests that he marry—preferably a mature woman. Shortly thereafter Torquemada has an imaginary dialogue with his dead son Valentinito, who tells him that he wants to live again—to be born again. To accomplish this, Torquemada reasons, parents are indispensable.

Torquemada moves to the house on Silva street, after which Donoso informs him that the Aguila's lawsuit is going so badly that soon they can expect to be in the poorhouse. Torquemada insists that they not give up their suit, a statement which is interpreted by Donoso as a sign of genuine interest in the Aguila family. Donoso then offers to act as intermediary in a marriage proposal, but somehow neglects to mention which one of the sisters will be asked. Torquemada is left with this detail unresolved. When he goes to the tertulia of the Aguila sisters, he can detect no sign, no hint of which one he is supposed to marry. He corners Donoso, demands to be told, and his intermediary is forced to admit that he doesn't know either, but offers to continue the negotiations in any case.

41. Vaya ... saber: *How can you possibly know*
42. ¿a qué ... cuestión? *Why pose that question?* (*Plantear una cuestión* is an expression Torquemada has learned from Donoso. The *haiga* in the next sentence is a vulgar error for *haya*.)

SEGUNDA PARTE

I

Levantábase Cruz del Aguila al amanecer de Dios,[1] y comúnmente
se despertaba un par de horas antes de dejar el lecho, quedándose
en una especie de éxtasis económico, discurriendo sobre las dificultades del día y sobre la manera de vencerlas o sortearlas. Contaba
una y otra vez sus escasos recursos, persiguiendo el problema insolu- 5
ble de hacer de dos, tres, y de cuatro, cinco, y a fuerza de revolver
en su caldeado cerebro las fórmulas económicas, lograba dar realidad a lo inverosímil y hacer posible lo imposible. Con estos cálculos
entremezclaba rezos modulados maquinalmente, y las sílabas de oraciones se refundían en sílabas de cuentas... Su mente volvíase de cara 10
a la Virgen y se encontraba con el tendero. Por fin, la voluntad po-
derosa ponía término al balance previo del día, todo fatigas, cálculos
y súplicas a la Divinidad, porque era forzoso descender al campo de
batalla, a la lucha con el destino en el terreno práctico, erizado de
rocas y cortado por insondables abismos.   15
Y no sólo era general en jefe en aquella descomunal guerra, sino
el primero y el más bravo de los soldados. Empezaba el día, y con el
día, el combate; y así habían transcurrido años, sin que desmayara
aquella firme voluntad. Midiendo el plazo, larguísimo ya, de su
atroz sufrimiento, se maravillaba la ilustre señora de su indomable 20
valor, y concluía por afirmar la infinita resistencia del alma humana
para el padecer. El cuerpo sucumbe pronto al dolor físico; el alma
intrépida no se da por vencida, y aguanta el mal en presiones in-
creíbles.
Era Cruz el jefe de la familia, con autoridad irrecusable; suya la 25
mayor gloria de aquella campaña heroica, cuyos laureles cosecharía
en otra vida de reparación y justicia; suya también la responsabili-
dad de un desastre, si la familia sucumbía, devorada por la miseria.
Obedecíanla ciegamente sus hermanos, y la veneraban, viendo en
ella un ser superior, algo como el Moisés que les llevaba al través 30
del desierto,[2] entre mil horrendas privaciones y amarguras, con la
esperanza de pisar al fin un suelo fértil y hospitalario. Lo que Cruz

---

1. al amanecer de Dios = al amanecer
2. The reference is to the Book of Exodus.

determinaba, fuese lo que fuese,[3] era como artículo de fe para los dos hermanos.

Esta sumisión facilitaba el trabajo de la primogénita, que en los momentos de peligro maniobraba libremente, sin cuidarse de la
5 opinión inferior, pues si ella hubiera dicho un día: "No puedo más; arrojémonos los tres abrazaditos por la ventana," se habrían arrojado sin vacilar.

El uso de sus facultades en empeños tan difíciles, repetidos un día y otro, escuela fué del natural ingenio de Cruz del Aguila, y éste se
10 le fué sutilizando y afinando en términos que todos los grandes talentos que han ilustrado a la Humanidad en el gobierno de las naciones, eran niños de teta comparados con ella. Porque aquello era gobernar; lo demás es música:[4] era hacer milagros, porque milagro es vivir sin recursos; milagro mayor cubrir decorosamente todas las
15 apariencias, cuando en realidad, bajo aquella costra de pobreza digna, se extendía la llaga de una indigencia lacerante, horrible, desesperada. Por todo lo cual, si en este mundo se dieran diplomas de heroísmo y se repartieran con justicia títulos de eminencia en el gobernar, el primer título de gran ministra y el diploma de heroína
20 debían ser para aquella hormiga sublime.

Cuando se hundió la casa del Aguila, los restos del naufragio permitieron una vida tolerable por espacio de dos años. La repentina orfandad puso a Cruz al frente de la corta familia, y como los desastres se sucedían sin interrupción, al modo de golpes de maza da-
25 dos en la cabeza por una Providencia implacable, llegó a familiarizarse con la desdicha; no esperaba bienes; veía siempre delante la cáfila de males aguardando su turno para acercarse con espantosa cara. La pérdida de toda la propiedad inmueble la afectó poco: era cosa prevista. Las humillaciones, los desagradables rozamientos con
30 parientes próximos y lejanos, también encontraron su corazón encallecido. Pero la enfermedad y ceguera de Rafael, a quien adoraba, la hizo tambalear. Aquello era más fuerte que su carácter, endurecido y templado ya como el acero. Tragaba con insensible paladar hieles sin fin. Para combatir la terrible dolencia, realizó empresas de he-
35 roína, en cuyo ser se confundieron la mujer y la leona; y cuando se hubo perdido toda esperanza, no se murió de pena, y advirtió en su alma durezas de diamante que le permitían afrontar presiones superiores a cuanto imaginarse puede.

3. fuese ... fuese: *no matter what it was*
4. lo demás es música: *the rest is child's play*

Siguió a la época de la ceguera otra en que la escasez fué tomando carácter grave. Pero no se había llegado aún a lo indecoroso; y además el leal y consecuente amigo de la familia los ayudaba a sortear el tremendo oleaje. La venta de un título, único resto de la fortuna del Aguila, y de varios objetos de reconocida superfluidad, permitióles vivir malamente; pero ello es que vivían, y aun hubo noche [5] en que, al recogerse después de rudos trabajos, las dos hermanas estaban alegres y daban gracias a Dios por la ventura relativa que les deparaba. Esta fué la época que podríamos llamar de doña Lupe, porque en ella hicieron conocimiento con [6] la insigne prestamista, que si empezó echándoles la cuerda al cuello,[7] después, a medida que fué conociéndolas, aflojó, compadecida de aquella destronada realeza. De los tratos usurarios se pasó al favor benigno, y de aquí, por natural pendiente, a una amistad sincera, pues doña Lupe sabía distinguir. Para que no se desmintiera el perverso sino que hacía de la existencia de las señoras del Aguila un tejido de infortunios, cuando la amistad de doña Lupe anunciaba algún fruto de bienandanza, la pobre señora hizo la gracia de morirse.[8] Creeríase que lo había hecho a propósito, por fastidiar.

Y ¡en qué mala ocasión le dió a la de los Pavos la humorada de marcharse al otro mundo! Cuando su enfermedad empezó a presentar síntomas graves, las Aguilas entraban en lo que Torquemada, metido a hombre fino,[9] habría llamado el período álgido [10] de la pobreza. Hasta allí habían ido viviendo con mil estrecheces, careciendo no sólo de lo superfluo en que se habían criado, sino de lo indispensable en que se crían grandes y chicos. Vivían mal, aunque sin ruborizarse, porque se comían lo suyo; [11] pero ya se planteaba el dilema terrible de morir de inanición o de comer lo ajeno. Ya era llegado el caso de mirar al cielo, por si caía algún maná que se hubiera quedado en el camino desde el tiempo de los hebreos,[12] o de implorar

5. aun hubo noche: *there were even nights*
6. hicieron conocimiento con: *they made the acquaintance of*
7. que si ... cuello: *who if she began by pressing them very hard* (by tightening the screws)
8. hizo ... morirse: *took it into her head to die*
9. metido ... fino: *acting the fine gentleman*
10. período álgido: *culminating point*
11. se comían lo suyo: *they lived on what they had*
12. Ya ... hebreos. *They were now in the position where they had to look toward heaven just in case there was still some manna falling, left over from the time of the Hebrews.* (Exodus 16:4: "Then said the Lord unto Moses, Behold, I will rain bread from heaven for you.")

la caridad pública en la forma menos bochornosa. Si se ha de decir
verdad, este período de suprema angustia se inició un año antes;
pero el leal amigo de la casa, don José Donoso, lo contuvo, o lo disi-
muló con donativos ingeniosamente disfrazados. Para las señoras, las
5 cantidades que de las manos de aquel hombre sin par recibían, eran
producto de la enajenación de una carga de justicia; mas no había
tal carga de justicia enajenada ni cosa que lo valiera.[13] Descubriólo
al fin Crucita, y su consternación no puede expresarse con palabras.
No se dió por entendida con don José,[14] comprendiendo que éste le
10 agradecería el silencio.

Habría seguido el buen Donoso practicando la caridad de tapadillo si humanamente tuviera medios hábiles para ello. Pero también había empezado a gemir bajo el yugo de un adverso destino. No
tenía hijos, pero sí esposa, la cual era, sin género alguno de duda,
15 la mujer más enferma de la creación. En el largo inventario de do-
lencias que afligen a la mísera Humanidad, ninguna se ha conocido
que ella no tuviera metida en su pobre cuerpo, ni en éste había parte
alguna que no fuese un caso patológico digno de que vinieran a estudiarlo todos los facultativos del mundo. Más que una enferma, era
20 la buena señora una escuela de Medicina. Los nervios, el estómago,
la cabeza, las extremidades, el corazón, el hígado, los ojos, el cuero
cabelludo, todo en aquella infeliz mártir estaba como en revolución.
Con tantos alifafes, por indefinido tiempo sufridos sin que se vieran
señales de remedio, la señora de Donoso llegó a formarse un carácter
25 especial de persona soberanamente enferma, orgullosa de su mala
salud. De tal modo creía ejercer el monopolio del sufrimiento físico,
que trinaba cuando le decían que pudiera existir alguien tan enfermo como ella. Y si se hablaba de tal persona que padecía tal dolor
o molestia, ella, no queriendo ser menos que nadie, se declaraba
30 atacada de lo mismo, pero en un grado superior. Hablar de sus do-
lencias, describirlas con morosa prolijidad, cual si se deleitara con
su propio sufrimiento, era para ella un desahogo que fácilmente le
perdonaban cuantos tenían la desdicha de oírla; y los de la familia
le daban cuerda para que se despotricara, con aquel dejo vago de
35 voluptuosidad que ponía en el relato de sus punzadas, angustias,
bascas, insomnios, calambres y retortijones. Su esposo, que la quería
entrañablemente y que ya llevaba cuarenta años de ver en su cara
aquella recopilación de toda la Patología interna, desde los tiempos

---

13. ni ... valiera: *nor anything of the sort*
14. No ... José: *She didn't let on to don José that she knew*

de Galeno [15] hasta nuestros días, concluyó por asimilarse el orgullo hipocrático [16] de su doliente mitad, y no le hacía maldita gracia que se hablase de padecimientos no conocidos de su Justa, o que a los de su Justa remotamente se pareciesen.[17]

II

La primera pregunta que a don José se hacía en la tertulia de las del Aguila era ésta: "Y Justa, ¿cómo ha pasado el día?" Y en la respuesta había siempre una afirmación invariable: "Mal, muy mal," seguida de un comentario que variaba cada veinticuatro horas: "Hoy ha sido la asistolia." Otro día era la cefalalgia, el bolo histérico, o el dolor agudísimo en el dedo gordo del pie. Gozaba Donoso pintando cada noche con recargadas tintas un sufrimiento distinto del de la noche anterior. Y si no se hablaba nunca de esperanzas o probabilidades de remedio, porque el curarse habría sido quitar a la epopeya de males toda su majestad dantesca,[1] en cambio siempre había algo que decir sobre la continua aplicación de remedios, los cuales se ensayaban por una especie de *diletantismo* terapéutico, y se ensayarían mientras hubiese farmacias y farmacéuticos en el mundo.

Con estas bromas y el sinfín de médicos que iban examinando, con más entusiasmo científico que piedad humanitaria, aquella enciclopedia doliente, los posibles de Donoso se mermaban que era un primor.[2] El no hablaba de tal cosa; pero los Aguilas lo presumían, y acabaron por cerciorarse de que también su amigo padecía de ciertos ahogos. Por indiscreción de un íntimo de ambas familias, enteróse Cruz de que don José había contraído una deuda, cosa en él muy anómala y que pugnaba con los hábitos de toda su vida. Y ¡que no pudiera ella acudir en su auxilio, devolviéndole con creces los beneficios de él recibidos! Con estas penas, que unos y otros devora-

15. Galeno = Galen, Greek physician (ca. 130–ca. 200).
16. hipocrático: *Hippocratic.* Hippocrates, Greek physician, was known as the father of medicine (460?–377? B.C.).
17. no le hacía ... se pareciesen: *he didn't like it one bit when people spoke either of ailments unknown to his Justa, or of ailments even vaguely resembling those of his Justa*
1. su majestad dantesca: *its Dantesque majesty.* (The nature of doña Justa's suffering can be found mirrored only in the *Inferno* of Dante (1265–1321). The *Inferno*, which constitutes the first part of the *Divine Comedy*, describes all sorts of horrendous punishments in vivid detail.)
2. los posibles ... primor: *Donoso's funds were decreasing in a most alarming fashion*

ban en silencio, coincidieron los días de la tremenda crisis económica de que antes hablé, los crujidos espantosos que anunciaban el
principio del fin, dejando entrever el rostro lívido de la miseria no
ya vergonzante y pudibunda, sino desnuda, andrajosa, descarada.

5   Ya se notaban en algunos proveedores de la casa desconfianzas
groseras, que hacían tanto daño a las señoras como si las azotaran
públicamente. Ya no había esperanzas remotas de restablecer las
buenas relaciones con el propietario de la casa, ni se veía solución
posible al temido problema. Ya no era posible luchar, y había que
10 sucumbir con heroísmo, llamar a las puertas de la caridad provincial
o municipal, si no preferían las nobles víctimas una triple ración de
fósforos en aguardiente o arrojarse los tres en cualquier abismo que
el demonio les deparase.

   En tan críticos días apareció la solución. ¡La solución! Sí que lo
15 era, y cuando Donoso la propuso, refrescando memorias de doña
Lupe, que la había propuesto también como una chifladura que hacía reír a las señoras, Cruz se quedó aturdida un buen espacio de
tiempo, sin saber si oía la voz de la Providencia anunciando el iris
de paz,[3] o si el buen amigo se burlaba de ella.

20   —No, no es broma—dijo Donoso—. Repito que no es imposible.
Hace tiempo que esa idea está labrando aquí. Creo que es una solución aceptable, y, si se me apura, la única solución posible. Falta,
dirá usted, que el interesado manifieste... Pues aunque nada en concreto me ha dicho, creo que por él [4] no habrá dificultad.

25   Hizo Cruz un gesto de repugnancia, y después un gesto de conformidad, y sucesivamente una serie de gestos y mohines que deno-
taban la turbación de su alma. Solución, sí, solución era. Si no había
otra, ni podía haberla, ¿a qué [5] discutirla? No se discute el madero
flotante, al cual se agarra el náufrago que ya se ha bebido la mitad
30 de la mar. Marchóse don José, y al siguiente día volvió con la historia de que sus negociaciones iban como una seda;[6] que, por la parte
masculina, bien se podía aventurar un *sí* como una casa.[7] Faltaba el
sí del *elemento* [8] femenino. Cruz, que aquella mañana tenía un volcán en su cerebro, del cual eran señales las llamaradas rojizas que

---

3. iris de paz: *messenger of peace*. (Iris, goddess of the rainbow, was a messenger of the gods.)
4. por él: *insofar as he is concerned*
5. ¿a qué? *Why?*
6. iban ... seda: *were progressing beautifully*
7. un *sí* como una casa: *a very big "yes"*
8. *Elemento* is in italics because it is one of Donoso's favorite words.

encendían su rostro, movió los brazos como un delirante tifoideo,[9] y exclamó: "Aceptado, aceptado, pues no hay valor para el suicidio..."

Donoso no sabía si la señora lloraba o si se mordía las manos cuando la vió caer en una silla, taparse la cara, extender luego los 5 brazos echando la cabeza hacia atrás.

—Calma, señora mía. Hablando en plata,[10] diré a usted que el partido me parecería aceptable en cualesquiera circunstancias. En las presentes, tengo para mí [11] que es un partido soberbio.

—Si no digo que no; no digo nada. Arréglelo usted como quiera... 10 El humorismo del destino adverso es horrible, ¿verdad? ¡Gasta unas bromas Dios Omnipotente!... Crea usted que no puedo menos de ver todo eso de la inmortalidad y de la eterna justicia por el lado cómico. ¿Qué hizo Dios, al crear al hombre, más que fundar el eterno sainete? 15

—No hay que tomarlo así—dijo don José, buscando argumentos de peso—. Nos encontramos frente a un problema... La solución única, aceptable, desde luego, es un poquito amarga, de catadura fea... Pero hay cualidades; yo creo que raspando la tosquedad se encuentra el hombre de mérito, de verdadero mérito... 20

Cruz, que tenía los brazos desnudos, porque había estado lavando, los cruzó, clavándose en ellos las uñas. A poco más se saca tiras de piel.[12]

—Aceptado; he dicho que aceptado—afirmó con energía, tembloroso el labio inferior—. Ya sabe que mis resoluciones son decisivas. 25 Lo que resuelvo, se hace.

Cuando se retiraba, don José, asaltado de una duda enojosa, tuvo que llamarla.

—Por Dios, no sea usted tan viva de genio. Hay que tratar de un extremo importantísimo. Para seguir las negociaciones y fijar con la 30 otra parte contratante los términos precisos de la solución, necesito saber...

—¿Qué, qué más?

—Pues ahí es nada lo que ignoro. A estas alturas,[13] ni él ni yo sabemos con cuál de ustedes... 35

9. un delirante tifoideo: *a person delirious with typhoid fever*
10. Calma ... plata: *Calm yourself, my dear lady. To speak plainly* ...
11. tengo para mí: *it is my opinion*
12. A poco más ... piel. *A little harder and she would have torn off pieces of her skin.*
13. Pues ... alturas: *What I still don't know is a mere trifle. At this late date* ...

—Es verdad... Pues... con ninguna, digo, con las dos... No, no haga usted caso. Yo pensaré ese detalle.

—¿Lo llama detalle?...

—Tengo la cabeza en ebullición. Déjeme pensarlo despacio, y lo que yo resuelva, eso será.

Retiróse don José, y la dama siguió lavando, sin dejar comprender a Fidela el gallo tapado[14] que el amigo de la casa traía. Ambas se ocupaban con el ardor de siempre en las faenas domésticas, alegre la joven, taciturna la mayor. Una de las cosas a que más difícilmente se resignaba ésta era a la necesidad de ir a la compra. Pero no había más remedio, pues la portera, que tal servicio solía prestarles, se hallaba gravemente enferma, y antes morir que fiarse para ello de alguna de las vecinas entremetidas y fisgonas. Confiar los secretos económicos de la desgraciada familia a gente tan desconsiderada, incapaz de comprender toda la grandeza de aquel martirio, habría sido venderse estúpidamente. Y antes que venderse, mejor era humillarse a bajar al mercado, hacer frente a placeras insolentes y tenderos desvergonzados, procurando no darse a conocer[15] o haciéndose la ilusión de no ser conocida. Cruz se disfrazaba, envolviéndose el cuerpo en un mantón y la cara en luengo pañuelo, y así salía, con su escaso repuesto de moneda de cobre, que cambiaba por porciones inverosímiles de carne, legumbres, pan y algún huevo en ciertos días. Ir a la compra sin dinero o con menos dinero del necesario era para la dignísima señora suplicio que se dejaba tamañitos todos los que inventó Dante en su terrible infierno. Tener que suplicar que se le concediese algún crédito, tener que mentir, ofreciendo pagar la semana próxima lo que seguramente no había de poder dar, era un esfuerzo de voluntad sólo inferior en un grado al que se necesita para estrellarse el cráneo contra la pared. Flaqueaba a veces; pero el recuerdo del pobrecito ciego que no conocía más placer que saborear la comida, la estimulaba con aguijón terrible a seguir adelante en aquel *vía crucis*.[16] "Y ¡luego me hablan a mí de mártires—se decía, camino de la calle de Pelayo—y de las vírgenes arrojadas a las fieras y de otras a quienes desollaban vivas! Me río yo de todo eso. Que vengan aquí a sufrir, a ganar el cielo sin ostentación de que se gana,[17]

14. el gallo tapado: *the surprise*
15. procurando ... conocer: *trying not to be recognized*
16. *vía crucis* = *way of the Cross*, but need not be translated. The reference is to the road Jesus Christ followed, carrying the cross, to Golgotha.
17. sin ostentación ... gana: *without showing off*

sin bombo y platillo." Regresaba a su casa, jadeante, el rostro como un pimiento, rendida del colosal esfuerzo, que otra vez le daba idea de la infinita resistencia de la voluntad humana. Seguían a estas amarguras las de aderezar aquellos recortes de comida, de modo que Rafael tuviese la mejor parte, si no la totalidad, sin enterarse de que 5 sus hermanas no lo probaban. Para que no conociese el engaño, Fidela imitaba el picoteo del tenedor, el rumor del mascar y todo lo que pudiera dar la ilusión de que ambas comían. Cruz se había hecho ya a sobriedades inverosímiles, y si Fidela mordiscaba, por travesura y depravaciones del gusto, mil porquerías,[18] hacíalo ella por 10 convicción, curada ya de todos los ascos posibles. El partido que allí se sacaba de una patata resultaría increíble si se narrara con toda puntualidad. Cruz, como el filósofo calderoniano,[19] recogía las hierbas arrojadas por la otra. Huevos, ninguna de las dos los cataba tiempo hacía, y para que Rafael no lo comprendiera, la traviesa her- 15 mana menor golpeaba un cascarón sobre la huevera, imitando con admirable histrionismo el acto de comer un huevo pasado. Para sí hacían caldos inverosímiles, guisos que debieran pasar a la historia culinaria cual modelos de la nada figurando ser algo. Ni aun a Donoso se le revelaban estos milagros de la miseria noble, por temor de 20 que el buen señor hiciera un disparate sacrificándose por sus amigas. Tanta delicadeza en ellas era ya excesiva; pero se encontraban sin fuerzas para conllevar por más tiempo actitudes tan angustiosamente difíciles, y por las noches no podían sostener la afable rigidez de la tertulia sino con tremendas erecciones de la voluntad. 25

Aquel día, que debía señalarse con piedra de algún color,[20] por ser la fecha en que fueron aceptadas, en principio, por Cruz las proposiciones de Torquemada, sentíase la buena señora con más ánimos. Se presentaba una solución, buena o mala, pero solución al fin. La

18. mil porquerías: *all kinds of junk*

19. como el filósofo calderoniano: In his play *La vida es sueño*, Calderón (1600–1681) tells the parable of a philosopher who considers himself the most unfortunate and poverty-stricken of all creatures because he has only herbs on which to nourish himself. As he eats these herbs, casting aside the inedible portions, he discovers that another philosopher is devouring the pieces he has discarded. He then realizes that he is more fortunate than he had suspected. (Cf. Act I, scene 2, lines 253–262.)

20. piedra de algún color: *stone of some color or other* (as a sign of good or bad fortune). In *Don Quijote*, Part II, Chapter X, Don Quijote asks Sancho "¿Podré señalar este día con piedra blanca, o con negra?" In the Theseus legend, Aegeus was to be informed of his son's success in killing the Minotaur by the hoisting of white sails, or of his failure by the hoisting of black.

salida de aquella caverna tenebrosa era ya posible, y debían ale-
grarse, aun ignorando adónde irían a parar²¹ por la grieta que en
la ingrata roca se vislumbraba. Al dar de comer a su hermano,
la dama ponderó más que otras veces la buena comidita de aquel
5 día.

—Hoy tienes lo que tanto te gusta: lenguado al *gratin*.²² Y un
postre riquísimo: polvorones de Sevilla.²³

Fidela le ataba la servilleta al cuello, Cruz le ponía delante el
plato de sopa, mientras él, tentando en la mesa, buscaba la cuchara.
10 La falta de vista habíale aguzado el oído, dándole una facultad de
apreciar las más ligeras variaciones del timbre de voz en las personas
que le rodeaban. De tal modo afinaba, en aquel memorable día, la
ampliación del sentido,²⁴ que conoció por la voz no sólo el temple
de su hermana, sino hasta sus pensamientos, a nadie declarados.

15 En los ratos que Cruz iba a la cocina, dejándole solo con Fidela, el
ciego, comiendo despacio y sin mucho apetito, platicaba con su hermana.

—¿Qué pasa?—le preguntó con cierta inquietud.

—Hijo, ¿qué ha de pasar?²⁵ Nada.

20 —Algo pasa. Yo lo conozco, lo adivino.

—¿En qué?...

—En la voz de Cruz. No me digas que no. Hoy ocurre en casa algo
extraordinario.

—Pues no sé...

25 —¿No estuvo don José esta mañana?

—Sí.

—¿Oíste lo que hablaron?

—No; pero supongo que no hablarían nada de particular.

—No me equivoco, no. Algo hay, y algo muy gordo,²⁶ Fidela. Lo
30 que no sé es si nos traerá felicidad o desgracia. ¿Qué crees tú?

—¿Yo?... Hijo, sea lo que fuere, más desgracias no han de caer
sobre nosotros. No puede ser; la imaginación no concibe más.

—¿De modo que tú sospechas que será bueno?

—Te diré... En primer lugar, yo no creo que ocurra nada; pero si

21. adónde ... parar: *where they would end up*
22. lenguado al gratin: *filet of sole au gratin*
23. polvorones de Sevilla: *sweet, pastry-like rolls*
24. De tal ... sentido: *His sense of hearing was sharpened to such an extent
on that memorable day*
25. ¿qué ... pasar? *what should be happening?*
26. algo muy gordo: *something really big*

algo hubiere,[27] por razón lógica, por ley de justicia, debe ser cosa buena.

—Cruz nada nos dice. Nos trata como a niños... ¡Caramba! Y si lo que pasa es bueno, bien podía decírnoslo.

La entrada de Cruz cortó este diálogo.

—Y vosotras, ¿qué tenéis hoy para comer?

—¿Nosotras?... ¡Ah! Una cosa muy buena. Hemos traído un pez...

—¿Cómo se llama? ¿Lo ponéis con arroz, o cocido, en salsa tártara?

—Lo pondremos a la madrileña.[28]

—A estilo de besugo, las tres rajitas y las ruedas de limón.

—Pues yo no lo pruebo. No tengo gana—dijo Fidela—. Cómetelo tú.

—No, tú... Para ti se ha traído.

—Tú, tú..., tú te lo comes. ¡No faltaba más!...[29]

—¡Ay, qué risa!—dijo el ciego con infantil gozo—. Será preciso echar suertes.

—Sí, sí.

—Arranca dos pajitas de la estera y tráemelas. A ver..., vengan... Ahora, no miréis. Corto una de las pajitas para que sean desiguales de tamaño... Ya está... Ahora las cojo entre los dedos: no mirar, digo... ¡Ajajá! La que saque la paja grande, ésa se come el pescadito. A ver..., señoras, a sacar...

—Yo, ésta.

—Yo, ésta.

—¿Quién ha ganado?

—¡Tengo la pajita chica!—exclamó Fidela, gozosa.

—Yo, la grande.

—Cruz se lo come, Cruz—gritó el ciego con seriedad y decisión impropias de cosa tan baladí—. Yo no admito evasivas. Yo mando... A callar...y a comer.[30]

Rafael tries to get Cruz to admit that something new and important is taking place in their lives, but Cruz refuses to divulge any information. The only hint she supplies is the cryptic statement "We have reached the limit." Once alone, Cruz decides that Fidela will have to offer herself for the sacrifice, since she herself has already

27. si algo hubiere: *if there were anything.* (*Hubiere* is the future subjunctive of *haber*.)
28. a la madrileña: *Madrilenian style*
29. ¡No faltaba más! *Of course you will!*
30. A callar ... y a comer. *Be quiet ... and eat.*

310 BENITO PÉREZ GALDÓS

*done her share of suffering for the family. Cruz plans to rule over
the Torquemada household, but will leave the task of increasing
the family to her younger sister.*

IV

A la siguiente mañana, tempranito, cuando Rafael aún no rebu-
llía, Cruz trincó a su hermana, y metiéndose con ella en la cocina,
lugar retirado y silencioso, desde el cual, por mucho que se alzase la
voz, no podía ésta llegar al sutil oído del ciego, sin preparativos ni
5 atenuantes, que aquella mujer de acero no acostumbraba usar en las
ocasiones de verdadera gravedad, se lo dijo. Y muy clarito, en breves
y categóricas palabras.

—¡Yo..., pero yo...!—exclamó Fidela, abriendo los ojos todo lo que
abrirlos podía.

10 —Tú, sí... No hay más que hablar.

—¿Yo, dices?

—¡Tú, tú! No hay otra solución. Es preciso.

Cuando Cruz, con aquel solemne y autoritario acento, robustecido
y virilizado en el continuo batallar con la suerte, decía *es preciso,*
15 no había más remedio que bajar la cabeza.[1] Allí se obedecía a estilo
de disciplina militar, o con la sumisión callada de la ordenanza je-
suítica, *perinde ac cadaver.*[2]

—¿Creías tú otra cosa?—dijo, después de una pausa, en que ob-
servaba en el rostro de Fidela los efectos del testarazo.

20 —Anoche empecé a sospecharlo, y creí..., creí que serías tú...

—No, hija mía, tú. Conque, ya lo sabes.

Dijo esto con fría tranquilidad de ama de casa, como si le mandara
mondar los guisantes o poner los garbanzos de remojo. Alzó los
hombros Fidela, y pestañeando a toda prisa, replicó:

25 —Bueno...

Y se fué hacia su cuarto, disparada,[3] sin saber adónde iba.

La primera impresión de la graciosa joven, pasado el estupor del
momento en que oyó la noticia, fué de alegría, de un respirar libre,
y de un desahogo del alma y de los pulmones, como si le quitaran
30 de encima un formidable peñasco, con el cual venía cargada desde

1. no ... cabeza: *there was nothing to do but to submit*
2. *perinde ac cadaver* (Latin): *like a corpse.* (In the *Constitutions* of St. Igna-
tius, this expression is used to describe the degree of passive obedience required
of Jesuits.)
3. Y ... disparada: *And she rushed headlong to her room*

inmemorial fecha. El peñasco podía ser una pesadísima joroba que en aquel instante por sí sola se le extirpaba, permitiéndole erguirse con su natural gallardía.

"Matrimonio—se dijo—significa límite. De aquí para allá, no más miseria, no más hambre, no más agonías, ni la tristeza infinita de esta cárcel... Podré vestirme con decencia, mudarme de ropa, arreglarme, salir a la calle sin morirme de vergüenza, ver gente, tener amigas..., y, sobre todo, soltar este remo de galera, no tener que volverme loca pensando en cómo ha de durar un calabacín toda la semana... No contar los garbanzos como si fueran perlas, no cortar y medir al quilate los pedacitos de pan, comerme un huevo entero..., rodear a mi pobre hermano de comodidades, llevarle a baños, ir yo también, viajar, salir, correr, ser lo que fuimos... ¡Ay, hemos sufrido tanto, que el dejar de sufrir parece un sueño! ¿Acaso estoy yo despierta?"

Se pellizcaba, y luego corría por toda la casa, emprendiendo maquinalmente las faenas habituales: coger un zorro y empezar a sacudir latigazos a las puertas,[4] coger también la escoba, barrer...

—No hagas mucho ruido—le dijo Cruz, que pasaba del comedor a la cocina llevando loza—. Todavía me parece que duerme. Mira..., yo barreré un poco; enciende tú la lumbre; toma la cerilla... Cuidadito al encenderla, que no tenemos más que tres por junto.

Daba estas órdenes con sencillez, como si momentos antes no hubiera ejercido su autoridad en la cosa más grave que ejercerse podría. Creyérase que no había pasado nada, que todo había sido broma. Pero Cruz era así, un carácter entero, que disponía lo que juzgaba conveniente, empleando la misma autoridad glacial en las cosas chicas que en las grandes. Cambió de mano la escoba. ¡Sabe Dios lo que Cruz pensaba mientras barría! Fidela, al encender la lumbre, siguió recreando su mente con la risueña perspectiva del cambio de vida. Hubo de pasar algún tiempo, en el cual prendió la astilla y se levantó la vagarosa llama, antes que comenzara la natural reacción de aquel júbilo, o el despertar de aquel ensueño, permitiendo ver la realidad del tremendo caso. La llama atacaba con brío el carbón, cuando a Fidela se le representó la imagen de Torquemada en toda su estrafalaria tosquedad. Bien observado le tenía,[5] y jamás pudo encontrar en él ninguna gracia de las que adornan el sexo fuerte. Pero ¿qué remedio había más que resignarse para poder

4. sacudir latigazos a las puertas: *to take swipes at the doors*
5. Bien observado le tenía: *She had observed him very closely*

vivir? ¿Era o no una salvación? Pues siendo salvación para los tres,
ella por los tres se ofrecía en holocausto al monstruo, y se le entre-
gaba por toda la vida. Menos mal si los demás vivían alegres, aunque
ella pasase la pena negra con los amargores de aquel brebaje que se
5 tenía que tomar.[6]

Esta idea le quitó el apetito, y cuando su hermana preparó, con la
rapidez de costumbre, el chocolate con agua que a las dos servía de
desayuno, Fidela no quiso probarlo.

—¿Ya vienes con tus remilgos? ¡Si está muy bueno!—le dijo Cruz,
10 poniendo sobre la mesa de la cocina los mendrugos de pan del día
anterior que ayudaban a tragar la pócima—. ¿Qué? ¿Estás preocu-
pada con lo que te dije? ¡Ay hija mía, en esta fiera lucha que veni-
mos sosteniendo, cuando hay que hacer algo, se hace! A ti te ha
tocado esta obligación, como a mí me han tocado otras, bien rudas
15 por cierto, y no hay remedio. Si los tres hemos de vivir, de ti depen-
den nuestras vidas. Y no resulta el sacrificio tan duro como a primera
vista parece. Cierto que no es muy galán que digamos.[7] Cierto que
se ha enriquecido prestando dinero con espantosa usura, y lleva sobre sí el menosprecio y el odio de tanta y tanta víctima.[8] Pero, ¡ay
20 Fidela!, no puede una escoger el peñasco en que ha de tomar tierra.
La tempestad nos arroja en ése. ¿Qué hemos de hacer más que aga-
rrarnos? Figúrate que somos pobres náufragos flotando entre las
olas, sobre una tabla podrida. ¡Que nos ahogamos, que nos traga el
abismo! Y así se pasan días, meses, años. Por fin alcanzamos a ver
25 tierra. ¡Ay, una isla! ¿Qué hemos de hacer más que plantarnos en
ella y dar gracias a Dios? ¿Es justo que, ahogándonos y viendo tierra
cercana, nos pongamos a discutir si la isla es bonita o fea, si hay en
ella flores o cardos borriqueros, si tiene pájaros lindos, o lagartijas y
otras alimañas asquerosas? Es una isla, es suelo sólido, y en ella
30 desembarcamos. Ya procuraremos pasarlo allí lo mejor posible. Y
¡quién sabe, quién sabe si metiéndonos tierra adentro encontrare-
mos árboles y valles hermosos, aguas saludables y todo el bien de
que estamos privadas!... Conque...no hay que afligirse. Es hombre de
clase inferior y de extracción villana. Pero su inferioridad, y las ga-
35 nas que tiene de aseñorarse,[9] le harán más dócil, más dúctil, y conse-

---

6. aunque ... tomar: *even if she had to suffer terrible torments with the
bitterness of the draught she had to swallow*
7. Cierto ... digamos. *Of course he's not exactly what one would call an
attractive man.*
8. tanta y tanta víctima: *so many victims*
9. y las ganas ... aseñorarse: *and the desire he has to act like a gentleman*

guiremos volverle del revés. Por más que tú digas, yo veo en él cualidades; no es tonto, no. Rascando en aquella corteza se encuentra rectitud, sensibilidad, juicio claro... En fin, casados os vea yo, y déjale
de mi cuenta...¹⁰—pausa—. Y ¿a qué viene ahora ese lloro? Guarda la
lagrimita para cuando venga a pelo. Esto no es una desgracia; esto, 5
después de diez años de horrible sufrimiento, es una salvación, un
inmenso bien. Reflexiona y lo comprenderás.

—Sí, lo comprendo... No digo nada—murmuró Fidela, decidiéndose
a tomar el chocolate, que más pudo, al fin, la necesidad que el
asco—.¹¹ ¿Es preciso hacerlo? Pues no se hable más. Aunque el sacri- 10
ficio fuera mucho mayor, yo lo haría. No están los tiempos para
escrupulizar, ni para pedir que nos sirvan platos de gusto.¹² Lo que
dices..., ¡quién sabe si será la isla menos árida y menos fea de lo que
parece mirada desde el mar!

—Justo... ¡Quién sabe!... 15

—Y si una vez salvados, nos alegraremos de estar en ella.. Porque
eso no se sabe. ¡Cuántas se han casado creyendo que iban a ser muy
felices, y luego resultaba que él era un perdido y un sinvergüenza! Y
¡cuántas se casan como quien va al matadero, y luego...!

—Justo... Luego se encuentran con ciertas virtudes que suplen la 20
belleza, y con un orden económico que, al fin y al cabo, hace la
vida metódica, dulce y agradable. En este mundo pícaro, no hay que
esperar felicidades de relumbrón, que casi siempre son humo; basta
adquirir un mediano bienestar. Las necesidades satisfechas: eso es lo
principal... ¡Vivir, y con esto se dice todo! 25

—¡Vivir!... Eso es... Pues bien, hermana: si de mí depende, vivire-
mos.

Gozosa de su triunfo, se levantó Cruz, y encargando a su hermana
que no diese la noticia a Rafael sino después de prepararle gradual-
mente, se vistió de máscara para ir a la compra, la obligación que 30
más la molestara, y que más penosa se le hacía entre todas las cargas
de aquella abrumadora existencia.

Rafael llamaba. Acudió Fidela, y dándole la ropa le incitó a levantarse. Aquel día estaba la joven de buenas,¹³ y propuso a su hermano llevarle a dar un paseo. 35

—Noto en el timbre de tu voz una cosa muy extraña—le dijo el

10. casados ... cuenta: *just let me see you married, and leave him to me*
11. que más ... asco: *for hunger was stronger, after all, than disgust*
12. de gusto: *to our liking*
13. estaba ... buenas: *the young lady was in a good mood*

ciego, levantado ya, y cuando la hermana le ponía delante la jofaina para que se lavase la cara—. No me niegues que te pasa algo. Tú estás más alegre que otros días... Alegre, sí, y conmovida... Tú has llorado, Fidela, no me lo niegues: hay en tu voz la humedad de lágrimas que
5 se han secado hace un ratito. Tú has reído después o antes de llorar. Todavía te queda en la voz la vibración de la risa.

—Anda, no hagas caso... Date prisa, que es hora de peinarte, y te voy a poner hoy más guapo que un sol.[14]

—Dame la toalla.

10 —Toma...

—¿Qué hay? Cuéntamelo todo...

—Pues hay...un poquitín de novedades.

—¿Ves? Anoche lo dije. Si yo adivino...

—Pues...

15 —¿Ha estado alguien en casa?

—Nadie, hijo.

—¿Han traído alguna carta?

—No.

—Yo soñé que traían una carta con buenas noticias.

20 —Las buenas noticias pueden llegar sin carta; vienen por el aire, por los medios desconocidos que suele usar la infinita sabiduría del Señor.

—¡Ay, me pones en ascuas! Dilo pronto.

—Te peinaré primero... Estate quieto... No hagas visajes...

25 —¡Oh, no seas cruel!... ¡Qué suplicio!

—Si no es nada, hijito... Quieto. Déjame sacar bien la raya. ¡Apenas es importante la raya![15]

—A propósito de raya...[16] ¿Qué es eso del límite que dijo Cruz? No he pensado en otra cosa durante toda la noche. ¿Quiere decir que
30 hemos llegado al límite de nuestro sufrimiento?

—Sí.

—¿Cómo?...—levantándose con febril inquietud—. Dímelo, dímelo al instante..., Fidela, no me irrites, no abuses de mi estado, de esta ceguera que me aísla del mundo y me encierra dentro de una esfera de
35 engaños y mentiras. Ya que no puedo ver la luz, vea[17] al menos la verdad, la verdad, Fidela, hermana querida.

---

14. más guapo que un sol: *extremely handsome*

15. ¡Apenas ... raya! *As if the part weren't important!*

16. *raya* means "limit" as well as "part." In Chapter III, summarized above, Cruz had said "Hemos llegado al límite."

17. vea: *let me see*

V

—Sosiégate... Te diré todo—replicó Fidela, un poquitín asustada, colgándose de sus hombros para hacerle sentar—. Tiempo hacía que no te enfadabas así.

—Es que desde ayer estoy como un arma cargada a pelo.[1] Me tocan y me disparo... No sé qué es esto..., un presentimiento horrible, un temor... Dime: en este cambio feliz que nos espera, ¿ha tenido algo que ver don José Donoso?

—Puede que sí. No te lo aseguro.

—¿Y don Francisco Torquemada?

Pausa. Silencio grave, durante el cual el vuelo de una mosca sonaba como si el espacio fuera un gran cristal, rayado por el diamante.

—¿No respondes? ¿Estás ahí?—dijo el ciego con ansiedad vivísima.

—Aquí estoy.

—Dame tu mano... A ver.

—Pues siéntate y ten juicio.

Rafael se sentó, y su hermana le besó la frente, dejándose atraer por él, que le tiraba del brazo.

—Paréceme que lloras—tentándole la cara—. Sí..., tu cara está mojada. Fidela, ¿qué es esto? Respóndeme a la pregunta que te hice. En ese cambio, en ese..., no sé cómo decirlo..., ¿figura de algún modo, como causa, como agente principal, ese amigo de casa, ese hombre ordinario que ahora estudia para persona decente?[2]

—Y si figurara, ¿qué?—contestó la joven, después de hacerse repetir tres veces la pregunta.

—No digas más. ¡Me estás matando!—exclamó el ciego apartándola de sí—. Vete, déjame solo... No creas que me coge de nuevas la noticia.[3] Hace días que me andaba por dentro una sospecha... Era como un insecto que me picaba las entrañas, que me las comía... ¡Sufrimiento mayor![4] No quiero saber más: acerté. ¡Qué manera de adivinar! Pero dime: ¿no trajisteis a ese hombre a casa como bufón para que nos divirtiera con sus gansadas?

—Cállate, por Dios—dijo Fidela con terror—. Si Cruz te oye, se enojará.

1. un arma ... pelo: *a loaded gun ready to go off*
2. estudia ... decente: *is studying to be a respectable person*
3. No ... noticia. *Don't think that the news takes me by surprise.*
4. ¡Sufrimiento mayor! *What agony!*

—Que me oiga. ¿Dónde está?

—Vendrá pronto...

—¡Y ella!... Dios mío, bien hiciste en cegarme para que no viera tanta ignominia... Pero si no la veo, la siento, la toco...

5   Gesticulaba en pie, y habría caído, tropezando contra los muebles, si su hermana no se abrazara a él, llevándole casi por fuerza al sillón.

—Hijo, por Dios, no te pongas así. Si no es lo que tú crees.

—Que sí, que sí es.

10   —Pero óyeme... Ten juicio, ten prudencia. Déjame que te peine.

De una manotada arrancó Rafael el peine de manos de Fidela, y lo partió en dos pedazos.

—Vete a peinar a ese mastín, que lo necesitará más que yo. Estará lleno de miseria...

15   —¡Hijo, por Dios!... Te vas a poner malito.

—Es lo que deseo. Mejor me vendría morirme; y así os quedabais tan anchas,[5] en libertad para degradaros cuanto quisierais.

—¡Degradarnos! Pero ¿tú qué te figuras?

—No, si ya sé que se trata de matrimonio en regla. Os vendéis, por 20 mediación o corretaje de la Santa Iglesia. Lo mismo da.[6] La ignominia no es menor por eso. Sin duda creéis que nuestro nombre es un troncho de col, y se lo arrojáis al cerdo para que se lo coma.

—¡Oh, qué disparates estás diciendo!... Tú no estás bueno. Rafael. Me haces un daño horrible...

25   Echóse a llorar la pobre joven, y en tanto su hermano se encerraba en torvo silencio.

—Daño, no—le dijo, al fin—, no puedo hacerte daño. El daño te lo haces tú misma, y a mí me toca compadecerte con toda mi alma, y quererte más. Ven acá.

30   Abrazáronse con ternura y lloraron el uno sobre el pecho de la otra, con la efusión ardiente de una despedida para la eternidad.

Inmenso cariño aunaba las almas de los tres hermanos del Aguila. Las dos hembras sentían por el ciego un amor que la compasión elevaba a idolatría. El les pagaba en igual moneda; pero queriéndolas 35 mucho a las dos, algún matiz distinguía el afecto a Cruz del afecto a Fidela. En la hermana mayor vió siempre como una segunda madre, dulce autoridad que, aun ejerciéndola con firmeza, reforzaba el ca-

---

5. Mejor ... anchas: *It would be better for me to die and then you could act exactly as you pleased*
6. Lo mismo da. *It comes to the same thing.*

riño. En Fidela no veía más que la hermanita querida, compañera de desgracias, y hasta de juegos inocentes. En vez de autoridad, confianza, bromas, ternura y un vivir conjuntivo, alma en alma, sintiendo cada uno por los dos. Era un caso de hermanos siameses, seres unidos por algo más que el parentesco y un lazo espiritual. A Cruz la miraba Rafael con veneración casi religiosa; para ella eran los sentimientos de filial sumisión y respeto; para Fidela, toda la ternura y delicadeza que su vida de ciego acumulaba en él, como manantial que no corre, y labrando en su propio seno, forma un pozo insondable.

Llorando sin tregua, no sabían desabrazarse. Fidela fué la primera que quiso poner fin a escena tan penosa, porque si Cruz entraba y los veía tan afligidos, tendría un disgusto. Secándose a toda prisa las lágrimas, porque creyó sentir el ruido del llavín en la puerta, dijo a su hermano:

—Disimula, hijo. Creo que ha entrado... Si nos ve llorando..., de fijo se incomodará... Creerá que te he dicho lo que no debo decirte...

Rafael no chistó. La cabeza inclinada sobre el pecho, el cabello en desorden, esparcido sobre la frente, parecía un Cristo que acaba de expirar, o más bien *Ecce homo*,[7] por la postura de los brazos, a los que no faltaba más que la caña para que el cuadro resultase completo.

Cruz se asomó a la puerta, sin soltar aún el disfraz que usaba para ir a la compra. Los observó a los dos, pálida, muda, y se retiró al instante. No necesitaba más informaciones para comprender que Rafael lo sabía, y que el efecto de la noticia había sido desastroso. La convivencia en la desgracia, el aislamiento y la costumbre de observarse de continuo los tres, daban a cada uno de los individuos de la infeliz familia una perceptibilidad extremada y un golpe de vista certero para conocer lo que pensaban y sentían los otros dos. Ellas leían en la fisonomía de él como en el Catecismo: él las había estudiado en el metal de voz. Ningún secreto era posible entre aquellos tres adivinos, ni segunda intención que al punto no se descubriera.[8]

7. *Ecce homo* (Latin): *Behold the man.* (The words of Pontius Pilate to the Jews when showing them Jesus with a crown of thorns [John 19:5]. The reed for a scepter is mentioned in Matthew 27:29.)

8. Ningún ... descubriera. *It was impossible for any secrets to be kept among those three diviners, nor could they harbor any ulterior motives that weren't immediately discovered.*

"Todo sea por Dios," [9] se dijo Cruz, camino de la cocina, con sus miserables paquetes de víveres.

Arrojando su carga sobre la mesa, con gesto de cansancio, sentóse y puso entre sus trémulas manos la cabeza. Fidela se acercó de punti-
5 llas.

—Ya—le dijo Cruz, dando un gran suspiro—, ya veo que lo sabe, y que le ha sentado mal.[10]

—Tan mal, que... ¡Si vieras!...[11] ¡Una cosa horrible!...

—¿Acaso se lo dijiste de sopetón? ¿No te encargué...?
10   —¡Quia! Si él ya lo sabía...

—Lo adivinó. ¡Pobre ángel! La falta de vista le aguza el entendi-miento. Todo lo sabe.

—No transige.

—El maldito orgullo de raza. Nosotros lo hemos perdido con este
15 baqueteo espantoso del Destino. ¡Raza, familia, clases! ¡Qué mise-rable parece todo eso desde esta mazmorra en que Dios nos tiene me-tidas hace tantos años! Pero él conserva ese orgullo, la dignidad del nombre que se tenía por ilustre, que lo era... Es un ángel de Dios, un niño: su ceguera le conserva tal y como fué en mejores tiempos. Vive
20 como encerrado en una redoma, en el recuerdo de un pasado bonito, que... El nombre lo indica: *pasado* quiere decir... lo que no ha de volver.

—Me temo mucho—dijo Fidela, secreteando—que tu...proyecto no pueda realizarse.
25   —¿Por qué?—preguntó la otra con viveza, echando lumbre por los ojos.[12]

—Porque... Rafael no resistirá la pesadumbre...

—¡Oh! No será tanto...[13] Le convenceré, le convenceremos. No hay que dar tanta importancia a una primera impresión... El mismo re-
30 conocerá que es preciso... Digo que es preciso y que es preciso..., y se hará.

Reforzó la afirmación dejando caer su puño cerrado sobre la mesa, que gimió con estallido de maderas viejas, haciendo rebotar el pe-dazo de carne envuelto en un papel. Después, la dama suspiró al le-
35 vantarse. Diríase que al tomar aliento con toda la fuerza de sus pul-mones, metía en su interior una gran cuchara para sacar la energía

9. Todo ... Dios: *God's will be done*
10. le ... mal: *it has had a bad effect on him*
11. ¡Si vieras! *You should have seen!*
12. echando ... ojos: *her eyes flashing*
13. No será tanto. *It won't be that serious.*

que, después del colosal gasto de aquellos años, aún quedaba dentro.
Y quedaba mucho: era una mina inagotable.

—No hay que acobardarse—añadió, sacando del ensangrentado papel el pedazo de carne, y desenvolviendo los otros paquetes—. No
pensemos ahora en eso, porque nos volveríamos locas, y a trabajar... 5
Mira, corta un pedazo de bistec. Lo demás lo pones como ayer...
Nada de cocido. Aquí tienes el tomate..., un poco de lombarda..., los
tres langostinos..., el huevo..., tres patatas... Haremos para la noche
sopa de fideos... Y no te muevas allá. Yo le peinaré, y veremos si
logro templarle. 10

Encontróle en la misma actitud de *Ecce homo* sin caña.

—¿Qué te pasa, hijo mío?—le dijo, besándole en el pelo y dando a
su voz toda la ternura posible—. Voy a peinarte. A ver...no hagas
mañas. ¿Te duele algo, tienes algún pesar? Pues cuéntamelo pron-
tito, que ya sabes que estoy aquí para procurarte todo el bien posi- 15
ble... Vamos, Rafael: pareces un chiquillo; mira, hijo, que son las
tantas; [14] no te has peinado, y tenemos mucho que hacer.

Con una de cal y otra de arena,[15] con palabras dulcísimas, le dominaba siempre. El respeto a la hermana mayor, en quien había
visto, desde que empezaron los tiempos de desgracia, un ser dotado 20
de sobrenatural energía y capacidad para el gobierno, puso en el
alma de Rafael, y sobre aquellos ímpetus de rebeldía mostrados poco
antes, pesadísima losa. Dejóse peinar. La primogénita del Aguila,
que siempre se crecía ante las dificultades, en vez de rehuir la
cuestión la embistió de frente. 25

—¡Bah!... Todo eso..., por lo que te ha dicho Fidela del pobre don
Francisco y de sus pretensiones. ¡El pobre señor es tan bueno, nos
ha tomado un cariño tal!...[16] Y ahora sale con la tecla [17] de querer
aplicar un remedio definitivo a nuestra horrible situación, a esta agonía en que vivimos, abandonados de todo el mundo. Y no hay que 30
acordarse ya del pleito, que es cosa perdida, por falta de recursos. Se
ganaría si pudiéramos hacer frente a los gastos de curia... Pero
¿quién piensa en eso?... Pues como te decía, el buenazo de don Francisco [18] quiere traer un cambio radical a nuestra existencia, quiere...
que vivamos. 35

Sintió la peinadora que bajo sus dedos se estremecía la **cabeza y la**

14. son las tantas: *it's very late*
15. Con ... arena: *By the tactic of constantly shifting ground*
16. nos ha ... tal: *he's taken such a liking to us*
17. Y ... tecla: *And now he's thought up the scheme*
18. el buenazo de don Francisco: *good old don Francisco*

persona toda del pobre ciego. Pero éste no dijo nada, y después de sacar cuidadosamente la raya, siguió impávida, presentando con lenta ductilidad y cautela la temida cuestión.

—¡Pobre señor! Por los de Canseco [19] he sabido ayer que todo eso
5 que se cuenta de su avaricia es una falsa opinión propalada por sus enemigos. ¡Oh! El que hace bien los tiene,[20] los cría al calorcillo de su propia generosidad. Me consta que a la chita callando,[21] y aun dejándose desollar vivo por los calumniadores, don Francisco ha remediado muchas desdichas, ha enjugado muchas lágrimas. Sólo que no
10 es de los que [22] cacarean sus obras de caridad, y prefiere pasar por codicioso... Es más, le gusta verse menospreciado por la voz pública. Yo digo que así es más meritorio el buen hombre, y más cristiano... ¡Ah! Con nosotras se ha portado siempre como un cumplido caballero... Y lo es, lo es, a pesar de su bárbara corteza...
15   Nada. Rafael no decía una palabra, y esto desconcertaba a la hermana mayor, que le requería para que hablase, pues en la discusión tenía la seguridad de vencerle, disparándole las andanadas de su decir persuasivo. Pero el ciego, conociendo, sin duda, que en la controversia saldría derrotado, se amparaba en la inercia, en el mutismo,
20 como en un reducto inexpugnable.

VI

Le citaba (digámoslo en estilo tauromáquico); pero él no quería salir de su posición defensiva. Por fin, concluyendo de peinarle, y al dar la última mano [1] a los finos cabellos ondeados sobre la frente, le dijo con un poquito de severidad:
25   —Rafael, me vas a hacer un favor, y no es súplica; es más bien mandato. No des ocasión a que me enfade de veras contigo. Si esta noche viene don Francisco, espero que le tratarás con la urbanidad de siempre, y que no saldrás con alguna pitada...[2] Porque si el buen señor tiene ciertas pretensiones, que ahora no califico, a nosotros nos
30 corresponde agradecerlas, en ningún caso vituperarlas, cualquiera que sea la respuesta que demos a esas pretensiones... ¿Me entiendes?
    —Sí—dijo Rafael, inmóvil.

19. Por los de Canseco: *From the Cansecos*
20. los tiene: *has enemies*
21. a la chita callando: *on the quiet*
22. Sólo ... los que: *It's just that he's not one of those who*

1. al ... mano: *on putting the finishing touches*
2. y que ... pitada: *and that you won't say anything awful*

—Confío en que no nos pondrás en ridículo, tratando mal, en nuestra propia casa, a quien desea favorecernos, en una forma que ahora no discuto... No se trata de eso. ¿Puedo estar tranquila?

—Una cosa es la buena crianza, a la cual no faltaré nunca, y otra la dignidad, a la que tampoco puedo faltar.   5

—Bien.

—Así como te digo que nunca desmentiré mi buena educación ante personas extrañas, sean quienes fueren, también te digo que jamás, jamás transigiré con ese hombre, ni consentiré que entre en nuestra familia... No tengo más que decir.   10

Cruz desfalleció, reconociendo en las categóricas palabras de su hermano la veta dura de la raza del Aguila, unida al irreducible orgullo de los Torre-Auñón.[3] Aquel criterio dogmático sobre la dignidad de la familia, ella se lo había enseñado a Rafael cuando era niño, cuando ella, señorita de casa noble opulenta, vivía rodeada de 15 adoradores, sin que sus padres encontraran hombre alguno merecedor de su preciosa mano.

—¡Ah, hijo mío!—exclamó la dama, sin disimular su pena—. Diferencias grandes hay entre tiempos y tiempos. ¿Crees que estamos en aquellos días de prosperidad..., ya no te acuerdas..., cuando por apar- 20 tarte de relaciones que no eran muy gratas a la familia, te mandamos de agregado a la Legación de Alemania? ¡Pobrecito mío! Después vino la desgracia sobre nuestras pobres cabezas, como una lluvia torrencial que todo lo arrasa... Perdimos cuanto teníamos, el orgullo inclusive. Quedaste ciego; no has visto la transformación del mundo 25 y de los tiempos. De nuestra miseria actual y de la humillación en que vivimos, no ves la parte dolorosa. Lo más negro, lo que más llega al alma y la destroza más, no lo conoces, no puedes conocerlo. Estás todavía, por el poder de la imaginación, en aquel mundo brillante y lleno de ficciones. Y no puedo consolarme ahora de haber 30 sido tu maestra en esas intransigencias de una dignidad tan falsa como todos los oropeles que nos rodeaban. Sí, ese viento, yo, yo misma te lo metí en la cabeza, cuando te enamoraste de la chica de Albert, hija de honrados banqueros, monísima, muy bien educada, pero que nosotros creíamos que nos traía la deshonra, porque no era 35 noble..., porque su abuelo había tenido tienda de gorras en la plaza Mayor.[4] Y yo fuí quien te quitó de la cabeza lo que llamábamos tu tontería; y en el hueco que dejaba metí mucha estopa, mucha estopa.

3. los Torre-Auñón: the maternal branch of the family
4. Plaza Mayor: square in Madrid

Todavía la tienes dentro. Y ¡cuánto me pesa, cuánto, haber sido yo quien te la puso!

—Es muy distinto este caso de aquél—dijo el ciego—. Reconozco que hay tiempos de tiempos.[5] Hoy, yo transigiría, pero dentro de
5 ciertos límites. Humillarse un poco, pase... Pero ¡humillarse hasta la degradación vergonzosa, transigir con la villanía grosera, y todo ¿por qué? Por lo material, por el vil interés!... ¡Oh hermana querida! Eso es venderse, y yo no me vendo. ¿De qué se trata? ¿De comer un poco mejor?
10 —¡De vivir—dijo, briosamente, echando lumbre por los ojos, la noble dama—, de vivir! ¿Sabes tú lo que es vivir? ¿Sabes lo que es el temor de morirnos los tres mañana, de aquella muerte que ya no se estila..., porque está lleno el mundo de establecimientos benéficos..., de la muerte más horrible y más inverosímil, de hambre? Qué, ¿te
15 ríes? Somos muy dignos, Rafael, y con tanta dignidad no creo que debemos llamar a la puerta del Hospicio, y pedir por amor de Dios [6] un plato de judías. Esa misma dignidad nos veda acercarnos a las puertas de los cuarteles, donde reparten la bazofia sobrante del rancho de los soldados, y comer de ella para tirar un día más. Tam-
20 poco nos permite nuestro dignísimo carácter salir a la calle los tres, de noche, y alargar la mano esperando una limosna, ya que nos sea imposible pedirla con palabras... Pues bien, hijo mío, hermano mío: como no podemos hacer eso, ni tampoco aceptar otras soluciones que tú tienes por deshonrosas, ya no nos queda más que una, la de
25 reunirnos los tres, y, bien abrazaditos,[7] pidiendo a Dios que nos per-done, arrojarnos por la ventana y estrellarnos contra el suelo..., o buscar otro género de muerte, si ésta no te parece en todo conforme con la dignidad.

Rafael, anonadado, oyó esta fraterna sin chistar, apoyados los
30 codos en las rodillas, y la cabeza en las palmas de las manos. Atraída por la entonada voz de Cruz, Fidela curioseaba desde la puerta, pe-lando una patata.

Pasado un ratito, y cuando la primogénita, recogiendo los obje-tos de tocador, se congratulaba mentalmente del efecto causado
35 por sus palabras, el ciego irguió la cabeza con arrogancia, y se ex-presó así:

—Pues si nuestra miseria es tan desesperada como dices, si ya no

---

5. hay tiempos de tiempos: *times have changed*
6. A beggar or "pordiosero" will usually ask for alms "por el amor de Dios."
7. bien abrazaditos: *with our arms tightly clasped about each other*

nos queda más solución que la muerte, por mí..., sea.[8] Ahora mismo.
Estoy pronto..., vamos.

Se levantó, buscando con las manos a su hermana, que no se dejó
coger, y desde el otro extremo de la habitación le dijo:

—Pues por mí tampoco quedará.[9] La muerte es para mí un des- 5
canso, un alivio, un bien inmenso. Por ti no he dejado ya de vivir.
Siempre creí que mi deber era sacrificarme y luchar... Pero ya no
más, ya no más. ¡Bendita sea la muerte, que me lleva al descanso y a
la paz de mis pobres huesos!

—¡Bendita sea, sí!—exclamó Rafael, acometido de un vértigo in- 10
sano, entusiasmo suicida que no se manifestaba entonces en él por
vez primera—. Fidela, ven... ¿Dónde estás?

—Aquí—dijo Cruz—. Ven, Fidela. ¿Verdad que no nos queda ya
más recurso que la muerte?

La hermana menor no decía nada.   15

—Fidela, ven acá... Abrázame... Y tú, Cruz, abrázame también...
Llevadme; vamos, los tres juntitos, abrazaditos. ¿Verdad que no tenéis miedo? ¿Verdad que no nos volveremos atrás, y que...resuelta-
mente, como corresponde a quien pone la dignidad por encima de
todo, nos quitaremos la vida?   20

—Yo no tiemblo...—afirmó Cruz, abrazándole.

—¡Ay, yo sí!—murmuró Fidela, desvaneciéndose. Y al tocar con los
brazos a su hermano, cayó en el sillón próximo y se llevó la mano
a los ojos.

—Fidela, ¿temes?   25

—Sí..., sí—replicó la señorita, trémula y desconcertada, pues había
llegado a creer que aquello iba de veras; y por parte de Rafael bien
de veras iba.[10]

—No tiene el valor mío—dijo Cruz—, que es todavía más grande
que el tuyo.   30

—¡Ay, yo no puedo, yo no quiero!—declaró Fidela, llorando como
una chiquilla—. ¡Morir, matarse!... La muerte me aterra. Prefiero mil
veces la miseria más espantosa, comer tronchos de berza... ¿Hay que
pedir limosna? Mandadme a mí. Iré, antes que arrojarme por la ventana... ¡Virgen Santa, lo que [11] dolería la cabeza al caer! No, no, no 35
me habléis a mí de matarnos... Yo no puedo, no; yo quiero vivir.

8. por mí ... sea: *it's all right as far as I'm concerned*
9. Pues ... quedará. *It's all right with me too.*
10. pues había ... iba: *for she had come to believe that they were serious,
and insofar as Rafael was concerned, they were.*
11. lo que: *how* (much)

Actitud tan sincera y espontánea terminó la escena, apagando en Rafael el entusiasmo suicida, y dando a Cruz un apoyo admirable para llevar la cuestión al terreno para ella más conveniente.

—Ya ves, nuestra querida hermanita nos deja plantados en mitad
5 del camino..., y sin ella, ¿cómo vamos a matarnos? No es cosa de [12] dejarla solita en el mundo, entre tanta miseria y desamparo. De todo lo cual se deduce, querido hermano, chiquitín de la casa—acariciándole con gracejo—, que Dios no quiere que nos suicidemos...por ahora. Otro día será, porque en verdad no hay más remedio.

10 —¡Ah, pues conmigo no cuenten!—manifestó Fidela, nuevamente aterrada, tomándolo muy en serio.

—Por ahora no se hable de eso. Conque, tontín, ¿me prometes ser razonable?

—Si ser razonable es transigir con...eso, y dar nombre de hermano
15 a... Vamos, no puedo; no esperes que yo sea razonable..., no lo soy, no sé la manera de serlo.

—Pero, hijo mío, ¡si no hay nada todavía! ¡Si no es más que un rumor, que no sé cómo ha llegado a tus oídos! En fin, ya conozco tu opinión, y la tendré en cuenta. Don José hablará contigo, y si entre
20 todos acordamos rechazar la proposición, entre todos acordaremos también lo que se ha de hacer para vivir... Mejor dicho, no hay que discutir más que el asilo en que hemos de pedir plaza. Esta no quiere que muramos; tú no quieres lo otro. Pues al Hospicio con nuestros pobres cuerpos.

25 —Pues al Hospicio. Yo no transigiré nunca con...aquello.

—Bien, muy bien.

—Que venga don José. El nos dirá dónde debemos refugiarnos.

—Mañana se ajustará la cuenta definitiva con nuestro destino... Y como aún tenemos un día—agregó la dama con transición jovial—,
30 hemos de aprovecharlo. Ahora almuerza. Tienes lo que más te gusta.

—¿Qué es?

—No te lo digo; quiero sorprenderte.

—Bueno: lo mismo me da.

—Y después que almuerces, nos vamos de paseo. Tenemos un día
35 que ni de encargo.[13] Llegaremos hasta la casa de Bernardina, y te distraerás un rato.[14]

---

12. No es cosa de: *One can't possibly*
13. Tenemos ... encargo. *We couldn't have ordered a better day.*
14. Bernardina is the former servant of the Aguilas. Her husband, Cándido Valiente, makes fireworks; his father, Hipólito Valiente, is an ex-soldier who loves

—Bien, bien—dijo Fidela—; yo también quiero tomar el aire...

—No, hija mía; tú te quedas aquí. Otro día saldrás tú, y yo me quedo.

—¿De modo que voy...?

·-Conmigo—afirmó la dama, como diciendo: "Lo que es hoy no te 5 suelto"—.[15] Tengo que hablar con Bernardina...

—¡Salir!—exclamó el ciego, respirando fuerte—. Buena falta me hace. Parece que se me apolilla el alma...

—¿Ves, tontín, como el vivir es bueno?

—¡Oh..., según y conforme!...[16] 10

Cruz begins to make preparations for the wedding, for which José Donoso advances her some money while Bernardina quietly proceeds to redeem many of the Aguila household goods which had long been in the pawnshop. When Rafael somehow becomes aware of the fact that the character of their home is changing for the better, he is more intransigent than ever, standing on his dignity and family honor. Donoso tries his hand at mollifying him, pointing out that in the new, materialistic society the important thing is to have money, without inquiring about how it was acquired, but Rafael is utterly unmoved. In his contacts with Torquemada his usual cold politeness begins to wear so thin that it becomes necessary to exclude him from the nightly tertulia. One night, when his sisters think that he is in the company of his young friend and neighbor Melchor, Rafael disappears from his room. It is his naive purpose to become a beggar—not just an ordinary one, but one who does not have to go so far as to ask in order to be given alms. After spending one uncomfortable night on a stone bench, dreaming of the splendors of the past and planning his future as a beggar, Rafael decides to stop at Bernardina's house for some much-needed food before resuming his new career.

XIII

Vióle Bernardina antes que traspasara el hueco del portalón, y salió a recibirle con demostraciones de vivo contento, mirándole como un aparecido, como un resucitado.

---

to entertain Rafael with endless stories of his military exploits, especially during the African campaign (1859-60). Hipólito Valiente is now a guard at the tax station (*consumos*).

15. Lo ... suelto. *Today I'm not letting you out of my sight.*

16. según y conforme: *that depends*

—Dame café—le dijo el ciego con trémula voz—. Siento...nada más que un poquito de debilidad.

Llevóle dentro la fiel criada, y con rara discreción se abstuvo de decirle que la señorita Cruz había estado tres veces durante la noche
5 buscándole, muerta de ansiedad. Mucha prisa corría comunicar el hallazgo a las angustiadas señoras; pero no urgía menos dar al fugitivo el desayuno que con tanta premura pedían la palidez de su rostro y el temblor de sus manos. Con toda la presteza del mundo preparó Bernardina el café, y cuando el ciego, ávidamente, lo to-
10 maba, dió instrucciones a Cándido para que le retuviese allí, mientras ella iba a dar parte a las señoras, que, sin duda, le creían muerto. Lo peor del caso era que Hipólito Valiente, el héroe de Africa, estaba aquel día de servicio.[1]

—Ya que no tenemos aquí al viejo, que sabe embobarle con histo-
15 rias de batallas—dijo Bernardina a su marido—, entretenle tú como puedas. Cuéntale lo que se te ocurra; inventa mentiras muy gordas. No seas bruto... En fin, lo que importa es que no se nos escabulla. Como quiera salir,[2] le sujetas, aunque para ello tengas que amarrarle por una pata.

20 Rafael no mostró después del desayuno deseos de nuevas correrías. Estaba tan decaído de espíritu y tan alelado de cerebro que sin esfuerzo alguno le pudo llevar Cándido al taller de polvorista donde trabajaba. Hízole sentar en un madero, y siguió el hombre en su faena de amasar pólvora y meterla en los cilindros de cartón que for-
25 man el cohete. Su charla continua, a ratos chispeante y ruidosa como las piezas de fuego que fabricaba, no sacó a Rafael de su sombría taciturnidad. Allí se estuvo con quietud expectante de esfinge, los codos en las rodillas, los puños convertidos en sostén de quijadas, que parecían adheridas a ellos por capricho de naturaleza. Y oyendo aquel
30 runrún de la palabra de Valiente, que era un elogio tan enfático como erudito del arte pirotécnico; y sin enterarse de nada, pues la voz del polvorista entraba en su oído, pero no en su entendimiento, se iba engolfando en meditaciones hondísimas, de las cuales le sacó súbitamente la entrada de su hermana Cruz y de don José Donoso.
35 Oyó la voz de la dama en el corralón:

—Pero ¿dónde está?

Y cuando la sintió cerca no hizo movimiento alguno para recibirla.

1. estaba ... servicio: *was on duty that day*
2. Como ... salir: *If he tries to leave*

Cruz, cuyo superior talento se manifestaba señaladamente en las ocasiones críticas, comprendió al punto que sería inconveniente mostrar un rigor excesivo con el prófugo. Le abrazó y besó con cariño, y don José Donoso le dió palmetazos de amistad en los hombros, diciéndole:

—Bien, bien, Rafaelito. Ya decía yo que no te habías de perder..., que ello ha sido un bromazo... Tus pobres hermanas muertas de ansiedad... Pero yo las tranquilizaba, seguro de que parecerías.

—¿Sabes que son tus bromas pesaditas?—dijo Cruz, sentándose a su lado—. ¡Vaya, que tenernos toda la noche en aquella angustia! ³ Pero, en fin, la alegría de encontrarte compensa nuestro afán, y de todo corazón te perdono la calaverada... Ya sé que Bernardina te ha dado el desayuno. Pero tendrás sueño, pobrecillo. ¿Dormirías un rato en tu camita?

—No necesito cama—declaró Rafael, con sequedad—. Ya sé lo que son lechos duros, y me acomodo perfectamente en ellos.

Habían resuelto Donoso y Cruz no contrariarle, afectando ceder a cuanto manifestara, sin perjuicio de reducirle luego con maña.

—Bueno, bueno—manifestó Cruz—; para que veas que quiero todo lo que tú quieras, no contradigo esas nuevas opiniones tuyas sobre la dureza de las camas. ¿Es tu gusto? Corriente. ¿Para qué estoy yo en el mundo más que para complacerte en todo?

—Justo—dijo don José, revistiendo su oficiosidad de formas afectuosas—. Para eso estamos todos. Y ahora, lo primero que tenemos que preguntar al fugitivo es si quiere volver a casa en coche o a pie.

—¡Yo..., a casa!—exclamó Rafael con viveza como si oído hubiera la proposición más absurda del mundo.

Silencio en el grupo. Donoso y Cruz se miraron, y en el mirar sólo se dijeron: "No hay que insistir. Sería peor."

—Pero ¿en dónde estarás como en tu casa, hijo mío?—dijo la hermana mayor—. Considera que no podemos separarnos de ti, yo al menos. Si se te antoja vagabundear por los caminos, yo también.

—Tú, no... Déjame... Yo me entiendo solo.⁴

—Nada, nada—expuso Donoso—. Si Rafael, por razones, o caprichos, o genialidades que no discuto ahora, no, señor, no las discuto; si Rafael, repito, no quiere volver a su casa, yo le ofrezco la mía.

—Gracias, muchas gracias, señor don José—replicó, desconcertado,

3. ¡Sabes ... pesaditas? ¡Vaya ... angustia! *Do you know that your jokes aren't very amusing? What an idea, to make us worry so much all night!*
4. Yo ... solo. *I'll get along by myself.*

el ciego—. Agradezco su hospitalidad; pero no la acepto... Huésped
molestísimo sería...

—¡Oh, no!

—Y créame a mí... En ninguna parte estaré tan bien como aquí.

5 —¡Aquí!

Volvieron a mirarse Donoso y Cruz, y a un tiempo expresaron los
ojos de ambos la misma idea. En efecto, aquel deseo de permanecer
en casa de Bernardina era una solución que por el momento ponía
fin a la dificultad surgida; solución provisional que daba espacio y
10 tiempo para pensar descansadamente en la definitiva.[5]

—¡Vaya, qué cosas tienes![6]—dijo Cruz, disimulando su contento—.
Pero, ¡hijo, aquí!... En fin, para que veas cuánto te queremos, tran-
sijo. Yo sé transigir; tú, no, y a todos nos haces desgraciados.

—Transigiendo se llega a todas partes—declaró don José, dando
15 mucha importancia a su sentencia.

—Bernardina tiene un cuarto que se te puede arreglar. Te traere-
mos tu cama. Fidela y yo turnaremos para acompañarte... ¡Ea! Ya
ves cómo no soy terca, y me doblego, y... Conviene, en esta vida erizada de dificultades, no encastillarnos en nuestras propias ideas, y
20 tener siempre en cuenta las de los demás, pues eso de creer que el
mundo se ha hecho para nosotros solos es gran locura... Yo, ¡qué
quieres!, he comprendido que no debo contrariarte en ese anhelo
tuyo de vivir separado de nosotras... Descuida, hijo, que todo se arreglará... No te apures. Vivirás aquí, y vivirás como un príncipe.

25 —No es preciso que me traigan mi cama—indicó Rafael, entrando
ya en familiar y cariñoso coloquio con su hermana mayor—. ¿No tendrá Bernardina un catre de tijera? Pues me basta.

—Quita, quita... Ahora sales con querer pintarla de ermitaño. ¿A
qué vienen esas penitencias?[7]

30 —Si nada cuesta traer la camita...—apuntó don José.

—Como quieran—manifestó el ciego, que parecía dichoso—. Aquí
me pasaré los días dando vueltas por el corralón, conversando con
el gallo y las gallinas; y a ratos vendré a que Cándido me enseñe el
arte de polvorista..., no vayan a creer ustedes que es cualquier cosa
35 ese arte.[8] Aprenderé, y aunque no haga nada con las manos, bien
puedo sugerirle ideas mil para combinar efectos de luz, y armar los

5. *Definitiva* modifies *solución.*
6. ¡Vaya ... tienes! *Why, what strange ideas you have!*
7. Quita, quita ... penitencias? *Oh come now ... now you want to act the
part of a hermit. Why all this asceticism?*
8. no vayan ... arte: *you musn't think that that art requires no skill*

ramilletes, y los castillos y todas esas hermosas fábricas de chispas, que tanto divierten al respetable público.

—Bueno, bueno, bueno—clamaron a una,[9] Donoso y Cruz, satisfechos de verle en tan venturosa disposición de ánimo.[10]

Brevemente conferenciaron la dama y el fiel amigo de la casa, sin 5
que Rafael se enterase. Ello debió de ser algo referente a la traída de la cama y otros objetos de uso doméstico. Despidióse Donoso, abrazando al joven ciego, y éste volvió a caer en su murria, presumiendo que su hermana, al hallarse sola con él, le hablaría del asunto que causaba las horribles desazones de todos. 10

—Vámonos a la casa—dijo Cruz, cogiendo del brazo a su hermano—. Tengo miedo de estar aquí, señor Valiente... No es desprecio de su taller, es...que no sé cómo hay quien tenga tranquilidad [11] en medio de estas enormes cantidades de pólvora. Supóngase usted que por artes del enemigo [12] cae una chispa... 15

—No, señorita, no es posible...

—Cállese usted. Sólo de pensarlo [13] parece que me siento convertida en pavesas. Vamos, vámonos de aquí. Antes, si te parece, daremos un paseíto por el corralón. Está un día precioso. Ven, iremos por la sombra. 20

Lo que el señorito del Aguila recelaba era cierto. La primogénita tenía que tratar con él algo muy importante, reciente inspiración, sin duda, y último arbitrio ideado por su grande ingenio. ¿Qué sería?

"¿Qué será?," pensó el ciego, temblando, pues todo su tesón no bastaba para hacer frente a la terrible dialéctica de su hermana. 25

Principió ésta por encarecer las horrendas amarguras que ella y Fidela habían pasado en los últimos días, por causa de la oposición de su querido hermano al proyecto de matrimonio con don Francisco.

—Renunciad a eso—dijo prontamente Rafael—, y se acabaron [14] las 30
amarguras.

—Tal fué nuestra idea...: renunciar, decirle al buen don Francisco que se fuera con la música a otra parte,[15] y que nos dejase en paz. Preferimos la miseria con tranquilidad a la angustiosa vida que ha

9. a una: *simultaneously*
10. en tan ... ánimo: *in such a happy frame of mind*
11. no sé ... tranquilidad: *I don't know how anyone can be at ease*
12. enemigo = diablo
13. Sólo de pensarlo: *The mere thought of it and*
14. se acabaron: *that's the end of*
15. que se ... parte: *to take his proposition elsewhere*

de traernos el desacuerdo con nuestro hermano querido. Yo dije a
Fidela: "Ya ves que Rafael no cede. Cedamos nosotras antes que ha-
cernos responsables de su desesperación. ¡Quién sabe! Cieguecito,
puede que [16] vea más que nosotras. ¿Su resistencia será aviso del
5 Cielo, anunciándonos que Torquemada, con el *materialismo,* como
él dice, del buen vivir, nos va a traer una infelicidad mayor que la
presente?

—Y ¿qué dijo Fidela?

—Nada: que ella no tiene voluntad; que si yo quería romper, por
10 ella no quedara.[17]

—Y tú, ¿qué hiciste?

—Pues nada por el pronto. Consulté con don José. Esto fué la semana pasada. A ti nada te dije, porque como estás tan puntilloso,
no quise excitarte inútilmente. Parecióme mejor no hablar contigo
15 de este asunto hasta que no [18] se resolviera en una o en otra forma.

—Y Donoso, ¿qué opinó?

—¿Donoso?... ¡Ah!...

XIV

—¡Cuando yo te digo que Donoso es un ángel bajado del Cielo!
¡Qué hombre, qué santo!—prosiguió la dama, sentándose con Rafael
20 en un madero, que en el mejor sitio del corralón había—. Verás: la
opinión de nuestro fiel amigo fué que debíamos sacrificar el enlace
con Torquemada, por conservar la paz en la familia... Así lo acordamos. Pero ya habían tramado entre él y don Francisco algo que éste
llevó prontamente de la idea a la práctica, y cuando don José acudió
25 a proponerle la suspensión definitiva de las negociaciones matrimo-
niales ya era tarde.

—¿Pues qué ocurría?

—Torquemada había hecho algo que nos cogía a todos como en
una trampa. Imposible escaparnos ya, imposible salir de su poder.
30 Estamos cogidos, hermanito; nada podemos ya contra él.

—Pero ¿qué ha hecho ese infame?—gritó Rafael, fuera de sí, levantándose y esgrimiendo el bastón.

—Sosiégate—replicó la dama, obligándole a sentarse—. ¡Lo que ha
hecho! Pero qué, ¿crees que es malo? Al contrario, hijo mío: por
35 bueno, por excesivamente bueno, el acto suyo es..., no sé cómo de-

16. Cieguecito, puede que: *Although blind, it may be that*
17. por ... quedara: *she wouldn't stand in the way*
18. pleonastic *no*: do not translate.

círtelo, es como una soga que nos echa al cuello, incapacitándonos
ya para tener voluntad que no sea la voluntad suya.

—Pero ¿qué es? Sépalo yo—dijo el ciego con febril impaciencia—.
Juzgaré por mí mismo ese acto, y si resulta como dices... No, tú estás
alucinada, y quieres alucinarme a mí. No me fío de tus entusiasmos. 5
¿Qué ha hecho ese majagranzas que pudiera inducirme a no despre-
ciarle como le desprecio?

—Verás... Ten calma. Tan bien sabes tú como yo que nuestras fincas del Salto y la Alberquilla,[1] en la sierra de Córdoba, fueron embargadas judicialmente. No pudo rematarlas el sindicato de acree- 10
dores, porque estaban afectas a una fianza que al Estado tuvo que
dar papá. El dichoso Estado, mientras no se aclarase su derecho a
constituirse en dueño de ellas (y ése es uno de los pleitos que sostene-
mos), no podía privarnos de nuestra propiedad; pero sí del usufructo... Embargadas las fincas,[2] el juez las dió en administración a... 15

—A Pepe Romero—apuntó el ciego vivamente, quitándole la palabra de la boca—, el marido de nuestra prima Pilar...

—Que reside en ellas dándose vida de princesa. ¡Ah, qué mujer!
Sin duda por haber recibido de papá tantos beneficios, ella y el rufián de su marido nos odian. ¿Qué les hemos hecho?   20

—Les hemos hecho ricos. ¿Te parece poco?

—Y no han sido para auxiliarnos [3] en nuestra miseria. La cruel-
dad, el cinismo, la ingratitud de esa gente son lo que más ha con-
tribuído a quitarme la fe en todas las cosas, lo que me induce a
creer que la Humanidad es un inmenso rebaño de fieras. ¡Ay! En 25
esta vida de sufrimientos inauditos, pienso que Dios me permite
odiar. El rencor, que en casos comunes es un pecado, en el caso mío
no lo es, no puede serlo... La venganza, ruin sentimiento en circunstancias normales, ahora...me resulta casi una virtud... Esa mujer
que lleva nuestro nombre y nos ha ultrajado en nuestra desgracia, 30
ese Romerillo indecente que se ha enriquecido con negocios sucios,
más propios de chalanes que de caballeros, viven sobre nuestra propiedad, disfrutan de ella. Han intrigado en Madrid para que el Consejo sentenciase en contra de la testamentaría del Aguila, porque su
anhelo es que sean subastadas las fincas...   35

—Para rematarlas y quedarse con ellas.

1. el Salto, la Alberquilla: names of their former properties
2. Embargadas las fincas: *The estates having been attached* (by the government)
3. Y no ... auxiliarnos: *And it didn't suit them to help us*

—¡Ah!... Pero les ha salido mal la cuenta a ese par de traficantes, de raza de gitanos, sin duda...[4] Créelo, porque yo te lo digo... Pilar es peor que él, es uno de esos monstruos que causan espanto y hacen creer que la hembra de Satanás anda por estos mundos...[5]

5 —Pero vamos al caso. ¿Qué...?

—Verás. Ahora puedo decir que ha llegado la hora de la justicia. No puedes figurarte la alegría que me llena el alma. Dios me permite ser rencorosa, y, lo que es peor, vengativa. ¡Qué placer, qué inefable dicha, hermano mío! ¡Pisotear a esa canalla..., echarlos de nuestra
10 casa y de nuestras tierras, sin consideración alguna, como a perros, como a villanos salteadores!... ¡Ay Rafael, tú no entiendes estas pequeñeces; eres demasiado angelical para comprenderlas! La venganza sañuda es un sentimiento que rara vez encuentras hoy fuera de las clases bajas de la sociedad... Pues en mí rebulle, ¡y de qué modo!
15 Verdad que también es un sentimiento feudal, y en nosotros, de sangre noble, revive ese sentimiento, que viene a ser la justicia, la justicia brutal, como en aquellos tiempos podía ser, como en los nuestros también debe serlo, por insuficiencia de las leyes.

Púsose en pie la noble dama, y en verdad que era una figura hermosa y trágica. Hirió el suelo con su pie dos o tres veces, aplastando
20 en figuración a sus enemigos, ¡y por Dios que si hubieran estado allí no les dejara hueso sano!

—Ya, ya entiendo—dijo Rafael, asustado—. No necesito más explicaciones. Esperas rescatar el Salto y la Alberquilla. Donoso y Torquemada han convenido hacerlo así, para que puedas confundir a
25 los Romero... Ya, ya lo veo todo bien claro: el don Francisco rescatará las fincas poniendo en manos de la Hacienda una cantidad igual a la fianza... Pues, por lo que recuerdo, tiene que ir aprontando millón y medio de reales...si es que, en efecto, se propone...

30 —No se propone hacerlo—dijo Cruz, radiante—. Lo ha hecho ya.

—¡Ya!

La estupefacción paralizó a Rafael por breve rato, privándole del uso de la palabra.

—Ahora tú me dirás si después de esto es digno y decente en nos-
35 otros plantarnos delante de ese señor y decirle: "Pues...de aquello, no hay nada." [6]

4. Pero ... duda. *But that pair of swindlers—no doubt they have gypsy blood —miscalculated.*

5. la hembra de Satanás ... mundos: *Satan's wife is living among us.* (According to some traditions, Lilith was Satan's wife.)

6. Pues ... nada. *Forget about the marriage.*

Pausa que duró...sabe Dios cuánto.

—Pero ¿en qué forma se ha hecho la liberación de las fincas?—preguntó, al fin, el ciego—. Falta ese detalle... Si quedan a su nombre, no veo...

—No: las fincas son nuestras... El depósito está hecho a nuestro nombre. Ahora dime si es posible que...

Después de accionar un rato en silencio, Rafael se levantó súbitamente, dió algunos pasos agitando el bastón, y dijo:

—Eso no es verdad.

—¡Que yo te engaño! [7]

—Repito que eso no puede ser como tú lo cuentas.

—¡Que yo miento!

—No, no digo que mientas. Pero sabes, como nadie, desfigurar las cosas, dorarlas cuando son muy feas, confitarlas cuando son amargas.

—He dicho la verdad. Créela o no. Y ahora te pregunto: ¿Podemos poner en la calle a ese hombre? ¿Tu dignidad, tus ideas sobre el honor de la familia me aconsejan que le despida?...

—No sé, no sé—murmuró el ciego, girando sobre sí y haciendo molinete con los dos brazos por encima de la cabeza—.[8] Yo me vuelvo loco... Vete; déjame. Haced lo que queráis.

—¿Reconoces que no podemos retirar nuestra palabra, ni renunciar al casamiento?

—Lo reconozco, siempre que sea verdad lo que me has dicho... Pero no lo es; no puede serlo. El corazón me dice que me engañas..., con buena intención, sin duda. ¡Ah! Tienes tú mucho talento..., más que yo, más que toda la familia... Hay que sucumbir ante ti y dejarte hacer lo que quieras.

—¿Vendrás a casa?—dijo Cruz, balbuciente, porque el gozo triunfal que inundaba su alma le entorpecía la voz.

—Eso, no... Déjame aquí. Vete tú. Estoy bien en este corral de gallinas, donde me podré pasear, sin que nadie me lleve del brazo, a todas las horas del día.

Cruz no quiso insistir por el momento. Había obtenido la victoria con su admirable táctica. No le argüía la conciencia por haber mentido, pues Rafael era una criatura, y había que adormecerle, como a los niños llorones, con historias bonitas. El cuento infantil [9] empleado hábilmente por la dama no era verdad sino a medias, porque

7. ¡Que ... engaño! *Are you accusing me of deceit?*
8. haciendo ... cabeza: *waving his arms above his head*
9. cuento infantil: *children's story*

al pactar Donoso y Torquemada el rescate de las fincas de la sierra de
Córdoba, establecieron que esto debía verificarse después del casamiento. Pero Cruz, en su afán de llegar pronto al *objetivo*,[10] como
diría el novio, no sintió escrúpulos de conciencia por alterar la fecha
5 del suceso feliz, tratándose de emplearlo como argumento con que
vencer la tenacidad de su hermano. ¡Decir que Torquemada había
hecho ya lo que, según formal convenio, haría después! ¿Qué importaba esta leve alteración del orden de los acontecimientos, si con
ello conseguía eliminar el horrible estorbo que impedía la salvación
10 de la familia?

Volvió Donoso con la noticia de haber dictado las disposiciones
convenientes para el traslado de la cama y demás ajuar de la alcoba
del ciego. Después que charlaron los tres un rato de cosas extrañas
al grave asunto que a todos los inquietaba, Cruz espió un momento
15 en que Rafael se enredó en discusiones con Valiente sobre la pirotecnia, y llevando a su amigo detrás del más grande montón de basura y paja que en el corralón había, le echó esta rociada:

—Déme la enhorabuena, señor don José. Le he convencido. El no
querrá volver a casa; pero su oposición no es, no puede ser ya tan
20 furiosa como era. ¿Que qué le he dicho? ¡Ah, figúrese usted si en este
atroz conflicto pondré yo en prensa mi pobre entendimiento para sacar ideas![11] Creo que Dios me ilumina. Ha sido una inspiración que
tuve en el momento de entrar aquí. Ya le contaré a usted cuando
estemos más despacio...[12] Y ahora, lo que importa es activar...eso
25 todo lo posible, no vaya a surgir alguna complicación.[13]

—No lo quiera Dios. Crea usted que a impaciencia no le gana nadie.[14] Hace un rato me lo decía: por él, mañana mismo.[15]

—Tanto como mañana, no; pero nos pasamos de gazmoños ale-
jando tanto la fecha. De aquí al cuatro de agosto pueden ocurrir
30 muchas cosas, y...

—Pues acerquemos la fecha.

—Sí, acerquémosla. Lo que ha de ser, que sea pronto.

—La semana que entra...

---

10. *objetivo*, like *materialismo*, sounds elegant to Torquemada.
11. ¿Que ... dicho? ¡Ah ... ideas! *You want to know what I said to him?
Imagine how I must have wracked my poor brain for some ideas in this terrible
situation!*
12. cuando ... despacio: *when we have more time*
13. no vaya ... complicación: *lest some complication should arise*
14. a impaciencia ... nadie: *nobody is more impatient than he is*
15. por él ... mismo: *insofar as he's concerned, it could be tomorrow*

—¡Oh! No tanto.

—Pues la otra.[16]

—Eso me parece muy tarde... Tiene usted razón: la semana próxima. ¿Qué es hoy?

—Viernes.

—Pues el sábado de la semana entrante.

—Corriente.[17]

—Dígaselo usted..., propóngaselo como cosa suya.

—Pues no se pondrá poco contento.[18] Ya le digo a usted: por él..., mañana. Y volviendo a nuestro joven disidente, ¿cree usted que no nos dará ningún disgusto?

—Espero que no. Su deseo de instalarse aquí nos viene ahora que ni de molde.[19] Bernardina nos inspira confianza absoluta: le cuidará como nosotras mismas. Vendremos Fidela y yo, alternando, a hacerle compañía, y, además, yo me encargo de mandar acá al bueno de Melchorito algunas tardes para que le cante óperas...[20]

—Muy bien... Pero..., y aquí entra lo grave. ¿Sabe que sus hermanas se mudan a la calle de Silva?[21]

—No lo sabe. Pero lo sabrá. ¿Qué? ¿Teme usted que no quiera entrar en aquella casa?

—¡Me lo temo, como hay Dios!

—Entrará... Respondo de que entrará—afirmó la dama; y le temblaba horrorosamente el labio inferior, cual si quisiera desprenderse de su noble faz.

XV

Con lento paso de fecha deseada, llegó por fin aquel día, sábado por más señas, y víspera o antevíspera (que esto no lo determinan bien las historias) de la festividad de Santiago, patrón de las Españas.[1] Celebróse la boda en San José,[2] sin ostentación, tempranito, como ceremonia de tapadillo a la que no se quería dar publicidad.

16. No tanto. Pues la otra: *Not that soon. Well, the following week ...*
17. Corriente: *Fine*
18. Pues ... contento. *Well, he'll be overjoyed.*
19. nos ... molde: *is made to order for us right now*
20. Rafael's young friend Melchor not only sang for him but also conducted imaginary orchestras.
21. The house referred to here is the residence Torquemada refused to occupy until Donoso talked him into it. Cf. Part I, summary of chapters XIII–XVI.

1. Santiago: St. James the Greater is the patron saint of Spain (las Españas). His feast is celebrated on July 25.
2. the church of San José

Asistieron tan sólo Rufinita Torquemada y su marido; [3] Donoso, y dos señores más, amigos de las Aguilas, que se despidieron al salir de la iglesia. Don Francisco iba de levita *herméticamente cerrada,* guantes tan ajustados, que sus dedos parecían morcillas, y sudó el hombre 5 la gota gorda para quitárselos. Como era la época de más fuerte calor, todos, la novia inclusive, no hacían más que pasarse el pañuelo por la cara. La del novio parecía untada de aceite, según relucía, y para mayor desdicha,[4] exhalaba con su aliento emanaciones de cebolla, porque a medianoche se había comido de una sentada una 10 fuente de salpicón, su plato predilecto.

A Cruz le dió el vaho en la nariz en cuanto se encaró con su cuñado, y tuvo que echar frenos a su ira para poder contenerla, mayormente al ver cuán mal se avenía el olor cebollesco con las palabras finas, que a cada instante, y vinieran o no a cuento,[5] desembu- 15 chaba el ensoberbecido prestamista. Fidela parecía un cadáver, porque..., creyérase, que el demonio había tenido parte en ello..., la noche antes tomó un refresco de agraz para mitigar el calor que la abrasaba, y agraz fué que se le agriaron todos los líquidos de su cuerpo,[6] tan inoportunamente se descompuso, que en un tris estuvo 20 que la boda no pudiera celebrarse.[7] Allá le administró Cruz no sé qué droga atemperante, en dosis de caballo, gracias a lo cual no hubo necesidad de aplazamiento; pero estaba la pobre señorita hecha una mártir, un color se le iba y otro se le venía,[8] sudando por todos sus poros, y sin poder respirar fácilmente. Gracias que la cere- 25 monia fué breve, que si no, patatús seguro. Llegó un momento en que la iglesia, con todos sus altares, empezó a dar vueltas alrededor de la interesante joven, y si el esposo no la agarra, cae redonda al suelo.[9]

Cruz no tenía sosiego hasta no ver concluído el ritual, para poder 30 trasladarse a la casa, con objeto de quitar el corsé a Fidela y procurarle descanso. En dos coches se dirigieron todos al nuevo domicilio,

---

3. Rufina is Torquemada's daughter and is married to a doctor named Quevedo. He is so small that Torquemada usually calls him Quevedito.
4. para mayor desdicha: *to make matters worse*
5. y vinieran ... cuento: *whether they were appropriate or not*
6. y agraz ... cuerpo: *and it was certainly sour because it turned all her bodily liquids sour*
7. que ... celebrarse: *that the wedding almost did not take place*
8. un color ... venía: *she kept changing color*
9. la interesante ... suelo: *the young bride, and if the groom had not held on to her, she would have fallen to the ground*

y, por el camino, Torquemada le daba aire a su esposa con el abanico de ésta, diciéndole de vez en vez:

—Eso no es nada, la *estupefacción,* la emoción, el calor... ¡Vaya que está haciendo un verano!...[10] Dentro de dos horas no habrá quien atraviese la calle de Alcalá por la acera de acá, que es la del *sole-* 5 *cismo.*[11] A la sombra, menos mal.

En la casa, la primera impresión de Cruz fué atrozmente desagradable. ¡Qué desorden, qué falta de gusto! Las cosas buenas colocadas sin ningún criterio, y entre ellas mil porquerías con las cuales debía hacerse un auto de fe. Salió a recibirlos Romualda, la tarasca, sir- 10 viente de don Francisco, con una falda llena de lamparones, arrastrando las chancletas, las greñas sin peinar, facha asquerosa de criada de mesón. En la servidumbre, como en todo, vió la noble dama reflejada la tacañería del amo de la casa. El criado apestaba a tagarnina, de la cual llevaba una colilla tras de la oreja, y hablaba 15 con el acento más soez y tabernario. ¡Dios mío, qué cocina, en la cual una pincha vieja y con los ojos pitañosos ayudaba a Romualda!... No, no, aquello no podía ser. Ya se arreglaría de otra manera. Felizmente, el almuerzo de aquel día clásico se había encargado a una fonda, por indicación de Donoso, que en todo ponía su admirable sentido y 20 previsión.

Fidela no se mejoró con el aflojar del corsé y de todas las demás ligaduras de su cuerpo. Intentó almorzar; pero tuvo que levantarse de la mesa, acometida de violentos vómitos que le sacaron del cuerpo cuanto tenía. Hubo que acostarla, y el almuerzo se dividió en dos 25 tiempos, ninguno de los cuales fué alegre, por aquella maldita contrariedad de la desazón de la desposada. Gracias que había *facultativo* en la casa. Torquemada llamaba de este modo a su yerno, Quevedito.

—Tú, ¿qué haces que no me la curas al instante? Reniego de tu 30 facultad, y de la Biblia en pasta.[12]

Iba y venía del comedor a la alcoba, y viceversa, regañando con todo el mundo, confundiendo nombres y personas, llamando Cruz a Romualda, y diciendo a su cuñada:

—Vete con mil demonios.[13]   35

10. ¡Vaya ... verano! *What a summer this is turning out to be!*
11. La calle de Alcalá is one of the principal streets in Madrid. Torquemada uses *solecismo* (solecism) instead of *sol,* to mean the sunny side.
12. Reniego ... pasta. *A curse on your profession and on the Bible bound in pasteboard.* (The latter is another of Torquemada's set exclamations.)
13. Vete ... demonios. *Get the devil out of here.*

Quevedito ordenó que dejaran reposar a la enferma, en la cual parecía iniciarse una regular fiebre; Cruz prescribió también el reposo, el silencio y la oscuridad, no pudiendo abstenerse de echar los tiempos a Torquemada [14] por el ruido que hacía, entrando y sa-
5 liendo en la alcoba sin necesidad. Botas más chillonas no las había visto Cruz en su vida, y de tal modo chillaban y gemían aquellas endiabladas suelas, que la señora no pudo menos de hacer sobre esto una discreta indicación al amo de la casa. Al poco rato apareció el hombre con unas zapatillas de orillo, viejas, agujereadas y sin forma.
10 Continuaron almorzando, y don Francisco y Donoso hicieron honor [15] a los platos servidos por el fondista. Y el novio creyó que no cumplía como bueno en día tan solemne si no empinaba ferozmente el codo;[16] porque, lo que él decía: ¡Haberse corrido a un desusado gasto de champaña, para después hacer el pobrete melindroso! Be-
15 biéranlo o no,[17] tenía que pagarlo. Pues a consumirlo, para que al menos se igualara el haber del estómago con el debe del bolsillo.[18] Por esta razón puramente económica y de partida doble, más que por vicio de embriaguez, bebió copiosamente el tacaño, cuya sobriedad no se desmentía sino en casos rarísimos.
20 Terminado el almuerzo, quiso don Francisco enterar a Cruz de mil particulares de la casa, y mostrarle todo, pues ya había tratado Donoso con él de la necesidad de poner a su ilustre cuñada al frente del gobierno doméstico. Estaba el hombre, con tanta bebida y la alegría que por todo el cuerpo le retozaba, muy descompuesto, el
25 rostro como untado de craso bermellón, los ojos llameantes, los pelos erizados, y echando de la boca un vaho de vinazo que tiraba para atrás.[19] A Cruz se le revolvía el estómago; pero hizo de tripas corazón.[20] Llevóla don Francisco de sala en sala, diciendo mil despropósitos, elogiando desmedidamente los muebles y alfombras, con re-
30 ferencias numéricas de lo que le habían costado; gesticulaba, reía estúpidamente, se sentaba de golpe en los sillones para probar la blandura de los muelles; escupía, pisoteando luego su saliva con la

14. no pudiendo ... Torquemada: *being unable to refrain from bawling Torquemada out*
15. hicieron honor: *did justice*
16. que no ... codo: *that he was not doing the right thing if he didn't do more than his share of drinking*
17. Bebiéranlo o no: *whether they drank it or not*
18. Pues ... bolsillo. *Well, then, they would drink it so that at least the credit side of the stomach would balance the debit side of the pocketbook.*
19. que ... atrás: *that made one draw back*
20. A Cruz ... corazón. *Cruz was nauseated but put up a good front.*

usada pantufla de orillo; corría y descorría las cortinas [21] con infantil
travesura; daba golpes sobre las camas, agregando a todas estas ex-
travagancias los comentarios más indelicados:

—En su vida ha visto usted cosa tan rica... ¿Y esto? ¿No se le cae
la baba de gusto?   5

De uno de los armarios roperos sacó varias prendas de vestir, muy
ajadas, oliendo a alcanfor, y las iba echando sobre una cama para
que Cruz las viese.

—Mire usted qué falda de raso. La compró mi Silvia [22] por un pedazo de pan. Es riquísima. Toque, toque... No se la puso más que un 10
Jueves Santo y el día que fuimos padrinos de la boda del cerero de
la Paloma. Pues, para que vea usted que la estimo, señora doña Cruz,
se lo regalo generosamente... Usted se la arreglará, y saldrá con ella
por los Madriles hecha una real moza...[23] Todos estos trajes fueron
de mi difunta.[24] Hay dos de seda, algo antiguos, eso sí, como que 15
fueron antes de una dama de Palacio...,[25] cuatro de merino y de
lanilla..., todo cosa rica, comprado en almonedas por quiebra.[26] Fidela llamará a una modista de poco pelo,[27] para que se los arregle y
los ponga de moda; que ya tocan [28] a economizar, ¡ñales!, porque
aunque es uno rico, eso no quiere decir, ¡cuidado!, que se tire el 20
santísimo dinero... Economía, mucha economía, mi señora doña
Cruz, y bien puede ser maestra en el ahorro la que ha vivido tanto
tiempo lampando..., quiero decir..., como el perro del tío Alegría,
que tenía que arrimarse a la pared para poder ladrar.[29]

Cruz hizo que asentía; [30] pero en su interior bramaba de coraje, 25
diciéndose: "¡Ya te arreglaré,[31] grandísimo tacaño!"

Enseñando el aposento destinado a la noble dama, decía el prestamista:

21. corría ... cortinas: *he pulled the curtains open and shut*
22. Silvia: Torquemada's deceased wife
23. y saldrá ... moza: *and you'll walk about Madrid looking very lovely*
24. mi difunta: *my deceased wife*
25. algo ... Palacio: *rather old, of course, since they had belonged previously to a lady at court*
26. en ... quiebra: *at bankruptcy auctions*
27. de poco pelo: *insignificant*
28. ya tocan: *it's time*
29. "Ser como los perros del tío Alegría, que se arrimaban a la pared para ladrar" is a popular *refrán*. It is used to express, in exaggerated fashion, an extreme degree of weakness in people or in animals.
30. Cruz ... asentía: *Cruz pretended to agree*
31. Ya te arreglaré: *I'll fix you*

—Aquí estará usted muy ancha. Le parecerá mentira,[32] ¿eh?... Acostumbrada a los cuchitriles de aquella casa. Y si no es por mí, ¡cuidado!, allí se pudren usted y su hermana. Digan que las ha venido Dios a ver...[33] Pero ya que me privo de la renta de este señor piso
5 principal,[34] viviendo en él, hay que economizar en el plato pastelero,[35] y en lo tocante a ropa. Aquí no quiero lujos, ¿sabe?... Porque ya me parece que he gastado bastante dinero en los trajes de boda. Ya no más, ya no más, ¡ñales! Yo fijaré un tanto,[36] y a él hay que ajustarse. Nivelación siempre; éste es el *objetivo*, o el *ojete*,[37] para
10 decirlo más pronto.

Prorrumpía en bárbaras risas, después de disparatar así, casi olvidado de los términos elegantes que aprendido había; [38] tocaba las castañuelas con los dedos [39] o se tiraba de los pelos, añadiendo alguna nueva patochada, o mofándose inconscientemente del lenguaje
15 fino: porque yo *abrigo la convicción* de que no debemos *desabrigar* el bolsillo, ¡cuidado!, y *parto del principio* de que *haiga* principio sólo los jueves y domingos; porque si, como dice el amigo Donoso, las leyes administrativas han venido a *llenar un vacío*, yo he venido a llenar el vacío de los estómagos de ustedes...[40] digo..., no haga caso
20 de este materialismo..., es una broma.

Difícilmente podía Cruz disimular su asco. Donoso que había estado de sobremesa platicando con Rufinita, fué en seguimiento de la pareja que inspeccionaba la casa, uniéndose a ella en el instante en que Torquemada enseñaba a Cruz el famoso altarito con el re-
25 trato de Valentín convertido en imagen religiosa, entre velas de cera.[41] Don Francisco se encaró con la imagen diciéndole:

—Ya ves, hombre, cómo todo se ha hecho guapamente. Aquí tienes a tu tía. No es vieja, no, ni hagas caso del materialismo del cabello

---

32. Le ... mentira: *I'll bet you can't believe your eyes*
33. Digan ... ver. *You must admit that God has been watching out for both of you.*
34. de ... principal: *of the income from this fine main floor*
35. en ... pastelero: *on food*
36. Yo ... tanto: *I'll allot a certain sum*
37. ojete = *objeto*
38. Read "había aprendido"
39. tocaba ... dedos: *he snapped his fingers*
40. Torquemada's puns are based on the elegant turns of phrase he had learned from Donoso; *haiga* (*haya*), however, is from Torquemada's own repertoire of uneducated expressions.
41. It is with this portrait of his dead son that Torquemada holds his conversations.

blanco. Es guapa de veras, y noble por los cuatro costados... Como que desciende de la muela del juicio de algún rey de bastos...[42]

—Basta—le dijo Donoso, queriendo llevársele—. ¿Por qué no descansa usted un ratito?

—Déjeme..., ¡por la Biblia! ¡No sea pesado ni cócora! Tengo que 5 decirle a mi niño que ya estamos todos acá. Tu mamá está mala... ¡Pues no es flojo contratiempo!...[43] Pero descuida, hijo de mis entrañas, que yo te *naceré pronto*...[44] Más guapín eres tú que ellas. Tu madre saldrá a ti...,[45] digo no, tú a tu madre... No, no! yo quiero que seas el mismo. Si no, me descaso. 10

Entró Quevedito anunciando que Fidela tenía una fiebre intensa y que nada podía pronosticar hasta la mañana siguiente. Acudieron todos allá, y después de ponerla entre sábanas, le aplicaron botellas de agua caliente a los pies, y prepararon no sé qué bebida para aplacar su sed. Don Francisco no hacía más que estorbar, metiéndose en 15 todo, disponiendo las cosas más absurdas y diciendo a cada momento:

—¿Y para esto, ¡Cristo, re-Cristo!,[46] me he casado yo?

Donoso se lo llevó al despacho, obligándole a echarse hasta que se le pasaran los efectos del alcoholismo; pero no hubo medio de re- 20 tenerle en el sofá más que algunos minutos, y allá fué otra vez a dar matraca a su hermana política, que examinaba la habitación en que quería instalar a Rafael.

—Mira, Crucita—le dijo, arrancándose a tutearla con grotesca confianza—, si no quiere venir el caballerete andante de tu hermano, 25 que no venga.[47] Yo no le suplico que venga; ni haré nada por traerle, ¡cuidado!, que mi suposición no es menos que la suya. Yo soy noble: mi abuelo castraba cerdos, que es, digan lo que quieran, una profesión muy bien vista [48] en los...*pueblos cultos*. Mi tataratío, el inquisidor, tostaba herejes,[49] y tenía un bodegón para vender chuletas de 30

42. No ... bastos. *She's not old at all; don't pay any attention to the externals of her white hair. She's really beautiful and noble on every side of the family ... Since she is descended from the wisdom tooth of some king of clubs or other ...*

43. ¡Pues ... contratiempo! *A minor inconvenience!* (ironical)

44. yo ... pronto: *I'll make you be born soon.* (Cf. summary of Part I, Chapters XIII–XVI.)

45. Tu madre ... ti: *Your mother will look like you*

46. re-Cristo: *re* is an intensifier and need not always be translated.

47. si ... venga: *if that dude-errant of a brother of yours doesn't want to come, let him not come.* (The usual expression is *caballero andante* = knight errant.)

48. muy bien vista: *highly regarded*

49. In his drunken state, Torquemada claims descent from the famous Inquisitor Tomás de Torquemada (1420–1498).

carne de persona. Mi abuela, una tal doña Coscojilla, echaba las
cartas y adivinaba los secretos. La nombraron bruja universal...[50]
Conque ya ves.

Ya era imposible resistirle más. Donoso le cogió por un brazo, y
5 llevándole al cuarto más próximo, le tendió a la fuerza. Poco después, los ronquidos del descendiente del inquisidor atronaban la
casa.

—¡Demonio de hombre!—decía Cruz a don José, sentados ambos
junto al lecho de Fidela, que en profundo letargo febril yacía—. Inso-
10 portable está hoy.

—Como no tiene costumbre de beber, le ha hecho daño el champaña. Lo mismo me pasó a mí el día de mi boda. Y ahora usted,
amiga mía, procediendo hábilmente, con la táctica que sabe usar,
hará de él lo que quiera...

15 —¡Dios mío, qué casa! Tengo que volverlo todo del revés... Y dí-
game, don José: ¿no le ha indicado usted ya que es indispensable
poner coche?[51]

—Se lo he dicho... A su tiempo vendrá esa reforma, para la cual
está todavía un poco rebelde. Todo se andará.[52] No olvide usted que
20 hay que ir por grados.

—Sí, sí. Lo más urgente es adecentar este caserón, en el cual hay
mucho bueno que hoy no luce entre tanto desarreglo y suciedad.
Esos criados que nos ha traído de la calle de San Blas[53] no pueden
seguir aquí. Y en cuanto a sus planes de economía... Económica soy;
25 la desgracia me ha enseñado a vivir con poco, con nada. Pero no se
han de ver en la casa del rico escaseces indecorosas. Por el decoro del
mismo don Francisco pienso declarar la guerra a esa tacañería que
tiene pegada al alma como una roña, como una lepra, de la cual
personas como nosotras no podemos contaminarnos.

30 Rebulló Fidela, y todos se informaron con vivo interés de su
estado. Sentía quebranto de huesos, cefalalgia, incomodidad vivísima
en la garganta. Quevedito diagnosticó una angina catarral[54] sin
importancia: cuestión de unos días de cama, abrigo,[55] dieta, sudorí-
ficos y una ligera medicación antifebrífuga. Tranquilizóse Cruz;

---

50. bruja universal: *international witch*
51. poner coche: *to keep a carriage*
52. Toda se andará. *Everything will turn out all right.*
53. calle de San Blas: the location of Torquemada's former residence
54. angina catarral: *throat inflammation*
55. abrigo: used in this context, it means "keeping warm."

pero no teniéndolas todas consigo,[56] determinó no separarse de su
hermana; y despachó a Donoso a Cuatro Caminos [57] para que viese
a Rafael y le informase de aquel inesperado accidente.

—¡Si [58] de esta desazón—dijo Cruz, que todo lo aprovechaba para
sus altos fines—resultará un bien! ¡Si conseguiremos atraer a Rafael
con el señuelo de la enfermedad de su querida hermana!... Don
José de mi alma, cuando usted le hable de esto, exagere un poquito...

—Y un muchito, si por tal medio conseguimos ver a toda la familia reunida.

Allá corrió como exhalación don José, después de echar un vistazo
a su amigo, que continuaba roncando desaforadamente.

XVI

Tristísimo fué aquel día para el pobre ciego, porque desde muy
temprano le atormentó la idea de que su hermana se *estaba casando*
y como fijamente no sabía la hora, a todas las del día y en los instantes todos *estaba viéndola casarse,* y quedar por siempre prisionera
en los brazos del aborrecido monstruo que en mal hora llevó el oficioso don José a la casa del Aguila. Hizo el polvorista imposibles [1]
por distraerle; propuso llevarle de paseo por todo el Canalillo hasta
la Moncloa; [2] pero Rafael se negó a salir del corralón. Por fin me-
tiéronse los dos en el taller, donde Valiente tenía que ultimar un
trabajillo pirotécnico para el día de San Agustín,[3] y allí se pasaron
tontamente la mañana, decidor el uno, triste y sin consuelo el otro.
A Cándido le dió aquel día por enaltecer el arte del polvorista, ele-
vándolo a la categoría de arte noble, con ideales hermosos, y su correspondiente trascendencia. Quejábase de la poca protección que
da el Gobierno a la pirotecnia, pues no hay en toda España ni una
mala escuela [4] en que se enseñe la fabricación de fuegos artificiales.
El se preciaba de ser maestro en aquel arte, y con un poquitín de
auxilio oficial haría maravillas. Sostenía que los juegos de pólvora [5]

56. no ... consigo: *since she was not quite herself*
57. Cuatro Caminos: where Bernardina lives
58. Si: *If only*

1. Hizo ... imposibles: *The pyrotechnist did everything in his power*
2. Canalillo: a small canal which used to carry drinking water to Madrid.
Moncloa: a park in Madrid
3. día de San Agustín. The feast of St. Augustine is celebrated during the
last week in August.
4. ni ... escuela: *not even a single school*
5. juegos de pólvora: *fireworks displays*

pueden y deben ser una rama de la Instrucción Pública. Que le sub-
vencionasen, y él se arrancaría, en cualquier festividad de las gordas,
con una función que fuera el asombro del mundo.[6] Vamos, que se
comprometía a presentar toda la historia de España en fuegos artifi-
5 ciales. La forma de los castilletes, ruedas, canastillas, fuentes de luz,
morteros, lluvias de estrellas,[7] torbellinos, combinando con esto los
colores de las luces, le permitirían expresar todos los episodios de
la historia patria, desde la venida de los godos hasta la ida de los
franceses en la guerra de la Independencia.[8]

10   —Créalo usted, señorito Rafael—añadió para concluir—: con la
pólvora se puede decir todo lo que se quiera, y para llegar a donde
no llega la pólvora tenemos multitud de sales, compuestos y fulminantes, que son lo mismito que hablar en verso...[9]

—Oye, Cándido—dijo Rafael bruscamente, y manifestando un in-
15 terés vivísimo, que contrastaba con su anterior desdén por las maravillas pirotécnicas—. ¿Tienes tú dinamita?

—No, señor; pero tengo el fulminante de protóxido de mercurio,
que sirve para preparar los garbanzos tronantes, y las arañas de luz.

—¿Y explota?

20   —Horrorosamente, señorito.

—Cándido, por lo que más quieras,[10] hazme un petardo, un petardo que al estallar se lleve por delante..., ¡qué sé yo!, medio
mundo... No te asustes de verme así. La impotencia en que vivo me
inspira locuras como la que acabo de decirte... Y no creas..., te lo
25 repito, sabiendo que es una locura: yo quiero matar, Cándido—excitadísimo, levantándose—, quiero matar, porque sólo matando puedo
realizar la justicia. Y yo te pregunto: "De qué modo puede matar un
ciego?" Ni con arma blanca, ni con arma de fuego. Un ciego no
sabe dónde hiere, y creyendo herir al culpable, fácil es que haga
30 pedazos al inocente... Pero, lo que yo digo, discurriendo, discurriendo, un ciego puede encontrar medios hábiles de hacer justicia. Cándido, Cándido, ten compasión de mí, y dame lo que te pido.

Aterrado le miró Valiente, las manos en la masa, en la negra pól-

6. Que le ... del mundo. *Let them subsidize him, and he would come forth,
during any of the really important holidays, with a show that would dazzle
the entire world.*

7. lluvias de estrellas: *showers of stars.* (Valiente has been enumerating various types of fireworks.)

8. The Goths came to Spain in the fifth century; the War of Independence
ended in 1814.

9. que son ... verso: *which are just beautiful*

10. por ... quieras: *in the name of everything you hold most dear*

vora, y si antes había sospechado que el señorito no tenía la cabeza
buena,[11] ya no dudaba de que su locura era de las de remate. Mas
de pronto, una violenta crisis se efectuó en el espíritu del desgraciado joven, y con rápida transición pasó de la ira epiléptica a la
honda ternura. Rompió a llorar como un niño, fué a dar contra la
pared negra y telarañosa, y apoyó en ella los brazos, escondiendo
entre ellos la cabeza. Valiente, confuso y sin saber qué decir, se limpiaba las manos de pólvora, restregándolas una contra otra, y pensaba en sus explosivos, y en la necesidad de ponerlos en lugar completamente seguro.

—No me juzgues mal—le dijo Rafael, tras breve rato, limpiándose
las lágrimas—. Es que me dan estos arrechuchos..., ira..., furor...,
ansia de destrucción; y como no puedo..., como no veo... Pero no
hagas caso, no sé lo que digo... ¡Ea! Ya me pasó...[12] Ya no mato a nadie. Me resigno a esta oscuridad impotente y tristísima, y a ser un
muñeco sin iniciativa, sin voluntad, sintiendo el horror y no pudiendo expresarlo... Guárdate tus bombas, y tus fulminantes, y tus
explosivos. Yo no los quiero, yo no puedo usarlos.

Sentóse otra vez, y con lúgubre acento, que algo tenía de entonación profética, acabó de expresar su pensamiento en esta forma:

—...Cándido, tú que eres joven y tienes ojos, has de ver cosas estupendas en esta sociedad envilecida por los negocios y el positivismo.[13]
Hoy por hoy, lo que sucede, por ser muy extraño, permite vaticinar
lo que sucederá. ¿Qué pasa hoy? Que la plebe indigente, envidiosa
de los ricos, los amenaza, los aterra y quiere destruirlos con bombas
y diabólicos aparatos de muerte. Tras esto vendrá otra cosa, que
podrás ver cuando se disipe el humo de estas luchas. En los tiempos
que vienen, los aristócratas arruinados, desposeídos de su propiedad
por los usureros y traficantes de la clase media, se sentirán impulsa-
dos a la venganza..., querrán destruir esa raza egoísta, esos burgueses
groseros y viciosos, que después de absorber los bienes de la Iglesia,
se han hecho dueños del Estado,[14] monopolizan el poder, la riqueza,

11. no ... buena: *wasn't right in the head*

12. ¡Ea! Ya me pasó. *There ... it's all over.*

13. Positivism is a system of philosophy associated with Auguste Comte (1798-
1857) according to which everything is excluded except natural phenomena and
the properties of knowable things.

14. Rafael, as a representative of the landed aristocracy, voices the bitterness
of a dying class in the face of new forms of progress: the rise of the bourgeoisie.
The signing of the Constitution of Cádiz in 1812 marked the emergence of the
liberal bourgeoisie as a political and economic foe of the old aristocracy and the
Church. Expropriation of ecclesiastical property and the abolition of the smaller

y quieren para sus arcas todo el dinero de pobres y ricos, y para sus tálamos las mujeres de la aristocracia... Tú lo has de ver, Cándido; nosotros los señoritos, los que siendo como yo, tengan ojos y vean donde hieren, arrojaremos máquinas explosivas contra toda esa
5 turba de mercachifles soeces, irreligiosos, comidos de vicios, hartos de goces infames. Tú lo has de ver, tú lo has de ver.

En esto entró Donoso, pero la perorata estaba concluida, y el ciego recibió a su amigo con expresiones joviales. En cuatro palabras [15] le enteró don José de la situación, notificándole las bodas y la enferme-
10 dad de Fidela, que inopinadamente había venido a turbar las alegrías nupciales, sumiendo... A pesar de su práctica oratoria, no supo Donoso concluir la frase, y pronunció el *sumiendo* [16] tres o cuatro veces. La idea de exagerar la dolencia, faltando a la verdad, como reiteradamente le había recomendado Cruz, le cohibía.

15 —Sumiendo...—repitió Rafael—. ¿A quién y en qué? [17]

—En la desesperación..., no tanto; en la tristeza... Figúrate; ¡en día de boda, enferma gravemente!..., o al menos de mucho cuidado. [18] A saber si será [19] pulmonía insidiosa, escarlatina, viruelas...

—¿Tiene fiebre?

20 —Altísima, y aún no se atreve el médico a diagnosticar, hasta no ver la marcha... [20]

—Yo diagnosticaré—dijo el ciego con altanería, y sin mostrar pena por su querida hermana.

—¿Tú?

25 —Yo. Sí, señor. Mi hermana se muere. Ahí tiene usted el pronóstico y el diagnóstico, y el tratamiento, y el término fatal... Se muere.

—¡Oh, no es para tanto!... [21]

—Que se muere digo. Lo sé, lo adivino: no puedo equivocarme.

—¡Rafael, por Dios!...

entailed estates made it possible for the rich middle class to purchase vast tracts of land and form a new kind of landed aristocracy at the expense of the old. While this movement was temporarily checked by the return of the authoritarian regime of Fernando VII in 1823, it gathered new strength during the period of the first Carlist war (1833–39). Under the minister Mendizábal, the expropriation was completed, with the government putting up the confiscated properties for auction.

15. En cuatro palabras: *In a few words*
16. pronunció ... sumiendo: *he said "plunging"*
17. Sumiendo ... ¿A ... qué? *Plunging whom and into what?*
18. de mucho cuidado: *seriously*
19. A saber si será: *We don't know as yet whether it is*
20. hasta ... marcha: *until he sees how things go*
21. ¡ ... no ... tanto! *it's not that serious!*

—Don José, por la Virgen... ¡Ah, he aquí la solución, la única racional y lógica! Dios no podía menos de disponerlo así en su infinita sabiduría.

Iba y venía como un demente, presa de agitación insana. No se consolaba don José de haberle dado la noticia, y procuró atenuarla 5 por todos los medios que su hábil retórica le sugería.

—No, es inútil que usted trate de desmentir avisos, inspiraciones que vienen de muy alto. ¿Cómo llegan a mí, cómo se me comunica este decreto misterioso de la voluntad divina? Eso yo lo sé. Yo me entiendo.[22] Mi hermana se muere; no lo duden ustedes. ¡Si lo estoy 10 viendo, si tenía que ser así! Lo que debe ser es.

—No siempre, hijo mío.

—Ahora, sí.

Lograron calmarle, sacándole a pasear por el corralón. Don José le propuso llevarle al lado de la enferma; pero se resistió, encerrándose 15 en una gravedad taciturna. Después de encargar a Bernardina y los Valientes que redoblaran su vigilancia y no perdieran de vista al desdichado joven, volvió Donoso con pies de Mercurio[23] a la calle de Silva, para comunicar a Cruz lo que en Cuatro Caminos ocurría; y tanta era la bondad del excelente señor, que no se cansaba de andar 20 como un azacán desde el centro hasta el extremo norte de Madrid, con tal de ser útil[24] a los últimos descendientes de las respetabilísimas familias del Aguila y de la Torre-Auñón.

Habría querido Cruz duplicarse para atender juntamente a Fidela y al ciego. Y si no quería abandonar a la una, anhelaba ardiente- 25 mente ver al otro, y aplacar con razones y cariños su desvarío. Por fin, a eso de las diez de la noche, hallándose la señora de Torquemada casi sin fiebre, tranquila, y descansada ya de su padecer, la hermana mayor se determinó a salir, llevando consigo al *paño de lágrimas de la familia*,[25] y un simón de los mejores los transportó a Cuatro 30 Caminos. Rafael dormía profundamente. Vióle su hermana en el lecho; enteróse por Bernardina de que ninguna novedad ocurría, y vuelta a Madrid[26] y al caserón desordenado y caótico de la calle de Silva.

Al día siguiente por la tarde, hallándose el ciego en el corralón, 35

22. Yo me entiendo. *I know what I'm saying.*
23. con ... Mercurio: *on winged feet*
24. con ... útil: *just so long as he could be useful*
25. llevando ... familia: *taking with her the family standby* (Donoso)
26. vuelta a Madrid: *back again to Madrid* (the center of the city)

sentado en una piedra, a la sombra de un ingente montón de basura, sin más compañía que la del gallo, que frente a él altaneramente le miraba, y de varias gallinas que, sin hacerle caso, escarbaban el suelo, recibió la visita del indispensable Donoso, el cual se acercó a salu-
5 darle, muy bien penetrado de [27] las instrucciones que le diera [28] la intrépida Cruz.

—¿Qué hay?—preguntó el ciego.

—Nada—dijo secamente don José, midiendo las palabras, pues la dama le había recomendado que éstas fueran pocas y precisas—. Que
10 tu hermana Fidelia quiere verte.

—Pero... ¿Cómo está?

Algo iba a decir *el paño de lágrimas,* en quien el hábito de la facundia podía más que las exigencias de la discreción.[29] Pero se contuvo, y encomendándose a su noble amiga, tan sólo dijo:
15 —No me preguntes nada; no sé nada. Sólo sé que tu hermana quiere verte.

Después de una larga pausa, durante la cual permaneció con la cabeza a la menor distancia posible de las rodillas, se levantó Rafael, y dijo resueltamente:
20 —Vamos allá.

Por más señas, hallábase aquel día don Francisco Torquemada en felicísima disposición de ánimo, despejada la cabeza, claros los sentidos y expeditas todas las facultades,[30] pues al salir del tenebroso sopor en que le sumergió durante la tarde y noche la travesurilla
25 alcohólica del almuerzo de boda, maldito si se acordó [31] de lo que había dicho y hecho en aquellas horas de turbación insana, y así no tenía por qué [32] avergonzarse de nada. No hizo Cruz la menor alusión a cosas tan desagradables, y él se desvivía por mostrarse galán y obsequioso con ella, accediendo a cuantas observaciones le hizo re-
30 ferentes al régimen y gobierno de la casa. La ilustre dama, con habilidad suma, no tocaba aún con su blanda mano reformadora más que la superficie, reservándose el fondo para más adelante. Naturalmente, coincidió con esta situación del ánimo torquemadesco [33] un

27. muy ... de: *thoroughly primed with*
28. diera = había dado
29. el hábito ... discreción: *the habit of prolixity was stronger than the demands of discretion*
30. felicísima ... facultades: *in a very happy frame of mind, his head clear, in full possession of his senses and of all his faculties*
31. maldito ... acordó: *he didn't remember a blessed thing*
32. no tenía por qué: *he had no reason*
33. torquemadesco: one of Galdós' coined adjectives, "Torquemadesque"

recrudecimiento de palabras finas, toda la adquisición de los últimos días empleada vertiginosamente, cual si temiera que los términos y frases que no tenían un uso inmediato se le habían de escapar de la memoria. Entre otras cosillas, dijo que sólo defendía a Romualda *bajo el aspecto de* [34] la *fidelidad;* pero no *bajo ningún otro aspecto.* El *nuevo orden de cosas* merecía su *beneplácito.* Y no temiera su cuñada que él, fingiendo acceder, se opusiera luego con *maquiavelismos* [35] impropios de su carácter. Eso sí: convenía que él se enterase de lo que ella dispusiera, para que no resultaran órdenes contradictorias, porque a él, ¡cuidado!, no le gustaba *barrenar las leyes,* ni barrenar nada, vamos... Cierto que la casa no tenía aspecto de casa de señores; faltaban en *ella* no pocos elementos; pero su hermana política, *dechado* de inteligencia y de buen gusto, etc., había venido a *llenar un vacío...* Todo *proyecto que ella abrigase* se lo debía manifestar a él, y se discutiría *ampliamente,* aunque él, *previamente,* lo aceptaba...*en principio.*

En esto llamaron. Era Donoso con Rafael. Cruz recibió a éste en sus brazos, haciéndole muchas caricias. El ciego no dijo nada, y se dejó llevar hacia adentro, de sala en sala. Al oír la voz de Fidela, que alegremente charlaba con Rufinita, el señorito del Aguila se estremeció.

—Ya está mejor... Va saliendo, hijo, va saliendo adelante [36]—le dijo la primogénita—. ¡Qué susto nos ha dado!

Y Quevedito, con sinceridad y buena fe, se adelantó a dar su opinión en esta forma:

—Si no ha sido nada. Un enfriamiento..., poca cosa. Está bien, perfectamente bien. Por pura precaución no la he mandado levantarse.

En la puerta de la alcoba matrimonial, Torquemada, frotándose las manos una contra otra con aire de satisfacción, calzado ya con elegantes zapatillas, que acababan de traerle de la tienda, dió al ciego la bienvenida, para lo cual le vino de perilla la última frase bonita que había aprendido.

—¡Ah!—exclamó—, *el bello ideal...* ¡Al fin, Rafael!... Toda la familia reunida..., *¡el bello ideal!...*

---

34. *bajo ... de: from the point of view of.* All the words and phrases in italics are frequently used by Donoso and men like him and are therefore borrowed by Torquemada in a desire to be elegant and worldly.

35. maquiavelismos: Machiavellian tactics. (Niccolò Machiavelli, Florentine statesman and political writer, 1469-1527.)

36. Va saliendo ... adelante: *She's getting along ... she's improving*

Emilia Pardo Bazán

(1851–1921)

The most important woman writer of Spain after Santa Teresa de Jesús (1515–1582) is Emilia, Condesa de Pardo Bazán, born in La Coruña, Galicia, September 16, 1851. She was married to Don José Quiroga in 1868, but the marriage was an unhappy one. An avid reader from early childhood, she pursued a literary career and widened her intellectual interests by acquainting herself with the finest French, English, and Italian literature; she was one of the first in Spain to write on Russian literature.

Doña Emilia is especially important for her discussions of French realism and naturalism in her *La cuestión palpitante* (1882–83). In that work she not only introduced the new theories of Flaubert, the Goncourt brothers, Alphonse Daudet, and Emile Zola, but pointed out that Spain had her own realistic tradition in the picaresque novels, *La Celestina,* and *Don Quijote.* Since she had written on such diverse literary figures as Saint Francis of Assisi and Padre Feijóo, she was awarded the signal honor of a chair of Romance Literatures at the University of Madrid, a position she filled faithfully until her death.

In addition to her critical and biographical studies, Doña Emilia penned a long series of novels, from *Pascual López* (1879) and *Un viaje de novios* (1881) to *Dulce sueño* (1911). *Los pazos de Ulloa* (1886) and *La madre naturaleza* (1887) are the best known. The first is a very strong study of moral degradation and vicious living in the crumbling *pazo* (manorial house) of Don Pedro Moscoso. That brutal, immoral scion of the degenerate aristocracy fathers an illegitimate son, Perucho, on his ignorant mistress Sabel. He then marries the bewildered Nucha who, after giving birth to their daughter Manuelita, goes mad and dies. *La madre naturaleza* treats of the tragic incestuous love of Perucho and Manuelita. In addition to the effective treatment of shocking drama, these books are characterized by the author's tender love of the Galician landscape and her keen observation and depiction of local mores and types. Just as moving, perhaps, but scaled down a good deal is *Morriña* (1889), the story of the servant-girl Esclavitud who works in Madrid but longs (*morriña* is the Galician for "homesickness") for her green homeland of Galicia. She yields to the son of the woman she works for, is left behind when mother and son leave the capital, and kills herself. In such later novels as *La Quimera* (1905), *La sirena negra* (1908), and *Dulce sueño* (1911), Doña Emilia evinces her interest in the strange, the neurotic, and the neomystical.

Some of her shorter tales and novellas are outstanding examples of the plastic vigor of the author's style, her lyricism, and her ability to handle violent, eerie events.

Un destripador de antaño[1]

La leyenda del *Destripador*, asesino medio sabio y medio brujo, es muy antigua en mi tierra. La oí en tiernos años, susurrada o salmodiada en terroríficas estrofas, quizás al borde de mi cuna por la vieja criada, quizás en la cocina aldeana, en la tertulia de los gañanes, que
5 la comentaban con estremecimientos de temor o risotadas obscuras. Volvió a aparecérseme, como fantasmagórica creación de Hoffmann,[2] en las sombrías y retorcidas callejuelas de un pueblo que hasta hace poco permaneció teñido de colores medioevales, lo mismo que si todavía hubiese peregrinos [3] en el mundo y resonase aún bajo las bóve-
10 das de la Catedral el himno de *Ultreja*.[4] Más tarde, el clamoreo de los periódicos, el pánico vil de la ignorante multitud hacen surgir de nuevo en mi fantasía el cuento, trágico y ridículo como Cuasimodo,[5] jorobado con todas las jorobas que afean al ciego Terror y a la Superstición infame. Voy a contarlo. Entrad conmigo valerosamente en
15 la zona de sombra del alma

I

Un paisajista sería capaz de quedarse embelesado si viese aquel molino de la aldea de Tornelos.... ¡Cuán gallardo y majestuoso se perfilaba sobre la azulada cresta del monte, medio velado entre la cortina gris del humo que salía, no por la chimenea—pues no la te-
20 nía la casa del molinero, ni aun hoy la tienen muchas casas de aldeanos de Galicia—, sino por todas partes, puertas, ventanas, resquicios del tejado y grietas de las desmanteladas paredes!

El complemento del asunto—gentil, lleno de poesía, digno de que lo fijase un artista genial en algún cuadro idílico—era una niña como
25 de trece a catorce años, que sacaba a pastar una vaca por aquellos ri-

1. destripador de antaño: *an old-time ripper*
2. E.T.A. Hoffmann (1776–1822), German writer of macabre tales
3. The city of Santiago de Compostela in Galicia attracted pilgrims because the bones of Saint James the Apostle were supposedly buried there.
4. himno de *Ultreja:* a very old hymn sung by pilgrims at the tomb of Santiago (Saint James)
5. Cuasimodo: Quasimodo, ugly hunchback of Victor Hugo's novel *Notre-Dame de Paris* (1831)

bazos siempre tan floridos y frescos, hasta en el rigor del estío, cuando el ganado languidece por falta de hierba.—Minia encarnaba el tipo de la pastora: ⁶ armonizaba con el fondo. En la aldea la llamaban *roxa*,⁷ pero en sentido de rubia, pues tenía el pelo del color del cerro que a veces hilaba, de un rubio pálido, lacio, que a manera 5 de vago reflejo lumínico rodeaba la carita, algo tostada por el sol, oval y descolorida, donde sólo brillaban los ojos con un toque celeste,⁸ como el azul que a veces se entrevé al través de las brumas del montañés celaje.⁹ Minia cubría sus carnes con un refajo colorado desteñido ya por el uso: recia camisa de estopa velaba su seno, mal 10 desarrollado aún; iba descalza, y el pelito lo llevaba ¹⁰ envedijado y revuelto, y a veces mezclado—sin asomo de ofeliana coquetería ¹¹— con briznas de paja o tallos de lo que segaba para la vaca en los linderos de las heredades. Y así y todo ¹² estaba bonita, bonita como un ángel, o, por mejor decir,¹³ como la patrona del santuario próximo, 15 con la cual ofrecía—al decir de las gentes ¹⁴—singular parecido.

La célebre patrona, objeto de fervorosa devoción para los aldeanos de aquellos contornos, era un *cuerpo santo*, traído de Roma por cierto industrioso gallego, especie de Gil Blas,¹⁵ que, habiendo llegado por azares de la fortuna a servidor de un Cardenal romano, no 20 pidió otra recompensa, al terminar por muerte de su amo diez años de buenos y leales servicios, que la urna ¹⁶ y efigie que adornaban el oratorio del Cardenal. Diéronselas, y las trajo a su aldea, no sin aparato. Con sus ahorrillos y alguna ayuda del Arzbispo, elevó ¹⁷ mo-

6. Minia ... pastora: *Minia was the typical shepherdess*
7. roxa: Galician for *roja*, redhead (or fair-haired)
8. toque celeste: sky-blue tinge
9. que ... celaje: *of which one sometimes catches a glimpse through the mists of the clouds over the mountains*
10. el ... llevaba: *she wore her hair*
11. ofeliana coquetería: the reference is to the state of Ophelia's hair in the tragic mad scene of *Hamlet;* the author is alluding to the coquetry of women who wear flowers in their hair.
12. Y así y todo: *Withal*
13. por mejor decir: *or better yet*
14. al ... gentes: *as they put it*
15. Gil Blas: Gil Blas de Santillana, protagonist of the novel of the same name by Alain René Lesage, written 1715, 1724, and 1735, and translated into Spanish by Padre José Francisco de Isla, later in the century. The name later became the proverbial designation of a young man who, very much like the *pícaro,* lives by his wits, serves several masters, has many adventures, and ends his life in peace and prosperity.
16. The recumbent wax effigies of saints are usually kept in glass cases
17. Supply *"una"* before *modesta.*

desta capilla, que a los pocos años de su muerte las limosnas de los
fieles, la súbita devoción despertada en muchas leguas a la redonda,
transformaron en rico santuario, con su gran iglesia barroca y su
buena vivienda para el santero, cargo que desde luego asumió el
5 párroco, viniendo así a convertirse aquella olvidada parroquia de
montaña en pingüe canongía. No era fácil averiguar con rigurosa
exactitud histórica, ni apoyándose en documentos fehacientes e in-
controvertibles, a quien habría pertenecido el huesecillo de cráneo
humano incrustado en la cabeza de cera de la Santa. Sólo un papel
10 amarillento, escrito con letra menuda y firme y pegado en el fondo
de la urna, afirmaba ser aquellas las reliquias [18] de la bienaventurada Herminia, noble virgen que padeció martirio bajo Diocleciano.[19] Inútil parece buscar en las actas de los mártires el nombre y
género de muerte de la bienaventurada Herminia. Los aldeanos
15 tampoco lo preguntaban, ni ganas [20] de meterse en tales honduras.
Para ellos, la Santa no era una figura de cera, sino el mismo cuerpo
incorrupto; del nombre germánico de la mártir hicieron el gracioso
y familiar de *Minia,* y a fin de apropiársele mejor,[21] le añadieron el
de la parroquia, llamándola Santa Minia de Tornelos. Poco les im-
20 portaba a los devotos montañeses el cómo ni el cuándo de su Santa:
veneraban en ella la Inocencia y el Martirio, el heroísmo de la debilidad; cosa sublime.

A la rapaza del molino le habían puesto Minia en la pila bautismal,[22] y todos los años, el día de la fiesta de su patrona, arrodillábase
25 la chiquilla delante de la urna, tan embelesada con la contemplación
de la Santa, que ni acertaba a mover los labios rezando. La fascinaba
la efigie, que para ella también era un cuerpo real, un verdadero cadáver. Ello es que la Santa estaba preciosa; preciosa y terrible a la
vez. Representaba la cérea figura a una jovencita como de quince
30 años, de perfectas facciones pálidas. Al través de sus párpados cerrados por la muerte, pero ligeramente revulsos por la contracción de
la agonía, veíanse brillar los ojos de cristal con misterioso brillo. La
boca, también entreabierta, tenía los labios lívidos, y transparecía el
esmalte de la dentadura. La cabeza, inclinada sobre el almohadón de
35 seda carmesí que cubría un encaje de oro ya deslucido, ostentaba

18. afirmaba ... reliquias: *stated that those were the relics*
19. Diocleciano = Diocletian, Roman emperor (245–313 A.D.) who persecuted
the Christians.
20. ni ganas: *nor were they of a mind*
21. apropiársele mejor: *to make it more their own*
22. le habían ... bautismal: *they had baptized her Minia*

encima del pelo rubio una corona de rosas de plata; y la postura permitía ver perfectamente la herida de la garganta, estudiada con clínica exactitud; las cortadas arterias, la laringe, la sangre, de la cual algunas gotas negreaban sobre el cuello. Vestía la Santa dalmática de brocado verde sobre túnica de tafetán color de caramelo, atavío más teatral que romano, en el cual entraban como elemento ornamental bastantes lentejuelas e hilillo de oro. Sus manos, finísimamente modeladas y exangües, se cruzaban sobre la palma de su triunfo.[23] Al través de los vidrios de la urna, al reflejo de los cirios, la polvorienta imagen y sus ropas, ajadas por el transcurso del tiempo, adquirían vida sobrenatural. Diríase que la herida iba a derramar sangre fresca.

La chiquilla volvía de la iglesia ensimismada y absorta.[24] Era siempre de pocas palabras; pero un mes después de la fiesta patronal, difícilmente salía de su mutismo, ni se veía en sus labios la sonrisa, a no ser que los vecinos la dijesen que "se parecía mucho con la Santa."[25]

Los aldeanos no son blandos de corazón; al revés; suelen tenerlo tan duro y calloso como las palmas de las manos; pero cuando no está en juego su interés propio, poseen cierto instinto de justicia que les induce a tomar el partido del débil oprimido por el fuerte. Por eso miraban a Minia con profunda lástima. Huérfana de padre y madre, la chiquilla vivía con sus tíos. El padre de Minia era molinero, y se había muerto de intermitentes palúdicas, mal frecuente en[26] los de su oficio; la madre le siguió al sepulcro, no arrebatada de pena, que en una aldeana sería extraño género de muerte, sino a poder de un dolor de costado que tomó saliendo sudorosa[27] de cocer la hornada de maíz. Minia quedó solita a la edad de año y medio, recién destetada. Su tío, Juan Ramón—que se ganaba la vida trabajosamente con el oficio de albañil, pues no era amigo de la-branza[28]—, entró en el molino como en casa propia, y encontrando la industria ya fundada, la clientela establecida, el negocio entrete-

23. la palma de su triunfo: the palm is the emblem of victory and martyrdom.
24. ensimismada y absorta: pensive and absorbed in herself
25. a no ser ... Santa: except when the neighbors told her that "she looked a lot like the Saint"
26. de ... frecuente en: of malaria, a common illness among
27. a poder ... sudorosa: as a consequence of pneumonia contracted when she came out, all sweating
28. pues ... labranza: since he did not care for farming

nido y cómodo,[29] ascendió a molinero, que en la aldea es ascender a personaje. No tardó en ser su consorte la moza con quien tenía trato, y de quien poseía ya dos frutos de maldición, varón y hembra.[30] Minia y estos retoños crecieron mezclados, sin más diferencia aparente
5 sino que los chiquitines decían al molinero y la molinera papai y mamai,[31] mientras Minia, aunque nadie se lo hubiese enseñado, no les llamó nunca de otro modo que señor tío y señora tía.[32]

Si se estudiase a fondo la situación de la familia, se verían diferencias más graves. Minia vivía relegada a la condición de criada o moza
10 de faena. No es decir que sus primos no trabajasen, porque el trabajo a nadie perdona [33] en casa del labriego; pero las labores más viles, las tareas más duras, guardábanse para Minia. Su prima Melia, destinada por su madre a costurera,[34] que es entre las campesinas profesión aristocrática, daba a la aguja [35] en una sillita, y se di-
15 vertía oyendo los requiebros bárbaros y las picardigüelas de los mozos y mozas que acudían al molino y se pasaban allí la noche en vela y broma, con notoria ventaja del diablo [36] y no sin frecuente e ilegal acrecentamiento de nuestra especie. Minia era quien ayudaba a cargar el carro de tojo; la que, con sus manos diminutas, amasaba
20 el pan; la que echaba de comer [37] al becerro, al cerdo y a las gallinas; la que llevaba a pastar la vaca, y, encorvada y fatigosa, traía del monte el haz de leña, o del soto el saco de castañas, o el cesto de hierba del prado. Andrés, el mozuelo, no la ayudaba poco ni mucho; [38] pasábase la vida en el molino, ayudando a la molienda y al
25 maquileo, y de riola,[39] fiesta, canto y repiqueteo de panderetas con los demás rapaces y rapazas. De esta temprana escuela de corrupción sacaba el muchacho pullas, dichos y barrabasadas que a veces molestaban a Minia, sin que ella supiese por qué, ni tratase de comprenderlo.

29. la industria ... cómodo: *the business going, the customers regular, the work pleasant and comfortable*
30. de quien ... hembra: *by whom he had already had two illegitimate children, one boy and one girl.* ("Fruto de maldición" is an unlawfully begotten child, the opposite of "fruto de bendición.")
31. *papai, mamai:* Galician for *papá* and *mamá*
32. a very respectful mode of address
33. el trabajo a nadie perdona: *nobody is exempt from work*
34. a costurera: *to be a seamstress*
35. daba ... aguja: *plied her needle*
36. con ... diablo: *playing into the hands of the devil*
37. echaba de comer: *fed*
38. poco ni mucho: *a bit*
39. de riola: *having fun*

El molino, durante varios años, produjo lo suficiente para proporcionar a la familia cierto desahogo. Juan Ramón tomaba el negocio con interés, estaba siempre a punto aguardando por la parroquia,[40] era activo, vigilante y exacto. Poco a poco, con el desgaste de la vida que corre insensible y grata, resurgieron sus aficiones a la holgazanería y al bienestar, y empezaron los descuidos, parientes tan próximos de la ruina.[41] —¡El bienestar! Para un labriego estriba en poca cosa:[42] algo más de torrezno y unto en el pote, carne de vez en cuando, *pantrigo* a discreción, leche cuajada o fresca, esto distingue al labrador acomodado del desvalido. Después viene el lujo de la indumentaria: el buen traje de *rizo*, las polainas de prolijo pespunte, la camisa labrada, la faja que esmaltan flores de seda, el pañuelo majo y la botonadura de plata en el rojo chaleco. Juan Ramón tenía de estas exigencias,[43] y acaso no fuesen ni la comida ni el traje lo que introducía desequilibrio en su presupuesto, sino la pícara costumbre, que iba arraigándose, de "echar una pinga" en la taberna del Canelo,[44] primero todos los domingos, luego las fiestas de guardar, por último muchos días en que la Santa Madre Iglesia no impone precepto de misa a los fieles.[45] Después de las libaciones, el molinero regresaba a su molino, ya alegre como unas pascuas, ya tétrico,[46] renegando de su suerte y con ganas de arrimar a alguien un sopapo.[47] Melia, al verle volver así, se escondía. Andrés, la primera vez que su padre le descargó un palo con la tranca de la puerta, se revolvió como una fiera,[48] le sujetó y no le dejó ganas de nuevas agresiones;[49] Pepona, la molinera, más fuerte, huesuda y recia que su marido, también era capaz de pagar en buena moneda el cachete;[50] sólo quedaba Minia, víctima sufrida y constante. La niña recibía los golpes con estoicismo, palideciendo a veces cuando sentía vivo dolor —cuando, por ejemplo, la hería en la espinilla o en la cadera la

40. tomaba ... parroquia: *took good care of the business, looked after his customers in the district*
41. parientes ... ruina: *so closely allied to ruin*
42. estriba en poca cosa: *it consists of very little*
43. tenía ... exigencias: *had those luxuries*
44. "echar una pinga": *taking a drink.* el Canelo: nickname of the tavernowner (literally, "cinnamon-color")
45. no ... fieles: *doesn't make attendance at Mass obligatory for the faithful*
46. ya alegre ... tétrico: *sometimes as merry as a cricket, sometimes gloomy*
47. y con ganas ... sopapo: *and itching to give someone a good beating*
48. se ... fiera: *turned on him like a wild animal*
49. y no ... agresiones: *and cured him of any desire to beat him again*
50. de ... cachete: *of paying him back in his own coin*

punta de un zueco de palo—, pero no llorando jamás. La parroquia no ignoraba estos tratamientos, y algunas mujeres compadecían bastante a Minia. En las tertulias del atrio, después de misa, en las deshojas del maíz, en la romería del santuario,[51] en las ferias, comenzaba a
5 susurrarse que el molinero se empeñaba, que el molino se hundía, que en las maquilas robaban sin temor de Dios, y que no tardaría la rueda en pararse [52] y los alguaciles en entrar allí para embargarles hasta la camisa que llevaban sobre los lomos.

Una persona luchaba contra la desorganización creciente de aque-
10 lla humilde industria y aquel pobre hogar. Era Pepona [53] la molinera, mujer avara, codiciosa, ahorrona hasta de un ochavo,[54] tenaz, vehemente y áspera. Levantada antes que rayase el día,[55] incansable en el trabajo, siempre se la veía, ya inclinada labrando la tierra, ya en el molino regateando la maquila, ya trotando, descalza, por el ca-
15 mino de Santiago adelante [56] con una cesta de huevos, aves y verduras en la cabeza, para ir a venderla al mercado. Mas ¿qué valen [57] el cuidado y celo, la economía sórdida de una mujer, contra el vicio y la pereza de dos hombres? En una mañana se bebía Juan Ramón, en una noche de tuna despilfarraba Andrés el fruto de la semana de
20 Pepona.

Mal andaban los negocios de la casa, y peor humorada la molinera,[58] cuando vino a complicar la situación un año fatal, año de miseria y sequía, en que, perdiéndose la cosecha del maíz y trigo, la gente vivió de averiadas habichuelas, de secos habones, de pobres y
25 éticas hortalizas, de algún centeno de la cosecha anterior, roído ya por el cornezuelo y el gorgojo. Lo más encogido y apretado que se puede imaginar en el mundo, no acierta a dar idea del grado de reducción que consigue el estómago de un labrador gallego, y la vacuidad a que se sujetan sus elásticas tripas en años así.[59] Berzas espesadas

---

51. en ... santuario: *on the pilgrimage to the sanctuary*
52. no ... pararse: *the wheel would soon stop turning* (i.e., the mill would go bankrupt)
53. Pepona: *Big Pepa*
54. ahorrona ... ochavo: *penny-pincher*
55. Levantada ... día: *Up before the crack of dawn*
56. por ... adelante: *on the road to Santiago* (de Compostela)
57. qué valen: *what's the good of*
58. Mal ... molinera: *Things at home were going badly and the temper of the miller's wife was even worse*
59. Lo más encogido ... así. *No amount of imagined shrinkage or tightness can give you any idea of the point to which a Galician farmer's stomach can be reduced and the emptiness into which his elastic innards collapse during such years.*

con harina y suavizadas con una corteza de tocino rancio; y esto un
día y otro día, sin substancia de carne,[60] sin gota de vino para reforzar un poco los espíritus vitales y devolver vigor al cuerpo. La patata,
el pan del pobre, entonces apenas se conocía—,[61] porque no sé si dije
que lo que voy contando ocurrió en los primeros lustros del siglo dé- 5
cimonono.[62]

Considérese cuál andaría con semejante añada el molino de Juan
Ramón.[63] Perdida la cosecha,[64] descansaba forzosamente la muela. El
rodezno, parado y silencioso, infundía tristeza; semejaba el brazo de
un paralítico. Los ratones, furiosos de no encontrar grano que roer, 10
famélicos también ellos, correteaban alrededor de la piedra, exha-
lando agrios chillidos. Andrés, aburrido por la falta de la acostumbrada tertulia, se metía cada vez más en danzas y aventuras amoro-
sas, volviendo a casa como su padre, rendido y enojado, con las
manos que le hormigueaban por zurrar. Zurraba a Minia con mezcla 15
de galantería rústica y de brutalidad, y enseñaba los dientes a [65] su
madre porque la pitanza era escasa y desabrida. Vago ya de profesión, andaba de feria en feria buscando lances, pendencias y copas.
Por fortuna, en primavera cayó soldado y se fué con el chopo camino
de la ciudad.[66] Hablando como la dura verdad nos impone, con- 20
fesaremos que la mayor satisfacción que pudo dar a su madre
fué quitársele de la vista: [67] ningún pedazo de pan traía a casa, y en
ella sólo había derrochar y gruñir, confirmando la sentencia "donde
no hay harina, todo es mohina."

La víctima propiciatoria, la que expiaba todos los sinsabores 25
y desengaños de Pepona, era... ¿quién había de ser?—Siempre había
tratado Pepona a Minia con hostil indiferencia, ahora, con odio
sañudo de impía madrastra. Para Minia los harapos, para Melia, los
refajos de grana: para Minia la cama en el duro suelo, para Melia
un *leito* igual al de sus padres: [68] a Minia se le arrojaba la corteza 30

60. y esto ... carne: *the same thing day in, day out, without any solid meat*
61. La patata ... conocía: *The potato, which is the poor man's staff of life,
was scarcely known at the time*
62. los ... décimonono: *the first part of the nineteenth century*
63. Considérese ... Juan Ramón. *Just think in what condition Juan Ramón's
mill was that terrible year.*
64. Perdida la cosecha: *With the crop lost*
65. enseñaba los dientes a: *snarled at*
66. cayó ... ciudad: *he was drafted into the army and, gun in hand, went off
to the city*
67. quitársele ... vista: *to get out of her sight*
68. un *leito* ... padres: *a bed similar to that of her parents*

de pan de borona enmohecido, mientras el resto de la familia des-
pachaba el caldo calentito y el *compango* de cerdo.[69] Minia no se
quejaba jamás. Estaba un poco más descolorida y perpetuamente
absorta, y su cabeza se inclinaba a veces lánguidamente sobre el
5 hombro, aumentándose entonces su parecido con la Santa. Callada,
exteriormente insensible, la muchacha sufría en secreto angustia
mortal, inexplicables mareos, ansias de llorar, dolores en lo más profundo y delicado de su organismo,[70] misteriosa pena, y, sobre todo,
unas ganas constantes de morirse para descansar yéndose al cielo...
10 Y el paisajista o el poeta que cruzase ante [71] el molino y viese el
frondoso castaño, la represa con su agua durmiente y su orla de
cañas, la pastorcilla rubia, que, pensativa, dejaba a la vaca saciarse
libremente por el lindero orlado de flores,[72] soñaría con idilios y
haría una descripción apacible y encantadora de la infeliz niña gol-
15 peada y hambrienta, medio idiota ya a fuerza de desamores y cruel-
dades.

II

Un día descendió mayor consternación que nunca sobre la choza
de los molineros. Era llegado el plazo fatal para el colono: vencía el
término del arriendo,[73] y, o pagaban al dueño del lugar, o se verían
20 arrojados de él y sin techo que los cobijase,[74] ni tierra donde cultivar
las berzas para el caldo. Y lo mismo el holgazán Juan Ramón que [75]
Pepona la diligente, profesaban a aquel quiñón de tierra el cariño
insensato que apenas profesarían a un hijo pedazo de sus entrañas.[76]
Salir de allí se les figuraba peor que ir para la sepultura: [77] que esto,
25 al fin, tiene que suceder a los mortales, mientras lo otro no ocurre
sino por impensados rigores de la suerte negra. ¿Dónde encontrarían

69. *compango* de cerdo: *cold ham* (or pork)
70. dolores ... organismo: *in the deepest, most sensitive parts of her body*
71. que cruzase ante: *who passed by*
72. el lindero ... flores: *the flowered edge of the property*
73. Era llegado ... arriendo: *The fatal period in the life of the tenant farmer was upon them: the rent period was up*
74. sin ... cobijase: *without a roof over their heads*
75. Y lo mismo ... que: *Both ... and*
76. a un hijo ... entrañas: *for a child of their flesh and blood*
77. Salir ... sepultura. *They thought that to abandon it (their land) was worse than dying.*

dinero? Probablemente no había en toda la comarca las dos onzas que importaba la renta del lugar. Aquel año de miseria—, calculó Pepona—, dos onzas no podían hallarse sino en la *boeta* [78] o cepillo de Santa Minia. El cura sí que tendría dos onzas, y bastantes más, cosidas en el jergón o enterradas en el huerto... Esta probabilidad 5 fué asunto de la conversación de los esposos, tendidos boca a boca en el lecho conyugal, especie de cajón con una abertura al exterior, y dentro un relleno de hojas de maíz y una raída manta. En honor de [79] la verdad, hay que decir que a Juan Ramón, alegrillo con los cuatro tragos que había echado [80] al anochecer para confortar el estó- 10 mago casi vacío, no se le ocurría siquiera aquello de [81] las onzas del cura hasta que se lo sugirió, cual verdadera Eva, su cónyuge; [82] y es justo observar también que contestó a la tentación con palabras muy discretas, como si no hablase por su boca el espíritu parral.[83]—"Oyes tú, Juan Ramón... El clérigo sí que tendrá a rabiar lo que aquí nos 15 falta... Ricas onciñas tendrá el clérigo.[84] ¿Tú roncas, o me oyes, o qué haces?"—"Bueno, ¡rayo!; y si las tiene, ¿qué rayo nos interesa? Dar, no nos las ha de dar." [85]—"Darlas, ya se sabe; pero...empresta- das..." [86]—"¡Emprestadas! Sí, ve a que te empresten..." [87]—"Yo digo emprestadas así, medio a la fuerza... ¡Malditos!...; no sois hombres, 20 no tenéis de hombres sino la parola...[88] Si estuviese aquí Andre- siño..., un día al obscurecer..."—"Como vuelvas a mentar eso, los dia- ños me lleven si no te saco las muelas del bofetón..." [89]—"Cochinos de cobardes; aun las mujeres tenemos más riñones..." [90]—"Loba, calla. Tú quieres perderme: el clérigo tiene escopeta..., y a más quieres 25 que Santa Minia mande una centella que mismamente nos des-

---

78. *boeta:* Galician for "poor box"
79. En honor de: *For the sake of*
80. alegrillo ... echado: *feeling good because of the couple of drinks he had had*
81. aquello de: *the idea of*
82. hasta que ... cónyuge: *until his wife suggested it to him, like a true Eve*
83. el espíritu parral: *the spirit of the vine* (drunkenness)
84. El clérigo sí ... clérigo. *The priest has lots of what we need ... He has nice fat doubloons.*
85. Bueno ... dar. *All right, damn it, suppose he has them, what difference does it make to us? He won't give them to us.*
86. Darlas ... emprestadas. *I know he won't give them to us; but ... as a loan.*
87. ve ... empresten: *a fat chance you have of a loan*
88. no tenéis ... parola: *you're just braggarts, not men*
89. Como ... bofetón. *If you mention that again, damned if I don't bash your teeth in.*
90. Cochinos ... riñones. *Dirty cowards; even we women have more guts.*

trice..." [91]—"Santa Minia es el miedo que te come..."—"Toma,[92] malvada..."—"Pellejo, borrachón..."

Estaba echada Minia sobre un haz de paja, a poca distancia de sus tíos, en esa promiscuidad de las cabañas gallegas, donde irracionales y racionales, padres e hijos, yacen confundidos y mezclados. Aterida de frío bajo su ropa, que había amontonado para cubrirse—pues manta Dios la diese—,[93] entreoyó algunas frases sospechosas y confusas, las excitaciones sordas de la mujer, los gruñidos y chanzas vinosas del hombre. Tratábase de la Santa... Pero la niña no comprendió. Sin embargo, aquello le sonaba mal; le sonaba a ofensa, a lo que ella, si tuviese nociones de lo que tal palabra significa, hubiese llamado desacato. Movió los labios para rezar la única oración que sabía, y así, rezando, se quedó traspuesta—.[94] Apenas la salteó el sueño, le pareció que una luz dorada y azulada llenaba el recinto de la choza. En medio de aquella luz o formando aquella luz, semejante a la que despedía la *madama de fuego* [95] que presentaba el cohetero en la fiesta patronal, estaba la Santa, no reclinada, sino de pie, y blandiendo su palma como si blandiese un arma terrible. Minia creía oír distintamente estas palabras: "¿Ves? Los mato." Y mirando hacia el lecho de sus tíos, los vió cadáveres, negros, carbonizados, con la boca torcida y la lengua de fuera...[96] En este momento se dejó oír [97] el sonoro cántico del gallo; la becerrilla mugió en el establo reclamando el pezón de su madre... Amanecía.

Si pudiese la niña hacer su gusto, se quedaría acurrucada entre la paja la mañana que siguió a su visión. Sentía gran dolor en los huesos, quebrantamiento general, sed ardiente. Pero la hicieron levantar, tirándola del pelo y llamándola holgazana, y, según costumbre, hubo de sacar el ganado. Con su habitual pasividad no replicó; agarró la cuerda y echó hacia el pradillo.[98] La Pepona, por su parte, habiéndose lavado primero los pies y luego la cara en el charco más próximo a la represa del molino, y puéstose [99] el dengue y el mantelo

---

91. y a más ... destrice: *and do you want Saint Minia to send down a thunderbolt to make mincemeat of us*
92. Toma: *Take that*
93. pues ... diese: *for she certainly couldn't get a blanket anywhere*
94. se quedó traspuesta: *she went into ecstasy*
95. semejante ... fuego: *like the light surrounding the fiery female figure*
96. de fuera: *sticking out*
97. se dejó oír: *there could be heard*
98. echó ... pradillo: *started out for the meadow*
99. puéstose: *having put on*

de los días grandes,[100] y también—lujo inaudito—los zapatos, colocó
en una cesta hasta dos docenas de manzanas, una pella de manteca
envuelta en una hoja de col, algunos huevos y la mejor gallina ponedora, y, cargando la cesta en la cabeza, salió del lugar y tomó el camino de Compostela [101] con aire resuelto. Iba a implorar, a pedir un   5
plazo, una prórroga, un perdón de renta, algo que les permitiese
salir de aquel año terrible sin abandonar el lugar querido, fertilizado
con su sudor... Porque las dos onzas del arriendo...¡quiá!: en la boeta
de Santa Minia o en el jergón del clérigo seguirían guardadas, por
ser un calzonazos Juan Ramón y faltar de la casa Andresiño..., y no   10
usar ella, en lugar de refajos, las mal llevadas bragas del esposo.[102]

No abrigaba Pepona grandes esperanzas de obtener la menor con-
cesión, el más pequeño respiro. Así se lo decía a su vecina y comadre
Jacoba de Alberte, con la cual se reunió en el crucero, enterándose
de que iban a hacer la misma jornada—pues Jacoba tenía que traer   15
de la ciudad medicina para su hombre, afligido con un asma de todos los demonios,[103] que no le dejaba estar acostado, ni por las mañanas casi respirar—.[104] Resolvieron las dos comadres ir juntas para
tener menos miedo a los lobos o a los aparecidos, si al volver se les
echaba la noche encima; [105] y pie ante pie, haciendo votos porque   20
no lloviese,[106] pues Pepona llevaba a cuestas el fondito del arca,[107]
emprendieron su caminata charlando.

—Mi matanza [108]—dijo la Pepona—es que no podré hablar cara a
cara con el señor Marqués, y al apoderado tendré que arrodillarme.
Los señores de mayor señorío son siempre los más compadecidos del   25
pobre. Los peores, los señoritos hechos a puñetazos,[109] como don
Mauricio el apoderado: esos tienen el corazón duro como las piedras

100. días grandes: *important occasions*
101. the city of Santiago de Compostela
102. por ser ... esposo: *because Juan Ramón was a weakling and Andrés was
not at home ..., and because, instead of skirts, she couldn't wear the ill-deserved
breeches of her husband*
103. un asma ... demonios: *a terrible case of asthma*
104. ni ... respirar: *and in the mornings he was scarcely able to breathe*
105. si ... encima: *if night came upon them on their return*
106. y pie ... lloviese: *and making their way and praying that it would not
rain*
107. llevaba ... arca: *was wearing all her best things* (i.e., the clothes she
usually kept put away in the bottom of the chest, for special occasions)
108. Mi matanza: *What disturbs me so*
109. los señoritos ... puñetazos: *those little fellows who have fought their
way up*

y le tratan a uno peor que a la suela del zapato.[110] Le digo que voy allá como el buey al matadero.

La Jacoba, que era una mujercilla pequeña, de ojos ribeteados, de apergaminadas facciones, con dos toques cual de ladrillo en los pó-
5 mulos,[111] contestó en voz plañidera:

—¡Ay, comadre! Iba yo cien veces a donde va, y no quería ir una a donde voy. ¡Santa Minia nos valga! [112] Bien sabe el Señor nuestro Dios que me lleva la salud del hombre, porque la salud vale más que las riquezas. No siendo por amor de la salud,[113] ¿quién tiene
10 valor de pisar la botica de don Custodio?

Al oír este nombre, viva expresión de curiosidad azorada se pintó en el rostro de la Pepona y arrugóse su frente corta y chata, donde el pelo nacía casi a un dedo de las tupidas cejas.

—¡Ay! Sí, mujer... Yo nunca allá fuí. Hasta por delante de la bo-
15 tica no me da gusto pasar.[114] Andan no sé qué dichos, de que el boticario hace *meigallos*.[115]

—Eso de no pasar, bien se dice; pero cuando uno tiene la salud en sus manos...[116] La salud vale más que todos los bienes de este mundo; y el pobre que no tiene otro caudal sino la salud, ¿qué no hará por
20 conseguirla? Al demonio era yo capaz de ir a pedirle en el infierno la buena untura para mi hombre.[117] Un peso y doce reales llevamos gastado este año en botica, y nada: como si fuese agua de la fuente; que hasta es un pecado derrochar los cuartos así, cuando no hay una triste corteza para llevar a la boca.[118] De manera es que ayer por la
25 noche, mi hombre, que tosía que casi arreventaba, me dijo, dice: [119] "Ei, Jacoba; o tú vas a pedirle a don Custodio la untura, o yo espi-

110. peor ... zapato: *worse than dirt*
111. con dos ... pómulos: *with two brick-red spots on her cheeks*
112. ¡Ay, comadre ... valga! *Oh, friend, I'd rather go a hundred times where you're going than go just once where I'm going. Saint Minia protect us!*
113. No siendo ... salud: *If it weren't for reasons of health*
114. Hasta ... pasar. *I don't even like to pass in front of the drugstore.*
115. Andan ... meigallos. *There are those who say the apothecary engages in magic.*
116. Eso ... manos. *It's fine for you to say you don't like to pass in front of the shop, but when one's health is in his hands.*
117. Al demonio ... hombre. *I'd even go to hell to ask the devil to give me a good ointment for my husband.*
118. Un peso ... boca. *We have already spent a peso and twelve reales this year at the drugstore, and for nothing: it's all gone down the drain; to spend money like that is almost a sin when one doesn't have a crust of bread to eat.*
119. arreventaba, me dijo, dice: *burst, said he to me he said* (arreventaba = reventaba)

cho. No hagas caso del médico; no hagas caso, si a mano viene, ni de
Cristo nuestro Señor; [120] a don Custodio has de ir; que si él quiere,
del apuro me saca con sólo dos cucharaditas de los remedios que
sabe hacer. Y no repares en dinero, mujer, no siendo que quieras te
quedar viuda." [121] Así es que...—Jacoba metió misteriosamente la   5
mano en el seno, y extrajo, envuelto en un papelito, un objeto muy
chico—aquí llevo el corazón del arca...[122] ¡un dobloncillo de a cuatro! [123] Se me van los *espirtus* detrás de él; me cumplía para mercar
ropa, que casi desnuda en carnes ando; [124] pero primero es la vida del
hombre, mi comadre...y aquí lo llevo para el ladro de don Custo-   10
dio,[125] Asús [126] me perdone.

La Pepona reflexionaba, deslumbrada por la vista del doblón y
sintiendo en el alma una oleada tal de codicia que la sofocaba casi.

—Pero, diga, mi comadre—murmuró con ahinco, apretando sus
grandes dientes de caballo y echando chispas por los ojuelos.—Diga: 15
¿cómo hará don Custodio para ganar tantos cuartos? [127] ¿Sabe qué se
cuenta por ahí? Que mercó este año muchos lugares del Marqués.
Lugares de los más riquísimos. Dicen que ya tiene mercados dos mil
ferrados de trigo de renta.[128]

—¡Ay, mi comadre! ¿Y cómo quiere que no gane cuartos ese hom-   20
bre que cura todos los males que el Señor inventó? Miedo da el entrar allí; pero cuando uno sale con la salud en la mano... Ascuche: [129]
¿quién piensa que le quitó la reuma al cura de Morlán? Cinco años
llevaba en la cama, baldado, imposibilitado..., y de repente un día
se levanta bueno, andando como usté y como yo. Pues ¿qué fué? La   25
untura que le dieron en los cuadriles,[130] y que le costó media onza
en casa de don Custodio. ¿Y el tío Gorio, el posadero de Silleda? Ese

---

120. no hagas ... Señor: *don't pay any attention even to Christ our Lord,*
should the occasion arise
121. no siendo ... viuda: *unless you want to become a widow*
122. aquí ... arca: *here I have my most precious possession*
123. un ... cuatro: *an old coin worth 40 pesetas*
124. Se me van ... ando: *My heart goes out after it; I was saving it to buy*
some clothes, for I'm absolutely naked
125. el ladro ... Custodio: *that thief don Custodio* (ladro = ladrón)
126. Asús = Jesús
127. ¿cómo ... cuartos? *how does don Custodio manage to make so much*
money?
128. Dicen ... renta. *They say he has already bought land producing two thou-*
sand ferrados (corn measure) of wheat, for purposes of income.
129. Ascuche = Escuche
130. le ... cuadriles: *they applied to his bones*

fué mismo cosa de milagre.[131] Ya le tenían puestos los santolios, y
traerle un agua blanca de don Custodio...y como si resucitara.[132]

—¡Qué cosas hace Dios!

—¿Dios?—contestó la Jacoba.—A saber si las hace Dios o el
5 diaño...[133] Comadre, le pido de favor que me ha de acompañar
cuando entre en la botica.

—Acompañaré.

Cotorreando así, se les hizo llevadero el caminito a las dos comadres.[134] Llegaron a Compostela a tiempo que las campanas de la
10 catedral y de numerosas iglesias tocaban a misa,[135] y entraron a oírla
en las Animas,[136] templo muy favorito de los aldeanos, y, por lo
tanto, muy gargajoso, sucio y mal oliente. De allí, atravesando la
plaza llamada del Pan, inundada de vendedoras de molletes y cacha-
rros, atestada de labriegos y de caballerías, se metieron bajo los so-
15 portales, sustentados por columnas de bizantinos capiteles, y llegaron
a la temerosa madriguera de don Custodio.

Bajábase a ella por dos escalones, y entre esto y que [137] los sopor-
tales roban luz, encontrábase siempre la botica sumergida en vaga
penumbra, resultado a que cooperaban también [138] los vidrios azules,
20 colorados y verdes, innovación entonces flamante y rara. La anaquelería ostentaba aún esos pintorescos botes que hoy se estiman
como objeto de arte, y sobre los cuales se leían en letras góticas rótu-
los que parecen fórmulas de alquimia: *Rad. Polip. Q.—Ra. Su. Ebo-
ris—Stirac. Cald.*[139]—y otros letreros de no menos siniestro cariz. En
25 un sillón de vaqueta, reluciente ya por el uso, ante una mesa, donde
un atril abierto sostenía voluminoso libro, hallábase el boticario,
que leía cuando entraron las dos aldeanas, y que al verlas entrar se
levantó. Parecía hombre de unos cuarenta y tantos años; [140] era de
rostro chupado, de hundidos ojos y sumidos carrillos, de barba pi-
30 cuda y gris, de calva primeriza y ya lustrosa, y con aureola de largas

---

131. Ese ... milagre. *That was a real miracle* (milagre = milagro).

132. Ya ... resucitara. *He had already been given the last sacraments and then
they brought him some white medicine from don Custodio, and it was as if he
had risen from the dead.*

133. A saber ... diaño. *Who knows whether it is God or the devil.*

134. se les ... comadres: *the journey was bearable for the two women*

135. tocaban a misa: *were ringing for mass*

136. Iglesia de las Animas

137. que: *the fact that*

138. resultado ... también: *an effect reinforced by*

139. abbreviations for chemicals

140. cuarenta y tantos años: *forty-some odd years*

melenas, que empezaban a encanecer: una cabeza macerada y simpática de santo penitente o de doctor alemán emparedado en su laboratorio. Al plantarse delante de las dos mujeres, caía sobre su cara el reflejo de uno de los vidrios azules, y realmente se la podría tomar por efigie de escultura. No habló palabra, contentándose con mirar fijamente a las comadres. Jacoba temblaba cual si tuviese azogue en las venas, y la Pepona, más atrevida, fué la que echó todo el relato del asma,[141] y de la untura, y del compadre enfermo, y del doblón. Don Custodio asintió inclinando gravemente la cabeza: desapareció tres minutos tras la cortina de sarga roja que ocultaba la entrada de la rebotica; volvió con un frasquito cuidadosamente lacrado; tomó el doblón, sepultólo en el cajón de la mesa, y devolviendo a la Jacoba un peso duro, contentóse con decir: "Untenle con esto el pecho por la mañana y por la noche;" y sin más se volvió a su libro. Miráronse las comadres, y salieron de la botica como alma que lleva el diablo.[142] Jacoba, fuera ya, se persignó.

Serían las tres de la tarde cuando volvieron a reunirse en la taberna, a la entrada de la carretera, donde comieron un *taco* de pan y una corteza de queso duro, y echaron al cuerpo el consuelo de dos deditos de aguardiente. Luego emprendieron el retorno. La Jacoba iba alegre como unas pascuas,[143] poseía el remedio para su hombre; había vendido bien medio ferrado de habas, y de su caro doblón, un peso quedaba aún, por misericordia de don Custodio. Pepona, en cambio, tenía la voz ronca y encendidos los ojos; sus cejas se juntaban más que nunca; su cuerpo, grande y tosco, se doblaba al andar, cual si le hubiesen administrado alguna soberana paliza. No bien salieron a la carretera,[144] desahogó sus cuitas en amargos lamentos; el ladrón de don Mauricio, como si fuese [145] sordo de nacimiento o verdugo de los infelices:—La renta, o salen del lugar.—¡Comadre! Allí lloré, grité, me puse de rodillas, me arranqué los pelos, le pedí por el alma de su madre y de quien tiene en el otro mundo... El, tieso.[146]—La renta, o salen del lugar. El atraso de ustedes ya no viene de este año, ni es culpa de la mala cosecha... Su marido bebe

141. fué ... asma: *was the one who did all the talking about the asthma*
142. como ... diablo: *as quick as a flash*
143. iba ... pascuas: *was as happy as a lark*
144. No bien ... carretera: *No sooner had they come out on the highway*
145. el ladrón ... como si fuese: *that thief don Mauricio acted as if he were*
146. le pedí ... El, tieso: *I begged him in the name of his mother and in the name of any other relative of his in the other world, but he was adamant.*

y su hijo es otro que bien baila...[147] El señor Marqués le diría lo mismo... Quemado está con ustedes... Al Marqués no le gustan borrachos en sus lugares.—Yo repliquéle:—Señor, venderemos los bueyes y la vaquiña..., y luego, ¿con qué labramos? Nos venderemos por 5 esclavos nosotros...—La renta, les digo...y lárguese ya.—Mismo así, empurrando, empurrando...[148] echóme por la puerta. ¡Ay! Hace bien en cuidar a su hombre, señora Jacoba... ¡Un hombre que no bebe! A mí me ha de llevar a la sepultura aquel pellejo... Si le da por enfermare, con medicina que yo le compre no sanará.[149]

10 En tales pláticas iban entreteniendo las dos comadres el camino. Como en invierno anochece pronto, hicieron por atajar,[150] internándose hacia el monte, entre espesos pinares. Oíase el toque del *Angelus* en algún campanario distante, y la niebla, subiendo del río, empezaba a velar y confundir los objetos. Los pinos y los zarzales se 15 esfumaban entre aquella vaguedad gris, con espectral apariencia. A las labradoras les costaba trabajo [151] encontrar el sendero.

—Comadre—advirtió de pronto y con inquietud Jacoba;—por Dios le encargo que no cuente en la aldea lo del unto...[152]

—No tenga miedo, comadre... Un pozo es mi boca.[153]

20 —Porque si lo sabe el señor cura, es capaz de echarnos en misa una pauliña...[154]

—¿Y a él qué le interesa? [155]

—Pues como dicen que esta untura *es de lo que es*...[156]

—¿De qué?

25 —¡Ave María de gracia, comadre! [157]—susurró Jacoba, deteniéndose y bajando la voz, como si los pinos pudiesen oírla y delatarla:—¿de veras no lo sabe? Me pasmo. Pues hoy en el mercado no tenían

147. que bien baila: *ne'er-do-well*
148. Mismo ... empurrando: *And just like that, by pushing and pushing* (empurrando = empujando)
149. A mí me ha ... sanará. *The drunkard (husband of mine) will be the death of me. If he ever takes it into his head to get sick, it won't be with the medicine that I buy him that he'll recover.*
150. hicieron por atajar: *they decided to take a shortcut*
151. A las ... trabajo: *The farm-women found it difficult*
152. por ... unto: *for God's sake, I beg you not to say anything about the ointment in the village*
153. Un ... boca. *I'll be as silent as a tomb.*
154. es capaz ... pauliña: *he's capable of bawling us out at Mass*
155. ¿Y ... interesa? *And why should it concern him?*
156. Pues como ... es. *Well, considering what they say the ointment is made of.*
157. ¡Ave ... comadre! *By the Holy Virgin, woman!*

las mujeres otra cosa que decir, y las mozas primero se dejaban hacer trizas que llegarse al soportal.[158] Yo, si entré allí, es porque de moza ya he pasado:[159] pero vieja y todo, si usté no me acompaña, no pongo el pie en la botica. ¡La gloriosa Santa Minia nos valga![160]

—A fe, comadre, que no sé ni esto... Cuente, comadre, cuente... Ca- 5 llaré lo mismo que si muriera.[161]

—¡Pues si no hay más de qué hablar,[162] señora! ¡Asús[163] querido! Estos remedios tan milagrosos, que resucitan a los difuntos, hácelos don Custodio con *unto de moza.*

—¿Unto de moza...? 10

—De moza soltera, rojiña, que ya esté en sazón de se poder casar.[164] Con un cuchillo les saca las mantecas, y va y las derrite, y prepara los medicamentos. Dos criadas mozas[165] tuvo, y ninguna se sabe qué fué de ella,[166] sino que como si la tierra se las tragase, que desapare-cieron y nadie las volvió a ver. Dice que ninguna persona humana 15 ha entrado en la trasbotica: que allí tiene una *trapela,* y que mu-chacha[167] que entra y pone el pie en la trapela...¡plás![168] cae en un pozo muy hondo, muy hondísimo, que no se puede medir la perfun-didad[169] que tiene...y allí el boticario le arranca el unto.

Sería cosa de haberle preguntado a la Jacoba a cuantas brazas bajo 20 tierra[170] estaba situado el laboratorio del destripador de antaño; pero las facultades analíticas de la Pepona eran menos profundas que el pozo, y limitóse a preguntar con ansia mal definida:

—¿Y para *eso* sólo sirve el unto de las mozas?[171]

—Sólo. Las viejas no valemos ni para que nos saquen el unto 25 siquiera.

---

158. primero ... soportal: *would rather be torn to shreds than approach that portico*

159. es ... pasado: *it is because I'm no longer a girl*

160. nos valga: *protect us*

161. A fe ... muriera. *Good heavens, woman, I have no idea ... Tell me, tell me ... I'll be as silent as the grave.*

162. Pues ... hablar: *But there's nothing more to tell*

163. Cf. note 126.

164. De moza ... casar. *Of an unmarried girl, fair, and ripe for marriage.*

165. criadas mozas: *two young unmarried maidservants*

166. y ninguna ... ella: *and nobody knows what happened to either one*

167. muchacha: *any girl*

168. plás: *crash*

169. perfundidad = profundidad

170. Sería ... tierra: *It would have been interesting to ask Jacoba how far beneath the earth*

171. ¿Y ... mozas? *And only girls' fat will do for that?*

Pepona guardó silencio.[172] La niebla era húmeda: en aquel lugar montañoso convertíase en *brétema*,[173] e imperceptible y menudísima llovizna calaba a las dos comadres, transidas de frío y ya asustadas por la obscuridad. Como se internasen en la escueta gándara que precede al lindo vallecito de Tornelos, y desde la cual ya se divisa la torre del santuario, Jacoba murmuró con apagada voz:

—Mi comadre...¿no es un lobo eso que por ahí va?

—¿Un lobo?—dijo estremeciéndose Pepona.

—Por allí...detrás de aquellas piedras... Dicen que estos días ya llevan comida mucha gente.[174] De un rapaz de Morlán sólo dejaron la cabeza y los zapatos. ¡Asús!

El susto del lobo se repitió dos o tres veces antes que las comadres llegasen a avistar [175] la aldea. Nada, sin embargo, confirmó sus temores; ningún lobo se les vino encima.[176] A la puerta de la casucha de Jacoba despidiéronse, y Pepona entró sola en su miserable hogar. Lo primero con que tropezó en el umbral de la puerta fué el cuerpo de Juan Ramón, borracho como una cuba,[177] y al cual fué preciso levantar entre maldiciones y reniegos, llevándole en peso [178] a la cama. A eso de media noche, el borracho salió de su sopor, y con estropajosas palabras acertó a preguntar a su mujer qué teníamos de la renta.[179] A esta pregunta, y a su desconsoladora contestación, siguieron reconvenciones, amenazas, blasfemias, un cuchicheo raro, acalorado, furioso. Minia, tendida sobre la paja, prestaba oído,[180] latíale el corazón; el pecho se le oprimía;[181] no respiraba; pero llegó un momento en que Pepona, arrojándose del lecho, la ordenó que se trasladase al otro lado de la cabaña, a la parte donde dormía el ganado. Minia cargó con su brazado de paja,[182] y se acurrucó no lejos del establo, temblando de frío y susto. Estaba muy cansada aquel día; la ausencia de Pepona la había obligado a cuidar de todo, a hacer el caldo, a coger hierba, a lavar, a cuantos menesteres y faenas exigía la casa...[183]

172. Pepona ... silencio. *Pepona fell silent.*
173. *brétema: fog*
174. estos ... gente: *they've eaten many people recently*
175. llegasen a avistar: *finally made out*
176. se les vino encima: *attacked them*
177. borracho ... cuba: *dead drunk*
178. en peso: *bodily*
179. qué ... renta: *what happened about the rent*
180. prestaba oído: *was listening*
181. el ... oprimía: *there was a heaviness in her chest*
182. Minia ... paja: *Minia picked up her armful of straw*
183. a cuantos ... casa: *and to do all the other tasks and chores of the house*

Rendida de fatiga y atormentada por las singulares desazones de costumbre, por aquel desasosiego que la molestaba, aquella opresión indecible, ni acababa de venir el sueño a sus párpados, ni de aquietarse su espíritu.[184] Rezó maquinalmente, pensó en la Santa, y dijo entre sí,[185] sin mover los labios: "Santa Minia querida, llévame pronto al cielo; pronto, pronto." Al fin se quedó, si no precisamente dormida, al menos en ese estado mixto[186] propicio a las visiones, a las revelaciones psicológicas, y hasta a las revoluciones físicas. Entonces le pareció, como la noche anterior, que veía la efigie de la mártir; sólo que, ¡cosa rara!, no era la Santa: era ella misma, la pobre rapaza, huérfana de todo amparo,[187] quien estaba allí tendida en la urna de cristal, entre los cirios, en la iglesia. Ella tenía la corona de rosas; la dalmática de brocado verde cubría sus hombros; la palma la agarraban sus manos pálidas y frías;[188] la herida sangrienta se abría en su propio pescuezo, y por allí se le iba la vida, dulce e insensiblemente, en oleaditas de sangre muy suaves,[189] que al salir la dejaban tranquila, extática, venturosa... Un suspiro se escapó del pecho de la niña; puso los ojos en blanco,[190] se estremeció..., y quedóse completamente inerte. Su última impresión confusa fué que ya había llegado al cielo, en compañía de la Patrona.

III

En aquella rebotica, donde, según los autorizados informes de Jacoba de Alberte, no entraba nunca persona humana, solía hacer tertulia a don Custodio las más noches[191] un canónigo de la Santa Metropolitana Iglesia,[192] compañero de estudios del farmacéutico, hombre ya maduro, sequito como un pedazo de yesca, risueño, gran tomador de tabaco. Este tal[193] era constante amigo e íntimo confidente de

184. ni acababa ... espíritu: *she was neither able to fall asleep nor to calm her spirit*
185. entre sí: *to herself*
186. estado mixto: *half awake, half asleep state*
187. huérfana ... amparo: *completely helpless*
188. la palma ... frías: Read "sus manos pálidas y frías agarraban la palma."
189. y por allí ... suaves: *and that life was leaving her, easily, sweetly, in very soft waves of blood*
190. puso ... blanco: *her eyes rolled back*
191. las más noches: *most nights*
192. Santa Metropolitana Iglesia: main church of the diocese
193. Este tal: *This man*

don Custodio, y, a ser verdad los horrendos crímenes [194] que al boticario atribuía el vulgo, ninguna persona más a propósito para guardar el secreto de tales abominaciones que el canónigo don Lucas
Llorente, el cual era la quinta esencia del misterio y de la incomu-
5 nicación con el público profano. El silencio, la reserva más absoluta
tomaban en Llorente proporciones y carácter de manía. Nada dejaba
transparentar de su vida y acciones, aun las más leves e inocentes. El
lema del Canónigo era: "Que nadie sepa cosa alguna de ti." Y aun
añadía (en la intimidad de la trasbotica): "Todo lo que averigua la
10 gente acerca de lo que hacemos o pensamos, lo convierte en arma no-
civa y mortífera. Vale más que invente, que no que edifique sobre el
terreno que le ofrezcamos nosotros mismos." [195]

Por este modo de ser [196] y por la inveterada amistad, don Custodio
le tenía por confidente absoluto, y sólo con él hablaba de ciertos
15 asuntos graves, y sólo de él se aconsejaba en los casos peligrosos o
difíciles. Una noche en que, por señas, llovía a cántaros y tronaba y
relampagueaba a trechos, encontró Llorente al boticario agitado,
nervioso, semiconvulso. Al entrar el canónigo se arrojó hacia él, y
tomándole las manos y arrastrándole hacia el fondo de la rebotica,
20 donde, en vez de la pavorosa *trapela* y el pozo sin fondo, había armarios, estantes, un canapé y otros trastos igualmente inofensivos, le
dijo con voz angustiosa:

—¡Ay, amigo Llorente! ¡De qué modo me pesa haber seguido en
todo tiempo sus consejos de usted, dando pábulo a las hablillas de
25 los necios! [197] A la verdad, yo debí desde el primer día desmentir
cuentos absurdos y disipar estúpidos rumores... Usted me aconsejó
que no hiciese nada, absolutamente nada, para modificar la idea que
concibió el vulgo de mí, gracias a mi vida retraída, a los viajes que
realicé al extranjero para aprender los adelantos de mi profesión, a
30 mi soltería y a la maldita casualidad (aquí el boticario titubeó un
poco) de que dos criadas...jóvenes...hayan tenido que marcharse se-
cretamente de casa, sin dar cuenta al público de los motivos de su
viaje...; porque...¿qué calabazas le importaban al público los tales

194. a ser verdad ... crímenes: *if the horrendous crimes were true*
195. Vale más ... mismos. *It's better to have them make things up than to
build on the information that we ourselves supply them.*
196. Por este modo de ser: *Because he was the way he was*
197. ¡De qué modo ... necios! *How I regret having always followed your
advice, thus giving these fools grounds for gossip!*

motivos, me hace usted el favor de decir? [198] Usted me repetía siempre: "Amigo Custodio, deje correr la bola; [199] no se empeñe nunca
en desengañar a los bobos, que al fin no se desengañan, e interpretan
mal los esfuerzos que se hacen para combatir sus preocupaciones.
Que crean que usted fabrica sus ungüentos con grasa de difunto y 5
que se los paguen más caros por eso, bien; dejarles, dejarles que rebuznen. [200] Usted véndales remedios buenos, y nuevos, de la farmacopea moderna, que asegura usted está muy adelantada allá en esos
países extranjeros que usted visitó. Cúrense las enfermedades, y
crean los imbéciles que es por arte de birlibirloque. [201] La borricada 10
mayor de cuantas hoy inventan y propalan los malditos liberales es
esa de *ilustrar a las multitudes*. ¡Buena ilustración te dé Dios! Al
pueblo no puede ilustrársele: [202] es y será eternamente un atajo de
babiecas, una recua de jumentos. Si le presenta usted las cosas naturales y racionales, no las cree. Se pirra por lo raro, estrambótico, 15
maravilloso e imposible. Cuanto más gorda es una rueda de molino,
tanto más aprisa la comulga. [203] Conque, amigo Custodio, usted deje
andar la procesión, y si puede, apande el estandarte... Este mundo
es una danza..."

—Cierto—interrumpió el canónigo, sacando su cajita de rapé y 20
torturando entre las yemas el polvito—; eso le debí decir: y qué, ¿tan
mal le ha ido a usted con mis consejos? [204] Yo creí que el cajón de la
botica estaba de duros a reverter, [205] y que recientemente había usted
comprado unos lugares muy hermosos en Valeiro. [206]

—¡Los compré, los compré; pero también los amargo! [207]—exclamó 25
el farmacéutico.—¡Si le cuento a usted lo que me ha pasado hoy!
Vaya, discurra. [208] ¿Qué creerá usted que me ha sucedido? Por mucho

---

198. ¿qué calabazas ... decir? *would you mind telling me what the devil the
people cared about their reasons?*
199. deje correr la bola: *let things take their course*
200. y que se los ... rebuznen: *and let them pay you more for them because
of it; just let them bray (like the donkeys they are)*
201. por arte de birlibirloque: *by magic*
202. Buena ... ilustrársele. *Some enlightenment! The people can't be en-
lightened.*
203. Cuanto más ... comulga. *The harder a thing is to accept, the more readily
they will accept it.*
204. tan mal ... consejos: *have you really done so badly by taking my advice*
205. estaba ... reverter: *was bursting with money*
206. Valeiro: *a nearby region*
207. pero también los amargo: *but they've brought me no pleasure*
208. Vaya, discurra. *Go on, think.*

que prense el entendimiento para idear la mayor barbaridad..., lo que es con ésta no acierta usted ni tres como usted.[209]

—¿Qué ha sido ello?[210]

—¡Verá, verá! Esto es lo gordo.[211] Entra hoy en mi botica, a la 5 hora en que estaba completamente sola, una mujer de la aldea, que ya había venido días atrás con otra a pedirme un remedio para el asma: una mujer alta, de rostro duro, cejijunta, con la mandíbula saliente, la frente chata y los ojos como dos carbones: un tipo imponente, créalo usted. Me dice que quiere hablarme en secreto, y des- 10 pués de verse a solas conmigo y en sitio seguro, resulta... ¡Aquí entra lo mejor![212]—Resulta que viene a ofrecerme el unto de una mucha- cha, sobrina suya, casadera ya, virgen, roja, con todas las condiciones requeridas, en fin, para que el unto convenga a los remedios que yo acostumbro hacer... ¿Qué dice usted de esto, Canónigo? A tal punto 15 hemos llegado. Es por ahí cosa corriente y moliente[213] que yo des- tripo a las mozas, y que, con las mantecas que les saco, compongo esos remedios maravillosos, ¡puf!, capaces hasta de resucitar a los di- funtos—la mujer me lo aseguró.—¿Lo está usted viendo? ¿Com- prende la mancha que sobre mí ha caído? Soy el terror de las aldeas, 20 el espanto de las muchachas y el ser más aborrecible y más cochino que puede concebir la imaginación.

Un trueno lejano y profundo acompañó las últimas palabras del boticario. El Canónigo se reía, frotando sus manos sequitas y me- neando alegremente la cabeza. Parecía que hubiese logrado un 25 grande y apetecido triunfo.

—Yo sí que digo:[214] ¿lo ve usted, hombre? ¿Ve cómo son todavía más bestias, animales, cinocéfalos y mamelucos de lo que yo mismo pienso? ¿Ve cómo se les ocurre siempre la mayor barbaridad, el desa- tino de más grueso calibre y la burrada más supina? Basta que usted 30 sea el hombre más sencillo, bonachón y pacífico del orbe; basta que tenga usted ese corazón blandujo, que se interese usted por las cala- midades ajenas, aunque le importen un rábano;[215] que sea usted

209. Por mucho ... como usted. *No matter how hard you try to think up the most horrendous idea ... you won't be able to guess this one, not even if there were three like you.*
210. ¿Qué ... ello? *What happened?*
211. Esto es lo gordo. *This is really something.*
212. ¡Aquí ... mejor! *This is the best part!*
213. Es por ahí ... moliente: *It's common knowledge*
214. Yo sí que digo: *How right I am*
215. aunque ... rábano: *even though they may not concern you in the least*

incapaz de matar a una mosca y sólo piense en sus librotes, y en sus estudios, y en sus químicas, para que los grandísimos salvajes le tengan por un monstruo horrible, asesino, reo de todos los crímenes y abominaciones.

—Pero, ¿quién habrá inventado estas calumnias, Llorente?   5

—¿Quién? La estupidez universal...forrada en [216] la malicia universal también. La bestia del Apocalipsis...[217] que es el vulgo, créame, aunque San Juan no lo haya dejado muy claramente dicho.

—¡Bueno! Así será; [218] pero yo, en lo sucesivo, no me dejo calumniar más: no quiero; no señor. ¡Mire usted qué conflicto! ¡A poco 10 que me descuide,[219] una chica muerta por mi culpa! Aquella fiera, tan dispuesta a acogotarla. Figúrese usted que repetía: "La despacho y la dejo en el monte, y digo que la comieron los lobos; andan muchos [220] por este tiempo del año, y verá cómo es cierto, que al día siguiente aparece comida." ¡Ay, Canónigo! ¡Si usted viese el trabajo 15 que me costó convencer a aquella caballería mayor de que ni yo saco el unto a nadie, ni he soñado en tal! Por más que [221] le repetía: "Eso es una animalada que corre por ahí, una infamia, una atrocidad, un desatino, una picardía; y como yo averigüe quién es el que lo propala, a ese sí que le destripo," [222] la mujer, firme como un 20 poste, y erre que erre.[223] "Señor, dos onzas nada más... Todo calladito, todo calladito... En dos onzas tiene los untos. Otra proporción tan buena no la encuentra nunca." [224] ¡Qué víbora malvada! Las furias del infierno deben de tener una cara así... Le digo a usted que me costó un triunfo persuadirla.[225] No quería irse. A poco la echo 25 con un garrote.[226]

—¡Y ojalá que la haya usted persuadido!—articuló el Canónigo, repentinamente preocupado y agitado, dando vueltas a la tabaquera

---

216. forrada en: *reinforced by*

217. La bestia del Apocalipsis: the reference is to the **Book of Revelation** (Apocalypse of St. John) 13:1 ff.

218. Así será: *Maybe you're right*

219. A poco que me descuide: *The minute I look away*

220. andan muchos: *there are a lot of them* (wolves) *about*

221. Por más que: *No matter how much*

222. y como yo ... destripo: *and as soon as I find out who is circulating these rumors, I'll really disembowel him*

223. y erre que erre: *stubborn as can be*

224. Todo calladito ... nunca. *Very hush-hush ... you can have the fat for two onzas. You'll never get such a good bargain again.*

225. me costó ... persuadirla: *I had a terrible time convincing her*

226. A poco ... garrote. *I practically had to drive her out with a club.*

entre los dedos—. Me temo que ha hecho usted un pan como unas
hostias. ¡Ay Custodio! La ha errado usted; [227] ahora sí que juro yo
que la ha errado.

—¿Qué dice usted, hombre, o Canónigo, o demonio? [228]—exclamó
5 el boticario, saltando en su asiento alarmadísimo.

—Que la ha errado usted; nada, que ha hecho una tontería de
marca mayor, por figurarse, como siempre, que en esos brutos cabe
una chispa de razón natural, y que es lícito o conducente para algo
el decirles la verdad y argüirles con ella y alumbrarles con las luces
10 del intelecto. A tales horas, probablemente la chica está en la gloria,
tan difunta como mi abuela...[229] Mañana por la mañana, o pasado,[230]
le traen el unto envuelto en un trapo... Ya lo verá!

—Calle, calle... No puedo oír eso. Eso no cabe en cabeza humana...
¿Yo qué debí hacer? ¡Por Dios, no me vuelva loco!

15 —¿Que qué debió hacer? [231] Pues lo contrario de lo razonable, lo
contrario de lo verdadero, lo contrario de lo que haría usted conmigo
o con cualquier otra persona capaz de sacramentos,[232] y aunque
quizás tan mala como el populacho, algo menos bestia... Decirles que
sí; que usted compraba el unto en dos onzas, o en tres, o en ciento...[233]

20 —Pero entonces...

—Aguarde, déjeme acabar... Pero que el unto sacado por ellos de
nada servía; que usted en persona tenía que hacer la operación y,
por consiguiente, que le trajesen a la muchacha sanita y fresca... Y
cuando la tuviese segura en su poder, ya echaríamos mano de la
25 justicia [234] para prender y castigar a los malvados... ¿Pues no ve
usted claramente que esa es una criatura de la cual se quieren deshacer, que les estorba, o porque es una boca más o porque tiene algo y
ansían heredarla? ¿No se le ha ocurrido que una atrocidad así se
decide en un día, pero se prepara y fermenta en la conciencia a veces

227. Me temo ... usted. *I'm afraid you've really made a mess of it. Oh,
Custodio, you did exactly the wrong thing.*
228. ¿Qué ... demonio? *What are you saying: are you a man, a canon or a
devil?*
229. A tales horas ... abuela. *By this time, the girl is probably in heaven, as
dead as a doornail.*
230. o pasado: *or the day after tomorrow*
231. ¿Que ... hacer? *What should you have done?*
232. capaz de sacramentos: *in his right mind*
233. Decirles que sí ... ciento. *You should have said yes, that you would buy
the fat for two or three or a hundred doubloons.*
234. ya ... justicia: *we'd call in the police*

largos años? La chica está sentenciada a muerte. Nada; crea usted que a estas horas...[235]

(Y el Canónigo blandió la tabaquera haciendo el expresivo ademán del que acogota.)

—¡Canónigo, usted acabará conmigo! [236] ¿Quién duerme ya esta noche? Ahora mismo ensillo la yegua y me largo a Tornelos...

Un trueno más cercano y espantoso contestó al boticario que su resolución era impracticable. El viento mugió y la lluvia se desencadenó furiosa, aporreando los vidrios.

—¿Y usted afirma—preguntó con abatimiento don Custodio—que serán capaces de tal iniquidad?

—De todas. Y de inventar muchísimas que aún no se conocen. ¡La ignorancia es invencible, y es hermana del crimen!

—Pues usted—arguyó el boticario—bien aboga por la perpetuidad de la ignorancia.[237]

—¡Ay, amigo mío!—respondió el obscurantista.—¡La ignorancia es un mal; pero el mal es necesario y eterno, de tejas abajo,[238] en este pícaro mundo! Ni del mal ni de la muerte conseguiremos jamás vernos libres.

¡Qué noche pasó el honrado boticario, tenido, en concepto del pueblo, por el monstruo más espantable, y a quien tal vez, dos siglos antes, hubiesen procesado acusándole de brujería!—Al amanecer echó la silla a la yegua blanca que montaba en sus excursiones al campo, y tomó el camino de Tornelos. El molino debía servirle de seña para encontrar presto lo que buscaba.

El sol empezaba a subir por el cielo, que después de la tormenta se mostraba despejado y sin nubes, de una limpidez radiante. La lluvia que cubría las hierbas se empapaba ya, y secábase el llanto derramado sobre los zarzales por la noche. El aire diáfano y transparente, no excesivamente frío, empezaba a impregnarse de olores ligeros que exhalaban los mojados pinos. Una pega, manchada de negro y blanco, saltó casi a los pies del caballo de don Custodio. Una liebre salió de entre los matorrales, y loca de miedo, graciosa y brincadora, pasó por delante del boticario. Todo anunciaba uno de esos días espléndidos de invierno, que en Galicia suelen seguir a las no-

235. Nada ... horas: *There's nothing to be done; you can rest assured that by now*
236. usted acabará conmigo: *you'll be the death of me*
237. bien ... ignorancia: *you're really in favor of perpetuating ignorance*
238. de tejas abajo: *here below*

ches tempestuosas, y que tienen incomparable placidez, y el boticario, penetrado por aquella alegría del ambiente, comenzaba a creer
que todo lo de la víspera era un delirio, una pesadilla trágica o una
extravagancia de su amigo. ¿Cómo podía nadie asesinar a nadie, y
5 así, de un modo tan bárbaro e inhumano? Locuras, insensateces, figuraciones del Canónigo. ¡Bah! En el molino, a tales horas, de fijo
que estarían preparándose a moler el grano; del santuario de Santa
Minia venía, conducido por la brisa, el argentino toque de la campana, que convocaba a la misa primera: todo era paz, amor y serena
10 dulzura en el campo... Don Custodio se sintió feliz y alborozado
como un chiquillo, y sus pensamientos cambiaron de rumbo. Si la
rapaza de los untos era bonita y humilde...se la llevaría consigo a su
casa, redimiéndola de la triste esclavitud y del peligro y abandono
en que vivía. Y si resultaba buena, leal, sencilla, modesta, no como
15 aquellas dos locas,[239] que la una se había escapado a Zamora con un
sargento, y la otra andado en malos pasos con un estudiante, para
que al fin resultara lo que resultó y la obligó a esconderse...[240]—Si la
molinerita no era así, y al contrario, realizaba un suave tipo soñado
alguna vez por el empedernido solterón...[241] entonces... ¿Quién sabe,
20 Custodio? Aún no eres tan viejo que...
     Embelesado con estos pensamientos, dejó la rienda a la yegua...[242]
y no reparó que iban metiéndose monte adentro, monte adentro, por
lo más intricado y áspero de él. Notólo cuando ya llevaba andado[243]
buen trecho de camino; volvió grupas y lo desanduvo;[244] pero con
25 poca fortuna, pues hubo de extraviarse más, encontrándose en un
sitio riscoso y salvaje. Oprimía su corazón, sin saber por qué, extraña
angustia.—De repente, allí mismo, bajo los rayos del sol, del sol alegre, hermoso, que reconcilia a los humanos consigo mismos y con la
existencia, divisó un bulto, un cuerpo muerto, el de una muchacha...
30 Su doblada cabeza descubría la tremenda herida del cuello; un *mantelo* tosco cubría la mutilación de las despedazadas y puras entrañas;

239. Don Custodio is referring to his two former servant girls whose disappearance helped gain him his sinister reputation.
240. y la otra ... esconderse: *and the other got into trouble with a student,
so that finally what had to happen happened, and she had to go into hiding*
241. Si la molinerita ... solterón: *If the young girl from the mill was not like
that and turned out to be the sweet type sometimes imagined by the confirmed
bachelor*
242. dejó ... yegua: *he gave the mare free rein*
243. cuando ... andado: *when he had already gone*
244. volvió ... desanduvo: *he turned the horse around and went back*

sangre alrededor, desleída ya por la lluvia, las hierbas y malezas pisoteadas, y en torno el gran silencio de los altos montes y de los solitarios pinares...

IV

A Pepona la ahorcaron en la Coruña. Juan Ramón fué sentenciado a presidio. Pero la intervención del boticario [245] en este drama jurídico bastó para que el vulgo le creyese más destripador que antes, y destripador que tenía la habilidad de hacer que pagasen justos por pecadores,[246] acusando a otros de sus propios atentados. Por fortuna, no hubo entonces en Compostela ninguna jarana popular; de lo contrario, es fácil que le pegasen fuego a la botica, lo cual haría frotarse las manos al Canónigo Llorente, que vería confirmadas sus doctrinas acerca de la estupidez universal e irremediable.

245. la intervención del boticario: *the role played by the apothecary*
246. hacer ... pecadores: *having the innocent suffer for the guilty*

Vocabulary

The following types of words have been omitted from the vocabulary: easily recognizable cognates of English words; many common Spanish words; articles; personal, demonstrative, and possessive pronouns and adjectives except in cases of special use and meaning; cardinal numbers; names of months and days of the week; adverbs ending in -*mente* when the corresponding adjective is included, unless there is a difference in meaning; easily recognized diminutives and superlatives unless they have a special meaning; verbal forms other than the infinitive except when used as adjectives. Genders of nouns have not been indicated in the following cases: masculine nouns ending in -*o*, feminine nouns ending in -*a*, -*ión*, -*d*, -*ie*, -*umbre*, nouns indicating feminine or masculine beings. Adjectives ending in -*ón* and -*dor* are given in the masculine singular only.

Abbreviations used: *adj.* adjective; *adv.* adverb; *Amer.* Spanish-American; *arch.* architecture; *aug.* augmentative; *bot.* botanical; *coll.* colloquial; *com.* commercial; *conj.* conjunction; *cook.* cookery; *dim.* diminutive; *eccl.* ecclesiastical; *f.* feminine noun; *fig.* figurative; *ger.* gerund; *ichth.* ichthyology; *inf.* infinitive; *interj.* interjection; *irr.* irregular; *lit.* literally; *m.* masculine noun; *mil.* military; *mus.* music; *m. & f.* masculine and feminine noun; *n.* noun; *naut.* nautical; *neg.* negative; *orn.* ornithology; *part.* participle; *pl.* plural; *poet.* poetic; *p.p.* past participle; *prep.* preposition; *pres.* present; *tr.* translate

A

a to, at; — **que** so that; ¿ — **qué viene ...?** why ...?

abajo down; below; **venir** — to come (crashing) down

abandonar to abandon, to leave

abandono abandonment

abanico fan

abarcar to contain, to take in, to encompass

abastecer to supply

abatimiento discouragement

abertura opening

abismo abyss

ablandar(se) to soften, to mellow

abogar to plead; — **por** to advocate

abominable detestable, abominable

abonar to vouch for

aborrecer to hate, to detest

aborrecible hateful, detestable

aborrecimiento hatred; **tomar en** — to acquire a hatred for

abotinado shaped like a gaiter

abrasador burning

abrasar to burn; to set afire; —**se** to burn up, to dry up

abrazar to embrace; —**se a** to throw one's arms around; to embrace

abrazo embrace

ábrego southwest wind

abrigar to shelter, to harbor; — (**de**) to protect (by)

abrigo wrap; shelter

abrumador crushing, wearisome

abrumar to overwhelm

absoluto absolute, complete

absorber to absorb; to use up, to wipe out

absorto absorbed in thought; amazed

abstenerse (**de**) to refrain (from + *gerund*)

abuela grandmother
abuelo grandfather; —s grandparents, ancestors
abultado big, bulging
abultar to exaggerate
abundante abundant; (*pl.*) many, numerous
abundar (de) to abound (in)
aburrimiento boredom
aburrir to bore; to annoy
abusar (de) to abuse; to take advantage (of)
acá here; around here
acabar to finish, to end; — **de** + *inf.* to have just; to finish; —(**se**) to come to an end; to ebb away; — **con** to destroy, to finish off
acalorado heated
acariciar to caress
acaso perhaps; by any chance; **al —** at random
acatarrado hoarse
acaudillar to lead, to command
acceder (a) to agree (to)
accidente (*m.*) fainting spell, attack; accident
acción action, deed; act; share (*of stock*)
accionar to gesticulate
acecho lying in ambush; **en —** (**de**) on the outlook (for), watching
aceite (*m.*) oil
aceituna olive
acémila pack horse or mule
acendrado pure, spotless
acento accent; tone
acentuarse to become marked
acera sidewalk
acerbo cruel
acercar to bring near; —**se** to approach; to come (draw, go) near
acero sword; steel
acertado correct; skillful
acertar to hit upon; to hit the mark, to guess right; to succeed; — **a** + *inf.* to happen to + *inf.*; to manage to + *inf.*
acicalar to dress; —**se** to dress up; to fix oneself up
acierto success
aclarar to make clear
aclimatar to acclimatize
acobardarse to be intimidated; to be daunted

acoger to accept; to welcome; to receive
acogotar to kill (*with a blow on the back of the neck*)
acólito acolyte, helper
acometer to attack, to overcome
acomodado prosperous
acomodar to suit; to adjust; —**se** to adapt oneself; to content oneself with
acompañante companion
acompañar to accompany; to keep (somebody) company
acompasado slow; regular
acongojado troubled; afflicted
aconsejar to advise; —**se de** to consult with
acontecimiento event
acordar to decide; to reconcile; —**se** (**de**) to remember, to recall
acosar to assail; to besiege; to run after, to pursue relentlessly
acostado lying down
acostar to put to bed; —**se** to go to bed
acostumbrado usual, customary; — **a** accustomed to
acostumbrar to be in the habit of; to accustom; —**se a** to become accustomed to
acrecentamiento increase
acrecentar to increase
acreedor creditor
acta record
actitud attitude; posture
activar to expedite
activo active, hard-working
actor actor
actual present; present-day
actualidad actuality; **en la —** at the present time
acudir to go, to come, to come (run) quickly
acuerdo accord, agreement; **de — con** in accord with
acurrucarse to huddle
acusador accuser
achicar to diminish; to make smaller
achicharrar to scorch, to char, to burn
adarga oval-shaped leather shield
adelantado in advance; advanced
adelantar to advance; —**se** to come forward; —**se a** to get ahead of

adelante ahead; forward; de aquí en — from now on; en — in the future; hacia — forwards; más — farther on; later; por la calle — along the street

adelanto progress; advance

ademán (m.) gesture

además (de) besides; moreover; furthermore

adentro inside; within; tierra — inland

aderezar to repair; to prepare

adherencia adherence, allegiance; point of view

adherir to adhere, to stick

adiós good-bye; — os quedad goodbye

adivinar to guess; to divine

adivinatriz intuitive

adivino soothsayer; diviner

adlátere neighbor (person at one's side)

administrador administrator; manager

admirable strange; admirable

admiración wonder, admiration; astonishment, surprise

admirador admirer

admirar to admire; to astonish; —se to wonder

admitir to admit, to accept; to permit, to allow

adorador admirer, worshiper

adorar to adore; to worship, to pray

adormecer to put to sleep, to lull; —se to fall asleep

adorno decoration, adornment

adquirir to acquire, to get

adquisición acquisition

adulador flatterer

advertencia warning; discretion

advertir to advise of, to warn, to observe

aéreo airy; ethereal; fantastic

afable affable, agreeable, pleasant

afán (m.) eagerness, longing; worry, anxiety; task

afanar to press, to harass; to worry

afanoso eager

afear to make ugly

afectar to affect; to pretend

afecto inclination; affection; (adj.) attached

afectuoso affectionate

afeitar to shave

afeminado effeminate

afición fondness

afilado slim

afinar to refine, to tune; to perfect

afirmación affirmation, statement

afirmar to affirm, to state

aflicción sorrow, affliction

afligido grieved, despondent

afligir to grieve, to afflict; —se to become despondent

aflojar to relax, to let go; to loosen

afortunado fortunate

afrontar to face

afuera outside; (pl.) outskirts, suburbs

agacharse to bend down, to crouch

agarradera clasp

agarrar to seize, to grab, to hold tight; —se (a), (de) to take hold of; to cling to

agarrotado choking

agasajo friendly treatment

agilidad nimbleness

agitación agitation, excitement

agitado agitated, excited

agitar to agitate, to shake, to wave; —se to become excited; to stir; to move

aglomerar to concentrate

agobiar to overwhelm

agolpado sudden

agolparse to crowd together, to throng

agonía agony; death throes

agonizar to be dying, to be in the throes of death

agorero divining

agostarse to wilt

agotar to exhaust; —se to give out

agradable pleasant

agradar to please

agradecer to thank (for); to be grateful for

agradecido grateful

agradecimiento gratitude

agrado pleasure, affability

agrario agrarian

agraz (m.) sour-grape juice; adj. sour

agregado attaché

agregar to add

agresión attack

agriar to sour

agrícola agricultural
agrio rough, sharp, rude, disagreeable
agua water; — bendita holy water;
— de colonia cologne
aguacero heavy shower (rain)
aguantar to endure, to bear, to
tolerate
aguardar to await, to wait for, to wait
aguardiente (m.) brandy; liquor
agudo sharp, shrill
aguijón (m.) goad, stimulus
águila eagle
aguja needle
agujereado full of holes
agujero hole
aguzar to sharpen
ahí there; por — around there
ahinco earnestness, eagerness; con —
eagerly
ahito stuffed
ahogado choking, choked
ahogar(se) to suffocate, to choke; to
drown; to stifle
ahogo shortness of funds
ahora now; in a little while; — bien
now then; — mismo right now
ahorcar to hang
ahorrar to spare, to save
ahorro economy; (pl.) savings
ahorrón penny-pincher
ahumado smoked, smoky
airado depraved; angry, furious
aire (m.) air; current; wind; aspect;
tone; — colado cold draft; por los
aires through the air; tomar el —
to get some fresh air
airón (m.) ornament (of feathers);
headdress
airoso graceful
aislamiento isolation
aislar to isolate
ajado rumpled, mussed
ajajá (interj.) aha!
ajar to crumple, to rumple, to crease
ajeno foreign; alien; different; belonging to others, another's; — a indifferent (to)
ajuar (m.) house furnishings, equipment; trousseau
ajustado close-fitting
ajustar to adjust, to adapt, to fit;
— cuentas to settle accounts
ajuste (m.) contract

ala wing
alabanza flattery, praise
alabarda halberd (long-handled weapon)
alacena cupboard
alameda poplar grove
alarde (m.) boasting; display; hacer
— (de) to make a show of
alardear de to make a show of; to
boast of
alargar to stretch (out); to extend,
to hold out
alarmar to frighten, to alarm
alba dawn
albañil mason
albedrío will
albergue (m.) shelter
albillo white grape or white wine
alborotado restive; excited
alborotar to upset, to excite, to disturb; —(se) to get excited
alboroto disturbance; uproar, hubbub
alborozado overjoyed, merry
alborozar to exhilarate
albricias (pl.) good news
alcalde mayor
alcance (m.) scope
alcanfor (m.) camphor
alcanzar to reach; to catch up with;
to accomplish, to achieve, to get;
— a + inf. to manage to, to succeed in + ger.
alcázar (m.) castle
alcoba bedroom
alcoholismo drunkenness
alcor (m.) hill, height
alcurnia lineage
aldaba door knocker; tener buenas
—s to have pull
aldea village
aldeano rustic, villager
alegar to allege, to affirm
alegrador merry-maker
alegrar to cheer, to make happy;
—(se) to be happy
alegre happy, cheerful
alegría happiness, merriment, cheer-
fulness; joy
alejar to remove to a distance; to put
off; —(se) to go away, to draw
away
alelado stunned
alelí (m.) gilliflower

alemán German
Alemania Germany
alentar to breathe
alepín (m.) bombazine
alerce (m.) larch (*tree of pine family*)
alerta alert
aleve treacherous
alfiler (m.) pin; — de pecho brooch
alfombra rug, carpet
alfombrar to carpet
alforjas (pl.) saddlebags; knapsack
algazara din, clamor, confusion
álgido most intense
algo something; somewhat, rather, a bit
algodón (m.) cotton
alguacil bailiff
algún, alguno some, any, someone; algún tanto a bit
alhaja jewel
Alhambra *Moorish palace in Granada, with beautiful gardens*
aliento breath; enterprise, vigor; strength; tomar — to catch one's breath
alifafe (m.) complaint
alilla: alillas de la nariz nostrils
alimaña small animal
alimentar to feed; —(se) de to eat, to feed upon
alimento food, nourishment
alinear to align
alistar to enlist, to draft
aliviar to ease, to relieve
alivio relief
aljarafe (m.) tableland
alma soul; heart; de mi — dear, dearest; llegar al — to affect deeply
almena merlon (*of a battlement*)
almenado crenelated
almendra almond; epitome
almohada pillow
almohadón (m.) large pillow
almoneda auction
almorzar to have lunch
almuerzo lunch, luncheon
alojar to give lodging
alpargata sandle
alquilar to rent
alquiler (m.) renting, rental; rent
alquimia alchemy
alrededor (de) around, all around; a su — around him

altanería arrogance
altanero haughty
altarcillo little altar
alterar to disturb; to stir up; to change; —(se) to become agitated
alternar to alternate; to take turns
Alteza Highness
altivez (f.) haughtiness
altiveza haughtiness
altivo haughty, high
alto high, tall, lofty; loud; noble; en — held high
altura height, top
alucinar to delude; to dazzle
aludir to allude
alumbrado tipsy
alumbrar to light up, to light the way (for); to illuminate; to enlighten
alusivo allusive
alzar to raise; —(se) to rise (up)
allá there; de aquí para — from now on; más — beyond; farther on
allanarse to yield; to acquiesce
ama mistress (*of household*); — de la casa housewife, mistress of the household; — de llaves housekeeper
amable pleasant, kind
amado beloved
amadrigar to seclude oneself; to hole up
amago symptom; fit of weakness; empty promise
amanecer to dawn; to start the day; (m.) dawn, daybreak; al — at dawn
amante (n.) lover, sweetheart; (adj.) loving
amapola poppy
amargar to embitter, to spoil
amargo bitter; (n.) sweetmeat made of bitter almonds
amargor (m.) sorrow, grief, bitterness
amargura bitterness; sorrow
amarillear to incline to yellow
amarillento yellowish
amarillo yellow
amarrar to tie
amasar to prepare; to knead
amatorio amatory
ámbar (m.) amber, ambergris
ambicionar to long for; to aspire to
ambiente (m.) atmosphere

ámbito place, space
ambos both
ambulante wandering; ambulant
amedrentar to frighten
amenaza threat
amenazador menacing, threatening
amenazante threateningly
amenazar to threaten
amenguar to diminish; to defame
amenidad pleasantness
amenizar to make agreeable
americana coat
amigo friend; (adj.) friendly
amigote (coll.) old friend
amiguita little friend
amistad friendship; friend
amo master, boss
amonestación admonition; marriage banns
amonestar to admonish
amontonar to pile up
amor (m.) love; devotion; — propio self-love; (pl.) wooing; love affair
amoroso loving, amorous; of love
amoscarse to become peeved
amparar to protect; to help; —(se) to protect oneself; to seek refuge
amparo shelter, protection
ampliación amplification, enlargement
ampliamente fully
ampliar to enlarge, to extend
amplio wide, large
amuleto amulet
anaquelería shelves
anciano old (man); (adj.) aged, old
ancho wide, broad; estar — to be comfortable
anchuroso spacious
andaluz Andalusian
andanada broadside; fusillade
andar to walk; to run; to behave; to go (about); to be; ¡anda! come on; go on
andrajoso ragged
Andrés Andrew
anfitrión host
angelical angelic
Ángelus Angelus (morning, noon, and evening prayer)
angina inflammation of the throat
ángulo angle; corner
angustia anguish; distress

angustiado in anguish; anguished
angustioso anguished; grievous; agonizing
anhelante full of longing; anxious
anhelar to long for; to desire
anhelo desire; eagerness
anillo ring
ánima soul; soul in purgatory
animación animation; bustle
animado lively
animal animal; brute, fool
animalada stupidity
animalejo little animal
animar to animate, to bring to life; to encourage; —(se) to grow lively
ánimo spirit; mind; thought; intention; con más —s more encouraged; dar —s a to encourage
aniquilar to destroy
anochecer to grow dark; (m.) nightfall
anómalo anomalous; out of keeping
anonadado crushed
anonadamiento annihilation; feeling of being overwhelmed or crushed
anonadar to annihilate
anónimo anonymous letter
ansia effort; anxiety; strong desire; longing, yearning
ansiar to be eager to
ansiedad eagerness; anxiety, uneasiness
ansioso eager, anxious; yearning; uneven
antaño long ago, of yore
ante (prep.) before, in the presence of; in the face of; in front of, at; (m.) chamois cloth
antecámara antechamber
antemano: de antemano in advance
antena (naut.) lateen sail
anterior upper; previous
antes first, before; — de (que) before; — bien instead
antesala antechamber
antevíspera two days before
anticipación anticipation; con — in advance
antídoto antidote
antifebrífuga serving to reduce fever; medicación — medication to reduce the fever

antigüedad antiquity; antique; **tienda de —es** antique shop

antiguo ancient, old, former; old-fashioned

antiquísimo very old

antojarse to seem; to be desired on the spur of the moment; **antojársele a uno** + *inf.* to have a notion to + *inf.*

antojo whim, caprice

antorcha torch

anunciar to announce; to advertise

anuncio announcement

añada good or bad season in a year

añadir to add

añicos smithereens; **hacer —** to break to smithereens

año year; **a los pocos —s de** a few years after; **al —** per year

añoso old

apacible peaceable, peaceful, gentle

apaciguador one who brings peace, pacifier

apagado dull

apagar to extinguish, to put out; **—se** to die away (out)

apalear to beat, to cudgel

apandar to steal

aparato device, apparatus; pomp

aparecer(se) to appear; to turn up

aparecido ghost

aparejador foreman, supervisor

aparentar to pretend

aparición appearance; apparition

apariencia appearance, probability

apartar to withdraw; to remove; to take away; to separate; **—se** to withdraw; to leave; to get away; to look away

aparte aside, aside from

apasionado ardent

apechugar con to put up with

apegarse to be (become) attached

apellidar to call, to name

apellido name, surname

apenas scarcely, hardly

apergaminado parchment-like

apesadumbrar to distress

apestar to stink

apestoso annoying

apetecer to desire

apetecible attractive

apetito appetite, desire

apiadarse to have pity; **— de** to have pity on

aplacar to placate; to calm; to quench

aplastar to smash, to crush

aplaudir to applaud, to recognize

aplauso applause, recognition

aplazamiento postponement

aplicación industriousness, diligence; application

aplicar to apply, to give

aplomarse to recover one's self-possession

apocalipsis (*m.*) apocalypse

apoderado representative, proxy

apoderarse de to take possession of; to seize; to get; to take hold of

apodo nickname

apolillarse to become moth-eaten

aportar to bring

aporrear to beat (upon)

aposento room

apostar to bet

apóstol apostle

apostura appearance

apoyado (de) (en) leaning (on)

apoyar to lean; to support; to encourage; **—se (en)** to lean (against), to depend

apoyo support; backing, aid

apreciar to appreciate; to esteem; to be sensitive to

aprecio respect, esteem

apremiar to press

aprendiz apprentice

apresurado in haste

apresurar to hasten, to hurry; **—se a** to hasten to

apretado tight, clenched

apretar to squeeze, to press, to pull in; to tighten

aprisa quickly

aprobación approval

aprobar to approve

aprontar to have ready; to prepare quickly

apropiar(se) to appropriate

aprovechar to take advantage of

aproximado approximate

aproximarse to draw near, to approach

apuesto elegant

apuntar to point out; to aim; to note down

apurar to drain; to press; **—se** to worry, to fret

apuro difficulty, fix, crisis

aquejar to afflict, to trouble

aquí here; **de — para allá** from now on; **de — en adelante** from now on; **por —** around here

aquietar to calm

aquilón (*m.*) north wind

ara altar

árabe Arab, Arabic

arabesco arabesque

Aragón Aragon

araña spider; **— de luz (luces)** chandelier; **hilo de —** spider web

arañar to scratch

arbitrio expedient, means, way; will

arboleda grove

arca chest, coffer

arcángel archangel

arco bow; arch

arder to burn

ardid (*m.*) stratagem, artifice

ardido burning

ardiente burning; hot; fiery; ardent

ardor (*m.*) zeal, eagerness

ardoroso hot; fiery

arena sand

arenal (*m.*) sandy ground

argentino silvery

argüir to argue; to dispute; to accuse

argumentar to argue

árido arid, dry, barren

arisco sullen

aristócrata aristocrat

Aristóteles Aristotle

aristotélico Aristotelian

arma weapon; (*pl.*) troops; **— blanca** steel blade, sword; **— de fuego** firearm

armadura armor

armar to arm; to stir up, to cause; to assemble, to mount

armario closet, wardrobe; **— ropero** clothes closet

armería armory

armiño ermine

armonía harmony

armónico proportionately built

armonizar to harmonize

aroma (*m.*) perfume, scent

arpa harp

arraigar to take root

arrancar to tear (out); to rip; to root out; to bring forth; to pull away; **—se a** to start

arranque (*m.*) outburst

arrasar to level, to demolish; to fill to the brim

arrastrado dragging

arrastrar to drag (along); to trail; to touch the ground; to compel

arrebatar to carry off; to carry away; to snatch away; **—se** to be carried away (*by passion*)

arrebolar to paint red

arrechucho fit

arreglado moderate; orderly

arreglar to fix, to fix up; to arrange; to settle, to come to an agreement; **—se** to fix oneself up

arremangar to tuck up (*sleeves, etc.*)

arremeter (**contra, con**) to attack

arremolinarse to crowd

arrendatario tenant

arreo adornment; (*pl.*) trappings

arrepentimiento regret

arrepentirse to repent; to be sorry

arriba above, upstairs, up; **— dicho** above-mentioned; **más —** further on

arriendo rent

arriesgado dangerous, hazardous

arrimar to place near; to bring close; **— el hombro** to lend a hand; **—se (a)** to go near; to lean against; to draw near; to take shelter

arrimo protection

arroba *weight of 25 pounds* (*tr. as* **arroba**)

arrodillado kneeling; on one's knees

arrodillarse to kneel

arrogancia arrogance

arrojar to throw (out), to send away; to hurl, to fling, to cast; **—se** to rush recklessly; to throw oneself

arrojo boldness; fearlessness

arrostrar to face; to defy

arroyo brook, stream

arroz (*m.*) rice

arruga wrinkle

arrugado wrinkled

arrugar to wrinkle

arruinar to ruin; **—se** to be ruined

arrullar to lull

arrullo murmur

arte (*m.* or *f.*) art, skill; —s liberal arts

arteria artery

articular to articulate; to say

artífice artisan

arzobispo archbishop

asaltado seized

asaltar to assault

asamblea meeting; assembly

asar to roast

ascender to be promoted, to ascend

ascético ascetic, austere

asco loathing; disgust; ¡qué —! how disgusting!

ascua live coal, ember; en —s on pins and needles

aseado neat, clean

asechanza trap, snare

asegurar to insure, to make sure, to assure; to guarantee; —se to make oneself secure; se asegura it is affirmed

asendereado worn out (*by trouble*)

asentar to sit down; to seat

asentir to assent, to agree; to accept

aseo neatness, tidiness

asesinar to murder

asesino murderer; killer

asestar to aim

así thus, so; in that way; like that; — porque ... como as much be-cause ... as

asidero occasion, pretext

asignar to assign

asilo home (*for poor*); poorhouse; refuge

asimismo also

asir to seize

asistente one who is present

asistir to attend

asistolia asystole (*weakening of heart contractions*)

asma asthma

asno donkey

asolador destructive

asomado looking out

asomar(se) (to begin) to appear; to show; — a to look out of; to lean out of

asombrar to astonish; to amaze; —se (de) to be astonished (by)

asombro astonishment

asomo sign

aspecto appearance, aspect, look

aspereza harshness; con — harshly

áspero rough, harsh

aspirar to aspire; to breathe in

asqueroso disgusting, filthy

astilla splinter, chip

astro star

astuto shrewd, sly

asumir to assume

asunto matter, business, issue

asustar to frighten; —se to become frightened

atajar to cut off (short)

atalaya watchtower

ataque (*m.*) attack

atar to tie (up)

atascar to clog, to stop up

atasco jamming, clogging

ataúd (*m.*) coffin

ataviar to dress (up)

atavío dress

atemorizar to terrify

atemperante soothing, cooling

atenazar to torture (*with pincers*)

atención attention; en — a que in view of the fact that; prestar — to listen

atender to wait; to take care of

atentado attack, crime

atentar to attempt; to do illegally

atento attentive

atenuante attenuation; mitigation

atenuar to mitigate, to attenuate

aterido stiff (with cold)

aterrar to terrify; to destroy

atestado (de) crammed (with)

atildado neat, stylish, elegant

atizar to rouse, to poke

atolondrar to rattle

atónito amazed

atormentar to torment

atortolado intimidated; confused

atracar to cram; —se to stuff one-self

atraer to attract; to bring about; to call forth; to pull

atrapar to catch

atrás backward; back, behind; días — several days before; hacia — backwards; para — back; volverse — to back out; to take back what one has said; to fall back

atraso backwardness; arrears
atravesar to cross; to put or lay across
atreverse (a) to dare, to make bold
atrevido bold, daring
atrevimiento daring, boldness
atribuir to attribute, to bestow
atril (m.) lectern
atrio paved terrace or platform in front of church (or other buildings)
atrocidad atrocity; enormity
atronar to make a deafening noise; to deafen
atropellar to trample; —se to move recklessly
atroz atrocious
atún (m.) tuna (fish)
aturdido bewildered, confused
aturdimiento bewilderment
aturrullado bewildered
audacia audacity, boldness
audaz bold, audacious
audiencia hearing
auditorio audience
aula classroom
aullar to howl
aullido howl
aumentar(se) to increase
aun yet, still; even; — cuando even if
aún still, even
aunar to join, to unite
aura gentle breeze
aureola halo
aurora dawn
ausentarse to absent oneself
ausente absent
austero austere
auto edict, ordinance; (pl.) proceedings; — de fe burning, auto-da-fé; —s acordados court decisions
autómata (m.) automaton
autor author, creator; person responsible
autoritario authoritative
autorizado responsible; authorized
auxiliar to aid, to help; (m.) assistant; (adj.) auxiliary, helping
auxilio help, aid
avalorar to encourage; to give value to
avanzar to advance
avaricia greed
avaro miser, miserly

ave (f.) fowl, bird
avenirse to agree
aventurar to venture, to risk
avergonzar to shame; —se (de) to be ashamed (of)
averiado damaged
averiguar to ascertain, to find out
avisar to inform, to notify
aviso warning, information, announcement
avistar to catch sight of
¡ay! alas! oh!; ¡ay de mí! woe is me!
aya governess
ayudante assistant
ayudar to help
azabache (m.) jet
azacán (m.) water carrier
azar (m.) chance, hazard; al — at random
azaramiento confusion
azaroso unfortunate; dangerous; fearful
azogue (m.) mercury, quicksilver
azorado terrified
azorar to excite
azotar to beat, to whip
azucena lily
azufre (m.) brimstone
azulado bluish, azure

B

baba slobber; caérsele a uno la — to be overwhelmed with joy, to drool
babieca simpleton, ignoramus
bache (m.) rut, deep hole
bajada spout
bajar to lower; to come down, to go down; to bend down, to descend
bajel (m.) vessel
bajío shoal, sand bank, obstacle
bajo beneath, under; (adj.) short, low, lower; clase baja lower class
baladí trivial, paltry
balance (m.) balance sheet
balandrán (m.) cassock
balbucear to stutter, to stammer
balbuciente stammering
balbucir to stammer
baldar to cripple
balde: en balde in vain
baldón (m.) insult, affront, disgrace
bálsamo balsam, balm

ballena whalebone; whale
ballestero archer, crossbowman
bambolla show, sham
banco bank
banda side of a ship
bandera flag
bando band, faction, group
bandolina mandolin
banquero banker
banqueta bench
banquete (m.) banquet
banquillo footstool
bañar (de) to bathe (in)
baño bath; (pl.) spa
baqueteo hardship
báquico bacchic, bacchanalian
barajar to shuffle; to mix
baratija trinket
barba chin; beard, whiskers
barbaridad strange; nonsense
barbarie ignorance, barbarousness
bárbaro barbarian; (adj.) cruel;
   crude; barbaric
barco ship
barquichuela tiny vessel
barquillo cone (for ice cream); waffle
barra bar
barrabasada mischief; bold action
barrenar to violate, to upset
barreno large drill
barrer to sweep
barrera barrier
barriga belly
barroco baroque
barruntar to guess, to conjecture
basamento base
basca nausea
basquiña upper skirt
bastante rather; enough; a good deal
   (of)
bastantemente rather well
bastar to be sufficient, to be enough
basto club (playing card)
bastón (m.) cane, stick
basura rubbish, garbage
bata dressing gown; smock
batahola hubbub
batallar to fight
batidor (m.) scout, advance guard
batín (m.) smoking jacket
batir to beat
bautismal baptismal
bautizo baptism

baza: meter — to butt in, to "put in
   one's two cents"
bazofia garbage, refuse; waste meats
beber to drink; —se to drink up
   (away)
bebida drink
becerrilla little calf
becerro calf; calfskin
belleza beauty
bello fine, lovely, beautiful
bellota acorn
bendecir to bless
bendición blessing
bendito blessed; agua bendita holy
   water
beneficio benefit
benéfico charitable; kind; helpful
beneplácito approval
benigno benign, benevolent
bergantín (m.) brig; (adj.) brigan-
   tine-rigged
bermellón (m.) vermilion
berza cabbage
besar to kiss
beso kiss
bestia beast; dunce; (adj.) stupid,
   boorish; — de carga beast of burden; — de labor (labranza) work
   animal
besugo sea bream (fish of the carp
   family)
betún (m.) shoe polish
Biblia Bible
bien all right, O.K., well; very; (m.)
   good; abundance; good thing; welfare; benefit; dearest; ahora —
   now then; — ... — either ... or;
   — entendido of course; — venido
   welcome; más— rather; mi— my
   love; no— as soon as; o— or else;
   si— while, though; y — all right,
   then; bienes (m. pl.) property,
   wealth, goods; — de fortuna
   wealth; — de la tierra earthly
   goods
bienandanza prosperity; happiness
bienaventurado blessed
bienaventuranza bliss
bienestar (m.) welfare; well-being;
   ease, comfort
bienhechor benign; (m.) benefactor
bienvenida welcome; dar la — to
   welcome

bigardón lout
bigote (*m.*) mustache
birrete (*m.*) biretta (*square cap*)
bis repeated, second, twice
bistec (*m.*) beefsteak
bizantino Byzantine
bizarría gallantry
bizarro lofty
bizcocho biscuit, cake
biznieto great-grandson (*or* great-grandchild)
blanco (*adj.*) white; (*n.*) blank space; target; **arma blanca** steel, blade, sword
blancura whiteness
blandir to wave; to brandish
blando soft, delicate; — **de corazón** soft-hearted
blanducho soft
blandujo soft
blandura delicacy, softness
blanquear to whitewash; to turn white
blasfemia oath
blasfemo blasphemer
blasón (*m.*) coat-of-arms; — **de armas** escutcheon
blonda broad silk lace
bloque (*m.*) block
bobo fool; (*adj.*) silly
boca mouth
bocado morsel
bochornoso shameful
boda(s) wedding
bodega cellar, wine vault
bodegón (*m.*) cheap restaurant
boeta poor-box
bofetada smack
bofetón (*m.*) hard slap in the face
bola ball
bolo mass of bolted food; — **histérico** nervous indigestion
bolsa stock-exchange; purse
bolsillo pocket, pocketbook
bomba bomb; ¡—! Listen! (*calling attention to a toast*)
bombardeo bombardment
bombo large drum
bonachón good-natured
bonanza fair weather
bondad goodness; **con —** kindly
bordadoso kind; good-natured

bonete (*m.*) hat; cap
bono bond; — **de Cortes** government bond
Borbón Bourbon
bordado embroidery
bordar to embroider
borde (*m.*) side, edge
borlón (*m.*) tassel
borona Indian corn
borrachera drunkenness, drunken carousal
borracho drunk, intoxicated; (*n.*) drunkard
borrachón (*m.*) drunkard
borrar to erase; to suppress; to screen; to disguise
borrascoso stormy
borricada asininity
borriquero: cardo — Scotch thistle
bosque (*m.*) wood, forest, grove
bostezo yawn
bota boot, shoe; wineskin
botar to launch; to fling; to lash
bote (*m.*) thrust with a weapon; blow; jar
botella bottle
botica apothecary's shop, drug store
boticario druggist
botonadura set of buttons
bóveda vault; — **celeste** firmament
bramar to roar
bramido howling
brasero brazier (*pan to hold coals*)
bravío untamed, wild
bravo fierce; fearless
bravura ferocity, bravado
braza fathom
brebaje (*m.*) potion, drink
breve brief, short
breviario breviary
brida bridle
brillante lustrous, glossy, shining, brilliant, magnificent; (*m.*) diamond
brillar to shine, to gleam, to flash
brillo splendor, brightness
brincador leaping, jumping
brincar to jump, to skip
brindar to toast; to offer
brío courage, spirit, determination
brioso spirited, energetic
brisa breeze
brizna bit, chip

brocado brocade

brocatel (m.) brocatel (*heavy fabric of silk and linen*)

broma joke, jest, merriment

bromazo bad joke

bronce (m.) bronze, brass

bronceado bronze-colored

brotar to break out, to appear, to gush, to come forth

bruja witch

brujería witchcraft, sorcery

brujo magician

bruma mist, fog

bruñido polished

brusco brusque, gruff

bruto stupid; rough; brutal; (n.) brute, ignoramus

buenazo kind, good-natured

bueno good; well; el — de + *proper noun* good old ...

buey (m.) ox

bufete (m.) writing desk

bufido bellow; puff

bufón (m.) fool, jester

bufonada joke, jest

buhardilla garret; skylight

buho horned owl

buitre (m.) vulture

bujía candle

bulto package; bulk, size; object (*not clearly discerned*)

bulla noise, fuss

bullicio noise, bustle, tumult

bullicioso noisy

bullir to boil, to bubble up, to stir

burbujeante bubbling

burbujear to bubble

burgués bourgeois

buril (m.) chisel

burla ridicule; jest, joke; mockery

burlador deceiver

burlar to mock; —se (de) to make fun (of); to banter, to jest

burlón jesting, joking; scoffing

burlonamente mockingly

burocrático bureaucratic

burrada asininity

busca search, pursuit; en — de in search of; to get

buscador searcher

buscar to look for, to seek out; venir a — to seek out

C

cabal perfect; complete; justo y — exactly right

caballeresco chivalric, knightly; gentlemanly, noble

caballerete (m.) spruce young gentleman; dude

caballería chivalry; horse; — mayor saddle horse

caballero (n.) knight; gentleman; (*adj.*) mounted, riding

caballete (m.) ridge; nariz de — aquiline nose

cabaña hut

cabecera head (*of bed*)

cabellera head of hair

cabello hair

cabelludo hairy

caber to fit; to have room for; to be possible

cabezón (m.) big head

cabizbajo with bent head; pensive

cabo end; al — finally; al — de after, at the end of; al fin y al — in the end

cabrillas Pleiades

cabriola gambol, leap

cabrito kid

cacahuete (m.) peanut

cacarear to brag about

cacharro earthen pot; (*pl.*) bric à brac

cachete (m.) blow on the face (*with the palm of the hand*)

cada each; every; — cual each one, each; — vez + *comparative* more and more

cadalso scaffold; platform; gallows

cadáver (m.) corpse

cadena chain

cadencia cadence

cadencioso rhythmical

cadera hip

Cádiz city in southern Spain

caer to fall; — a to face; — bien to fit, to be becoming; —(se) redondo to fall unconscious; —(se) dormido to fall asleep; caérsele encima to fall on top of; dejar — to drop

cáfila flock; caravan

caída fall

caja cash; case (*of watch*); drum; box; libro de — cashbook

cajón (*m.*) box, chest, drawer; big cash box

cal (*f.*) lime

calabacín (*m.*) small pumpkin

calabaza squash

calabozo prison cell

calambre (*m.*) cramp

calamidad disaster; calamity

calar to size up, to see; to drench

calavera skull

calaverada foolishness, escapade

calcetín (*m.*) sock

cálculo computation, estimate, calculation

caldeado overheated

caldear to heat

caldera heraldic device

caldero kettle, pot

caldo soup, broth

calentar to warm

calentito nice and hot (*dim. of caliente*)

calentura fever

caletre (*m.*) brains, mind

calibre (*m.*) quality; caliber

calidad quality; social station, nobility; en — de as

caliente warm, hot

calificar to characterize; to qualify

calma tranquillity, calm; con — calmly, slowly

calor (*m.*) warmth; heat

calumnia calumny, slander

calumniador slanderer

calumniar to slander

calva bald head, baldness

calvinista Calvinist

calvo bald

calzada highway

calzado footwear, shoes; (*adj.*) shod

calzar(se) to wear, to put on (*shoes*); — mal to wear cheap footwear

calzón (*m.*) breeches

calzonazos weakling

callado silent

callar(se) to be quiet; to be silent; to conceal; to keep silent

calle (*f.*) street; — corta backdrop showing a street

callejuela small street, lane

calloso callous

cámara chamber, room

camarera maid, chambermaid

camastro rickety old bed

cambiar to change; to exchange; — de + *noun* to change + *noun*

cambio change; en — on the other hand

caminar to walk; to go

caminata journey

camino road, path, way, trip; — de on the way to; en el — on the way; por el — on the way

camisa shirt

campamento camp (*military*); encampment

campana bell

campanario belfry

campanilla climbing plant; morning glory

campaña campaign; field; country (*as opposed to city*)

campear to be prominent

campeón (*m.*) champion, opponent

campesino farmer, country person, rustic, peasant

campiña field

campo country; camp; field; domain; — de batalla battlefield maestro del — field commander

cana gray hair

canalla riffraff

canapé (*m.*) sofa

canario canary

canastilla basket

canasto basket

candado padlock

candelabro candelabrum

cándido candid, pure, guileless; white

candor (*m.*) sincerity

candoroso naive; sincere

canela cinnamon

cangrejo crab

canicie (*f.*) whiteness (*of hair*)

cano gray (hair)

canongía (canonjía) canonship (*office held by canon or clergyman who is member of the Council to the bishop with duties in the Cathedral church*)

canónigo canon (*churchman*)

cansancio fatigue

cansar to tire, to bore; —(se) to get tired

cantar to sing; (*n. m.*) song

cántara *liquid measure equal to 13.16 liters*

cantarillo little pitcher

cántaro jug, pitcher; **llover a —s** to rain cats and dogs

cántico song, canticle

cantidad quantity

cantiga poem (*of minstrel and troubadour*)

canto singing, chant, song

cantor (*m.*) singer

caña reed, cane

cáñamo hemp

cañamones (*m. pl.*) birdseed

cañería pipe line

cañón flue (*of a chimney*); canon; barrel (*of gun*)

caos (*m.*) chaos

caótico chaotic

capa coat, cape, mantle

capacidad capacity, ability

capaz capable; able

capellán chaplain

capilla chapel

capital (*f.*) capital (*city*)

capitán captain

capitel (*m.*) capital (*of column*)

capón (*m.*) capon

capricornio capricorn

capricho whim, caprice

cara face; **de —** facing, opposite

caracol (*m.*) snail; winding staircase

carácter (*m.*) character; characteristic

caramba (*interj.*) confound it!

caramelo caramel, candy

caramillo scheme

carbón (*m.*) charcoal, coal

carbonizar to char

carcajada peal of laughter

cárcel (*f.*) prison, jail

Cardenal Cardinal

cárdeno livid

cardo thistle; **— borriquero** Scotch thistle

carecer (*de*) to lack

carga charge, obligation, burden; tax, lien, mortgage; **— de justicia** indemnity paid by the government; **bestia de —** beast of burden

cargar to load, to burden; to carry

cargo burden, duty; position; charge;

hacerse — (de) to take into consideration; to realize

cariado rotten; decomposed

cariátide (*f.*) caryatid

caricia caress

caridad charity

cariño affection, love; fond attention; **¡qué cariño nos tomó!** how fond she became of us!

cariñoso affectionate, loving; endearing

caritativo charitable

cariz (*m.*) aspect

carmesí crimson

carmín carmine color; rouge

carne (*f.*) meat, flesh; (*pl.*) flesh; body; nudity

caro dear, expensive

carpintero carpenter

carrera career, profession; avenue

carretera highway

carretero carter

carrillo cheek

carrilludo round-cheeked

carro cart

carroza carriage

carruaje (*m.*) carriage

carta letter, card; **— dotal** articles of marriage; **a — cabal** in every respect; **echar las —s** to tell one's fortune with cards

cartesiano Cartesian (of Descartes)

cartón (*m.*) cardboard

cartucho paper bag

casa house; home; **— de campo** country house; **en —** at home

casaca dress coat

casadero marriageable

casado married man

casamiento marriage; wedding

casar to marry (off); **—(se)** to get married; **—(se) con** to marry (someone)

cascabel (*m.*) bell

cascado feeble; cracked

cascar to crack, to split

cáscara rind, peel, crust

cascarón (*m.*) eggshell

casco hoof

casería country house

casero landlord

caserón (*m.*) large old house

casi almost

caso situation; case; event; occasion; **cuando el — viniese** when the occasion should arise; **el — es** the fact is; **en todo —** in any case; **hacer — a** to notice; **hacer — de** to pay heed to, to pay attention to; **ir al —** to get to the point; **ser del —** to be relevant; **venir al —** to come to the point

casorio hasty or unwise marriage

¡cáspita! well!; you don't say!

castaña chignon; chestnut

castaño chestnut tree; (*adj.*) chestnut colored

castañuela castanet

castellano Spaniard; Spanish, Castilian

castigar to punish

castigo punishment; **dar —** to punish

Castilla Castile

castillete (*m.*) small castle

castillo castle

casto chaste

castrar to castrate

casualidad chance, accident

casucha miserable hut

casulla chasuble (*hooded garment*)

catadura act of tasting; countenance, aspect; **hacer —s** to taste

catalán Catalonian

catar to taste; to look at

catarral catarrhal

catecismo catechism

catre (*m.*) cot; **— de tijera** folding cot

cauce (*m.*) bed (*of a river*)

caudal (*m.*) fortune

caudillo chief, leader

causa cause, reason; **por — de** because of

causar to cause, to inspire

cautela caution; cunning

cauteloso careful

cautivar to captivate

cautivo captive

cavar to dig

caverna cavern, cave

cavernoso gaping

cavilación hesitation

caviloso preoccupied

cayado shepherd's crook

caza hunting; game

cazador hunter

cazar to hunt (down); to retrieve

cebar to excite; to bait

cebolla onion

cebollesco onion-like, oniony

ceder to yield, to surrender, to give in; to let up

cédula slip of parchment; decree

cefalalgia headache

céfiro zephyr

cegar to blind

ceguedad blindness

ceguera blindness

ceja eyebrow

cejijunto beetle-browed; scowling

celada helmet

celador guard; **— del cuartel** barracks police

celaje (*m.*) clouds of various hues

celar to keep an eye on

celda cell

celdilla little cell

celebrar to praise; to appreciate; to celebrate; to hold (a meeting); **—(se)** to take place

célebre famous

celeste heavenly; delightful; sky-blue; **bóveda —** firmament

celestial celestial; heavenly

celo zeal; (*pl.*) jealousy

celosía jealousy

celoso jealous; zealous; distrustful

celta Celt

cena supper

cenar to sup

cencerrada tin-pan serenade

cencerro cow-bell

cendal (*m.*) gauze

cenit (*m.*) zenith

censura censorship, censure; disapproval

censurable reprehensible

centella flash (*of lightning*)

centeno rye

céntimo cent

ceñido tight

ceño aversion, scowl; **fruncir el —** to frown

cepa vinestalk

cepillar to brush

cepillo poor-box

cera wax

cerca near; **— de** about; near

cercanía vicinity
cercano nearby; close
cercar to encircle, to surround
cerciorarse (de) to find out (about)
cerco siege; ring; circle; poner — a
 to lay siege to
cerdo pig; pork
cerebro brain, mind
ceremonial (n.) code of manners
ceremonioso ceremonious, formal
céreo waxen
cerero wax chandler
cereza cherry
cerilla match; wax taper
cerrar to shut, to close (off)
cerro flax
cerrojo lock, bolt
certero accurate, sure
cerviz (f.) nape of the neck
cesar to stop, to cease; sin — in-
 cessantly; — de + inf. to stop
cesta basket, hamper
cesto basket
cetro sceptre
ciclón (m.) cyclone
ciego blind; (n.) blind man; a ciegas
 blindly
cielo sky; roof; heaven; ¡cielos!
 heavens!; — raso flat ceiling
ciencia science, knowledge
ciento one hundred; a —s by hundreds
cierto certain; a certain; true; sure;
 certainly; lo — es ... the fact is ...;
 por — certainly, of course
ciervo deer
cierzo cold north wind
cifra number, figure; monogram
cifrar to measure
cigarrillo cigarette
cilindro roll, cylinder
cima summit
cinc (m.) zinc
cincel (m.) chisel
cincelar to chisel, to carve
cinismo cynicism
cinocéfalo baboon
cinta ribbon; band; strip
cintura waist
cinturón (m.) belt, sash
circo circus
circular to circulate; to move
cirio taper, wax candle

cita appointment, rendezvous
citar to quote, to mention; to summon; to make an appointment with;
 to incite; to provoke (bulls)
civil civil; guardia — rural police
cizaña pollution, corruption
clamar to cry out; to shout, to vociferate
clamor (m.) cry, plaint; clamor, noise
clamoreo repeated or prolonged clamor
claridad light
clarín (m.) trumpet, clarion
claro (adj.) light; clear; clearly; (interj.) of course
clase (f.) type, kind; class; — baja
 lower class; — media middle class
claustro cloister
cláusula clause, sentence
clausura confinement, monastic life;
 cloister
clavar to thrust, to plunge; to stick;
 to fix; to dig in; to nail
claveteado studded
clavo nail
clérigo clergyman, priest
clientela clientele
coagular to coagulate
cobarde (m.) coward; (adj.) cowardly
cobardía cowardice
cobijar to cover
cobrar to acquire
cobre (m.) copper; brass
cocer to bake; to boil
cocido Spanish dish of boiled meat and
 vegetables (tr. as stew)
cocina kitchen; cookery, cuisine
cocinar to cook
cocinera cook
cócora annoying
coche (m.) carriage; — correo mail
 coach, mail carriage
cochino (n.) pig; (adj.) piggish, filthy
codicia covetousness
codicioso greedy, grasping
código code, codex
codo elbow; empinar el — to drink
 a lot; to hoist ("bend") the elbow
coetáneo contemporary
coger to seize, to grab; to take hold
 of; to absorb; to catch; to pick
cohete (m.) rocket
cohetero pyrotechnist, maker (seller)
 of fireworks

cohibir   to inhibit; to restrain
col (*f.*)   cabbage
colarse   to slip through
colcha   quilt
colchón (*m.*)   mattress
colegial (*m.*)   student
colegio   academy, school
cólera   rage
colérico   angry
colgado   hanging
colgar   to hang
colilla   stump, butt
colina   hill, knoll
colmar   to fill to the brim; to fulfill; to carry to a conclusion
colmo   height, high point
colocación   place
colocar   to place
colonia   cologne
colono   tenant farmer
coloquio   talk, conversation
color (*m.*)   color; de —, de —es colored; dark
colorado   red
colosal   colossal, enormous
collera   collar (*for horses*)
comadre   friend (*lit.* co-godmother)
comarca   region, district
combate (*m.*)   struggle, fight
combatir   to fight
comedido   courteous, polite
comedor (*m.*)   dining room
comendador   knight commander
comendadora   nun (*of a certain order*)
comensal (*m.*)   table companion
comentar   to comment; to make comments; to discuss
comento   lie
comenzar   to begin
comer   to dine, to eat; to corrode; to consume; dar de — a   to feed
comercio   business, commerce
comestible (*adj.*)   edible, eatable
cometa (*m.*)   comet
cometer   to commit
comida   meal, food
comitiva   retinue, party (group)
como   like, as, as if; — de   of about; — que   since; ¿cómo?   how? what? ¡cómo!   how!
cómoda   chest of drawers, commode
comodidad   ease, comfort, freedom from want; convenience

cómodo   comfortable
compadecer   to pity; —se (de) to pity, to feel sorry (for)
compadecido (de)   sorry (for); sympathetic
compadre   friend, neighbor, co-godfather
compañero   companion, friend; — de estudios   classmate
compañía   company; hacer — a alguien   to keep somebody company
comparación   comparison
compás (*m.*) (*mus.*)   time, measure in rhythm; al (a) —   in time
compasado   rhythmic
compasión   pity
compensar   to make up for
competencia   competition; a — vying with each other
compinche   pal, chum
complacer   to please
complejo   complex
componer   to compose, to make up to settle; to put in order; to mend to fix
Compostela   Santiago de Compostela (*shrine in Galicia*)
compra   shopping, marketing; ir a la — to go marketing
comprometer   to engage, to bind —se   to commit oneself, to compromise; to be committed
compromiso   compromising situation
compuesto (*adj.*)   calm, composed (*n.*) compound
comulgar   to receive, to accept (communion)
común   common; (*m.*) watercloset por lo —   generally
comunicar   to communicate; to connect
con   with; con que (conque)   and so; so that; provided that
conato   attempt
concebir   to understand, to conceive
conceder   to concede, to grant
concejo   council
concento   harmony
concepto   opinion, concept
concerniente   concerning
concertar   to arrange
conciencia   consciousness; conscience
concierto   concert; order

conciliación settlement (*of disputes*)
conciliar to reconcile, to conciliate
concluir to end, to conclude; — **de**
+ *inf.* to finish + *ger.*
concluyente conclusive
concordia harmony, agreement
concreto concrete; **en —** definite
concurrencia meeting; those present
concurrente a person who is present;
(*pl.*) crowd
concurrir to come together; to con-
tribute
concurso attendance, group present
concha shell
condado earldom
conde count
condenación damnation
condenado damned, confounded;
(*n.*) (*coll.*) wretch
condenar to condemn
condesa countess
condestable lord high constable
condición condition; term; status;
(*pl.*) terms
conducente conducive, leading
conducir to conduct; to lead; to
bring; to convey; to take; —(**se**) to
behave
conducta conduct, behavior
conejo rabbit
conferenciar to confer
confeso converted Jew
confianza confidence; informality;
familiarity; intimacy; friendliness;
de — on friendly terms; close, intimate
confiar (en) to entrust; to trust (in);
to confide
confidente (*m.*) intimate, confident,
confidant
confín (*m.*) confine, end
confitado candied, sweetened
confitar to candy, to sweeten
confitería confectionery store
confitero confectioner
confites (*m.*) goodies, candies
conflicto trouble; fix, jam
conformar to shape; —**se (con)** to
resign oneself (to)
conforme in agreement; correct;
O.K.; — (**a**) (**con**) in accordance
with; **estar — a** to agree; **según y**
— that depends

conformidad compliance, agreement;
resignation; congruence; conformity
confraternidad confraternity, broth-
erhood
confundir to humiliate, to shame; to
confuse; to punish; to mingle, to mix
up; to throw into disorder; —(**se**)
to fuse; to become lost
confusamente indistinctly
confuso fearful, perplexed, disturbed,
confused, vague
congestionar to make red (*in the face*)
congratularse to congratulate oneself; to rejoice
conjuntivo conjunctive, together
conjunto aggregate
conllevar to bear, to suffer
conmiseración pity, commiseration
conmover to upset, to move
conmovido moved, touched
conocedor connoisseur, expert
conocer to know, to be acquainted
with; to recognize; to find out, to
meet; **dar a —** to make known
conocimiento knowledge
conque so, so then
conquistador conqueror
conquistar to conquer
consagrar to consecrate, to dedicate
consecuente consistent
conseguir to obtain, to achieve, **to
get**; — + *inf.* to succeed in
consejero counsellor, magistrate
consejo advice; council
consentimiento consent
consentir to consent, to allow; —
(**en**) to consent to
conservar to keep, to keep up; **to**
preserve; —(**se**) to take good care
of oneself
consideración consideration, mark of
respect
considerar to consider, to show consideration; to understand
consigna watchword
consignar to tell, to relate
consiguiente (*m.*) result; (*adj.*) con-
sequent; **de —** therefore, conse-
quently; **por —** therefore, con-
sequently
consolador consoling
consolar to console; to comfort
consorte mate; partner; consort

constante constant; loyal

Constantinopla Constantinople

constar to be certain; to appear; to be on record; to be clear

consternación fright, fear; consternation

consternado horrified

consternar to cause panic; —(se) to become frightened

constitución constitution, makeup

constituir to constitute; to establish; —se (en) to set oneself up as

consuelo consolation; sin — disconsolately; disconsolate

consulta consultation

consumar to carry out

consumir to consume; to harass; —(se) to waste away

contagiar to corrupt; to infect

contagio contagion

contar to consider; to recount; to tell; to count; — con to count on

contemplación compliance

contemplar to contemplate; to look at; to watch

contener to hold back; to contain; —(se) to contain (control) oneself; to limit oneself

contentar to satisfy, to please; —(se) to be satisfied

contento pleased; happy; satisfied; (n.) happiness; satisfaction; pleasure

contestación answer

contiguo adjoining

contingencia possibility

continuo constant, continual, continuous; de — constantly, continuously

contorno contour; (pl.) environs, region

contra against; en — (de) against

contradecir to contradict

contraer to contract

contraído contorted

contrariar to oppose

contrariedad annoyance

contrario (n.) opponent; (adj.) contrary; opposite; al —, por el — on the contrary; de lo — otherwise; llevar la contraria a to disagree with

contratante contracting

contratiempo misfortune, mishap

contrato contract

contribución tax, tax money

contribuyente taxpayer

conturbar to trouble

convalecer to recover (from sickness)

convencer to convince

conveniente proper, appropriate, suitable; advisable

convenientemente appropriately

convenio pact

convenir to be suitable; to be advisable; to be necessary; to agree; — en to agree; —(se) to agree

convento convent, monastery, religious house

convertir (en) to transform; to turn (into); to change (into); to convert; —se (en) to become

convexidad convexity

convidado guest

convidar to invite

convite (m.) invitation; — de días birthday invitation

convivencia living together

convocar to summon, to call

convulsión convulsion; seizure

convulso convulsed

conyugal conjugal

cónyuge spouse

copa top (of tree); glass; goblet; drink

copernicano Copernican

copiosamente copiously; heavily

copla couplet, ballad, poem, verse

coqueta flirtatious

coquetería coquetry

coraje (m.) anger

corazón (m.) heart; de todo — with all my heart

corbata tie

corcel (m.) steed

Córdoba city in southern Spain

cordobán (m.) cordovan leather

cordón (m.) cordon; line

cordura wisdom

cornada thrust with the horns

cornado old copper coin of little worth

cornezuelo fungous disease (of rye and other cereals)

coro choir

corona crown

coronar to crown

corpiño waist

corporación association

corpulencia corpulence
corpulento thick
corral (m.) barnyard, yard
corralón (m. aug.) large yard
corrección correctness
correcto irreproachable, polite; correct
corredor (m.) scout; corridor
corregir to correct
correlación connection
correo mail; (pl.) postoffice
correr to run; to pursue; to be common talk; to circulate; to draw (a curtain); to course; to flow; — peligro to be in danger, to be dangerous; — prisa to be urgent; —(se) to slip
correría excursion; foray
corresponder to correspond; to befit
correspondiente corresponding
corretaje (m.) brokerage
corretear to ramble, to run around
corriente (f.) current, stream; (adj.) current; (adv.) all right, O.K.; estar al — de to be informed about
corro group or circle of people
corromper to corrupt
corsé (m.) corset
cortado confused, abashed
cortar to cut short; to stop; to cut; to cut out (off); —(se) to be embarrassed
corte (f.) court
cortejar to woo
cortejo lover; courtship
Cortes (f. pl.) Parliament; bono de — government bond
cortesía politeness; courtesy; hacer una — to make a bow
corteza rind, skin, crust; coarseness; outward appearance
cortina curtain
corto short, small, scant, brief, limited; — de vista near-sighted
La Coruña port city in Galicia
cosa thing; ¿qué —? what?
coscorrón (m.) bump on the head; a coscorrones by means of blows on the head
cosecha crop
cosechar to reap, to harvest
coser to sew
cosilla little thing

costa cost; a — de at the expense of
costado side, flank; (pl.) ancestors; dolor de — pneumonia
costalazo blow on the back or side (from fall)
costar to cost; — trabajo to be difficult; to find it difficult; nada cuesta ... it's no trouble
coste (m.) cost, price
costra crust
costumbre custom, habit; (pl.) ways; morality; buenas —s good conduct; según (de) — as usual; tener — de to be in the habit of
costurera seamstress
cotorrear to chatter
coyuntura joint
coz (f.) kick; tirar coces to kick
cráneo cranium, skull
craso crass; greasy
crear to create
crecer to grow; —(se) to assume more authority
creces (f. pl.) increase; con — amply, "with interest"
creciente growing
crédito standing, reputation; credit
creencia belief
crepúsculo dusk, twilight
cresta crest, peak
criada maid-servant
criado servant; clerk
Criador Creator
crianza breeding, upbringing
criar to raise; to breed; to grow; to nourish; —(se) to be brought up; to grow up
criatura child, creature
criba sieve
crisis (f.) crisis; — nerviosa nervous breakdown
crispado clenched
crispante convulsive
cristal (m.) crystal, glass, pane of glass
cristalino clear, crystalline
cristianar to baptize
cristiandad Christendom
cristiano Christian
Cristo Christ
criterio criterion; standard; judgment
cromo chromo (picture)

crónica chronicle
crónico chronic
crucero crossing
crucifijo crucifix
crudo raw
cruento cruel
crujía bay (*space between two walls*)
crujido creak, clatter
crujir to crackle
cruz (*f.*) cross
cruzamiento crossbreeding
cruzar to cross
cuadra hall; stable
cuadrado square
cuadril (*m.*) hip
cuadrilongo rectangle
cuadrilla crew, troup, group
cuadro picture; painting
cuajar to curd, to curdle
cual like, as, how; — si as if
¿cuál? what? how? which? which
    one?
cualquier(a) any; anyone; some
cuán (cuan) how
cuando when; aun — even if;
    de — en — from time to time
¿cuándo? when?
cuanto all the, all that (which), as
    (so); much (many); whatever; —
    antes as soon as possible; en — as
    soon as; en — a as for, with regard
    to; —s all those who; de cuantas
    personas of all the people
¡cuánto! how much (many)! how!
cuarentón forty-year-old
cuartel (*m.*) barracks; celador del —
    barracks police
cuarterón (*m.*) quarter pound
cuarteta quatrain (*four-line stanza*)
cuarto room; dwelling; habitation;
    apartment; penny; (*pl.*) money
cuba cask
cubierto (*p.p. of* cubrir) — de cov-
    ered (over) with
cubrir to cover; to cover up
cuchara spoon
cucharadita teaspoonful
cuchicheo whispering
cuchilla large knife
cuchillo knife
cuchitril (*m.*) hole; corner
cuello neck; collar
cuenco base; hollow

cuenta account, bill; bead; — c◦
    rriente current account; charge a◦
    count; dar — a to inform; dar◦
    — de to realize; hacer la — (d◦
    to take into account; pedir — ◦
    ask for an accounting, to demand a
    account; tener en — to bear i
    mind; ajustar —s to settle accoun
cuento tale, story
cuerda rope; string (*mus.*); dar —
    to give free rein to
cuerdo sane
cuerno horn
cuero leather; skin
cuerpo body, corpse; nature; — d
    delito corpus delicti; — soci
    society
cuervo crow
cuesta slope; a —s on one's back
cuestión quarrel; matter; questio◦
    problem, issue
cuidado care, worry; ¡—! look ou
    be careful!; — con be sure not to
cuidadoso careful; anxious
cuidar to be careful; to take care ◦
    —(se) de to care about; cuida◦
    be careful; take care!
cuita trouble
cuitado unfortunate, wretched; (*◦*
    wretch
cuja scabbard
culata butt of firearm
culebra snake
culinario culinary
culpa guilt, blame, fault; por — ◦
    on account of; sin — innocent
culpable (*adj.*) guilty; (*n.*) culprit
cultivo farming, cultivation
culto cult, worship; (*adj.*) cultivate
    cultured
cumbre (*f.*) summit, peak, height
cumplido (*n.*) compliment; expr◦
    sion of courtesy; (*adj.*) courteou
    correct; large; gastar —s to sta◦
    on ceremony
cumplimiento formality,   courtes
    compliment; fulfillment
cumplir to comply, to fulfill; to ke◦
    (*a promise*); to carry out, to perfor◦
    to behoove; — años to reach on◦
    birthday
cuna cradle; lineage
cundir to spread

cuñada sister-in-law
cuñado brother-in-law
cupido cupid
cura (*m.*) priest
curar(se) to be cured
curia bar, the legal profession
curiosear to snoop; to hang around
curiosidad curiosity; curious thing
curioso curious, odd; (*n.*) curious person, busybody
curso course of study, course
curvo curved, bent
custodia guard
custodiar to guard
cutis (*m.*) skin

CH

chacha nursemaid
chalán (*m.*) horse dealer
chaleco waistcoat, vest
champaña (*m.*) champagne
chancleta slipper
chanclo overshoe
chanza jest
chapa sheet; plate
chapurrado broken
chaqueta jacket
charco pool, puddle
charla chatter
charlar to chat
chasquido crack
chato flat; low
chaval young man, lad
chica young girl
chico (little) boy; (*adj.*) small
chicuelo little one; child
chifladura wild idea
chillar to creak; to scream
chillido scream, shriek
chillón creaking
chimenea chimney, fireplace
chinche (*m. or f.*) bedbug
chinchorrería nuisance
chiquilla little girl
chiquillería (*coll.*) a great number of small children, "small fry"
chiquillo small child
chiquitín tiny child, tot; little one
chispa spark; **echar —s** to sparkle
chispazo flying spark
chispeante sparkling
chispear to sparkle

chistar to speak; **no —** not to say a word
chiste (*m.*) jest, joke, witticism
chistoso funny
chocar to strike, to clash, to meet; to collide
chocarrería coarse joke
choque (*m.*) collision
chorizo sausage
chorro stream; ray
choza cottage
chufa earth almond (*edible tuber of the chufa or sedge plant*)
chuleta chop, cutlet
chupa waistcoat
chupado emaciated
chupar to suck

D

dado: dado que assuming that
dalmática wide-sleeved tunic
dama lady
damasco damask
damisela young lady
dantesco Dantesque
danza dance; shady deal; trouble, mess
daño harm, damage; **hacer —** to hurt; to harm
dar to give; to poke, to hit, to strike (*the hour*); **— a conocer** to make known; **— a entender** to give the impression; **— contra** to hit against; **— de comer (a)** to feed; **— en** to persist in; to begin to; **—fin a** to finish; **—las gracias** to thank; **—miedo** to frighten; **—por** to consider as; **—(se) por vencido** to give up; **—(se) prisa** to hurry; **dárselas** to pose as; **da lo mismo** it's all the same; **le dió por** he took it into his head
Darro *name of river in Granada*
de from, of, about
debajo (de) under, underneath; **por —de** underneath
debe (*m.*) debit (*side*)
deber must, ought to; to owe; to be supposed to; (*m.*) duty; **deber de +** *inf.* must + *inf.*
debido due, proper
débil weak

debilidad weakness

decadente decadent; weakened, failing

decaer to weaken; to fade, to languish; to decay

decaído (p.p. of decaer) languishing

decencia decency; con — decently

decente decent, dignified

decidir to decide; —(se) a to decide to, to make up one's mind to

decidor witty

décima (poet.) ten-line stanza

décimonono nineteenth

decir to call; to say, to tell; a — verdad to tell the truth; es — that is to say; querer — to mean; (n.) language; digo I mean

decisión decision; decisiveness

declamación harangue

declamar to declaim

declarar to make known; to declare

declinar to decline; al — la tarde in the late afternoon

decoro decorum

decoroso decent, decorous

decreto decree

dechado model, example

dedicar to devote; —(se) a to devote oneself to

dedito finger (measure)

dedo finger, finger's breadth, tiniest part; — gordo del pie big toe

deducir to deduce

defender to defend, to protect, to maintain

degradar to degrade

deidad deity

dejar to allow, to let; to leave; — a un lado to leave aside; — caer to drop; — de to refrain from; to stop, to cease; no — de + inf. not to fail to + inf.

dejo touch

delantal (m.) apron

delante in front; before; — de in front of; por — (de) in front (of)

delatar to reveal, to denounce

deleitar to delight; —(se) con to take delight in

deleite (m.) delight

delgado slim, thin

delicadeza sensitiveness, delicacy, refinement, tact

delicia delight

delicioso delicious, delightful

delincuente offender; (adj.) guilty, delinquent

delinear to outline

deliquio rapture

delirante (adj.) in delirium; (n.) person in delirium

delirar to rave

delirio rapture; delirium; nonsense; madness

delito crime; cuerpo del — corpus delicti

demanda claim; petition; lawsuit; ir en — de to go looking for

demandante supplicating

demandar to demand; to ask for

demás other(s); rest, besides, moreover; lo — the rest; los — the others; por lo — furthermore

demasía excess; en — excessively

demente (adj.) demented, mad; (n.) lunatic

demonio devil

denegar to say no

dengue (m.) affectation; cape; hacer —s to put on airs; to be affected

denotar to denote, to indicate

denso dense, thick

dentadura teeth

dentellada bite

dentro (de) within, inside; por — on (from) the inside

denuncia denunciation

denunciar to denounce; to proclaim

deparar to provide, to furnish

depositar to deposit, to entrust

depravación depravity

deprecación plea, prayer

derecha right hand (side); por la — on the right

derecho right, law; (adj.) right

derivar to derive; —(se) to be derived

derogar to repeal, to revoke

derramar to spill, to pour, to shed, to spread

derredor: en derredor about, around

derretir to melt

derribar to knock down; to bring down; to humiliate

derrochador spendthrift, squanderer

derrochar to squander

derrotar to defeat

desabrazarse to break one's embrace; to separate

desabrido tasteless

desabrigar to uncover, to bare

desacato disrespect; profanation

desacuerdo disagreement; discord

desafiar to defy, to challenge

desafío challenge, duel

desaforadamente outrageously

desagravio redress

desahogar to relieve

desahogo ease; freedom from anxiety; relief, unburdening

desahuciado despaired of

desairar to slight, to treat with disrespect

desaliño negligence of dress

desalquilado vacant, unrented

desamor (m.) lack of love

desamparar to abandon

desamparo abandonment, lack of protection

desandar to retrace (one's steps)

desaprobar to disapprove

desarmar to disarm

desarreglo disorder

desarrollar to develop

desasir to loosen; —(se) to get free

desasosiego restlessness, uneasiness

desastre (m.) disaster

desastroso disastrous

desatar to untie, to unleash; —(se) to break out

desatascar to unclog

desatentado thoughtless; in a frenzy

desatino folly, nonsense; blunder

desavenencia disagreement

desayuno breakfast

desazón (f.) annoyance; indisposition; uneasiness

desbandar to flee in disorder

descalabrar to wound slightly in the head

descalzar to take off (shoes)

descalzo barefoot

descansadamente in a leisurely fashion, calmly

descansado restful; rested

descansar to rest, to be at rest

descanso rest

descarado shameless

descargar to discharge; to let fall

descarnado fleshless, emaciated

descasarse to have one's marriage annulled; to separate by annulment of marriage

descendencia offspring

descendiente descendant

descolgarse (con) to suddenly come out with

descolorido discolored; pallid

descomponerse to get out of order; to get sick

descompuesto out of order; insolent

descomunal enormous, monstrous

desconcertar to disconcert

desconcierto disorder; lack of restraint

desconfianza distrust

desconocer to be ignorant of, not to know

desconocido (n.) stranger; (adj.) unknown

desconsiderado inconsiderate

desconsolado disconsolate, grief-stricken

desconsolador discouraging

desconsolarse to be distressed

desconsuelo grief, disconsolateness

descontento dissatisfied

descorrer to draw (a curtain)

descuaderno disorder, looseness

descubierto (p.p. of descubrir) exposed; al — exposed

descubrimiento discovery

descubrir to discover; to discern; to reveal; to expose to view; to uncover; —(se) to take off one's hat; to uncover oneself; to take off one's veil

descuidado indifferent, careless, unworried; — de indifferent to

descuidar to be free of worry, not to worry; —(se) to be distracted

descuido neglect

desde from, since; — luego of course; at once; — que since

desdén (m.) disdain, scorn, contempt

desdeño disdain

desdeñoso disdainful

desdicha misfortune

desdichado unhappy, unfortunate; (n.) wretch

desdoblar to unfold, to open

desembarazado unrestrained

desembarcar to disembark

desembuchar to disgorge

desempeñar to carry out, to discharge; to redeem (*a pledge*)

desencadenarse to break forth; to be loose

desencajado protruding

desenfrenarse to go too far

desengañar to disabuse; to undeceive

desengaño disenchantment, disappointment; correction

desenlace (*m.*) outcome

desenrollar to unroll

desentonado discordant, shrill

desentumecerse to shake off the numbness

desenvainar to unsheath; to take out

desenvolver to unwrap; to develop

deseo desire, wish

deseoso desirous

desequilibrio confusion

desesperado desperate

desfallecer to fall away, to weaken

desfallecido faint, weak

desfigurar to distort, to misrepresent

desfilar to march

desgarbado graceless

desgarrado bold, dissolute

desgaste (*m.*) erosion, wear and tear

desgracia misfortune; por — unfortunately

desgraciado (*n.*) wretch; (*adj.*) unfortunate, unhappy

desgreñado dishevelled

deshacer to destroy; —(se) to crumble; —(se) de to get rid of

desheredar to disinherit

deshoja husking

deshonra dishonor, disgrace

deshonroso dishonorable, ignominious

desierto (*adj.*) deserted; (*n.*) desert

designio plan, design, purpose

desigual unequal

desigualdad inequality

desinterés (*m.*) disinterestedness

desistir to desist; to give up

desleír to dilute

desliar to untie

deslizarse to slip

deslucido faded, tarnished

deslucir to deprive of distinction (*or of grace*)

deslumbrante dazzling

deslumbrar to dazzle

desmantelado dilapidated

desmañado awkward, bungling

desmayado unconscious, fainting, in a faint; faltering

desmayar to falter; to grow faint; —(se) to faint

desmedido excessive

desmedrado debilitated, impaired

desmedrar to weaken

desmentir to belie, to contradict; —(se) to make an about-face; to contradict oneself

desmerecer to lose worth; to be less worthy

desmesurado disproportionate; excessive

desmoronar to decay

desnarigado noseless

desnudar to bare, to undress; to unsheath

desnudo naked, nude, bare, undressed, uncovered

desobedecer to disobey

desoír to disregard, to be deaf to

desolación destruction

desollar to flay, to skin

desorden (*m.*) disorder, excess

desordenado disordered, disorderly

despacio slowly; at leisure

despachar to dismiss; to dispatch; to kill; to expedite; to hurry; to gobble down

despacho office, study

despavorido terrified

despecho spite; a — de despite

despedazar to tear to pieces

despedida farewell, good-bye, leave-taking; dar una — to bid farewell

despedir to dismiss, to get rid of; to emit; to throw off; to dart, to fling; to give (send) off; —(se) to say good-bye, to take leave

despegar to loosen; —(se) to get loose

despego indifference; aversion

despejado clear

despejar to clear out; to leave; to clear; to clear up

despensa pantry

despensero steward

despeñadero precipice, cliff

despertar to wake up, to awaken; —(se) to wake up

despiadado merciless; cruel
despierto awake
despilfarrar to squander
desplacer to displease
desplegarse to unfurl; to unfold
despojar to strip
despojo dispossession; (*pl.*) mortal remains
desposado newlywed
desposeído dispossessed; divested
despotricarse to rant
despreciable despicable; contemptible
despreciar to despise, to disdain; to scorn; to neglect
desprecio scorn; contempt
desprender to loosen, to detach; to fall down; —(**se**) (**de**) to come down (from); to become detached from
despropósito absurdity; **con un —** absurdly
después (de) after; next, then, afterwards
despuntar to break (*said of the dawn, etc.*)
desque since
desquitar to recoup a loss, to avenge
destacarse to stand out
destechado without a roof
destello flash
destemplado out of tune; shrill
desteñido faded
desterrado exile
desterrar to exile
destetar to wean
destinar to destine
destino destiny, fate
destocar to uncover one's head
destreza skill
destripador "ripper"
destripar to take the insides out of
destrizar to mince
destronado dethroned
destrozar to break, to destroy; to shatter
destrozo havoc
destruir to destroy
desusado unusual, unaccustomed
desvalido impoverished
desvanecer to vanish, to disappear; to fade; —(**se**) to swoon; to vanish
desvanecimiento disappearance

desvarío ecstasy, delirium; raving, madness
desventaja disadvantage
desventura misfortune
desventurado unfortunate
desvergonzado shameless
desvergüenza shameless thing, effrontery
desvivirse (por) to be anxious to + *inf.*; to go out of one's way + *inf.*
detalle (*m.*) detail, particular; **en —** retail
detener to stop, to hold; —(**se**) to stop
determinación decision, resolution
determinado given
determinar to determine, to decide; —(**se**) **a** + *inf.* to decide to + *inf.*
detrás back; **— de** behind; **por —** from behind
deuda debt
deudo relative
deudor debtor
devaneo giddiness, delirium
devoción devotion, worship
devolver to give back; to restore; to return
devorar to devour; to swallow
devoto devout
día (*m.*) day; **de —** by day; **— de —s** birthday, name day; **por el —** by day; **a los pocos —s** within a few days; **todos los —s** every day; **Día de difuntos** All Souls' Day (*Nov. 2*); **Día de todos los Santos** All Saints' Day (*Nov. 1*)
diablo devil; **¡—!** darn!
diablura mischief
diadema crown, diadem
diáfano transparent, clear, diaphanous
diagnosticar to diagnose
diagnóstico diagnosis
dialéctica dialectic
¡diantre! the devil!
diario daily; (*n.*) diary; journal
dibujar to draw; —(**se**) to be outlined
dictamen (*m.*) judgment, opinion
dictar to dictate; to give; to suggest; to direct
dicha happiness, good fortune
dicho (*p.p. of* decir) aforesaid; (*m.*) talk, remark, saying; **— se está** it

goes without saying; **mejor —** rather

dichoso fortunate, lucky; happy; tiresome

diente (*m.*) tooth

diestra right hand

diestro shrewd; able, skillful

difícilmente with difficulty

dificultar to find difficulty (in)

difundir to spread

difunto deceased; dead; (*n.*) corpse; dead person; **Día de —s** All Souls' Day (*Nov. 2*)

digerir to digest

dignamente in a suitable fashion

dignidad dignity

digno worthy; suitable; dignified

dilación delay

dilatado extensive

dilatar to spread; to dilate; **—(se)** to delay

diligencia industriousness; attempt, care; business

diligente industrious

diluvio flood

diminuto slight, tiny

Dios God; **dios** god; **Idos con Dios** good-bye; **por —** for heaven's sake

diosa goddess

diplomático diplomat

diputado deputy

dique (*m.*) dike

dirección direction; **en — a (de)** toward

dirigir to direct; to send; to address; to apply; **— la palabra a** to address; **—(se) (a)** to go (towards); to proceed; to turn

dirimir to reconcile

discernir to discern

disciplina discipline; whip

discípulo pupil, disciple

discorde discordant

discordia disagreement; discord

discreción discretion; with judgment; **a —** as much as one likes; whenever one likes

discreto discreet; circumspect; wise

disculpar to forgive; to cover up; to vindicate

discurrir to invent, to contrive; to conjecture; to think, to reflect; to reason, to discuss; to roam

discurso speech; discourse; reasoning

discusión discussion, argument

discutir to discuss; to argue about

disenso dissent, disagreement

disfraz (*m.*) disguise

disfrazar to disguise

disfrutar (de) to enjoy; to have the use of

disgusto annoyance; worry; ill humor; unpleasantness

disidente dissident, dissenting

disimular to disguise; to hide; to dissemble, to pretend; to excuse; to forgive

disipar(se) to dissipate; to evaporate

disminuirse to diminish, to decrease

disolución dissipation

disparar to discard; to shoot, to discharge, to fire, to hurl; **—(se)** to rush away; to go off (*a gun*)

disparatado foolish

disparatar to talk nonsense

disparate (*m.*) nonsense; foolish remark; foolish act

dispensar to forgive, to excuse

dispersar to disperse

disperso scattered

disponer to order; to arrange; to dispose; to specify; **— de** to make use of; to have at one's disposal; to dispose of; **—(se)** to prepare

disposición measure, order; aptitude; inclination; arrangement; disposition; extent

dispuesto ready; resigned

disputa dispute, argument

disputar to dispute, to argue

distar to be far

distinción distinction, honor

distinguido elegant, distinguished

distinguir to distinguish; to mark; to make out

distinto different; distinct

distraer to distract; to amuse; **—(se)** to amuse oneself

distraído (*p.p. of* **distraer**) absent-minded, distracted

distrito district

disturbio disturbance, difficulty

diversión amusement

diverso different

divertido amusing

divertir to amuse, to entertain

—(se) to enjoy oneself, to have a good time

divisar to perceive, to make out; —(se) to make out; to be seen

do = donde where; do quiera wherever

doblar to turn (*a corner*); to bend; to ring; to subdue; —(se) to bend over

doble double

doblegarse to yield, to give in

doblón (*m.*) doubloon

docena dozen

dócil docile

docto learned

doctor teacher; scholar; doctor

documento document; instruction

dolencia sickness; affliction; ache; pain; ailment

doler to grieve, to distress, to hurt, to pain; —(se) to be grieved

doliente ailing, suffering, aching; mournful

dolor (*m.*) pain, grief, sorrow; — de costado pneumonia

dolorido painful, doleful; aching

doloroso painful, pitiful, grievous

domar to tame, to master

domicilio home

dominante prevailing

dominar to dominate; to control; to possess

domingo Sunday; Domingo de Ramos Palm Sunday

dominguero *relating to, or done on Sunday*

dominio supremacy

don *title given to a man, used only with Christian name;* (*m.*) gift

donaire (*m.*) cleverness

donativo gift

doncel youth

doncella maiden

donde where; — quiera anywhere; por — wherever

¿dónde? where?

dondequiera wherever; — que wherever (*conj.*)

donoso graceful

dorado gilt, gilded; golden

dormido asleep; caerse — to fall asleep; quedarse — to fall asleep

dormir to sleep; —(se) to fall asleep

dorar to gild; (*fig.*) to sugar-coat

dormitar to doze

dosis (*f.*) dose

dotar to give as dowry; to equip; —(se) to endow with

dote (*m. & f.*) dowry; endowment

droga drug

ducado ducat

dúctil easy to handle, manageable

ductilidad ductility, manageability

duda doubt

dudar (de) to doubt; to hesitate; — en to hesitate

dudoso doubtful

duelo duel; mourning; mourners

dueño owner, proprietor; master

dulce soft, sweet; comfortable; gentle; (*m.*) sweet, candy

dulzaina flageolet

dulzainero flageolet player

dulzón kindly

dulzura sweetness

duplicar to duplicate; to double

duque duke

duración duration, length

duradero lasting

durante during, for

durar to last

dureza hardness

durmiente sleeping

duro hard, stiff; (*n.*) *coin equal to five pesetas* (*tr. as* duro)

E

e and (*before* i *and* hi)

¡ea! there!

ebullición boiling; en — in ferment

eclesiástico ecclesiastical

eclipsar to eclipse; —(se) to be eclipsed

eco echo

echado lying down

echar to expel; to throw; to send forth; — chispas to sparkle; — de menos to miss; — la bendición to bless; to pronounce the blessing; — las cartas to tell one's fortune with cards; — la silla (a) to saddle; — mano a to touch; — mano de to get hold of; — suertes to draw lots; — suspiros to heave sighs; — un párrafo to have a chat;

—(se) to put on; to lie down;
—(se) a + *inf.* to begin to + *inf.*,
to burst out + *ger.*; —(se) atrás
to push back; — la vista encima
to have a look at
edad age; en mi — at my age
edificar to build
edificio structure, building
educación breeding; education
educar to bring up, to rear; to educate
efectivamente in fact
efecto effect; reason; en — as a
matter of fact, in fact
efectuarse to take place; to be carried
out
efervescencia effervescence
efigie (*f.*) effigy
eflorescencia flowering
egipciaco Egyptian
Egipto Egypt
egoísmo egoism; egotism; selfishness
egoísta (*adj.*) egoistic; selfish; (*n.*)
egoist
ei (*interj.*) hey
ejecución execution
ejecutar to execute
ejercer to exercise
ejercicio exertion; exercise
ejército army
elegir to choose, to select, to elect
elemento element; component; ingredient
elevado lofty
elevar to elevate, to raise; to construct; —(se) to rise
elogiar to praise
elogio eulogy, praise
ello it; — es que the fact is that
embadurnar to besmear
embalsamado embalmed; perfumed
embarazar to embarrass
embargar to paralyze; to oppress;
to seize, to attach (*legally*); to suspend; to overcome (*the senses*)
embargo: sin — however, nevertheless
embarullar to make a mess of, to
mix up
embaucar to bamboozle; to impose
upon
embeber to absorb
embelesado spellbound
embelesar to charm, to fascinate;

—(se) to be charmed, to be fascinated
embestida attack, lunge
embestir to attack
embobado agape; fascinated
embobar to fascinate
emborrachar to intoxicate; —(se)
to get drunk
embozar to cloak
embravecido raging
embriagar to intoxicate
embriaguez (*f.*) drunkenness
embuchado sausage; — de Extremadura sausage from the province of
Extremadura
embuste (*m.*) lie, fraud
embutir to stuff; to condense
eminencia expert; eminence; hill
eminente eminent, outstanding
empacho timidity
empaparse to be soaked up (in)
empapelar to wallpaper
empaque (*m.*) look, appearance
emparedado walled-up, secluded
empedernido hardened, confirmed
empedrado stone pavement
empellón (*m.*) push, shove; a empellones by pushing rudely
empeñar to pledge; to pawn; —(se)
(en) to insist (on); to persist (in);
to fall into debt
empeño determination, insistence;
engagement, obligation; tener —
en to insist on
emperador emperor
empero however
empezar to begin
empinar to raise; — el codo to
drink a lot; to hoist ("bend") the
elbow
empleado employee, clerk
emplear to use; to engage
empleo job
emplomado lead roof
emponzoñar to poison
emprender to undertake
empresa enterprise; intention
emprestado as a loan
emprestar to lend
empujar to push, to shove
empuñadura hilt
emulación envy
émulo rival

en in, into; on; at; during

enaguas (*pl.*) petticoat

enajenación alienation; transfer; expropriation

enajenado enraptured

enajenamiento derangement; frenzy

enaltecer to praise

enamorado lover; in love; estar — (de) to be in love (with)

enamorarse (de) to fall in love (with)

enarbolar to raise high

enardecer to inflame; —(se) to become inflamed (*excited*)

encajar to fit in; to be appropriate

encaje (*m.*) lace

encallecido hardened

encaminarse to set out; to go toward

encanecer to become gray

encantador charming

encantar to delight, to charm, to bewitch

encanto charm, fascination; delight

encaramar to raise

encarar to face; —(se) con to face

encarcelar to imprison

encarecer to exaggerate

encargar to entrust; to request, to entreat; — algo a uno to entrust someone with something; —(se) de to take charge of

encarnado red

encarnar to incarnate

encastillarse to shut oneself up; to be unyielding

encausar to prosecute

encender to inflame, to arouse; to light up, to light

encendido red; lighted

encerrar to contain, to include; to lock up; to confine; to enclose; —(se) to lock oneself in

encía gum (*of the mouth*)

encierro confinement, imprisonment

encima (de) above, over; por — de above; quitar de — a uno to free one from

encina oak

enclenque sickly, weak

encoger to shrink

encogimiento timidity, bashfulness

encomendar(se) to commend (oneself); to commit one's self to another's protection

encomio praise

enconar to irritate, to aggravate

encontrar to find; —(se) to meet; to be; —(se) con to meet; to run into

encontrón (*m.*) collision

encontronazo jolt, collision

encorvado bent over

encubierto concealed, covered, cloaked

encuentro clash

encumbrar to elevate

endeble feeble, frail

endecha dirge

enderezar to straighten, to set right

endiablado devilish; perverse; annoying

endilgar to deliver

endurecido hardened

enemigo enemy; (*fig.*) the devil

energúmeno person possessed of the devil

enfadar to anger; —(se) to get angry, to be annoyed

enfermar to fall ill; to get sick

enfermedad illness

enfermizo sickly

enfermo sick, ill; (*n.*) patient, sick person

enflaquecer to grow weak, to fail (*in health*)

enfrenar to curb

enfrente in front; — (de) opposite

enfriamiento cold

enfriar to cool

engaitar to delude

engalanar to adorn

enganchar to get caught

engañado mistaken

engañar to deceive; —(se) to be mistaken

engaño deception

engañoso deceptive

engolfarse to become deeply absorbed

engomado gummed

engordar to get fat; to gain weight

engorroso troublesome

engreimiento vanity

enguantado gloved

enharinar to cover with flour

enhorabuena congratulations; well and good

enjaezar to harness
enjaular to put in a cage
enjertar to graft
enjugar to dry, to wipe
enjuto lean
enlace (*m.*) union, alliance
enlazar to embrace, to unite
enlonado under full canvas
enlutar to veil; to darken
enmendar to reform; to correct
enmohecido moldy
enmudecer to grow silent
enojado angry
enojarse to get angry
enojo anger, annoyance; worry; dar
—s to annoy
enojoso annoying
enormidad enormity; atrociousness
enredador busybody
enredar to envelop; to make trouble;
—(se) to become involved
enredo entanglement
enriquecer to get rich
enrojecer to blush
enrojecido reddened; bloody
ensanchar to widen; to enlarge
ensangrentado bloody, bloodstained
ensayar to try out
ensayo rehearsal; essay
enseña banner, ensign
enseñanza instruction, teaching
enseñar to teach; to show
ensillar to saddle
ensimismarse to become absorbed
in thought
ensoberbecer to make proud
ensolar to pave the floor
ensueño dream, daydream
entablar to initiate; to bring (*a suit
or action*); to start (*a conversation,
friendship, etc.*)
ente (*m.*) entity, being
entender to understand; to listen;
(*m.*) opinion, understanding; dar
a — to give the impression (of);
—(se) to get along; se entiende
it is understood
entendido: bien — of course
entendimiento understanding; mind,
intellect; intelligence
enterar to inform, to acquaint;
—(se) (de) to find out (about);
to understand, to become aware (of)

entereza constancy; uprightness
entero entire, whole
enterrar to bury
entibiarse to become cool; to cool off
entierro funeral, burial
entonación intonation; intoning
entonado haughty
entonces then; por — around then
entorpecer to obstruct
entorpecido benumbed
entrada entrance
entrambos both
entrante coming, next
entrañablemente deeply
entrañas (*pl.*) entrails; feeling; heart
entrar to enter, to go in; to come in;
to be understandable; to usher in;
to put in
entre between, among; — sí to herself (himself); — tanto meanwhile
entreabierto half-open
entrecortado broken
entregar to give, to hand over; to
deliver; to bestow
entremetido meddlesome
entremezclar to intermingle
entreoír to hear indistinctly
entresuelo mezzanine
entretanto in the meanwhile; — que
while
entretener to entertain; to while
away the time (of); to amuse
entretenido pleasant
entrever to see imperfectly; to
glimpse
entreverar to mix in, to intermingle
entristecer to sadden
envedijado tangled
envejecido grown old
envenenar to poison
envidia envy
envidiable enviable
envidiar to envy
envidioso envious
envilecer to debase
envilecido degraded, debased
enviudar to become a widow or
widower
envoltorio bundle
envolver to wrap; to wrap up; to
envelop; to include
envuelto (*p.p. of* envolver) wrapped,
enveloped

epitafio epitaph
época time, period, era, age
epopeya epic, epic poem
equidad fairness
equilibrarse to balance
equivocación mistake
equivocar to mistake; —(se) to be mistaken
equívoco equivocal
era threshing floor
erección tension, rousing, intensification
erguir to straighten; to raise; —(se) to stand erect
erigir to erect
erizado bristly; — (de) bristling (with)
erizarse to stand on end; **se me erizó el cabello** my hair stood on end
ermita hermitage
ermitaño hermit
errado mistaken, wrong
errante wandering, roving
errar to be wrong; to miss (a target)
erudito erudite, learned
esbelto slim
esbirro bailiff
escabullir to escape, to sneak away
escala ladder; scale
escalador scaler, climber
escalar to scale; to break in
escalera staircase; stairs; **por la —** **abajo** down the stairs
escalón (m.) step (of staircase)
escama scale(s)
escanciar to pour
escandalizar to scandalize, to shock; —(se) to become scandalized, to become shocked
escándalo scandal; uproar, commotion
escandaloso scandalous, shocking
escaño bench
escapar to escape; —(se) to flee, to run off; to escape
escapatoria escape, getaway
escape (m.) flight, escape
escarbar to scratch
escarcela pouch
escarcha frost
escarlatina scarlet fever
escarmentar to learn by experience
escarmiento punishment; warning

escasear to be scarce
escasez (f.) want, need, stinginess; scarcity; thinness
escaso small, little, scarce, scant
escena stage, scene
escepticismo scepticism
esclarecido illustrious
esclavina part of cape that covers shoulders, forming a double cape
esclavitud slavery
esclavo slave
escoba broom
escoger to choose
escogido choice, select
escolástico scholastic
escollo reef
esconder to hide
escondrijo hiding-place
escopeta shotgun
escribano clerk, notary
escribiente clerk
escrito (p.p. of **escribir**); (n.) writing
escritura deed
escrupulizar to have scruples
escrúpulo scruple
escuadrón (m.) squadron
escudar to protect; to shield
escudero squire
escudo shield; coat of arms; — **de armas** coat of arms
escueto uninhabited
escultor sculptor
escultura sculpture, piece of sculpture; statue; **de —** sculptured
escupir to spit
esencia essence; **quinta —** quintessence
esfera heaven, sky (poet.); sphere
esfinge (f.) sphinx
esfuerzo effort
esfumarse to grow misty
esgrima fencing
esgrimir to move; to use; to wave
esmaltar to embellish
esmalte (m.) enamel
esmerado careful
esmero care
eso that; — **sí** of course; **a — de** at about (clock time); **por —** therefore, for that reason
espacio deliberation; politeness; space, room; interval, period
espacioso roomy, spacious

espada sword
espalda back; **por la —** from the rear; down the back
espantable frightful
espantajo scarecrow
espantar to frighten; to appal; **—(se)** to become frightened; to be astonished
espanto fright, terror
español Spanish, Spaniard; **a la española** in the Spanish way
esparcir to scatter, to spread
esparto matweed
especial special, particular; **en —** especially, particularly
especie type, species, race; sort, kind
específico specific; patent medicine
espectáculo spectacle
espectador spectator
espectral ghost-like
espectro ghost, spectre
espejo mirror; **al —** in the mirror
espera wait, waiting
esperanza hope
esperar to wait (for); to expect; to await; to hope
espesar to thicken
espeso thick, dense
espetar to spit out
espetera kitchen rack
espiar to spy, to lie in wait for; to watch
espichar to give up the ghost, to die (*coll.*)
espinilla shin bone
espiral (*m.*) spiral
espirar to expire
espíritu (*m.*) mind, spirit; **situación de —** state of mind; **Espíritu Santo** Holy Ghost; **espíritus vitales** spirits
espiritual of spirits; ghostly; spiritual
esplendidez (*f.*) splendor
esplendor (*m.*) splendor, radiance, grandeur; **de —** glorious
esplendoroso radiant
espolvorear to sprinkle
espontáneo spontaneous
esposa wife, spouse
esposo husband; (*pl.*) husband and wife
espuela spur
espuma bubbles, foam

espumarajo foam or froth from the mouth
espumoso foamy, frothy
esquela note
esqueleto skeleton
esquina corner
esquivo elusive
estable stable
establecer to establish; to settle
establecimiento establishment
establo stable
estación period
estacón (*m.*) large stake
estado state; nation
estafa swindle; trick
estafermo simpleton
estallar to break out, to explode
estallido crack, crash
estamento body, division (*of Cortes*); **— de Próceres** House of Lords
estampa image; print
estampar to stamp
estampido crash
estancado stagnant
estancia place; room
estandarte (*m.*) banner, standard
estante (*m.*) shelf; open bookcase
estar to be; **— de gracias** to be in good humor; **— de más** to be superfluous; **— para** to be in a mood to; to be suitable for; **ya está** it's all ready
estatua statue
estatuto statute
estela trail; wake
estera mat, matting
estéril sterile
estertor (*m.*) death rattle; roar; noise in the throat
estilarse to be the style
estilo style; **a — de** in the style of
estima esteem
estimación esteem; **con — de** with esteem for
estimar to respect; to honor; to value; to esteem; **se lo —** I appreciate it
estío summer
estipendio fee
estirar to extend, to stretch
estirpe (*f.*) stock; pedigree; lineage, (*family*) line
esto this; **en —** at this point
estocada stab, thrust

estofado stew
estoicismo stoicism; con — stoically
estopa burlap; stuffing; packing
estorbar to disturb; to be in one's way; to prevent
estorbo hindrance, obstacle
estrafalario outlandish, wild
estrago havoc
estrambótico odd, freakish
estratagema stratagem
estrechar to press; to grasp; to shake (*the hand*)
estrechez (*f.*) want, poverty; narrowness
estrecho narrow
estrella star
estrellarse to crash; to dash oneself to pieces
estremecer to make tremble; to perturb; —(se) to tremble, to shake; to be agitated; to shudder
estremecimiento shudder
estrenar to perform for the first time
estrépito noise, din
estribar (en) to rest (on)
estribillo refrain
estribo stirrup
estridente strident
estrofa stanza
estropajoso stammering
estropear to spoil, to ruin
estruendo noise, din, clatter
estudi *Valencian word for* bedroom
estudiar to study; to copy
estudio study, studying
estufa hothouse
estupefacción stupefaction, amazement
estupendo marvelous
estupidez (*f.*) stupidity
estupor (*m.*) amazement; stupor
eternizar to prolong endlessly; —(se) to be endless; to never finish
ético dried-up, wasted, consumptive
etiqueta etiquette, standing on ceremony, formality
Evangelio Gospel
evasiva evasion
evitar to avoid
exactitud certainty; exactness
exaltación excitement
exaltar to exalt; to excite; to extol, to praise

examinar to examine, to look into
exangüe bloodless
exánime lifeless
excelso lofty, sublime
exceptuar to except
excitación agitation
excitadísimo very excited
exclamar to shout, to exclaim
excrecencia excrescence, growth
excusa apology, excuse
excusado unnecessary
excusar to excuse; to avoid; to do without; — + *inf.* to not have to + *inf.*
execrable detestable, execrable
execración execration
exento exempt, free
exhalación bolt of lightning
exhalar to breathe forth; to exhale; to emit
exigencia exigency, demand
exigente demanding
exigir to require, to demand
existencia existence, life
existir to exist, to live
éxito success; buen — success
exornar to embellish
expedito free, easy
expender to deal in
experimentar to experience
expiación atonement
expiar to atone for; to pay for
expirar to die; to expire
explicación explanation
explicar to explain; —(se) to express oneself; to explain oneself
explotar to explode
exponer to expose; to risk; to explain; to expound
expósito foundling
expresar to express, to refer to
expresión expression; phrase; utterance
expugnar to take by storm; to storm
expulsar to expel
extasiado ecstatic
extasiarse to delight in; to be enraptured
éxtasis (*m.*) ecstasy
extático ecstatic
extensión extent, extension
extenso extensive, spacious

exterior outside, outward; **al —** on the outside
extinguir to extinguish; **—(se)** to come to an end
extirpar to extirpate, to root out; to eradicate; to destroy
extraer to extract, to bring out
extranjero (*adj.*) foreign; (*n.*) foreign land; foreigner; **al —** abroad; to foreign lands; **del —** from abroad
extrañar to find (it) strange; to miss
extrañeza amazement; strangeness, oddity
extraño strange; extraneous
extravagancia nonsense; folly; wildness
extravagante odd; wild; foolish
extraviado wild
extraviar to deflect, to mislead; **—(se)** to get lost
extremado extreme
extremo (*adj.*) extreme; (*n.*) extreme; point; end; (*pl.*) demonstrations; **con —** extremely; **en —** extremely; **hacer —s** to gush, to be demonstrative
exuberante exuberant, large

F

fábrica factory; invention; fabrication; structure
fabricación manufacture
fabricar to build; to make; to manufacture
fábula fable
facción feature; (*pl.*) features (*of face*)
faccionario partisan
faccioso rebel; Carlist
fácil easy; probable, likely; **es—** it's probable
facilidad ease; facility
facilitar to facilitate; to expedite; to provide with
facultad (*f.*) faculty, (*academic*) discipline; power; right; knowledge, science
facultativo doctor
facundia eloquence
facha appearance, look; **en tal —** looking like that
fachada façade

faena task, work, chore; **moza de —** slavey
faja strip; sash
falange (*f.*) phalanx
falaz treacherous; deceitful
falda skirt
falsear to falsify; to counterfeit; to poke; to pierce
falsedad untruth
falsificar to falsify; to misrepresent
falso false, incorrect
falta lack; misdeed, mistake; **a — de** for lack of; **hacer —** to be necessary; to be needed; to miss
faltar to fail; to be lacking; to neglect; to need; to be absent; to offend; **— (a)** not to fulfill a promise (*a duty, etc.*); to offend against; to be unfaithful to; **no faltaba más** why, of course
falto deficient, short
faltriquera pocket
fallar to be lacking; to fail
fallecer to expire
fallido disappointed
fallo verdict
fama fame, reputation
famélico hungry
familiar (*m.*) officer of the Inquisition; (*adj.*) plain
familiarizarse (con) to become familiar (with)
familiarmente in a familiar fashion
fámula maidservant
fanal (*m.*) bell glass
fandango fandango (*dance*)
fango mud
fantasía fantasy, fancy; imagination
fantasma (*m.*) ghost, phantom
fantasmagórico phantasmagoric
fantasmona scarecrow
fantástico unbelievable, fantastic
farándula show, ostentation
faraute (*m.*) messenger
farmacéutico druggist
farmacia drugstore
farmacológico pharmacological
farmacopea pharmacopoeia
faro beacon, lighthouse
farol (*m.*) lantern; light
fascinación (*f.*) fascination, bewitchment
fascinar to bewitch, to fascinate

fastidiar to annoy; —(se) to become displeased
fastidio annoyance, irritation
fatal unfortunate, fatal
fatídico fateful, prophetic; ghost-like
fatiga weariness; anguish; fatigue; hardship
fatigado tired
fatigoso tiring; fatigued
fauces (*f. pl.*) gullet
favor (*m.*) favor; **a —** in favor; **haga el —** please; **por —** please
favorecer to favor
faz (*f.*) face, countenance; aspect
fe (*f.*) faith; **a —** upon my word; **auto de —** burning, auto-da-fé
febril feverish
fecundo fertile, abundant
fecha date; **desde inmemorial —** from time immemorial
fehaciente reliable
felicidad happiness
feliz happy, fortunate
fementido treacherous, false
fénix (*m.*) phoenix
feo ugly
féretro coffin
feria fair; holiday
ferocidad ferocity; **con —** ferociously
feroz fierce; ferocious
ferrado corn measure (*between 13 and 16 liters*)
ferreruelo cloak
fervoroso ardent
festín (*m.*) feast, banquet
festivo humorous, gay
feudatario vassal; feudal tenant
feudo fief
fiado trusting
fiador guarantor; surety
fianza guarantee; surety bond
fiar (**en**) to entrust; to trust; **—se (de) (en)** to rely (on), to trust (in)
ficción fiction, invention; tale
fidelidad loyalty, fidelity; steadfastness
fideos (*pl.*) vermicelli, spaghetti
fiebre (*f.*) fever, temperature
fiel loyal; faithful, true
fiera wild beast
fiero savage, fierce; terrible; angry
fiesta feast, holiday, holy day, celebration; **— de guardar** holy day, Mass day, day of obligation; **— patronal** feast of the patron saint
figura figure; image
figuración figuration, imagination; **en —** figuratively
figurar to represent; to appear; to figure; **—(se)** to imagine
fijamente exactly
fijar to determine; to fix; to clinch; **—(se) en** to settle; to observe, to notice
fijeza steadfastness
fijo fixed, firm; **a punto —** exactly; **de —** surely
fila line, rank
filosofía philosophy, learning
fin (*m.*) purpose; end, conclusion; **a — de** in order to; **a — de que** so that; **al —** after all; finally; **al — y al cabo** in the end; **dar — a** to finish; **en —** in short; **poner — a** to put an end to; **por —** finally; **sin —** endless; endlessly
finado deceased
final final; **Juicio —** Day of Judgment
finca estate
fineza gift; delicacy, kindness
fingido false, fake
fingir to pretend
fino refined; thin, fine; polite
finura fineness; finesse; politeness
firmamento firmament, sky
firmar to sign
firme steady, firm
firmeza firmness, constancy; determination
fisgón busybody
física physics
físico physical
fisonomía face, countenance
flaco thin, skinny; weak
flamante resplendent
flamenco Flemish
flanquear to flank
flaquear to weaken, to flag
flébil lamentable, lamenting
fleco fringe
flecha arrow
flojo loose, limp; weak
florecer to flower, to bloom
florido full of flowers

florilegio anthology
florín (m.) florin (*coin of varying value*)
flotante floating
flotar to float
flúido fluid
fogosidad fire, fierceness
fogoso fiery, impetuous
follaje (m.) foliage
fomentar to foment, to encourage
fonda inn, restaurant
fondista innkeeper, restaurateur, restaurant keeper
fondo back (*of stage*); background; bottom; depth(s); a — thoroughly; en el — deep down; in the bottom; por el — in the rear
fontana (*poet.*) fountain, spring
forastero stranger
forcejear to struggle
forense forensic, legal
forma form, shape; way, manner; outline; sin —s formless, shapeless
formal real; serious; sedate; formal
fórmula formula, requirement
forrar to line; to cover; to sheathe
fortalecer to fortify
fortaleza fortress
fortificar to fortify
fortuna good luck; fortune; por — fortunately
forzosamente necessarily
forzoso necessary, unavoidable
fosa grave
fosfórico phosphoric
fósforo match; phosphorus (*which is highly poisonous*)
foso moat
frac (m.) dress coat (*pl.*) fraques
fragata frigate
franco frank, outspoken
franqueza liberty, freedom; frankness
frase (f.) phrase, sentence
frasquito little vial
fraterna sharp reprimand
fraternidad fellowship, fraternity
fratricida fratricidal
frecuencia frequency; con — frequently
fregar to scrub
fregona kitchenmaid
freire *knight or priest of a military order*
frenéticamente madly
frenético frenzied, frantic

freno brake; bridle; echar —s t« check
frente (f.) brow, forehead; (m., mil.' front; head; a — straight ahead al — in (at the) front; de — head on; from the front; — a facing, be fore; hacer — a to face; por e — from the front, frontal
fresca piece of one's mind
fresco fresh; cool
frescote ruddy
frescura freshness, youth
friega massage, rubbing
frisar (en) to approach (*age*)
frivolité tatting, lacework
frondoso leafy, luxuriant
frontero facing, opposite
frontispicio façade
frotar to rub
fruncir to pucker; — el ceño t« frown
fruslería trifle
frustrado frustrated
fruto product, result; fruit; produce earnings
fuego fire, light; al — cooking, i. the fire; arma de — firearm; — artificiales fireworks; pegar — to set fire to
fuente (f.) platter, dish; fountain source
fuera out, outside; — de asid from; — de sí beside oneself
fuero special privilege
fuerte strong, powerful, loud
fuerza strength; force; might; (*pl.* strength; a — de by dint of, be cause of; a la — by force, forcibly por — forcibly; ser — to b necessary
fugaz fleeting
fúlgido resplendent
fulgor (m.) brilliancy
fulminante (*adj.*) explosive; (m.) ex plosive; percussion cap
fulminar to utter in wrath
fumar to smoke
función show, performance
fundado founded; — en in acco» dance with
fundador (m.) founder, creator
fundar to base, to found, to establis
fundir to fuse, to blend, to melt

fúnebre gloomy, funereal
funesto dismal, sad; regrettable; mournful
furia fury, violence; haste; (capitalized) Fury
furioso furious, maddened
furor (m.) fury, rage, anger, furor
furtivo furtive, secret
futuro future; (n.) future husband

G

gabinete (m.) study; dressing room
gaceta gazette
gafas spectacles
gala festive array; gala, splendor; de — full-dress, finery
galán (n. & adj.) gallant; (m.) fine-looking fellow
galano elegant, tasteful
galantear to pay court
galanteo wooing
galantería gallantry
galeón (m.) galleon
galera galley
galería gallery, corridor, hall
Galicia province in northwestern Spain
galopar to gallop
galope (m.) gallop; al — at a gallop
galvánico electrifying, galvanic
gallardía gracefulness; elegance
gallardo stately, graceful
gallego Galician
galleta biscuit
gallina hen, chicken; — ponedora egg-laying hen
gallinero hen house
gallo rooster, cock
gana(s) desire, appetite; le entraron —s de he felt like; tener —s de to want, to feel like
ganado cattle, livestock
ganar to earn; to win; to gain; to outstrip, to surpass; to reach; —(se) la vida to earn one's living
gándara low jungle (wasteland)
ganguear to twang
gangueo twang
gangoso nasal
gansada stupidity
ganso dope, ninny
gañán farm hand

garbanzo chickpea; —s tronantes small explosives
gargajoso covered with spit
garganta throat
garito den
garlito trap
garra claw
garrapatear to scribble
garrotazo blow with a cudgel; a — limpio full force
garrote (m.) club, cudgel
gastado corrupt; worn
gastar to waste; to spend; to use; to play (a joke)
gasto expense, expenditure; wear
gatas: a gatas on all fours
gato cat
gazmoño (n.) prig; (adj.) priggish
gemelo twin
gemido moan, groan, wail
gemir to moan, to wail; to groan, to whine
generalmente usually
género goods, merchandise; kind, manner, type
genial of genius
genialidad peculiarity
genio temperament, temper; spirit; genius
gentil well-born; handsome; graceful
gentilhombre gentleman-in-waiting (to a person of rank)
gentío crowd
germanesco slangy
germánico Germanic
germinar to germinate
gesticular to gesture, to gesticulate
gesto gesture; grimace; attitude
gigante huge, gigantic; (m.) giant
gigantesco gigantic
gimotear to whine
gimoteo whining
girar to turn; to revolve, to whirl
giro turn, rotation, whirl
gitano gypsy
glacial icy; indifferent
globo globe
gloria glory; mi — beloved
glotón (m.) glutton
gnomo gnome, dwarf
gobernación Department of the Interior

gobernar to rule, to govern; to manage

gobierno government; rule, management

goce (*m.*) enjoyment, pleasure

godo Goth

golondrina swallow

golosina delicacy, tidbit

goloso greedy, gluttonous

golpe (*m.*) blow, beat, strike; — de vista glance, look; dar —s to hit; dar un — to strike; de — suddenly

golpear to beat, to pound, to knock, to strike

gordinflón fat

gordo fat, stout, thick, big, large

gorgojo weevil

gorjeo warbling

gorra cap

gorro cap

gota drop

gotear to drip

gótico Gothic

gotoso gouty

gozar (de) (en) to enjoy, to take pleasure; —(se) to delight (in); — (en) (con) to rejoice (at)

gozne (*m.*) hinge

gozo pleasure, joy

gozoso happy; delighted

grabar to engrave

gracejo charm; lightness; wit

gracia charm, grace, joke; en — de because of; hacerle a uno — to strike someone as funny ¡qué —! how funny!

gracias thanks; — a thanks to; — que fortunately; dar (las) — to thank; estar de — to be in good humor

gracioso charming, amusing; graceful; (*n.*) comedian

grado degree

grana scarlet

grande (gran) big, great; (*m.*) grandee

grandeza grandeur

granero cornloft

grano grain

granuja scoundrel

granujería waifs, kids

grasa fat, grease

grasiento greasy

grato pleasant; pleasantly; acceptable

grave serious, grave; heavy

gravedad gravity, seriousness

greña tangled mop of hair

griego Greek; something unintelligible

grieta crack, crevice

grifo griffin

grillo cricket; (*pl.*) fetters

gris gray

gritar to shout

grito shout, cry

grosería coarseness, crudeness, rudeness

grosero coarse, crude

grueso thick; big, heavy, fat; (*n.*) main part

gruñido grunt; grumbling

gruñir to grunt, to grumble

grupa rump (*of horse*)

Guadalquivir *river in Seville*

guadaña scythe

gualdrapa trappings

guante (*m.*) glove

guapamente fine, very well

guapín handsome

guapo good-looking, handsome; (*n.*) brawler, "tough guy"

guarda custody

guardacantón (*m.*) stone post, spurstone

guardar to keep; to observe; to guard; — rencor to bear a grudge; — silencio to keep silent; —(se) de + *inf.* to be careful not to, to guard against; fiesta de — Mass day, holy day, day of obligation

guardia guard (*body of armed men*); (*m.*) policeman; — civil rural police; — de corps bodyguard

guarnecer to trim; to edge; to adorn

guarnición garrison; de — in garrison

guerra war

guerrero warrior; (*adj.*) warlike, (*pertaining to*) war

guía guide

guiar to guide, to drive, to direct; —(se) por to be guided by

guirlache (*m.*) peanut or almond brittle

guiñar to wink

guiño wink

guión (*m.*) standard

guisa manner, fashion; a — de as if, to serve as, like; a su — in his own way; de mala — in a bad mood

guisandera cook

guisante (*m.*) pea

guisar to cook

guiso dish

gustar to like; to enjoy; to please; — de to like; — de + *inf.* to like to + *inf.*, to enjoy

gusto taste, pleasure, liking; hacer su — to do as one likes

guzla gusla, rebec (*a stringed instrument*)

H

ha ago; — mucho a long time ago

haba bean

haber to have; — de to have to; must, to be to; (*m.*) credit (*side*)

habichuela kidney bean

hábil skillful; able

habilidad ability, skill, talent; shrewdness

hábilmente skillfully

habitación room, apartment

habitador inhabitant

habitar to live

habitual usual, habitual

hablador talkative

hablilla gossip, story

habón (*m.*) broad bean

hace (+ *time*) ago; — poco a short while ago

hacer to make, to do, to cause; to play a part; — caso (de) to pay attention to; — la cuenta (de) to take into account; — las veces de to take the place of; — mal to injure; — pedazos to tear to pieces; —(le) a uno gracia to strike someone as funny; —(se) atrás to draw back; —(se) (a) to become (accustomed to); —(se) cargo de to realize

hacia toward; with regard to; — aquí this way

hacienda estate; treasury

hacha axe

halagar to flatter, to wheedle

halago flattery; caress

halagüeño endearing, alluring, flattering

hallar to find; —(se) to be

hallazgo find, discovery

hambriento hungry

harapo rag, tatter

harina flour

Haro *town to the north of Zaragoza*

harto (*adv.*) quite; very; exceedingly; enough; too (much); (*adj.*) full, satiated

hasta until; up to; even; as much as; approximately; to the point of; — que until

hatajo flock

hay there is, there are; — que + *inf.* one must + *inf.*; it is necessary + *inf.*; no — que + *inf.* one should not + *inf.*; ¿qué —? what's the matter?, what's new?

haz (*m.*) bundle, sheaf

hazaña deed

he here is; — aquí here is, here you have

hebilla buckle

hebraico Hebraic

hebreo Hebrew

hechicera sorceress, witch

hechicero bewitching

hechizar to bewitch, to cast a spell on

hechizo charm

hecho (*p.p. of* hacer) done, made; (*m.*) act, deed, fact; estar — to be, to be turned into

hechura form, shape

helar to freeze, to chill

hembra female, woman

henchir to swell

hender to crack, to split; to break open; to cut

heráldica heraldry

heredad farm

heredar to inherit

heredero heir

hereje heretic; scoundrel; (*adj.*) heretical

herejía heresy

herencia inheritance

herida wound

herir to strike; to touch; to wound

hermana sister; nun; — **política** sister-in-law
hermanar to unite
herméticamente hermetically
hermosura beauty
heroína heroine
herrador (*m.*) horseshoer
herramienta tool
hervir to bubble
heterogéneo heterogeneous, diverse
hidalgo nobleman; (*adj.*) noble
hidalguía nobility
hiedra ivy
hiel (*f.*) bitterness; sorrow; gall
hielo ice, chill
hierba grass, herb; (*pl.*) grass, pasture
hierro grate, iron; burner; weapon
hígado liver
hija daughter; — **política** stepdaughter
hijo son, child; result, fruit; (*pl.*) children
hilar to spin
hilillo fine thread
hilo thread; — **de araña** spider web
hincar to sink; —(**se**) to kneel down
hinchado presumptuous; arrogant
hinchar to puff up, to swell
hinchazón (*f.*) swelling
hinojo knee; **de** —**s** on bended knees
hipar to hiccough
hiperbólico exaggerated, hyperbolic
hipotecario pertaining to a mortgage
historia story; history
historieta short story, narrative
histrionismo theatricality
hito: de hito en hito from head to foot
hocicar to nose about
hogar (*m.*) hearth, fireplace; home
hoguera bonfire; blaze, fire; stake
hoja leaf; sheet, page; blade
hojear to look over, to leaf through
hola (*interj.*) hey!, hello!
holgazán loafer
holgazanería indolence
holocausto sacrifice
hombre man, husband
hombrecillo little man
hombro shoulder; **al** — on the shoulder; **arrimar el** — to lend a hand; **levantar los** —**s** to shrug one's shoulders

hondo deep
hondura depth
honestidad chastity, virtue
honorario fee
honra honor
honradez honesty
honrado honorable, honest
honrar to honor
honroso honorable
hora hour; time; **a estas (tales)** —**s** by this time; **en mal** — in an evil hour; **es** — it's time
horadar to pierce
horchata orgeat (*soft drink made from earth almonds*)
horizonte (*m.*) horizon
hormiga ant
hormiguear to itch
hornada batch of bread
hornilla kitchen stove; kitchen grate
horquilla hairpin
horrendo horrible, awful, horrendous
horripilante hair-raising, terrifying
horrísono terrible sounding
horror (*m.*) horrid thing; ¡qué —! how terrible!
horrorizarse to be horrified
horroroso frightful; hideous; terrible
hortaliza vegetables, garden stuff
hospicio poorhouse
hostia wafer, Host
hostigar to scourge
hoy today; — **por** — at the present time
hoyo hole, pit, grave
hoyoso dimpled
hoyuelo dimple
hoz (*f.*) sickle
hueco hollow, cavity, opening, gap, empty space; (*adj.*) puffed out
huelga merrymaking
huella track, footprint; trace, mark
huequecito little hollow spot, small opening
huérfano orphan; — **de padre** without a father
huerta irrigated region
huerto garden
huesecillo bit of bone
hueso bone, pit (*of olive, etc.*)

huésped guest
hueste (f.) army
huesudo large-boned
huevera egg cup
huevo egg; — pasado soft-boiled egg
huir to flee, to escape
humanidad humanity, the world
humedad dampness, moisture
húmedo wet
humilde humble
humillación humiliation
humillar to humiliate, to humble
humo smoke; gauze
humorada pleasant joke, amusing idea
humorado: bien (mal) — in good (bad) humor
humorismo humorousness, humor
hundir to sink; —(se) to sink, to disappear; to go to rack and ruin
huracán (m.) hurricane, storm
huronear to pry
hurtar to steal
hurtillo theft
husmear to sniff

I

ida departure
idear to think up
idilio idyll
idioma (m.) language
idiota (m.) idiot, fool; (adj.) idiotic
idolatrar to idolize
iglesia church
ignominia ignominy, infamy
ignorante ignorant; (n.) ignoramus
ignorar to be ignorant (of), not to know
ignoto unknown
igual equal; even; similar; unchanging, (the) same; — a same as; por — fairly, equally; sin — unequalled; matchless
igualar to match; —(se) (con) to be equal (to)
ijar (m.) side (of body)
ilegal illegal, illegitimate
iluminado lit, illuminated
iluminar to illuminate; to enlighten
ilusión illusion, fantasy, dream
iluso misguided, deluded

ilustrar to enlighten; to elucidate
imagen (f.) image, statue, figure
imbécil fool, imbecile, idiot; (adj.) idiotic
impacientarse to become impatient
impaciente impatient
impasible impassible, indifferent, impassive
impávido dauntless, intrepid
impedir to prevent
impeler to impel
impensado unexpected, unforeseen
imperar to rule
imperio empire; command; sway, dominion; con — commandingly
imperioso imperious
impertinencia superfluous ingredient
ímpetu (m.) violence; impulse; impetuousness; impetus
impiedad impiety; wickedness
impío cruel, pitiless; impious
implicar to imply
implorar to implore, to beg
imponente imposing
imponer to acquaint; to impose (upon); to force
importar to be important; to matter; to amount to; ¿qué importa? what does it matter?
importe (m.) amount
importuno inopportune, importunate
imposibilitado helpless
impotencia impotence, helplessness
impotente helpless
impracticable impractical
impregnar to saturate
imprenta press
impreso (adj.) printed; (n.) printed matter; book
imprevisto sudden, unexpected, unforeseen
impropio unsuitable, unsuited; inappropriate
improviso: de improviso unexpectedly; suddenly
impuesto (p.p. of imponer) informed, versed
impugnar to impugn, to criticize
impulsar to drive, to impel
impulso impulse, urge
impunemente with impunity; without punishment
impunidad impunity

inagotable inexhaustible
inanición inanition, starvation
inaudito unheard of
incansable tireless
incapacitar to incapacitate; to render unable
incapaz incapable
incauto unwary, unwise
incendio fire
incesante incessant, ceaseless
incidencia incident
incitante exciting
incitar to incite, to stimulate
inclinación bend; leaning, inclination; hacer una — to bend over
inclinado leaning, resting; bent over
inclinar(se) to bend (to a side); to bow; to nod; to incline
inclusive inclusive, including
incógnito unknown
incoloro colorless
incomodar to disturb, to annoy; —(se) to become disturbed, to get annoyed
incomodidad discomfort
incomprensible incomprehensible
incomunicación isolation; lack of communication
inconscientemente unconsciously
inconsiderado thoughtless
inconveniente (m.) objection, disadvantage, discomfort; (adj.) inconvenient, unsuitable; tener — en to have an objection to
incorporarse to sit up
incorpóreo incorporeal
incorrupto incorrupt
increíble incredible; unbelievable
incrustar to incrust, to encase
incumbencia duty, obligation
incurrir (en) to incur, to commit
indecible indescribable
indeciso indecisive; uncertain; undecided
indecoroso indecorous, improper; undignified
indefectible unfailing
indefinido indefinite
independiente independent; separate
indescriptible undescribable
indiano from America (a Spaniard who has been to the New World and returned to Spain, usually wealthy)

indicación indication; por — de a the direction of
indicar to indicate, to reveal; to suggest
índice (m.) index
indígena native, regional
indigencia indigence, poverty
indigente indigent, poor
indignado indignant
indignar to anger
indigno unworthy
indiscreto indiscreet; unwise
indomable unconquerable
indómito wild, unruly
inducir to lead; to induce
indudable certain; indubitable
indumentaria apparel
industria industry; business
industrioso hard-working
inefable indescribable
ineficaz ineffective
inercia inertia, inactivity, inertness
inesperado unexpected
inexperto neophyte (one inexperienced); (adj.) inexpert, inexperienced
inexpugnable impregnable
infalible inescapable, inevitable
infame infamous
infamia infamy
infancia childhood; desde la más tierna — from earliest childhood
infante prince
infatigable indefatigable
infatuar to infatuate
infecto (de) infected (with)
infelice (poet.) unhappy
infelicidad unhappiness
infeliz unhappy, unfortunate; (n) wretch, poor thing
inferior lower, inferior
inferir to infer
infernal infernal, hellish
inficionar to poison
infiel faithless, unfaithful; disloyal (n.) infidel
infierno hell; inferno
inflamar to inflame; —(se) to become inflamed; to take fire
influjo influence
informar to inform; —(se) to inquire; to find out
informe shapeless, formless; (m.) report, information

infortunado unfortunate
infortunio misfortune
infundir to inspire (with); to infuse; to imbue
ingeniero engineer
ingenio mind; wit; talent; skill; cleverness; sugar plantation (*Amer.*)
ingenioso ingenious
ingente huge
ingenuo ingenuous, naïve
ingerir to insert
Inglaterra England
ingrato thankless; ungrateful; disagreeable; harsh, hard; (*n.*) ingrate
inhospital inhospitable
iniciar(se) to be initiated; to start
iniciativa initiative; **tomar la —** to take the initiative
iniquidad iniquity
injuria offence
injuriar to offend, to abuse
injurioso offensive
inmediaciones (*pl.*) environs
inmediato immediate, adjoining, near by
inmemorial immemorial; **desde — fecha** from time immemorial
inmoble immobile
inmóvil motionless
inmueble immovable; (*m. pl.*) real estate; **propiedad —** real estate
inmundo dirty, indecent
inopinadamente unexpectedly
inoportunamente inopportunely
inquietar to disturb
inquieto restless, uneasy
inquietud uneasiness, anxiety; **con — uneasily**
inquilino tenant
inquisidor (*m.*) inquisitor
insano mad, insane; unsound, unhealthy
insensatez (*f.*) folly, brainlessness
insensato mad, foolish; (*n.*) fool
insensible imperceptible, imperceptibly; insensitive
insensibilidad insensitivity
insigne noted, renowned
insignia insignia, decoration
insinuante refined
insinuar to suggest, to hint
insoluble insoluble, unsolvable
insomnio insomnia

insondable unfathomable
insoportable unbearable; intolerable
insostenible indefensible, intolerable
inspeccionar to inspect
instalación setting-up
instalar to install; **—(se)** to settle
instancia question
instante (*m.*) instant, moment; **al —** immediately; in a minute; **por —s** gradually
instrucción instruction; education
instruir to instruct, to teach; to educate; **— de** to instruct about; **—(se)** to instruct oneself
insuficiencia inadequacy
insufrible insufferable
intachable irreproachable
inteligencia intelligence, understanding
intención intention; **segunda —** underhandedness, duplicity
intentar to try, to attempt; to intend
intento intent, purpose, intention, plan; **al —** specifically; **de —** purposely
intercalar to interpolate
interés (*m.*) interest, interests
interesado interested party
interesar to interest; to be concerned; **—(se) por (en)** to take an interest in
interior (*m.*) inside, interior; inward; **en mi —** to myself (*etc.*), in private
interiormente to oneself
interlocutor questioner; interlocutor
intermedio interlude; intermission; (*adj.*) intermediate
interminable endless
intermitente (*f.*) intermittent fever
internar(se) (en) to go into; to penetrate
interponer to interpose
interpretar to interpret; **— mal** to misinterpret
inter-vecinal inter-neighborly
intervenir to take part, to intervene
interrumpir to interrupt; to disturb
intimidad intimacy
íntimo close, intimate
intranquilo uneasy
intransigencia intransigence, uncompromising attitude
intrépido fearless, intrepid

intrigar to intrigue
intrincado tangled
introducir to introduce; —(se) en
to gain access (to); to get into
introito prologue; introit
inundar to flood, to fill
inútil useless
inutilidad needlessness
inutilizar to render useless
invencible invincible, insurmountable
inverosímil unlikely
investigación investigation; research
inveterado inveterate
ir to go; to be becoming, to suit;
(*with pres. part.*) to be; —(se) to go
away
ira anger
iracundia irascibility
irracional irrational, mad
irrecusable unimpeachable
irritar to irritate, to annoy
isla island
ítem also, furthermore
izar to hoist
izquierda left hand (*side*); a la —
on the left; por la — on the left
izquierdo left

J

¡ja! (*interj.*) ha!
jabalí (*m.*) wild boar
jácaro bully, braggart
jacinto hyacinth
jactanciosamente boastfully
jadeante panting, out of breath
jamás never, ever
jamón (*m.*) ham
jarana carousal; revelry; demonstration
jarope (*m.*) potion
jefe master, leader, chief, head
jergón (*m.*) straw bed
jeroglífico hieroglyph
Jerusalén Jerusalem
Jesucristo Jesus Christ
jesuítico Jesuit, Jesuitical
jícara chocolate cup
jifero butcher, slaughterer
jilguero (*orn.*) goldfinch, linnet
jinete (*m.*) rider
jirón (*m.*) shred, tatter, tear
jofaina wash basin

jornada act; military expedition;
trip, journey
joroba hump
jorobado hunch-backed
joyuela jewel
jubileo public festivity
júbilo jubilation
jubón (*m.*) waist (*clothing*)
judía string bean
judicialmente judicially
judío Jew; (*adj.*) stingy, greedy
juego game, play; estar en — to
be involved
Jueves Santo Holy Thursday
juez (*m.*) judge
jugar to play; to wield (*a sword*)
juglar (*m.*) minstrel
jugoso juicy
juguete (*m.*) plaything, toy
juguetear to frolic, to romp
juguetón playful
juicio wisdom, judgment; sanity;
trial, decision; — final day of
judgment; tener — to be sensible
¡jum! hm-m
jumento ass, donkey
junta council
juntamente at the same time
juntar to join; —(se) (con) to be
closely united, to join together, to
unite (with)
junto (*adv.*) near; (*adj.*) together;
— a next to; — con along with;
por — all together
jurado jury
juramento vow, oath
jurar to swear
jurídico legal, juridical
justicia justice; judge; police; —
mayor chief magistrate
justificar to justify
justo right; just; (*n.*) righteous person; — y cabal exactly right
juventud youth; young people
juzgar to judge; to think; — mal a
to think ill of

L

laberinto labyrinth
labio lip
labor (*f.*) needlework; task; farming;
tillage; tierra de — farm land

laboreo   labor, working
laboriosidad   laboriousness, industry
labrado   adorned, decorated
labrador   farmer
labranza   farm, farming; **bestia de —** animal used for tilling the soil
labrar   to build, to fashion, to carve, to till
labriego   rustic; farmer; peasant
lacayo   footman
lacerante   harrowing
lacio   straight (*hair*)
lacrar   to seal
lacrimatorio   weeping
ladear   to incline to one side, to tip
ladino   sly, crafty
lado   side; **al — de** near; **a —s** all around; **estar al — de** to be with; **hacer —** to make place; **por un —** on one side
ladrar   to bark
ladrido   bark
ladrillo   brick
ladrón (*m.*)   thief; **el muy —** the big thief
lagartija   lizard
lago   lake
lágrima   tear
lagrimón (*m.*)   large tear
laguna   lake, lagoon
lamentable   lamentable, mournful
lamentar(se)   to complain; to bewail
lamento   wailing, moan, lamentation
lampar   to long for; to have a craving
lámpara   lamp
lamparón (*m.*)   grease spot
lana   wool
lance (*m.*)   incident, event; dispute, quarrel
langostino   prawn
languidecer   to languish
languidez (*f.*)   languor
lanilla   fine flannel
lanza   lance
lanzar   to utter, to cast out, to emit; to hurl; to throw; **—(se)** to hurl oneself; to dash; **—(se) a** to launch into
lápida   gravestone
lares (*m. pl.*)   home (*from Latin* lares *meaning* "household gods")
largamente   at length
largar   to extend; to stretch; **— la**

cabeza   to crane one's neck; **—(se)** to get out; to hurry off
largo   long; **a lo — de** along
laringe (*f.*)   larynx
lástima   pity; **es —** it's a pity
lastimar   to hurt, to offend; **—(se)** to get hurt; to grieve
lastimero   pitiful
lastimoso   pitiful, sad
lata   can
latigazo   lashing, lash
latir   to beat, to palpitate
lato   lenient
laúd (*m.*)   lute
laurel (*m.*)   laurels
lavar   to wash away; to wash
lazarillo   blind man's guide
lazo   clasp, knot, tie
leal   loyal
lealtad   loyalty, steadfastness
lector (*m.*)   reader
lectura   reading
leche (*f.*)   milk; **— cuajada** sour milk
lechera   milkmaid
lecho   bed
lechón (*m.*)   pig
lechuza   screech owl
legajo   file; bundle of papers
legista (*m.*)   lawyer ·
legitimidad   legitimacy
legua   league
legumbre (*f.*)   vegetable
lejano   distant
lejos   far; far away; **a lo (al) —** in the distance; **de —** from afar
lelo   dull, stunned
lema (*m.*)   slogan, motto
lengua   language, tongue; **malas —s** gossips
lenguado   sole (*ichth.*)
lenguaje (*m.*)   language
lentejuela   sequin, spangle
lentitud   slowness; **con —** slowly
lento   slow
leña   firewood
leñoso   woody
leona   lioness
lepra   leprosy
lesión   injury
letanía   litany
letra   handwriting; letter
letrero   sign, label

levantado awake

levantar to raise; to take up; to break (*camp*); —(se) to get up

leve light, of little weight; trifling, slight; faint

levita frock coat

leyenda legend

libación libation, drink

liberación redemption

libertad liberty, freedom

libertar to free

libra pound

librar to free, to liberate, to spare; —(se) to escape

libre free

libro book; — de caja cashbook

librote (*m.*) big book

licencioso dissolute

lícito right, permissible

licor (*m.*) liquor, liquid, drink

lid (*f.*) fight, struggle

lidiador (*adj.*) fighting; (*n.*) fighter

lidiar to fight

liebre (*f.*) hare

ligadura tie, bond

ligereza indiscretion; tactless remark

ligero swift, nimble; light; slight; faint

límite (*m.*) limit, boundary

limón (*m.*) lemon

limosna(s) alms, charity

limpiar to clean, to wipe

limpidez (*f.*) limpidity, purity

limpieza cleanliness, neatness

limpio clean, clear; limpid; en — net, clear

linaje (*m.*) kind, class

linajudo boast(-er, -ing) of noble descent

lince (*m.*) lynx

lindero boundary, edge

lindeza beauty

lindo pretty, beautiful

linfa (*poet.*) water

lira lyre

lis (*f.*) lily, fleur-de-lis

lisonja flattery

listo bright, alert; ready

litera litter

literato writer, litterateur

literatura literature, writings

litigante litigant

litigio lawsuit

liviandad madness

liviano frivolous

lo it; — de the business of

loba she-wolf

lobo wolf

lobreguez (*f.*) darkness

loco mad, crazy; (*n.*) madman; volverse — to go crazy

locura madness, folly

locutorio reception room (*of convent or monastery*)

lógico logical

lograr to attain; to succeed in; to manage; to achieve, to earn

lombarda cabbage

lomo cut of pork; back; (*pl.*) ribs

lona canvas, sailcloth

Londres London

longanísimo very long

losa slab, stone

loza crockery, china

lozanía freshness

lozano vigorous; gallant

lúbrico lewd

lucero morning star, bright star; — del alba morning star

lucidez (*f.*) lucidity

lucido brilliant, magnificent

luciente bright, shining, glossy

lucir to shine, to show, to show (up or off)

lucha struggle

luchar to struggle, to fight

luego then; presently; afterwards, later; — que as soon as; desde — of course; immediately; muy — very soon

luengo long

lugar (*m.*) place; location; village spot; site; en — de instead of tener — to take place

lugarejo hamlet

lúgubre mournful; gloomy; lugubrious

lujo luxury

lujoso luxurious; full-blown

lumbre (*f.*) fire, light

lumínico photic (*pertaining to light*)

luminoso bright, luminous

lustre (*m.*) shine, luster; splendor glory; darse — to put on a big show

lustro period of five years

ustroso shiny
uterano Lutheran
Lutero Luther
uto mourning
uz (f.) light; a la — in the light;
(pl.) luces learning
Luzbel Lucifer, Satan

LL

laga wound
lama flame
lamado so-called
lamamiento call
lamar to call; to knock; — la atención to attract attention; —(se)
to be called; llamado a ser ... destined to be ...
lamarada flush; flash
lameante flashing, blazing
lano level, flat; open, unaffected,
plain
lanto weeping; tears
lanura plain
lave (f.) key; valve
lavín (m.) latchkey
legar to arrive, to come, to come to;
to reach; — a + inf. to come to; to
manage to; to get to; — al alma to
affect deeply
lenar to fill; —(se) to be overwhelmed with
leno full, filled
levadero bearable
levar to lead; to wear; to carry; to
bear; to carry away; to take (away);
to bring; to have spent (a certain
amount of time); — la contraria a to
disagree with; — la ventaja a to
have the advantage over; —(se)
to take away; —(se) por delante
to sweep away
lorar to cry, to weep; to bemoan, to
regret; romper a — to burst into
tears
loriquear to whine
loro weeping, tears
lorón weeping
loroso tearful, weeping
lover to rain; — a cántaros to rain
cats and dogs
lovizna drizzle
luvia downpour, rain

M

macarrones (m. pl.) macaroni
macerado austere; emaciated
maceta flowerpot
macizo massive
madera wood; shutter
madero beam, log
madrastra stepmother
madriguera burrow
madrugada dawn; break of day
madrugador early riser
madurez (f.) maturity, wisdom
maduro ripe; mature
maese (maestro) master
maestro (adj.) trained, expert; (n.)
teacher, master; — del campo field
commander; obra maestra masterpiece
Magdalena Magdalene
magistrado magistrate, judge
magistratura magistracy
magnánimo generous
mago magician, sorcerer
magra slice of ham
mahometano Mohammedan
mahonesa cress
maíz (m.) corn
majagranzas (m.) stupid bore
majestad majesty
majestuoso majestic
majo showy
mal badly; ill; wrong; (m.) misfortune; harm; illness; sorrow; evil; ill;
— de ojo evil eye; — paso faux
pas; en — hora in an evil hour;
hacer — de ojo to cast a spell
Málaga city on Mediterranean coast of
S. Spain
malagueño native of Málaga
maldad wickedness, evil
maldecir to curse
maldición curse, malediction
malditamente terribly
maldito cursed, accursed, damned
maledicencia scandal; gossip; slander
maléfico horrifying
maleza weeds, thicket
malicia maliciousness, shrewdness
malicioso sly
maligno malign
malo bad, ill, sick, evil
malogrado ill-fated

malograr to waste
malsano unhealthy
maltratar to mistreat, to abuse
malvado wicked, evil; (n.) evildoer
mameluco dolt, boob
mampara screen
maná (m.) manna
manantial (m.) source, spring
mancha blemish, stain; patch, spot
manchar to speckle; to stain; to pollute; to defile
mandar to order, to command, to rule; to send
mandato command
mandíbula jaw
mandil (m.) apron
manejo management
manera manner, way; — de vivir way of life; a la — de like; a — de like, in the style of; de — (es) que so that; de ninguna — by no means, not at all, in no way
manga sleeve
mangoneo meddling; management
manía mania, whim
maniático mad, maniacal
manifestar to tell, to declare, to state; to show
manifiesto manifest, obvious
maniobrar to manoeuvre
mano (f.) hand; a —s de in the hands of; echar — de to get hold of
manojo bunch
manola *Madrilenian girl of low class, showy in dress and manner*
manolo *Madrilenian of low class*
manotada slap
manotear to wave one's hands
manoteo gesticulation (*with the hands*)
mansedumbre gentleness, meekness
mansión abode, dwelling; shelter; hacer — to dwell
manso mild, gentle
manta men's shawl, blanket, cloak
manteca lard, fat
mantecada sweet bun, pastry
mantel (m.) tablecloth
mantelo wide apron
mantener to keep, to maintain, to support
mantilla shawl, mantilla
manto cloak, mantle

mantón (m.) large cloak, mantle
manubrio crank, handle
manzana apple
maña craftiness, skill; tact; no haga —s don't be tricky
mañana morning; tomorrow; pasado — the day after tomorrow; por la — in the morning
maquila measuring (*of corn*)
maquileo measuring (*of milling corn*)
máquina machine, engine; abundance
maquinal mechanical
maquinalmente unconsciously; mechanically
maraña tangle
maravedí (m.) *old Spanish coin*
maravilla marvel, wonder
maravillado astonished
maravillarse to wonder, to marvel
marca mark, stamp; de — mayor most outstanding
marcar to stress, to point out; to observe; to show, to indicate; to mark
marcha march; progress; ponerse en — to start out
marchar to come along; to progress, to go; to walk; to function; —(se) to go away, to leave
marchitar to fade, to wither; sin — unfaded
marchito withered
mareado dizzy; light-headed
mareante causing seasickness or dizziness; dizzying
marear to annoy
mareo dizziness; attack of dizziness
marfil (m.) ivory
margen (f. & m.) margin; bank, edge
marido husband
marinero sailor
mármol (m.) marble
marqués marquis
marquesa marchioness
marrasquino maraschino
martillo hammer
martirio martyrdom
martirizar to torture
mas but
más more; — bien rather; (poco) — o menos more or less; a — besides, in addition; cuanto — the more; estar de — to be superflu

ous; **por — que** no matter how much, no matter what; **sin — que** with only

masa mass; mortar; **— obrera** working classes

mascar to chew

máscara masquerade (*costume*); mask

mastín (*m.*) mastiff; dolt, simpleton

matadero slaughter house

matanza slaughter

mate dull

materia subject, matter(s)

materialismo materialism; externals; fact

matiz (*m.*) hue, shade, nuance

matorral (*m.*) thicket, underbrush

matraca noisemaker; pestering; **dar — to bother**

matrimonio matrimony, marriage

matritense Madrilenian

matriz (*f.*) matrix, womb

matrona matron

mausoleo mausoleum

máxima maxim, rule

mayor greater, greatest; older, oldest; principal, main, major; of age; **— parte** majority

mayordomo steward, majordomo

mayoría majority

mayormente chiefly, especially, principally

maza mace; drop hammer

mazapán (*m.*) marzipan

mazmorra dungeon

mecer to swing, to rock, to stir; **—(se)** to swing, to rock

mechar to lard (*meat*)

mechero burner

medalla medal, medallion

media stocking

mediación mediation

medianero owner of a house having a common wall

mediano fair, fairly good, average

medianoche (*f.*) midnight

medicamento medicine

medicina medicine, remedy

medida measure; moderation; size; **a — que** as

medio (*adj.*) half; intermediate; medium, average; (*n.*) means; middle; **en —** in the midst; **no hubo — de** + *inf.* there was no way of + *ger.*;

por — in the middle; **por — de** by means of; **a medias** partially, half-way; **la clase media** the middle class

medioeval medieval

medir to measure

meditación meditation, reflection

medroso fearful, timid; frightening, frightened

mejilla cheek

mejor better, best; **— dicho** rather

mejorado improved

mejorarse to get better

melena long lock (*of hair*)

melindre (*m.*) ladyfinger, marzipan covered with sugar

melindroso finicky, prudish

melocotón (*m.*) peach

melón (*m.*) melon

memoria memory; report, essay; **hacer — (de)** to remember

mendigo beggar

mendrugo crust, crumb

menear to shake; to stir

menester necessary; (*m.*) want, need; **haber —** to need

menor less, least; younger, youngest

Menorca Minorca (*one of the Balearic Islands*)

menos except; less; least; **— ahora** least of all now; **— mal** not so bad; **a lo —** at least; **al —** at least; **(poco) más o —** more or less; **ni mucho —** far from it; **no poder — de** not to be able to help; **por lo —** at least

menospreciar to scorn, to despise

menosprecio scorn, contempt

mensual monthly

mentar to mention

mente (*f.*) mind

mentir to lie

mentira lie

menudo tiny, small, thin; common, vulgar; **a —** often

mercachifle (*m.*) peddler, small dealer

mercader (*m.*) merchant

mercado market

mercar to buy

merced (*f.*) favor, honor; mercy; **— a** thanks to, because of; **vuestra — (V. md.)** your honor

merecedor deserving

merecer to deserve, to merit

merino wool

meritorio meritorious

mermar to decrease, to diminish

mero mere

mesa table; desk; **ir a la —** to sit down; **poner la —** to set the table

mesnada armed retinue (*in service of grandee*)

mesón (*m.*) tavern

metafísica metaphysics

metafísico metaphysical

metal (*m.*) metal; brass; quality, timbre

meter to put, to place; to insert; **—se (en)** to get into; **— (por)** to plunge into, to go into, to penetrate

metrallazo discharge of grapeshot

mezcla mixture

mezclar to mix (up); **—(se)** to mingle

mezquino wretched, poor

mezquita mosque

miedo fear, fright; **dar —** to frighten; **tener — de (a)** to be afraid of

miel (*f.*) honey

miembro limb, member

mientes (*f. pl.*) mind, thought; **parar —** to notice

mientras while, meanwhile, as long as; **— que** while, whereas; **— tanto** in the meanwhile

mies (*f.*) harvest

mil (a) thousand; **— y —** thousands of; **a miles** by thousands

milagro miracle; **por —** miraculously

milagroso miraculous

militar (*m.*) soldier; (*adj.*) military

millar thousand; **a millares** in the thousands

mimar to spoil, to pamper

mimo caress; **hacer —s** to pet

mimoso caressing

minarete (*m.*) minaret

mínimo least, smallest

ministerio ministry

minucioso minute, meticulous

mirada glance, look, gaze

mirador (*m.*) watchtower; closed porch

miramiento considerateness, consideration; (*pl.*) fuss

mirar to look at; to look; to watch; to regard

misa mass; **— mayor** High Mass

miserable wretched; base, miserable; stingy

miserere (*eccl., m.*) Miserere

miseria misery, wretchedness, poverty; lice

misericordia charity; mercy

misericordioso merciful

mísero miserable, wretched

mismamente exactly

mismo self; same; very; even; own; **da lo —** it's all the same; **lo —** the same thing; **por lo —** for the same reason

mitad (*f.*) half, middle

mitigar to mitigate, to alleviate

mixto intermediate, mixed, strange

moblaje (*m.*) furniture

mocedad youth

mocosuelo child

mochuelo owl

moda fashion; **de —** fashionable, in fashion

modales (*m. pl.*) manners, breeding

moderar to moderate

modificar to modify

modista dressmaker

modo way, manner; **al — de** like; **de — que** so that; **de ningún —** not at all; **de otro —** otherwise; **de tal —** to such an extent; **de un —** in a way; **con buenos —s** nicely, politely

modular to modulate

mofa mockery

mofar(se) (de) to make fun (of)

mohín (*m.*) face, grimace

mohina animosity

Moisés Moses

mojado wet

mojar to moisten, to make wet

moler to annoy; to grind, to mill

molestar to annoy, to disturb

molestia bother, annoyance; discomfort

molesto bothersome

molienda grinding

Molina de Aragón *city in province of Guadalajara*

molinera miller's wife

molinerita little girl from the mill

molinero miller; (pl.) miller and his wife

molinete (m.) twirl, brandish

molino mill; **rueda de —** mill wheel

mollete (m.) muffin

momentáneamente for a moment

momento instant, moment

mona monkey

monacal monastic

monada monkeyshine; flattery

monarca monarch

mondar to peel

moneda money; coin

monigote (m.) puppet, grotesque figure

monja nun

mono cute

monopolio monopoly

monstruo monster

montaje (m.) pile

montante (m.) broadsword

montañés of the mountain

montañoso mountainous

montar to ride; to mount; to push up

monte (m.) woods; hill, mount; mountain; **— adentro** deep into the woods

montera cap

montón (m.) pile, heap

moño topknot; chignon; **ponerse —s** to put on airs

morado purple

morador resident

moral (f.) ethics; conduct; (adj.) moral; **poco —** immoral

morar to dwell

morcilla blood pudding

morcillo reddish black (horse)

mordaza gag, muzzle

morder to bite

mordiscar to nibble (at)

moreno dark, brunette

moribundo dying, waning; (n.) dying person

morir(se) to die

morisco Moorish

moro Moor

morosidad slowness, delinquency

moroso slow

morral (m.) rustic, boor

mortal mortal; deathly; definitive, conclusive

mortero mortar (for throwing pyrotechnic bombs)

mortífero deadly

mortificación hardship, vexation, humiliation, mortification; self-discipline

mortuorio funeral, mortuary; (adj.) funereal

mosca fly; **— muerta** hypocrite, one who pretends meekness

mosquetón (m.) musket (gun)

mostrar to show, to pretend **—(se)** to appear

mota speck, spot

mote (m.) device, emblem

motear to speck, to speckle

motivar to cause

motivo reason, motive

mover(se) to move, to budge, to shake; to incite

movilizar to mobilize

movimiento movement, motion

moza girl; **— de faena** slavey; **una buena —** a good-looking girl

mozo young man, youth

mozuelo young fellow

muchachote big (brawny) fellow

muchedumbre (f.) crowd

mucho much, a lot of, many; **hace (ha) —** a long time ago; **por — que** no matter how much

mudable inconstant, changeable

mudanza change

mudar to change; **—(se)** to move; **—(se) de ropa** to change one's clothing

mudo mute

mueble (m.) piece of furniture; (pl.) furniture

mueca grimace

muela back tooth, molar; grindstone; **— del juicio** wisdom tooth

muelle (m.) spring

muerte (f.) death; **dar — a** to kill; **oler a —** to smell of death

muerto (p.p. of morir) dead; (n.) corpse

muestra sign; dial (of watch); demonstration

mugir to roar; to low

mujer woman, wife

multa fine
multitud crowd, throng; multitude
mundano worldly
mundo world, universe; **gran —**
  upper classes; **medio —** a lot of
  people; **todo el —** everybody
muñeca doll
muñeco doll, puppet
muralla wall
murciélago bat
murmuración gossip
murmurador murmuring; gossiping
muro wall
murria dejection
muslo thigh; chicken leg
mustio withered; sad, languid
mutilar to mutilate
mutismo silence
muy very; **— señor mío** Dear sir

N

nácar (m.) mother-of-pearl
nacer to be born
naciente rising
nacimiento birth
nada nothing; (*in neg. sentence*) anything; not at all; nothingness; **— de
  eso** not at all
nadar to swim
napolitano Neapolitan
nariz (f.) nose; nostril; **— de caballete** aquiline nose; **alillas de la
  —** nostrils
narración narrative
narrar to tell, to relate
nato born
natural natural, pertaining to nature
  (*or the study of natural phenomena*)
naturaleza nature
naufragio shipwreck
náufrago castaway
náusea nausea; **dar —s a** to sicken
navaja knife
nave (f.) ship, vessel; nave (*arch.*)
navegar to sail
Navidad Christmas
navío ship
náyade (f.) naiad, water nymph
necesidad (f.) need, necessity; **sin —**
  unnecessarily; **tener —** to need
necesitar to need
necio silly, foolish, stupid; (*n.*) fool

negar to deny; **—(se) a** to refuse
negocio business; work
negrear to become black
negro black; evil; unfortunate, ad
  verse, unhappy
negruzco blackish
nervio nerve
newtoniano Newtonian
ni neither, nor; not even; **— ... —**
  neither ... nor
nicho niche
nido nest
niebla mist
nieto grandson
nieve (f.) snow
nimio small, negligible
ninfa nymph
niñez (f.) childhood
niño child; boy; (*pl.*) children; **— d
  teta** babe in arms; **tan —** so young
nítido clear
nivel (m.) level
nivelación leveling, balancing (*th
  budget*)
nobleza nobility
nocivo harmful
nombrar to name, to appoint
nombre (m.) name; reputation
norabuena: **enhorabuena** well an
  good
norma model
norte (m.) north; guide, direction
nota note; reproach; imputation
notar to observe, to notice
noticia(s) news; information
notorio well known
novedad change, news, novelty
novia fiancée, bride, sweetheart
novicia novice
novillada bull fight (*with young bulls*
novio sweetheart, fiancé, groom
  (*pl.*) newlyweds
nubarrón (m.) large threatenin
  cloud
nube (f.) cloud
nudo bond, union; knot, point
nueva(s) news
nuevamente newly; again
nuevo new; **de —** again; **¿qué ha
  de —?** what's new?
numen (m.) deity
numeroso large, big; numerous
nupcial nuptial

VOCABULARY

Ñ

¡ñales! (= puñales) confound it!

O

o or; — ... — either ... or; — sea that is; — ya ... — ya either ... or
obedecer to obey
obispo bishop
objeción objection
objeto object; objective, aim, purpose
obligación obligation, duty
obligar to oblige, to force
obra work; product; — maestra masterpiece; buenas —s, —s de caridad charity
obrar to work
obrero (adj.) working
obscurecer to grow dark; al — at nightfall
obscuridad darkness
obscuro dark; a obscuras in the dark
obsequiar to entertain
obsequio kindness, attention, favor
obsequioso obliging, courteous
observar to watch; to notice, to observe
obstante: no obstante notwithstanding; nevertheless
obstinado obstinate
obstinarse to persist
obstruir to obstruct
ocasión opportunity, occasion; dar — a to cause
ocaso sunset; west
ocio leisure, idleness
ociosidad idleness
ocultar to hide
oculto hidden; mysterious; lo más — the most private area
ocupado busy
ocupar to occupy; —(se) (en), (con), (de) to be engaged in; to be busy with
ocurrir to happen; ocurrírsele a uno + inf. to occur to one to + inf.
ochavo small brass coin
odiar to hate
odio hatred
odioso hateful

ofender to offend, to hurt; —(se) to be offended
ofensa offence
oficial (adj. & n.) official, officer
oficina office
oficio work; function; trade; de — official; Santo — Holy Office (Inquisition)
oficiosidad officiousness
oficioso officious
ofrecer to offer; to promise; to suggest
ofuscar to confuse, to darken, to cloud
ogro ogre
oído ear (inner); hearing (sense); al — in a whisper; prestar — to listen
oír to hear, to listen (to)
ojal (m.) buttonhole
ojalá God grant!; may ...
ojazo big eye
ojeada glance
ojera ring under the eye
ojeriza dislike, grudge
ojo eye; a —s cerrados without questioning, blindly; hacer mal de — to cast a spell; venir a los —s to become evident
ojuelo little eye
ola wave
oleada wave
oleaje (m.) surge, rush (of waves)
oler to smell, to sniff out; — a to smell of
olfato sense of smell
oliente smelling; mal — ill-smelling
olivar (m.) olive-grove
olivo olive-tree
olor (m.) odor, smell, scent, fragrance
olvidado forgetful
olvidar to forget; —(se) (de) to forget
olvido forgetfulness; oblivion; poner en — to forget
olla stew
omnipotente omnipotent, all powerful
omóplato shoulder blade
onda wave (of light)
ondear to ripple; to flicker; to wave
ondular to wave, to undulate
onza ounce; monetary unit (80 pesetas); gold doubloon

operar to operate; —(se) to take place
opinar to give an opinion; to think
opinión opinion; reputation
oponer to oppose; —(se) (a) to resist, to oppose
opresión heaviness
oprimir to weigh down; to oppress; to hold down
óptico optician
opuesto (*p.p. of* **oponer**) opposite
opulencia wealth
opulento wealthy, opulent
ora whether; — ... — now ... now; now ... then
oración prayer; **en —** in prayer, praying
oráculo oracle
orador orator
orar to pray
oratorio oratory (*place of prayer*); (*adj.*) oratorical
orbe (*m.*) world
orden (*m.*) order, arrangement, class; (*f.*) command, order (*of knighthood or religious*); **en — de** with regard to
ordenanza command
ordenar to order
ordinario ordinary; low, vulgar; **de — usually**
oreja ear
orfandad orphanhood
organillo barrel organ; **— de manubrio** hurdy gurdy, hand organ
orgía orgy
orgullo pride
orgulloso proud
origen (*m.*) origin; source
originalidad originality, oddness; original idea
orilla bank, shore, edge; **a la —** on the shore
orillo band of material, selvage of cloth; **zapatilla de —** slipper of fabric made of pieces of selvage
orla edge, border, fringe
orlar to adorn
ornar to adorn
oro gold
oropel (*m.*) tinsel
osadía daring
osado daring, bold, audacious
osar to dare

osario charnel house, boneyard
oscurantista obscurantist
oscurecer to darken; to tarnish, to dim
oscuridad darkness
oscuro dark; obscure, unknown; **a oscuras** in the dark
oso bear
ostentación ostentation, vain show, showing; **hacer —** to make a big show
ostentar to reveal, to display
otoño autumn
otro other, another
ovillo ball (*of yarn*)
oyente (*m.*) listener

P

pábulo fuel, encouragement
pacífico peaceful
pactar to agree upon
pacto agreement, pact
padecer to suffer; (*m.*) suffering
padecimiento suffering
padre father; **El P— Eterno** The Eternal Father, God; (*pl.*) parents, ancestors
padrenuestro Lord's Prayer
padrino best man (*in wedding*); godfather; (*pl.*) those who stand up for bride and groom; godparents
padrón (*m.*) list of tenants
paella *Valencian dish of rice with meat or chicken and various types of seafood, a large dish in which this recipe is prepared*
paga wages, salary
pagado (**de**) fond (of)
pagar to pay; to pay for; to repay
pagaré (*m.*) I.O.U.; promissory note
página page
pago payment
país (*m.*) country, region
paisajista landscape-painter
paja straw, piece of straw
pajar (*m.*) barn, hayloft
pájaro bird
paje page
palabra word; speech; words; **dirigir la — a** to address
palabrota vulgar word
palacio palace, castle

paladar (m.) palate
paletilla shoulder blade
paletó greatcoat
paliar to palliate, to disguise
palidecer to grow pale
palidez (f.) paleness, pallor
pálido pale
paliza beating
palma palm
palmada slap, smack
palmetazo blow; pat
palmo span, measure of length (8 inches)
palmotear to clap hands, to applaud
palo perch, stick, pole, wood; blow with a stick, whack; a —s with whacks
paloma dove
palomar (m.) dovecote
palpable apparent
palpitar to beat, to palpitate; to throb
palúdico malarial
palurdo rustic, boor
pan (m.) bread
pana corduroy
panadería bakery
panadizo inflammation
pandemonio pandemonium (hell)
pandereta tambourine
panderete (m.) brick wall
panegírico panegyric, eulogy
pantalón (m.) trousers
panteón (m.) mausoleum, tomb
pantorrilla calf (of leg)
pantrigo bread made of wheat
pantufla slipper
panza belly
paño cloth; — de lágrimas one who sympathizes and consoles; stand-by
pañolón (m.) large shawl; — de Manila Spanish shawl
pañuelo kerchief; handkerchief; shawl
papa (m.) Pope
papel (m.) paper; document; role; hacer un — to play a role; hacer (un) mal — to come out badly; to make a bad showing; — pectoral fine cigarette paper
papeleta slip of paper
papelote (m.) document (coll.)

paquete (m.) package
par (m.) pair, couple; (adj.) like, equal; (f.) par; a la — que along with; al — at the same time; al — de equal to; a — de along with; a — que as; de — en — wide-open; sin — incomparable; a pares in twos
para for, in order to; by (time); — allá beyond; — mí to myself; — que so that, in order that; ¿— qué? why?, what for?
parabién (m.) congratulations; dar el — a to congratulate
parado frozen, fixed; idle, motion-less; stopped, closed
paraguas (m.) umbrella
paraíso paradise
páramo barren plain
parar(se) to stop; to fix (attention); — en seco to stop short; — mien-tes to notice
pardiez by heaven!
pardo dark
parecer to seem, to appear; (m.) opinion; a su — in his opinion; al — apparently; no le parece he doesn't believe; si te parece if it's all right with you; —(se) (a) (con) to resemble
parecido resemblance
pared wall
pareja pair, couple
parentela relatives
parentesco relationship; bond, tie
parienta female relative
pariente (m.) relative
parisiense Parisian
parlamenta chatting, conversation
parlante talking; talkative
parodiar to parody
parola talk
parpadear to blink
párpado eyelid
párrafo paragraph; echar un — to have a chat
parrilla gridiron, grill
párroco parish priest
parroquia parish
parsimonia thrift
parte (f.) part, portion; party (law); (m.) royal (official) communication; a otra — somewhere else; (a),

(en), (por) todas —s everywhere;
dar — to inform; en cualquier —
anywhere; en ninguna — nowhere; en — alguna anywhere;
mayor — majority; por mi — on
my part; por otra — in another
direction

particular extraordinary, odd; particular; (m.) particular

partida entry; item; quantity; yield;
departure; — doble double entry

partidario partisan

partido advantage, profit; match;
party, side

partir to split, to cut; to cleave, to
break; to leave; to share; to start;
to depart

parto creation; childbirth

pasa raisin

pasado past; last; huevo — soft-
boiled egg

pasajero fleeting, passing

pasante (m.) tutor; assistant

pasar to spend; to undergo, to suffer;
to pass; to happen; to draw (bolt,
lock); — de to go beyond, to ex-
ceed; — por to pass for; —(se)
de + adj. to be too + adj.; —lo
to get along; ¿qué pasa? what's
going on? what's happening?

pascua each of the church holidays

pasear to walk; —(se) to take a
walk; to stroll

paseo walk, stroll; dar un — to
take a walk; de — walking, strolling; ir de — to take a walk;
llevarle de — to take him for a
walk

pasillo hall, corridor

pasmado astonished, astounded

pasmarse to be amazed

pasmo horror

paso step; passage; way; al — in
passing; al — que while; de —
in passing; de — que while; mal
— faux pas; — a — step by step

pasta dough; pasteboard binding

pastar to graze, to pasture

pastel (m.) pie

pastelero pastry cook

pasto pasture

pastor shepherd

pastora shepherdess

pastorcilla little shepherdess

pata paw, foot

patada kick; a —s by kicking

pataleta fit, convulsion

patata potato

patatús (m.) fainting fit

patear to stamp

pátina patina, finish

patio patio, court, courtyard

patochada stupidity

patria native land; (adj.) native
home

patrimonio patrimony, inheritance
heritage

patrocinar to favor

patrocinio protection, patronage

patrón (m.) patron, patron saint

patrona patron saint

patronal pertaining to the patron
saint

paulina reproof

pausa pause; con — slowly

pausado measured, quiet

pavesa ember, spark, ash

pavo turkey

pavor (m.) fright, terror

pavoroso frightful, terrible

paz (f.) peace

peana pedestal

pecado sin

pecador sinful; (m.) sinner

pecaminoso sinful

pecar to sin; — de to be too + ad

pecoso freckled

pecunia cash, "dough"

pecho breast; heart; chest

pedacito small section, little piece

pedante pedantic

pedantería pedantry

pedazo piece; hacer —s to tear
pieces, to destroy

pedir to ask (for); to request; to r
quire; to beg

pedrusco piece of stone

pega magpie

pegajosidad stickiness

pegar to strike, to hit; to beat;
fasten; to join; to stick, to clin
—fuego a to set fire to

peinado (dressed) hair

peinadora hairdresser; one wh
combs hair

peinar to comb; to comb one's ha

peine (m.) comb

pelado bald; penniless

pelagatos (m.) ragamuffin, poor wretch

pelar to peel

peldaño step

pelea battle

pelear to fight

película film; down

peligrar to be in danger

peligro danger; correr — to be in danger

peligroso dangerous

pelillo small hair

pelo hair; hair trigger; a — perfectly; poner el — en punta to make one's hair stand on end; tomar el — to tease, to make fun of; venir a — to be appropriate, to be exactly suitable

pelota ball; jugar a la — to play ball

pelotón (m.) platoon

pella lump, pellet

pellejo wine skin; tippler

pellizcar to pinch, to nip

pellizco pinch

pena sorrow; grief, chagrin; penalty; difficulty; a duras —s with great difficulty

penacho plume (of helmet)

pendencia fight, quarrel

pender to hang

pendiente (adj.) hanging; (f.) slope, incline

péndola pendulum

pendón (m.) banner, pennant

penetrado (de) imbued (with), saturated (with)

penetrar to enter, to penetrate; —(se) de to become imbued with

penitencia penance, penitence; hacer — to take potluck; to eat frugally

penoso difficult, arduous; painful, distressing

pensamiento thought; scheme

pensar to think; to consider; — en to think of; — + inf. to intend

pensativo pensive

penúltimo next to the last

penumbra penumbra (shadows)

penuria shortage

peña large stone, rock

peñasco large rock; spire of rock

peón (m.) foot soldier

pepino cucumber

pepita pip

pequeñez (f.) smallness, trifle

pequeño small; low; de — as a small boy

percal (m.) muslin, calico

percance (m.) mishap

perceptibilidad power of perception; perceptibility

percibir to perceive, to hear

perder to lose; to waste; to ruin; to miss; — de vista to lose sight of; —(se) to be ruined; to be wasted; to get lost

pérdida loss

perdidamente madly

perdido good-for-nothing, wastrel

perdigón (m.) birdshot

perdiz (f.) partridge

perdón (m.) pardon; forgive me; forgiveness; remission, cancellation

perdonar to pardon, to forgive; to spare; to cancel, to remit

perdurable everlasting, long-lasting; abiding

perecer to perish, to die

peregrino wanderer; pilgrim; (adj.) perfect

perejil (m.) parsley

perenne perennial, constant

pereza laziness

perfeccionar to perfect

perfectamente of course; perfectly

pérfido treacherous; false; perfidious

perfil (m.) profile; (pl.) courtesies; finishing touches

perfilar(se) to get all dressed up; to be outlined

pergamino parchment

perilla knob; goatee; de — apropos, to the purpose; in the nick of time

periódico (n.) newspaper; (adj.) periodical

peripecia sudden change of circumstances; situation

perito expert

perjudicar to insure

perjuicio harm, damage, detriment; sin — de without affecting

perjuro (*n.*) perjurer; (*adj.*) false, treacherous
permanecer to remain, to stay
permiso permission; **con — (de usted)** excuse me
permitir to allow, to permit; **—(se)** + *inf.* to take the liberty of + *inf.*
pernicioso pernicious, harmful
perorata harangue; declamation
perpetuidad perpetuity; **a —** in perpetuity
perplejidad anxiety, worry
perro dog; **— chico** copper coin (*5 centimes*); **— grande** copper coin (*10 centimes*)
persecución harassment, persecution
perseguir to persecute, to harass; to pursue
perseverancia perseverance, steadfastness
persiana window blind
persignarse to make the sign of the cross
persona person, individual
personaje personage; (fictional) character; person with status
perspectiva prospect
perspicaz perspicacious, acute
persuadido convinced
pertenecer to belong
perteneciente (a) belonging to
pertrechos equipment
perverso perverse; depraved
pesadilla nightmare
pesado heavy; tiresome, dull
pesadumbre heaviness, sorrow, grief
pesar to weigh; to cause sorrow or regret; (*m.*) sorrow, grief; **a — de** in spite of; **le ha de —** you'll be sorry; **—le a uno** to cause regret
pescado fish
pescar to catch; to manage, to get
pescuezo neck, throat
peseta peseta (*Spanish monetary unit*)
¡pesia! confound!
peso weight; *monetary unit* (**peso duro**) *equal to five* **pesetas; de —** weighty, important
pespunte (*m.*) backstitching
pestaña eyelash
pestañear to blink
peste (*f.*) plague
petaca cigar case, cigarette case

petardo bomb, firecracker
petróleo oil
pez (*m.*) fish
pezón (*m.*) teat
piadoso pious; merciful
pica pike
picante (*m.*) piquant flavoring, spice
picar to nibble, to pick, to touch on, to sting; **—se** to be offended
picardía mischief, knavery
picardigüela (picardihuela) prank, knavish trick
picaresca gang of rogues; rascality
picaresco picaresque, roguish
pícaro rogue; (*adj.*) unfortunate, deplorable; mischievous, sly; vile
pico beak; corner, tip; mouth; a little bit; **abrir el —** to open one's mouth; **— de oro** person of great eloquence; silver-tongued
picor (*m.*) sharp taste
picota peak, height
picoteo striking
picudo pointed
pichón (*m.*) (young) pigeon
pie (*m.*) foot; **a —** on foot; **de —** standing; **estar en —** to be standing up (*awake*); **ponerse (en) (de) —** to get up
piedad mercy, pity; **¡por —!** please!
piedra stone
piel (*f.*) skin, hide; **— de cabrito** kidskin
pierna leg
pieza piece
pila fount; basin
pillar to plunder; to catch
pillería scoundrels
pillo rascal, villain
pimiento red pepper
pinar (*m.*) pine grove
pincha kitchenmaid
pingüe rich
pino pine tree
pintar to paint; to draw; to picture; to imagine; **—la** to put on airs; **—se** to appear
pintor (*m.*) painter
pintoresco picturesque
pintura picture, painting
piñón (*m.*) pine kernel
pío pious
piquito small rod

pirámide (f.) pyramid
Pirineos Pyrenees
pirotecnia pyrotechnics
pirotécnico pyrotechnic
pirrar to long; —(se) por to long for
pisador (m.) prancer
pisar to tread on, to step on; to set foot in
piso floor, story; — principal main floor
pisotear to trample on, to step on
pisotón (m.) step on one's foot
pitada impropriety
pitanza daily food
pitañoso blear-eyed, bleary
pitido whistling
pito whistle
placer (m.) pleasure, delight
placera market vendor
placidez (f.) placidity
plácido placid, calm
plano map
planta plant; foot
plantado standing upright
plantar to plant, to establish; to land; to abandon, to jilt, to strike (a blow); —(se) to stand (upright)
plantear to state, to pose
plañidero plaintive, whining, mournful
plañir to lament
plata silver
plática conversation
platicar to talk, to chat
platillo cymbal
plato plate, dish
playa beach, shore
plaza square; space, room
plazo period of time, time; date; instalment; credit
plebe (f.) common people
plegaria prayer
pleito lawsuit
pleno full; joint (session)
pleonasmo pleonasm, redundancy
pliego sheet (of paper)
pliegue (m.) fold
plomo lead
pluma pen; feather
pobrecillo poor thing
pobrecito poor thing
pobrete wretch

pobretón very poor
pobreza poverty
pócima potion
poco little; very little; (pl.) few; a — shortly afterwards; a — que as; as soon as; hace (ha) — a little while ago; — a — little by little; — más o menos approximately
poder to be able; (m.) might, power; hands, possession; no — más to be exhausted; not to be able to do more; no — menos de + inf. not to be able to help; — más to be stronger; puede perhaps; puede que sí maybe so
poderío power
poderoso powerful; (n.) powerful noble
podrido rotted, rotten
poesía poetry
poética poetics
polaina leggings
polca polka
policía police; cleanliness; — urbana street cleaning
política policy, politics; hermana — sister-in-law; hija — stepdaughter
poltrona armchair
polvito small pinch (of snuff)
polvo dust; pinch (of snuff); (pl.) powder; —s de arroz face powder
pólvora gunpowder
polvoriento dusty
polvorista maker of fireworks; pyrotechnist
pollo chicken
pomo flacon, small bottle
pompa pomp, splendor
Pompeya Pompeii
pómulo cheek-bone
ponderar to consider, to ponder; to praise highly
ponedor egg-laying
ponente referee, arbitrator
poner to put (up, on); to place; to make; to prepare; to set (price); — cerco a to lay siege to; — la mesa to set the table; —(se) to become; to go down (sun); —(se) a to begin (to); —(se) de (en) pie to stand up; —(se) en marcha to start out; —(se) en razón to be reasonable

ponzoña poison
popa (*naut.*) poop, stern; **en —** aft
populacho rabble, mob
poquitín little bit
poquito very little; **— a poco** little by little
por for; because of; for the sake of; in order to; in exchange for; along, through, on account of (*being*); — **eso** for that reason, on that account; **— aquí** this way
porfía stubbornness; insistence; a — in competition
porfiado persistent, stubborn
poro pore
porque because, so that
porquería junk (*poor food*); piece of junk, trifle
porrón (*m.*) wine bottle (*with long side spout*)
portalón (*m.*) gate
portarse to behave
porte (*m.*) conduct, bearing
portento wonder
portentoso wonderful, extraordinary
portera janitress, doorkeeper
portezuela door
porvenir (*m.*) future
pos: en — (de) behind; in pursuit of; after
posaderas hind-parts
posadero inn-keeper
posar to perch, to light, to rest
poseer to possess, to have
posesión property
posible (*adj.*) possible; (*m. pl.*) means, income
posición (*f.*) position, social position
poste (*m.*) post, pillar
postigo peep window; a small door; wicket (*small door in a large door*)
postizo false, artificial
postrado prostrate
postrarse to prostrate oneself
postre (*m.*) dessert
postrero last
postulante petitioner
postura posture, attitude, position
pote (*m.*) pot
potente powerful
poterna postern, back gate
potro colt
pozo well

práctica practice, experience
práctico practical
pradera prairie
prado meadow
precaución care, precaution
precautorio precautious, precautionary
precedente (*m.*) precedent
preceder to precede
precepto precept, rule; order, injunction
preceptor teacher
preciarse (**de**) to boast of
precio price
precioso pretty; precious, beautiful
precipicio precipice
precipitado hurried, hasty; quick
precipitar to hurl; **—(se)** to rush headlong
precisado determined, obliged
precisamente exactly, precisely; undoubtedly
preciso necessary, exact
precursor precursor, forerunner
predicar to preach
predilecto favorite
preferir to favor, to prefer
pregonar to proclaim; to announce publicly
premiar to reward
premio reward; interest; **en — a** as a reward for
premura urgency, haste
prenda pledge, token; article of clothing; talent; **— de vestir** garment, article of clothing
prender to seize; to arrest; to catch fire; to imprison; to pin
prendería second-hand shop
prendero second-hand dealer
prensa press; vise; **poner en —** to put the squeeze on
prensar to press
preocupación preoccupation; prejudice, bias
preocupado preoccupied, disturbed
preparar to prepare; **—(se) a** tꜜ get ready to
preparativo preparation
presa prey, victim; seizure, capture
presagiar to foretell
presbítero priest

prescindir (de) to dispense with, to set aside

prescribir to prescribe

presea gem

presencia presence; bearing

presenciar to witness

presentación introduction

presentar to present; to show; —(se) to appear

presente present; **tener (muy) —** to remember (very) well

presentimiento presentiment; misgiving

presidio penitentiary

presidir to preside over

presión pressure

preso (*p.p. irr. of* **prender**) imprisoned; seized; (*n.*) prisoner

prestamista moneylender

préstamo loan; **— a retro** overdue (*retroactive*) loan; **tiene dado a —** has lent

prestar to lend, to give; **— atención** to listen; to pay attention; **— oído** to listen; **—(se) (a)** to lend oneself (to)

presteza haste

presto swift, prompt, soon, quickly

presumido conceited

presumir to presume

presunción vanity

presupuesto budget

presuroso quick, hasty

pretender to try to (do); to attempt; to court; to seek; to hope

pretendido so-called

pretensión claim; effort; presumption

pretil (*m.*) stone or brick railing

prevenir to anticipate; to notify; **—(se)** to prepare oneself, to get ready

prever to expect

previamente previously; in advance

previo previous; prior

previsión foresight, care

previsto (*p.p. of* **prever**) foreseen

prima cousin

primavera spring

primerizo beginning

primero first, most important

primo cousin

primogénito first-born

primor (*m.*) elegance, beauty; lovely thing; delight, delicacy

primoroso beautiful

princesa princess

principal principal, main, important; (*m.*) boss

príncipe (*m.*) prince

principiar to begin

principio principle; origin; beginning; entrée (*of a meal*); **al —** at first; **en —** in principle; **por —s** thoroughly

prisa haste; **a toda —** very rapidly; **darse —** to hurry; **de —** in a hurry; **correr —** to be urgent; **no venga Ud. con —s** don't be in a hurry

privado private

privar to deprive

privilegiado special, favorite

pro profit; **en — de** in behalf of

probar to prove; to taste; to test; **— a** to try to

probidad integrity

proceder to proceed (*m.*) conduct, behavior

prócer titled nobleman

procesar to prosecute; to indict

procurar to try; to procure, to get

prodigar to lavish

prodigio miracle, marvel

producción crop, produce

producto product; produce

profano profane, worldly

proferir to utter

profesar to take the veil; to profess; to harbor

profesión profession; taking of holy vows; **de —** by trade (*profession*)

profesor (*m.*) teacher

profético prophetic

prófugo fugitive

profundidad depth

profundo deep, profound

profuso profuse

prohombre eminent man

prolijidad prolixity, tediousness

prolijo prolix, long-winded; abundant

prolongado prolonged, long

promesa promise

prometer to promise; to be promising; **—(se)** to expect

promover to promote, to further
pronosticar to predict
pronóstico prognosis
prontamente quickly
pronto (*adv.*) soon; quickly; (*adj.*) ready; fast; **bien** — very soon; **de** — suddenly; **por el** — for the time being
pronunciado pronounced, marked; sharp
pronunciar to utter; to pronounce
propagar to propagate
propalar to spread
propensión propensity
propiciatorio propitiatory; sacrificial
propicio favorable, propitious
propiedad property; — **inmueble** real estate
propietaria landlady
propietario landlord, owner
propio own, characteristic; himself, itself, *etc.*; **a mí propia** to myself; **amor** — self-love
proponer to propose; to suggest; —(**se**) to plan, to propose to; to be determined
proporción proportion, opportunity
proporcionado proportioned
proporcionar to provide (with), to furnish; to arrange
proposición proposition, proposal
propósito purpose; **a** — appropriate; fit; on purpose; by the way; **a** — **de** apropos of
propuesta proposal; **a** — **de** at the suggestion of
propuesto (*p.p. of* **proponer**) proposed
prórroga extension
prorrumpir to burst out
prosapia lineage
proscripto exiled, proscribed, outlawed; (*n.*) outcast; exile
proseguir to continue
prosperar to prosper
prosternarse to prostrate oneself
proteger to protect
protóxido protoxide (*chemical*)
protuberante protuberant, bulging
provechoso beneficial
proveedor supplier, provider
provenir to stem
provisional temporary

provisto provided, supplied
provocar to provoke, to incite
provocativo irritating
próximo next; near; neighboring, nearly; close; approaching; — **a** about to
proyectar to project, to throw
proyectil (*m.*) projectile
proyecto project, plan
prudencia prudence, care
prueba proof; test; trial; sign, token; **en** — as a token
publicar to publicize; to announce
público (*adj.*) public; (*n.*) audience, public
puchero pot, stew; **poner el** — to prepare dinner
pudibundo modest, shy
pudiente rich, powerful
pudor (*m.*) modesty
pudrirse to rot
pueblo town; nation; people
puente (*m.*) bridge
puerco dirty, filthy, slovenly
pueril puerile, childish
puerta door, doorway, gate
puerto port
pues then; well; since; — **que** since
puesto (*p.p. of* **poner**) placed, put; (*n.*) position; — **que** since
¡puf! (*interj.*) ugh!
pugnar to fight; to struggle
pujanza strength
pulcritud beauty; neatness, cleanliness
pulcro neat, tidy
pulmón (*m.*) lung
pulmonía pneumonia
pulsar to play, to strum
pulla obscene expression
punta point, tip, end, touch, tinge; (*pl.*) point, lace; **a** —**s** of lace; **poner el pelo en** — to make one's hair stand on end
puntilla: de puntillas on tiptoes
puntilloso punctilious, scrupulously exact
punto dot, point; iota; moment; **a** — **fijo** exactly; **al** — immediately; **de todo** — absolutely; **en** — exactly, on the dot; **en** — **a** (**de**) with regard to, as for; **estar a** — **de** to be about to; **hasta cierto** — up to a point

puntual punctual
puntualidad exactness
punzada shooting pain
punzante sharp
puñado handful
puñal (*m.*) dagger
puñetazo fisticuff
puño fist; al — in one's hand
pupila pupil (*of the eye*)
pureza purity
purificar to purify
puro pure, clean; clear, unblemished

Q

que that, who, which; (*conj.*) for, because
¿qué? what?; which?; a — why?; en — how?; para — what for?, why? ¡—! what (a) ...!; ¿— cosa? what?; ¿— tal? how is everything?
quebrado weakened, lifeless
quebrantamiento exhaustion
quebrantar to break; to crush, to cut
quebranto weakness, lassitude
quebrar to break; to dull
quedar to remain; to be, to be left; — en que to agree that; —(se) to remain; —(se) con to keep
queja complaint
quejarse to complain
quejido wail, moan
quemado angry, "burnt up"
quemar to burn
querella complaint, plaint
querellarse to complain
querer to want, to wish; to love; — decir to mean; sin — unintentionally
querido beloved, dear, sweetheart
queso cheese
¡quia! (*interj.*) oh, no!, come now!
quicio: sacar de quicio to unhinge, to upset
quiebra bankruptcy
quieto still, quiet; estate — sit still
quietud (*m.*) quiet, stillness
quijada jaw
quilate (*m.*) carat; al — in tiny amounts
quimérico imaginary, fantastic
química chemistry

quinto fifth; quinta esencia quintessence
quiñón (*m.*) small piece (*of land*)
quitar to remove, to take away; — de encima a uno to free one from; — ojo a to take one's eyes off; —(se) to withdraw; to take off; to take away
quizá(s) perhaps

R

rabanito small radish
rabia anger, rage, madness
rabiar to rage
rabo tail
rabudo long-lined
ración ration, portion
racional rational, sane
ráfaga gust, gust of wind
raído threadbare
raíz (*f.*) root
rajita small slice
ralea breed
rama branch
ramillete (*m.*) garland, bouquet
ramo branch; Domingo de R—s Palm Sunday
rancio stale, old
rancho mess (*meal*)
rapaz lad, little boy
rapaza young girl
rapazuelo lad
rapé (*m.*) snuff
rapidez (*f.*) speed, rapidity
rápido rapid, quick, swift; quickly
raquítico rachitic, rickety, feeble
raro strange; rare; rara vez rarely
rascar to scratch, to scrape
rasgar to tear, to rend, to rip
rasgo flourish, shape
rasilla floor tile
raso flat; (*n.*) satin; cielo — flat ceiling
raspar to scrape, to scratch
rastrillo portcullis
rastro trace; trail; vestige
rata rat; pobres como las —s poor as church mice
ratero sneak thief
rato short time; while, period; al (a) poco — shortly thereafter; buen — pleasant time; largo — a long time; a —s from time to time

ratón (*m.*) mouse

raudal (*m.*) torrent, stream

raudo rapid, swift

raya part (*in hair*); stripe; limit; **sacar la —** to make a part

rayado striped

rayar to come forth; to scratch; to streak

rayo beam, ray; bolt

raza race; (*family*) line; breed, lineage

razón (*f.*) reason; mind; explanation; right; **ponerse en —** to be reasonable; **tener —** to be right

razonable reasonable

razonar to reason

real (*m.*) *coin worth ¼ of a peseta;* army camp; (*adj.*) real; royal

realeza royalty

realidad reality; **en —** actually

realizar to carry out; to fulfill

rebaja reduction

rebajar to reduce; to discount

rebanada slice

rebaño flock

rebato call to arms

rebelde (*n.*) rebel; (*adj.*) rebellious

rebeldía rebelliousness; rebellion; **en —** by default

rebosar to abound; to be in abundance; to burst with, to overflow with

rebotar to rebound; to bounce

rebotica back room of an apothecary's shop

rebozado muffled (*in a cloak*)

rebramante bellowing

rebramar to bellow

rebullir to stir

rebuscar to search for, to seek after

rebuznar to bray; to talk nonsense

recado message

recaer to relapse, to fall back; to come to

recamado (**de**) fringed (by)

recargado overdone, exaggerated

recelar to fear; to distrust; to suspect; to be afraid

recelo suspicion

receloso distrustful

recetar to prescribe

recibir to receive; to accept; to welcome

recibo receipt

recién recently; **— nacido** new-born child

recinto inclosure; space

recio vigorous, powerful, strong; thick; coarse

reclamar to claim, to demand

reclinado reclining, lying down

reclinatorio kneeling stand, priedieu

reclusión imprisonment; seclusion

recobrar to recover; to regain; **—(se)** to come to

recodo turn, bend

recoger to gather, to pick up; **—(se)** to go to bed

recogimiento abstraction from worldly concerns; (air of) withdrawal

recompensa compensation

recompensar to reward

reconciliar to reconcile; **—(se)** to confess crimes

recóndito hidden from view; dark

reconocer to recognize; to admit

reconvención reproach

recopilación summary, compilation

recordar to recall, to remember

recorrer to go over, to go through; to cross

recorte (*m.*) cutting; (*pl.*) trimmings, pieces

recostado lying down

recrear to delight, to amuse; to re-create; **—(se)** to amuse oneself

recrudecimiento renewal, recrudescence; renewed outbreak

rectificar to rectify, to correct

rectitud rectitude, uprightness

rector rector, priest

recua drove

recuerdo remembrance, memory, recollection

recurrir to resort

recurso recourse; means; resource; (*pl.*) means

rechazar to reject; to repel

rechinante gnashing

rechinar to creak

red (*f.*) network

redactor editor

Redentor (*m.*) Redeemer

redimir to redeem

redoblar to double

redoma flask, vial

redondel (*m.*) circle

redondez (*f.*) roundness

redondo round; **caer(se)** — to fall unconscious; **a la redonda** around

reducir to reduce, to subdue; —**(se) a** to come down to

reducto redoubt, fortification

refajo (short) skirt

referencia account, report

referente (a) with reference (to), regarding

referir to refer; to recount; to relate; to tell; —**(se) a** to refer to

reflejar to reflect (*optically*)

reflejo reflection; **al** — in the light

reflexión reflection, thought

reflexionar to think, to consider, to reflect

refluir to flow back

reformador reforming

reforzar to reinforce, to strengthen

refrán (*m.*) proverb

refregar to rub

refrescar to refresh; to cool; to revive

refresco refreshment, soft drink

refriega fray

refugiarse to take refuge

refundir to recast

refunfuñar to grumble, to growl

regalar to give as a gift; —**(se)** to make merry

regalo gift

regalón pampered, spoiled

regañadientes: a regañadientes unwillingly, grumbling

regañar to quarrel

regatear to haggle about, to bargain

regazo lap

régimen (*m.*) operation; management

regimiento regiment

regio royal

región region, area

registrar to inspect, to examine

regla rule; **en** — in order, in proper form; **en toda** — just as it should be

reglamento rules and regulations; regulations; **de** — perfunctory

regocijar to gladden

regocijo joy

regresar to return

regreso return

regular moderate; **a** moderate amount; ordinary, regular

regularmente usually

rehuir to avoid, to shrink from

rehusar to refuse

reina queen

reinar to reign, to prevail

reino kingdom, realm

reír(se) to laugh; — **de** to laugh at

reiteradamente repeatedly

reja grating, grill

rejuvenecer to rejuvenate

relación (*f.*) account, story; acquaintance; association; relation; recitation; **ponerse en** — **(con)** to come to an understanding (with); (*f. pl.*) betrothal; relationship

relámpago flash, flash of lightning

relampaguear to lighten

relato account

relegar to relegate

relevar to reveal

relieve (*m.*) relief

religión religion; religious belief

religiosa nun

religioso priest; (*adj.*) religious

relincho neighing

reliquia vestige; relic

reloj (*m.*) watch, clock

reluciente shiny, shining

relucir to shine

relumbrón (*m.*) glare; **de** — showy, flashy

relleno stuffed; (*n.*) stuffing

rematado ending; crowned; — **por** ending in; crowned by

rematar to auction; to knock down at auction

remate (*m.*) crest, top; **de** — without hope

remedar to imitate

remediar to remedy

remedio remedy, help; medicine; cure; way out; **no hay (más)** — it can't be helped; **sin** — inevitably

remilgo squeamishness, fastidiousness

remo oar

remojo soaking; **poner de** — to soak

remolino commotion; thronging; whirl

remordimiento remorse, feeling of remorse

remover to remove; —(se) to stir, to shift (about)

renacer to be born again

rencor (m.) hatred; rancor, grudge; **guardar —** to bear a grudge

rencoroso rancorous

rendido exhausted, worn out

rendija chink

rendir to surrender, to yield; —(se) to surrender

renegar (de) to curse

renglón (m.) (written or printed) line

reniego oath, curse

renta income; rent

rentar to yield (income)

renunciar to renounce, to give up

reñido bitter

reñidor quarreller; one given to fights

reñir to quarrel

reo (n.) criminal; defendant; culprit; (adj.) guilty

reparador restorative

reparar (en) to notice; to repair; to worry (about)

reparo observation; objection; repairs

repartir to distribute; to divide

repeler to reject

repente: de — suddenly

repentino sudden

repertorio repertoire, repertory

repiqueteo ringing, playing

replegarse to fall back

repleto replete, very full

replicar to answer

reponer to reply

reportar to bring

reposado solemn, grave

reposar to rest

reposo repose, rest

reprensión reproach

represa dam

representación representative; representation; appearance

representar to act; to appear; to represent; **— a** to look like

reprimenda reprimand

reprimir to repress

reprobar to condemn

reproducir to reproduce; to repeat

repuesto supply, stock

repugnancia aversion, repugnance; reluctance

repugnante disgusting, revolting

reputar to estimate

requebrar to pay court to, to woo

requerir to request, to urge; to summon; to require

requetefino very fine, very refined

requiebro compliment

requilorios (pl.) waste of time; useless ceremony

requisito requirement; accomplishment

resbalar to slide

rescatar to redeem

rescate (m.) redemption

resentimiento grievance

resentirse to be hurt, to be offended

reservar to reserve; —(se) to save oneself

residuo leftover

resignar to resign; —(se) to resign oneself

resistir(se) to resist; to withstand, to bear

resolución resolution, decision

resolver to decide (on); to resolve; to solve; to determine

resonar to sound; to ring out

respaldo back (of a seat)

respectivo respective; concerning

respecto: — de with respect to

respetabilísimo most eminent

respetable respectable; worthy

respeto respect, consideration

respiración breathing

respirar to breathe; to exhale; to calm oneself

respiro respite; extension

resplandecer to shine

resplandeciente glowing, shining

resplandor (m.) radiance; glare, gleam; light

responder to answer; to correspond; **— de** to answer for

responso responsory for the dead

respuesta reply, answer

resquicio chink, crack

restablecer to reestablish

restar to be left, to remain

restituir to return

resto rest, remainder; bit; **vestige:** (pl.) remains

restregar to rub

restregón (m.) hard rub

resucitar to rise again; to bring back to life; to resurrect
resueltamente resolutely
resuelto (p.p. of resolver) resolved, determined; resolute
resulta result; por —s de as a result of
resultado result; symptom
resultar to turn out (to be); to follow; to result
resurgir to reappear
retar to challenge
retemblar to resound; to shake
retener to keep
reticencia reticence, discretion
retintín (m.) clinking
retirada retreat
retirado retired, secluded, withdrawn; inconspicuous
retirar(se) to withdraw, to leave
retiro retirement, retreat
Retiro park in Madrid
retocar to retouch, to touch up
retoño offspring, sprout
retorcido twisted, twisting
retórica rhetoric
retorno return (trip)
retortijón (m.) twisting up, cramp, griping pain
retozar to frolic; to be aroused
retraer to dissuade
retraído solitary
retrasado slow in maturing; backward
retrato portrait
retronar to howl, to thunder
retumbar to resound
reuma (m. & f.) rheumatism
reunir to join, to unite; to bring together; —(se) (con) to gather together, to join
revelar to reveal; to show
reventar to burst
reverencia reverence, bow
revés (m.) back, reverse; al — in the opposite way, just the reverse; del — upside down; inside out
revestir (de) to invest with; to cover, to cloak; to clothe, to dress
revivir to revive, to be revived; to live again
revocar to plaster
revolcar to tread; —(se) to roll

revolotear to flutter about
revoltoso mischievous
revolución revolution, revolt; sudden change
revolver(se) to turn over (in one's mind); to stir; to twist; to mix; to struggle
revuelta revolt
revuelto (p.p. of revolver) turned upside down, topsy-turvy; disordered, in confusion, scrambled; shaken, disheveled; mal — slovenly
revulso irritated
rey king; — de bastos king of clubs
rezar to pray; to say
rezo prayer
ría estuary
ribazo embankment; hillock
ribera bank, shore
ribeteado irritated (eyes)
ribetes (m. pl.) touch, strain
ricacho (coll.) very rich
ricahembra lady
rico rich; delicious
ricohombre nobleman of the first rank, grandee
ridículo ridiculous; poner en — to expose to ridicule
rielar to sparkle
rienda rein; a — suelta freely; soltar la — to go too far, to go to excess
riesgo risk, danger
rigidez (f.) rigidity
rigor (m.) severity, rigor
riguroso rigorous
rincón (m.) corner
riñón (m.) kidney
riqueza wealth; (pl.) riches, wealth
risa laughter; ¡qué —! how funny
riscoso craggy
risible laughable, ludicrous
risotada burst of laughter
risueño smiling, happy; pleasing, agreeable
rizado curly
rizar to curl, to ripple
rizo whipcord
rizoso curly
robar to steal, to rob, to cheat; to take away
roble (m.) oak tree
robo robbery

robustecer to strengthen
robustez (f.) robustness
robusto strong
roca rock
rociada volley
rociar to sprinkle
rocío dew
rodar to roll
rodear to surround, to encircle
rodete (m.) knot of plaited hair
rodezno water wheel
rodilla knee; **de —s** on one's knees;
  ponerse de —s to kneel down
roer to gnaw; to nibble
rogar to pray, to beg
rojizo reddish, ruddy; fair
rojo red; ruddy, rosy, fair
rollizo plump
romance (m.) ballad
romancero collection of ballads
romano Roman
romería picnic, excursion
romero pilgrim
romper to break (out); to break
  through; to violate; to break off relations; to tear; **— a llorar (reír)** to
  burst into tears (laughter)
roncar to snore
ronco hoarse
ronda circular dance; patrol
rondar to hover about; to make the
  rounds
rondón: de — brashly
ronquido raucous sound, snore
roña scab
ropa clothes, clothing; **— blanca**
  linen; **tantear la —** to be in the
  throes of death
ropaje (m.) clothes
ropero wardrobe; **armario —**
  clothes closet
rosa rose; pink
rosario rosary
rosicler (m.) rosy pink
rostro face, countenance
roto (p.p. of **romper**) broken; torn
rótulo lettering; sign; label
rozamiento friction; clashing; disagreement
rozar to rub; **—(se) con** to associate with, to brush up against
rubicundo rosy
rubio golden, blond

ruborizar(se) to blush
rudeza harshness
rudo crude; rough; hard; violent
rueda wheel; slice; **— de molino**
  mill wheel
ruego plea, entreaty
rufián (m.) scoundrel
rugir to roar
ruido noise, sound
ruidoso loud, noisy
ruin base, mean; vile
ruina ruin
ruiseñor (m.) nightingale
rumbo course, direction
rumboso splendid, liberal
rumor (m.) report, rumor, noise,
  sound (of voices); hum
runrún (m.) murmur

S

sábana sheet
saber to know; to know how to; to
  find out; (m.) knowledge; **a —** to
  wit
sabiduría wisdom
sabio sage, wise man, scholar; (adj.)
  learned, wise
sabor (m.) taste, flavor; **a su —** at
  their ease
saborear to taste, to savor
sabroso tasty, delicious; delightful
sacar to get out; to get; to take out;
  to extract; to shake out; to remove;
  to derive
sacerdote priest
saciar to satiate; to satisfy
saco sack, pillage; **entrar a —** to
  plunder, to loot
sacramental sacramental, ritual
sacristán sexton
sacro holy
sacrosanto sacred
sacudir to shake (off), to rouse
saeta arrow
sagacidad sagacity, discernment; wisdom
sagrado sacred
sainete (m.) farce
sal (f.) salt
sala living room; hall, sitting room;
  drawing room; **— corta** backdrop
  showing a sitting room

salazón (*f.*) salted meat or fish
salero grace, charm
salida outlet; exit; way out; **a la —
de** on coming out of
saliente projecting
salir to go out; to turn out; to come
out; to leave; **— a** to resemble;
— por to vouch for; to go surety
for
salivilla saliva
salmodiar to sing, to chant
Salomón Solomon
salón (*m.*) hall, large room; **— de
Cortes** House of Parliament
salpicón (*m.*) salmagundi, hash
salpimentar to season
salsa sauce, gravy
saltar to jump; to leap (up); **— encima** to jump on top of
salteador highwayman
saltear to overcome
salto leap, jump; **a —s** jumping
salud health; salvation
saludable healthful
saludar to greet; to hail
saludo greeting
salutífero healthy
salvado bran
Salvador Savior
salvaguardia safeguard
salvaje (*m.*) savage; (*adj.*) wild
salvar to save
salvilla tray
salvo excepting, barring; safe; **estar
en —** to be safe
sangre (*f.*) blood
sangriento bloodthirsty; bloody
sanito nice and healthy
sano healthy; unbroken
santero caretaker of a sanctuary
Santiago Saint James (*patron saint of
Spain*)
santidad holiness
santiguarse to cross oneself
santísimo blessed
Santo Saint, image of saint; (*adj.*)
holy; **Día de los —s** All Saints'
Day (*Nov. 1*); **Espíritu —** Holy
Ghost; **— Oficio** Holy Office (*Inquisition*); **— Tribunal** Holy Office
(*Inquisition*)
santolios (*coll.*) holy oils (*last sacra-
ment*)

santuario sanctuary
sañudo furious, enraged
saquear to plunder
Sar *name of river in Galicia*
sarcófago sarcophagus, tomb
sarga twill
sarmiento (*bot.*) runner, stick
sarraceno Saracen
sartén (*f.*) frying pan
sastre (*m.*) tailor
Satanás Satan
satisfacer to satisfy, to give satisfaction
satisfecho (*p.p. of* satisfacer) satisfied
saya skirt
sayo garment; **decir para su —** to
say to oneself
sazón (*f.*) ripeness; occasion; **a la —**
at that time; **en —** ripe
sazonado ripe
sea: **o —** that is
secar to dry; **—(se)** to get dry; to
dry up
seco dry, dried up, thin; **parar en —**
to stop short
secretear to whisper
seda silk
seducción deception, temptation
seductor seductive, enchanting; (*m.*)
seducer
segar to cut off
seglar secular
seguida: **en —** immediately
seguidor follower
seguimiento pursuit
seguir to continue, to keep on; to
follow; to stay on
según according to; as; **— y conforme** that depends
segundón *any son born after the first*
seguridad certainty, security
seguro certain, steady, dependable;
safe; sure; solid; of course
sellar to seal, to stamp
sello seal
semanario weekly (*publication*)
semblante (*m.*) look, expression, face,
countenance
sembrado cultivated field
sembrar to sow, to seed, to scatter
semejante similar, of that kind; such,
such a; **— a** like

semejanza resemblance, similarity; **a — de** as, like
semejar to look like, to resemble
semiconvulso almost convulsive
sempiterno eternal, everlasting
sencillez (f.) simplicity
sencillo simple
senda path
sendero path
sendos (pl.) one each
senil senile
seno bosom, breast, recess
sensibilidad sensibility, sensitivity
sensible sensitive; deplorable, lamentable; considerable
sentada sitting; **de una —** at one sitting
sentado seated, sitting
sentar to seat; to become; to suit; to agree with; to establish; **—(se)** to sit down; **no le sienta bien** it doesn't agree with him
sentencia verdict, sentence, opinion, judgment; saying, maxim
sentido appealing; (n.) sense, meaning
sentimiento feeling, sentiment; regret
sentir to regret, to be sorry; to feel, to perceive, to be aware of; to hear, to sense; **—(se)** to feel
seña sign, signal; (pl.) address; landmark; **por (más) —s** to be more specific, specifically
señal (f.) sign, signal; **en — de que** as a sign that
señaladamente notably
señalar to point out; to determine; to point; to mark; to indicate
señor man, sir, mister; lord; gentleman; master; **Señor** Lord; God; **muy —es míos** My dear sirs; (adj.) magnificent, fine
señora lady, madam; woman; wife
señorial manorial, aristocratic, lordly, noble
señorío aristocracy, high birth; domain
señorito master; young gentleman
señorona grand lady
señuelo bait, lure
sepulcro tomb, grave
sepultar to bury

sepultura grave, tomb
sequedad dryness, gruffness
sequía drought
sequito dried up
séquito retinue
ser to be; (m.) existence, being; **a no — que** unless; **— de** to belong to
serenar to calm; **—(se)** to become calm
sereno calm, serene
seriedad seriousness
serio serious; heavy; **tomar en —** to take seriously
serpenteante winding, zigzag
serpentear to wind
serpiente (f.) snake
servidor (m.) servant
servidumbre servants, help
servilleta napkin
servir to serve, to be of use; **— de** to serve as; **— para** to be good for; **para — a Ud.** at your service; **de nada sirve** it's no good
setentón septuagenarian
si if; **por —** in case; **— bien** while, though
siamés Siamese
siempre always; **de —** usual; **por (para) —** forever; **— que** provided that
sien (f.) temple (of head)
sierra mountain range, sierra
siesta hottest time of day; nap (time)
siglo century
significación significance
significar to mean
significativo signifying
Sigüenza city in province of Guadalajara
siguiente following, next; **al día —** the next day
sílaba syllable
silbante whistling, sibilant
silbar to whistle, to hiss
silbido whistle
silencio silent
silla chair, seat; saddle; **— de Vitoria** chair with a straw seat
sillería set of chairs
sillón (m.) armchair
simón (m.) cab, hack, rented coach
simpático pleasant, likable, nice, appealing
simpleza foolishness

simultáneo simultaneous

sin without; — embargo nevertheless; — que without

sindicato syndicate

sinfín (m.) endless number

singular strange, unusual, singular

singularizar to singularize

siniestro sinister

sinnúmero great number

sino except, but (rather); (n.) fate, destiny

sinsabor (m.) trouble, unpleasantness

síntoma (m.) symptom

sinvergüenza scoundrel, shameless person

siquiera at least, even

sirviente servant

sitial (m.) high-backed chair

sitiar to besiege

sitio place, spot; room

sito situated

situación (f.) situation; state, condition; — de espíritu state of mind

situar to situate

soberano sovereign, royal, supreme, mighty

soberbia pride, arrogance

soberbio proud, arrogant; magnificent

sobrante leftover; remaining; the remains

sobrar to have more than enough

sobras leftovers

sobre on, above, over; — todo above all, especially

sobrecoger to surprise; to seize, to overcome; —(se) to become frightened (apprehensive)

sobreentender to understand

sobrelomo back of animal

sobremesa: de — sitting at the table after eating; after dinner

sobresaltado startled, frightened

sobrevenir to happen

sobriedad sobriety, moderation

sobrina niece

sobrino nephew

sobrio sober

socarrón crafty, sly

sociedad society; — de buen tono high society

socorrer to help, to aid

socorrido useful, handy

soez crude, base, vile

sofocar to choke, to smother; to suffocate; to stifle; to excite; to bother

soga rope, cord

soguero ropemaker

sol (m.) sun; al — in the sun

solador (m.) tile man

solapa lapel

solar (m.) ancestral mansion, castle; noble lineage

solariego manorial, noble

solarón (m.) flooring; floor tiles

solas: a — alone

soldado soldier

solecismo solecism (a blunder in speech)

soledad solitude, loneliness

soler to be in the habit of; solía used to; suele ser usually is

solicitar to woo, to court; to seek

solicitud solicitude, diligence

solitario solitary, lonely, deserted

soliviantado stirred up

solo alone, single; por sí — all by itself; a solas alone

sólo only; tan — only

soltar to loose, to let go (of), to release; to untie; to utter; — la rienda to go too far; —(se) to loosen up

soltera unmarried girl or woman, spinster

soltería bachelorhood

solterón (m.) old bachelor

soltura ease, freedom

sollozar to sob

sollozo sob

sombra shade, spectre, shadow, spirit; a la — inside; in the shade; de — shadowy

sombraje (m.) mats

sombrerón (m.) big hat

sombrío sombre, dark, gloomy

someter to subject; to subdue; —(se) a to submit to

somnámbulo sleepwalker

son (m.) sound, tone; a — de to the sound (rattle) of

sonámbulo sleepwalker

sonante sounding

sonar to be reported; to sound, to ring, to toll; — a to sound like

sonido sound

sonoro sonorous, resounding; clear

sonreír(se) to smile

sonrisa smile

soñar to dream; — con to dream about (of)

sopa soup

sopapo blow

sopetón: de — suddenly

soplar to blow; —(se) to be puffed up

soplo puff; blowing, blast; breath

sopor (m.) lethargy, stupor

soportal (m.) portico

soportar to bear, to endure

sor sister (*religious title*)

sorber(se) to sip

sórdido hideous; sordid

sordo deaf; muffled

sorna slowness; con — slowly, deliberately

sorprender to surprise; to take by surprise

sorpresa surprise

sortear to evade; to dodge

sosegar to calm; —(se) to rest, to calm oneself

sosiego serenity, calm; composure

sospecha suspicion

sospechar to suspect

sospechoso suspect, suspicious

sostén (m.) support

sostener to maintain; to sustain; to endure; to help, to assist; to support

sotana cassock

soto grove, thicket

suave gentle, soft; delicate

suavizar to soften

subarrendar to sublet

subastar to sell at auction

subido high

subir to go up, to raise, to rise; to bring up; —(se) to climb; —(se) los pantalones to pull up one's trousers

súbito sudden(ly)

sublevar to excite to rebellion, to anger

subordinado subject

subsistir to subsist

substancioso nourishing

subvencionar to subsidize

suceder to happen; to follow; —(se) to follow one another

sucesivo successive; en lo — in the future

suceso event; outcome

suciedad dirt

sucio dirty

sucumbir to succumb

sudar to sweat, to perspire; — la gota gorda to have a hard time

sudor (m.) sweat

sudorífico medication to induce sweating

sudoroso sweaty, sweating

suegro father-in-law

suela sole (*of shoe*)

sueldo salary

suelo ground, land; floor; earth; venir al — to topple over

suelto (*p.p. of* soltar) loose, turned loose; free, easy

sueñecito little nap

sueño sleep; entre —s in one's sleep; quitar el — a ... to keep ... awake; tener — to be sleepy

suerte (f.) luck, fate, chance; de esa — in that way; de — que so that; echar —s to draw lots

suficiencia moderate means

suficiente enough

sufrido long-suffering

sufrimiento suffering; tolerance

sufrir to suffer, endure; (m.) suffering

sugerir to suggest

suicida suicidal

suicidarse to commit suicide

sujeción subjection, control

sujetar to fasten; to grasp, to hold down; to subdue; —(se) to submit

sujeto (*adj.*) fastened; held down (*n.*) subject, individual, person

suma sum; en — in short

sumar to amount to

sumariamente summarily

sumergir to submerge, to plunge

suministrar to offer

sumir to sink; to plunge; —(se) to be absorbed

sumisión submission

sumiso meek

sumo great, extreme

suntuoso sumptuous

superar to surpass

superficie surface

superior superior; higher; greater; — a beyond; hacerse — to rise above

superiora mother superior
supino abject; sluggish
súplica entreaty
suplicar to entreat, to beg
suplicio place of execution; execution; torture
suplir to make up for
suponer to suppose, to imagine; to have authority; to count
suposición high position
suprimir to eliminate
supuesto (*p.p. of* **suponer**) supposed; — **que** inasmuch as, since; **por —** of course
surco furrow
surgir to arise; to appear; to surge (up)
surtidor (*m.*) jet, spray
surtir (de) to supply (with), to provide, to make
suscritor (*m.*) subscriber
suspender to postpone; to suspend
suspenso baffled, bewildered; suspended; uncertain
suspirar to sigh
suspiro sigh; **dar un —** to heave a sigh; **echar —s** to heave sighs
sustentar to support
sustituir to take the place of; to substitute
susto fright
susurrar to murmur, to whisper
sutil subtle; sharp, keen; thin, slender
sutilizar to refine, to polish

T

tabaco tobacco; **— de hoja** leaf tobacco
tabaquera snuffbox
taberna tavern
tabernario vulgar, low
tabique (*m.*) partition
tabla board, plank
tablado platform
taburete (*m.*) stool
tacañería stinginess
tacaño (*adj.*) miserly, stingy; (*n.*) miser
taciturnidad silence, reserve
taciturno taciturn, silent
taco light lunch, snack
táctica tactics

tacto touch
tacha defect, fault
tafetán (*m.*) taffeta
tafilete (*m.*) morocco leather
tagarnina cheap cigar
tahona bakery
Tajo Tagus (*river*)
tal thus, so, as; such a thing; such (a); a certain; **el —** that fellow; **el — + noun** that + **noun**; **— como** just as; **— cual** just as; **— vez** perhaps; **— y como** exactly as; **un —** a certain
tálamo bridal bed
talante (*m.*) attitude, disposition
talismán (*m.*) talisman, charm
talla height; carving
tallar to carve
talle (*m.*) figure; waist
taller (*m.*) workshop
tallo stem, stalk, shoot
tamañito very small
tamaño size
tambalear to stagger, to reel
también also
tambor (*m.*) drum
tamborilero drummer
tan so, as; such (a); **— ... como** as ... as; **— pronto ... — pronto** no sooner ... than; **— sólo** only
tantear to scrutinize; **— la ropa** to be in the throes of death
tanto so much, as much; so much so; as (so) many; **a —** so far; to such a degree; **algún —** a bit; **en —** meanwhile; **en — que** while; **mientras —** in the meanwhile; **por lo —** therefore; **— más ... cuanto** (all) the more ... because
tapadera lid, cap
tapadillo: de — under cover, secret
tapar to cover, to hide
tapete (*m.*) cover
tapia fence, wall
tapiz (*m.*) tapestry
tarasca hag, ugly woman
tardanza delay
tardar to delay; to be long (*in doing something*); **— en** to be long in; to delay in
tarde late; (*f.*) afternoon; **de — en —** infrequently; **— o temprano** sooner or later

tardío underdeveloped
tardo slow
tarea work
tartamudear to stammer
tartana two-wheeled carriage
tártaro tartar; Tartarus (*underworld*)
tarumba confused, rattled; **volverse**
— to get rattled
tataratío great-great uncle
tauromáquico bullfighting
taza cup
tea torch
teatral theatrical
teatro theatre, scene; collection (*of essays, etc.*)
tecla key, subject
techo roof
techumbre roof
tedioso tedious, tiresome
teja roof tile
tejado roof
tejido fabric, web, tissue
tela cloth, fabric
telarañoso cobwebby
telita thin fabric
tema (*m.*) theme, subject
temblar to tremble; to be afraid
temblor (*m.*) trembling
tembloroso tremulous, trembling
temer(se) to fear, to be afraid; to dread
temerario reckless, imprudent
temeroso fearful; — **de Dios** God-fearing
temor (*m.*) fear
tempestad storm, tempest
tempestivamente in time
tempestuoso stormy
templar to tune; to temper; to soften
temple (*m.*) humor
templo church, temple
temporada period
temprano early; **tarde o** — sooner or later
tenacidad tenacity
tenaz firm, strong; tenacious, stubborn
tender to cast, to extend, to spread, to stretch out; — **el vuelo** to take flight; — **la vista (los ojos)** to look, to gaze
tendero shopkeeper
tendido lying (down)

tenebroso dark, gloomy
tenedor (*m.*) fork, holder
teneduría bookkeeping; — **de libros** bookkeeping
tener to have, to hold; — **en cuenta** to bear in mind; — **lugar** to take place; — **miedo** to be afraid; — **(muy) presente** to remember; — **para sí** to think; — **por** to consider (as); — **que** to have to; — **que ver con** to have to do with; — **razón** to be right; —(se) **por** to consider oneself; **no tenerlas todas consigo** to be worried; **¿qué tienes?** what's the matter?
tentar to touch, to feel
tentación temptation
tentador tempting
tentativa attempt
tenue faint, delicate
teñir to tinge, to dye
teología theology
teórico theoretical
terapéutico therapeutic
tercero go-between; mediator; (*adj.*) third
terciopelo velvet
terco stubborn
terminación end, termination
término end; term; boundary, limit; district; **en primer** — in the foreground, most important; **poner** — **a** to put an end to
terne (*coll.*) bully
ternera veal
ternero calf
ternura tenderness
terremoto earthquake
terrenal earthly
terreno land, ground; grounds
terrestre terrestrial, earthly
terrón (*m.*) clod
terrorífico frightening
tertulia social gathering; conversation; **hacer** — **(a)** to sit around and talk (with)
tesón (*m.*) tenacity, pluck
tesoro treasure, treasure house; treasury
testa head; crown on top of head
testamentaria executrix
testamentaría estate
testamento will

testar to make a will
testarazo stubbornness, obstinacy
testarudo stubborn
testigo witness
teta breast; **niño de —** babe in arms
tétrico gloomy
tez (*f.*) complexion
tibio lukewarm; mild
tiempo time; stage; weather; **a un —** at the same time; **al poco —** shortly thereafter; **en otro —** formerly; **hace (hacía) —** for some time; **tanto —** so long
tienda tent; store
tienta: a —s gropingly; in the dark
tiento caution, care
tierno loving, affectionate, tender; young
tierra earth, land, ground; (native) region; **— adentro** inland; **tomar —** to land
tieso obstinate, unyielding; stiff
tiesto flowerpot
tiesura stiffness
tifoideo typhoid, typhoidal
tijeras: de tijera in the form of an X; **catre de tijera** folding cot
timbal (*m.*) bowl
timbalero kettledrummer
timbre (*m.*) glorious achievement, crest; timbre, tone
tinieblas (*f. pl.*) darkness
tino: sin — without moderation
tinta tint, hue, tone; ink
tintero inkwell
tío uncle, "guy"; (*pl.*) uncle and aunt
tira strip
tiranizar to dominate, to domineer
tirano tyrant
tirante taut
tirar to throw; to throw away; to pull; to shoot; to attract; to last; **— coces** to kick
tiro shot; **de —s largos** all dressed up
tirón (*m.*) jerk, pull; **sacar a tirones** to pull out
titubear to hesitate, to waver
titular(se) to be called
título certificate; bond; title; **por el —** on the grounds
tiznar to stain

toalla towel
toca wimple
tocado touched (*in the head*)
tocador (*m.*) dressing table; dressing case
tocante touching; **— a** concerning, with reference to
tocar to play; to touch; to sound; to ring; **— a** to fall to the lot of; to ring out (on the occasion of); **— a + inf.** to be time to + *inf.*; **— a la puerta** to knock on the door; **— a rebato** to sound the call to arms; **— a uno + inf.** to be up to someone to + *inf.*; **— de (a)** to touch on
tocino bacon
todavía still, yet
todo all, every; **con —** withal; **sobre —** above all, especially
toisón (*m.*) Golden Fleece
tojo furze, gorse (*shrub*)
Toledo *city in Castile, former capital of the realm*
tomador (*m.*) taker
tomar to take, to eat; **— el aire** to get some fresh air; **— el pelo** to tease, to make fun of; **— tierra** to land; **¡Toma!** Here!
tono tone; **sociedad de buen —** high society
tontería foolishness, stupid thing
tontín little fool
tonto stupid, silly
toque (*m.*) sound, call; touch; ringing
toquilla knitted shawl; cap
torbellino whirlwind
torcer to bend, to twist, to deflect; to twitch
torear to fight bulls
torero bullfighter
tormenta storm
tormento torture, torment
tomar(se) to turn, to return; **— a + inf.** *verb* + again
torneo tournament
tornera *nun in charge of* **torno** (*wicket*)
torniscón (*m.*) slap
torno wicket (*a revolving drum through which objects may be passed*); **en — (de, a)** around, all around
toro bull
torpe infamous, disgraceful; awkward, dull; clumsy; heavy, slow

torpeza stupidity; clumsiness

torre (*f.*) tower

torreón (*m.*) tower

torrezno bacon

torta cake

tortada meat pie

tortilla omelet

torturar to torture

torvo grim, stern

tosco crude, rough, coarse

toser to cough

tosquedad uncouthness, coarseness

tostado tanned

tostar to burn

totalidad totality, whole

tozudo stubborn

trabajador industrious

trabajo work; piece of work; **costar — ** to find it difficult; **—s de la casa** chores

trabajoso difficult

trabuco blunderbuss

traer to take; to bring; to wear

traficante tradesman, trafficker, dealer

tragar(se) to swallow (up)

trago drink

traición betrayal, treason, treachery

traída bringing

traidor traitor

traje (*m.*) dress, costume, clothes

trajear to dress

trajín (*m.*) coming and going, moving about

trama plot

tramar to scheme, to plot

trámite (*m.*) step

tramoya trick, scheme

trampa trick; trap; bad debt

tranca cross-board

tranquilidad peace, quiet, tranquillity

tranquilizar to calm, to pacify; **—(se)** to calm oneself; to set one's mind at rest

tranquilo quiet, calm; in peace; **dejar —** to let alone, to leave in peace

transcurrir to pass

transcurso passage

transeúnte passerby

transformar to transform; **—(se) en** to change into

transido worn out, overcome

transigir to give in, to compromise

transparecer to show through

transparentar to show through

transpirar to befall

transponer to transport

transportar to transport, to convey

trapela trap door

trapillo: de — in house clothes

trapo rag; sails of a ship; **a todo —** all sails set

traqueteo rattling; spasm

tras (de) after, in pursuit of; behind

trasbotica room behind an apothecary's shop

trascendencia importance, transcendence

trasegar to transfer

traslación transfer

trasladar to transfer; **—(se)** to move

traslado transfer

traslucirse to leak out

trasnochante night owl, person who stays up late

traspasar to pierce; to cross

traspirar: *cf.* **transpirar**

trasponer to pass beyond

trastornado upset, disturbed

trastornar to upset; to make dizzy; to excite

trastos (*m. pl.*) implements, utensils; junk

tratado treatise

tratamiento treatment

tratar to treat; to discuss; to deal with; to try; **— con** to associate with; **— de** to try to; **—(se) de** to deal with; to be a question of

trato dealings, way of acting; usage, social behavior; pact, treaty

través: al (a) — de through, across

travesía journey, crossing

travesura prank, mischief; antic; trick; mischievousness

travieso mischievous, prankish

traza looks, appearance; scheme; outline

trazar to plan, to trace

trecho stretch; **a —s** at intervals, at times; **de — en —** from place to place; from time to time

tregua truce, letup, respite

tremendo terrible, dreadful; terrific; tremendous

trémulo shaking, quivering, tremulous

trenza tress; braid

tribulación trouble, affliction

tribunal (*m.*) court of justice; **Santo T—** Holy Office

trigo wheat

trinar to get furious

trincar to seize; to gnash (*one's teeth*)

trinchador (*m.*) carver

trinchar to carve (*cook.*)

tripa tripe, gut, intestine; (*pl.*) insides

tris (*m.*) trice; **en un —** almost, within an ace

triste sad; alas!

tristeza sorrow

triunfar (**de**) to triumph (over)

triunfo triumph, victory

triza shred

trocar to change, to alter, to disturb

trompeta trumpet

trompetería trumpet flourishes; trumpeting

trompetero trumpeter

tronante detonating; **garbanzos —s** small explosives

tronar to thunder

tronco trunk (*of tree*)

tronchar to break

troncho stalk, stem

trono throne

tropa troops

tropel (*m.*) crowd, rush; troop; **en —** tumultuously, in a mad rush

tropezar (**con**) to strike (against); to stumble (across)

tropezón (*m.*) stumbling; **a tropezones** jerkily, falteringly; by fits and starts

trova ballad

trovador (*m.*) troubadour

trozo bit, piece; **a —s** in spots

trueno clap of thunder; explosion

trueque (*m.*) exchange; **a — de** in exchange for

truncado truncated

tubo pipe, tube

tumba tomb

tumulto tumult, noise

tuna dissoluteness

tupido thick

turba crowd, mob

turbación agitation

turbado upset, disturbed

turbar to darken, to disturb, to trouble

turbio cloudy, murky, troubled; dark, darkening

turbión (*m.*) squall

turnar to take turns

turquesa turquoise

tutear *to use the familiar* **tú** *form*

U

u or (*before word beginning with* **o** *or* **ho**)

ufanía pride

ufano proud

ulterior subsequent

últimamente finally

ultimar to finish

último last, ultimate; **por —** finally

ultrajar to outrage; to offend

ultraje (*m.*) insult, outrage

ultramarinos (*m. pl.*) delicatessen

umbral (*m.*) threshold

ungüento ointment

único single, only

unidad unit

unir to join, to unite; **—(se)** to join

unísono unison; **al —** in unison, unanimously

universal universal, complete

untar to smear

unto fat, grease, ointment; **— de moza** girl fat

untura ointment

uña nail

urbanidad civility, manners

urbano urban; **policía —a** street cleaning

urgir to be urgent

urna urn; glass case; **— cineraria** urn for ashes

usanza custom

usar to use; to wear; **—(se)** to be in fashion, to be the custom

uso custom, usage; use; habit; practice; **a — de** according to the custom of; **hacer — (de)** to make use (of)

usufructo usufruct; use

usura interest, profit; profiteering
usurario usurious
usurero usurer
usurpador usurping; usurper
útil useful
utilidad usefulness
uva grape

V

vaca cow
vaciar to empty
vacilante unstable, unsteady
vacilar to hesitate
vacío empty; (n.) emptiness, empty space, void
vacuidad emptiness
vagabundear to wander
vagabundo vagabond
vagar to wander
vagaroso flitting
vago vague; (n.) loafer
vaguedad vagueness
vaho fume
valenciano Valencian
valer to be worth; to be of use; to avail; —(se) de to make use of; más vale, vale más it is better
valeroso courageous
valiente valiant, brave; strong, vigorous; (n.) brave man
valimiento influence
valor (m.) courage; value
valle (m.) valley
vamos indeed
vanagloriar(se) to boast
vano vain; useless; en — in vain
vapor (m.) mist; steamship; vapor
vaporoso vaporous
vaqueta leather
vaquiña heifer
vara measure of length: 2.8 ft.
varal (m.) perch; side of cart (horizontal pole)
variante (f.) variant
variar to alter, to shift, to vary
vario diverse; —s several, various
varón man; male
varonil virile
vasallaje (m.) vassalage
vasallo vassal
vaso receptacle, vase, vessel; glass
vástago scion, offspring

vasto vast, immense
vaticinar to predict; to prophesy
vaya well!, indeed!, what a!, imagine that!; — si indeed
vecindad neighborhood
vecino neighbor; inhabitant
vedar to forbid, to hinder
vehemente violent
veintena score, twenty
veintitantos twenty-odd
vejestorio old man
vejez (f.) old age
vela sail; candle; a toda — full sail; en — without sleep
velar to watch; to veil, to hide
velero sailing ship
velo veil; tomar el — to take the veil, to profess
velón (m.) brass lamp
veloz rapid
vena vein
vencer to conquer, to overcome; to expire (time)
vencido conquered; darse por — to give up
vendaval (m.) strong wind
vendedora vendor
vender to sell; to betray; —(se) to give oneself away
veneno poison
veneración love; veneration
venerar to revere, to worship; to venerate
venganza revenge
vengar to avenge; —(se) (de) to take revenge (upon)
vengativo vengeful, vindictive
venia permission
venida coming, arrival
venir to come; — a to come to; — a los ojos to become evident; — a tierra to crumble; — abajo to come (crashing) down; — al caso to come to the point; — al suelo to topple over; — bien to suit, to fit
venta sale
ventaja advantage; llevar la — a to have the advantage over; llevar una — to have an advantage
ventajoso advantageous
ventana window
ventanillo panel
ventrudo big-bellied

ventura risk, danger, fortune, chance; luck; happiness; **por —** perchance, by chance

venturoso fortunate, happy

ver to see, to look upon; **tener que — con** to have to do with; **—(se) obligado** to be forced

veras (*f. pl.*) sincerity; **de —** really

verbigracia for example

verbosidad wordiness, verbosity

verdad (*f.*) truth, true; **a decir —** to tell the truth; **a la —** in truth; **ser —** to be true; **¿—?** right?; **¿— que ...?** isn't it true that ...?

verdadero true, veritable, real

verde green

verdoso greenish

verdugo executioner

verdura foliage, greenness; vegetable, greens

vergonzante shamefaced, bashful

vergonzoso shameful; ashamed

v. gr. = **verbigracia** for example

vergüenza shame

verificar(se) to take place

verosímil likely

versado versed

verso verse; **hacer —s** to write poetry

verter to pour (out), to shed

vertiginosamente vertiginously, dizzily, hastily

vértigo vertigo, dizziness; fit (*of insanity*); insanity

vestido clothing; dress; **— hueco** dress with billowing skirt

vestidura garment, vestment

vestimenta apparel

vestir to wear, to dress; **—(se)** to dress, to get dressed

veta vein, streak

vez (*f.*) time; **a la —** at the same time; **alguna —** sometimes; **a su —** in turn; **de una —** once and for all; **de — en — (cuando)** from time to time; **en — de** instead of; **otra —** again; **rara —** rarely; **tal —** perhaps; **una y otra —** again and again; **a veces** sometimes; **hacer las veces de** to take the place of; **pocas veces** infrequently

vía way; **por — de** by way of

viajar to travel

viaje (*m.*) trip

viajero traveler

víbora viper

vibrar to vibrate; to throw; to hurl

vicio vice, dissolute living

vicioso vicious, evil

victimario victimizer

vida life; **en (mi, su,** *etc.*) **—** never; **ganarse la —** to earn one's living; **por — mía** (I swear) by my life

vidriar to glaze

vidriero glazier

vidrio pane of glass; glass; windowpane

vidueño grapevine

vieja old woman

viejo old, old-fashioned; (*n.*) old man

viento wind; petty pride, vanity

vientre (*f.*) stomach

vigilancia vigilance, watchfulness

vigilante watchful, vigilant

vigilar to watch

vigorizar to strengthen, to invigorate

vil base, vile, despicable, insignificant; (*n.*) vile being

villa town

villanía baseness

villano rustic, peasant, low-born person; (*adj.*) wicked, coarse, common, base

vinagre (*m.*) vinegar

vinazo strong, heavy wine

vínculo hereditary estate; bond

vinoso drunken

viña vineyard

viñedo vineyard

violado violet (*color*)

violar to violate

virar (*naut.*) to veer

virgo (*f.*) *Latin for* virgin; (*m.*) virginity

virilizar to make manly

virtud virtue; **en — de** by virtue of

viruela smallpox

visaje (*m.*) grimace, face

visera visor

visión vision, phantom

visita visit, visitors

visitante visitor

vislumbrar to catch sight of, to glimpse

viso appearance

víspera eve, day before, night before

vista sight; eyes; view; **a primera —** at first sight; **echar la — encima** to have a look at; **en — de que** because; **golpe de —** look, glance; **perder la —** to lose sight of; **tender la —** to look

vistazo look, glance; **echar un — a** to have a look at

visto (*p.p. of* ver) seen; **por lo —** apparently

vistoso showy, flashy

vital vital, strong; pertaining to life

vituperable blameworthy, deserving of censure

vituperar to vituperate, to censure

viuda widow

viudad widow's pension

viudo widower

vivamente quickly; vividly

víveres (*m. pl.*) food, provisions

viveza vehemence; quickness; liveliness

vivienda lodging

vivificar to vivify, to enliven, to animate

vivo lively; vivid; living, alive; intense, acute, sharp; **— de genio** quick-tempered; high spirited

vizcaíno Biscayan; **a la —a** Biscayan style

Vizcaya Biscay (*Basque province in northern Spain*)

vocerío shouting, uproar

vociferar to vociferate

volador swift

volar to fly

volcán (*m.*) volcano

voltear to turn

voluminoso voluminous, heavy

voluntad will, decision

voluptuosidad voluptuousness

volver(se) to return; to turn (away); **— a + inf.** to do something again; **— en sí** to come to; **— loco a alguien** to drive someone crazy; **—(se)** to turn (around); **—(se) atrás** to back out; to take back what one has said; **—(se) loco** to go crazy; **le volvía tonto** made him stupid

vomitar to vomit, to disgorge

vómito vomiting

voraz fierce, destructive

voto vow

voz (*f.*) voice; opinion, public opinion, word; shout; **en alta —** aloud; **a voces** shouting; **dar voces** to yell

vuelo flight; **levantar (tender) el —** to take flight

vuelta turn; return; **a — de** in the course of; **a la — de** around; **dar la — a** to go around; **dar la — al mundo** to take a trip around the world; **dar —s** to turn, to swim (*senses*); **dar —s (por)** to stroll around

vuelto (*p.p. of* volver) turned, returned

vulgar common, vulgar

vulgo common people, multitude; (*adj.*) commonly

Y

ya already; now; finally, then; **o — ... o —** either ... or; **¡—!** of course!; **— no** no longer; **— que** since; seeing that; although; **— ... —** sometimes ... sometimes

yacer to lie (buried); to sleep

yegua mare

yema candied egg yolk; tip (*of finger*)

yerba grass

yermo desert; wasteland

yerno son-in-law

yesca tinder

yeso gypsum, chalk, plaster

yugo yoke

yunque (*m.*) anvil

Z

zafiote very coarse

zagalejo underskirt

Zamora *city northwest of Madrid, on Duero river*

zapatazo kick

zapatero shoemaker

zapatilla slipper

Zaragoza Saragossa (*city in Aragon*)

zarandillo sieve

zarza bramble

zarzal (*m.*) underbrush, brambles

zarzuela musical drama

zorra vixen

zorro   fox; duster

zozobra   worry, anxiety

zueco   sabot, clog; — de palo wooden shoe

zumbido   buzzing

zumbón   playful, humorous

zurrar   to give a beating, to beat